Claudius/Stepan · Amnesty International

Thomas Claudius · Franz Stepan

Amnesty International

Portrait einer Organisation

Mit einem Geleitwort von Bruno Kreisky
2. erweiterte Auflage

R. Oldenbourg Verlag München Wien 1977

CIP–Kurztitelaufnahme der Deutschen Bibliothek

Claudius, Thomas
Amnesty International : Portr. e. Organisation /
Thomas Claudius ; Franz Stepan. – 2., erw. Aufl. –
München, Wien : Oldenbourg, 1977.
ISBN 3-486-49222-5

NE: Stepan, Franz:

Umschlagentwurf: Louise Oldenbourg, nach einer Idee von Elke Steinmetz-Rothmund
Druck: Esta-Druck, München
Bindearbeiten: R. Oldenbourg Graph. Betriebe GmbH, München

ISBN 3-486-49222-5

Inhalt

* AI ist international als Abkürzung von Amnesty International gebräuchlich. Auch die Kurzform *Amnesty* wird häufig verwendet.

Verzeichnis der Tabellen und Übersichten

Geleitwort

Erst unter dem Eindruck der Erfahrungen des Zweiten Weltkrieges wurde sich die internationale Staatengemeinschaft ihrer Verantwortung für das Schicksal des einzelnen Menschen bewußt. In diesem grundsätzlichen Bekenntnis zum völkerrechtlichen Schutz des einzelnen liegt die entscheidende politische Bedeutung der *Allgemeinen Erklärung der Menschenrechte.*
Angesichts der verschieden gearteten gesellschaftlichen Strukturen der einzelnen Staaten oder Staatengruppen und der bestehenden ideologischen Gegensätze konnten die Bemühungen um die Durchsetzbarkeit der garantierten Menschenrechte allerdings nur Teilerfolge bringen. Daher verdienen Bestrebungen, wie sie in der Gründung und in den Aktivitäten von Amnesty International ihren Ausdruck gefunden haben, die tatkräftige Unterstützung aller, denen Menschlichkeit nicht bloß ein Lippenbekenntnis, sondern unveräußerlicher Bestandteil politischen Denkens und Handelns ist. Wenn man schon nicht immer das Recht der Menschen wahren kann, dann soll man wenigstens darum kämpfen, daß ihnen Amnestie zuteil wird. Das ist kein Flehen um Gnade, sondern dahinter steht die zutiefst menschliche Auffassung, daß es nützlicher ist, für Ideen zu leben als zu sterben. Diesem höheren Sinn der Nützlichkeit dient Amnesty International, wobei stets das ehrliche Bemühen sichtbar wird, den einzig möglichen, erfolgversprechenden Weg, nämlich den der Unbestechlichkeit und Unparteilichkeit, einzuhalten.
Möge die vorliegende, durchaus nicht unkritische Publikation dazu beitragen, in möglichst vielen Ländern bei allen Schichten der Bevölkerung das Verständnis für die Ziele von Amnesty International zu vertiefen.

Bruno Kreisky

Vorwort

Amnesty International – mit dem Namen der Gefangenenhilfsorganisation verknüpften wir, die beiden Autoren, vor zwei Jahren nur eine vage Vorstellung. Gewiß, wir waren bei der Lektüre des politischen Teiles der Zeitung im Rahmen unserer publizistischen Tätigkeit, die uns mit zeitgeschichtlich und gesellschaftspolitisch relevanten Themen konfrontiert, immer wieder auf Meldungen gestoßen, denen eine Information dieser Organisation zugrundelag; aus der Lokalbeilage des Blattes hatten wir erfahren, wenn AI die *Woche des politischen Gefangenen* durchführte oder zu einer Podiumsdiskussion einlud, und beiläufig hatten wir registriert, daß die Organisation zunehmend häufiger in Rundfunk und Fernsehen zitiert wird. Wer aber bei und für AI arbeitet, wie sie strukturiert ist und welcher Stellenwert ihr im politischen Tagesgeschehen zukommt, das wußten wir nicht. Bekannt waren uns hingegen viele Vorurteile und Ressentiments gegenüber AI. *Ist das nicht diese Organisation, die für politische Gefangene eintritt, also auch für Kommunisten? Gehören ihr nicht in erster Linie junge Leute an, die gerne demonstrieren, also linke Studenten, Systemveränderer?* Das ist stark vereinfacht das Bild, das sich viele unzureichend informierte Menschen in Westeuropa von AI machen, ein Bild, das in Widerspruch zu jenem steht, das namhafte Politiker und Journalisten von der Organisation entwerfen, die öffentlich die Leistungen von AI anerkennen.

In der Absicht, Material für eine Fernsehreihe über AI zu sammeln, recherchierten wir im Auftrag einer Fernsehproduktionsgesellschaft zuerst im Bezirk München, später in der Londoner Zentrale der Gefangenenhilfsorganisation. Pressechef Mark Grantham und seine beiden Assistentinnen vermittelten Gesprächstermine mit den Angestellten im Internationalen Sekretariat und beantworteten freundlich all unsere Fragen. Drei Faktoren erschwerten jedoch unser Vorhaben, umfassend informiert zu werden: Zum einen stehen alle Angestellten des Internationalen Sekretariats unter Zeitdruck, so daß Termine einer längeren Voranmeldung bedürfen und die Gesprächsdauer stark eingeschränkt ist; zum anderen arbeiten nur noch wenige Angestellte aus den sechziger Jahren im Sekretariat, die Auskunft über die Anfänge der Organisation geben können; zum dritten existiert nur an der Universität Warwick bei Coventry eine zwar systematisch geordnete, jedoch nicht lückenlose Dokumentensammlung über AI.

Da die Produktion der Fernsehreihe verschoben wurde, schrieben wir mit Unterstützung von AI bei den Recherchen, für die wir mehrmals in England weilten, die vorliegende umfassende Darstellung über die Organisation, zu deren Veröffentlichung sich der Oldenbourg Verlag in München bereiterklärt hatte.

Unser besonderer Dank gilt Dirk Börner, dem Vorsitzenden des Internationalen Exekutivkomitees, Eric Baker, dem Mitbegründer und Ehrenpräsidenten von AI, Generalsekretär Martin Ennals und – stellvertretend für alle Mitarbeiter des Internatonalen Sekretariats – Pressesprecher Mark Grantham und Nancy Brieske, der Leiterin des Archivs. Erwähnung verdient auch die Bereitwilligkeit, mit der uns Verantwortliche von AI aus nahezu allen Nationalen Sektionen schriftlich oder mündlich Rede und Antwort standen. Auch hier seien nur einige wenige stellvertretend erwähnt: Sue Nichols (Kanada), Malcolm Tigerschiold (Schweden), Sverre Dahl (Norwegen), Nic Klecker (Luxemburg), Marta Fotsch (Schweiz), Franz Schneider, Henry Goldmann und Bernhard Handlbauer (Österreich). Für Angaben über die deutsche AI danken wir speziell Carola Stern, der Mitbegründerin der Sektion, Helga Wandschneider und Dieter Brumm aus dem Sekretariat in Hamburg, den Bezirkssprechern Jan Mühlstein (München) und Erwin Wittenberg (Köln) so wie, um nur einige der zahlreichen Mitglieder zu nennen, die geduldig auch die diffizilsten Fragen zu beantworten suchten, Sieglinde Junger, Veit Ammon und Michael Girnth. Dieses Buch wäre nicht denkbar gewesen ohne die tatkräftige Unterstützung durch Peter Benenson, den Gründer von AI, und die Mitarbeiter des Modern Records Center, einer eigenständigen Forschungsstelle an der Universität von Warwick, die auf die Ermittlung und Archivierung von Quellen zur britischen Sozial- und Wirtschaftsgeschichte spezialisiert ist. Archivleiter Richard Storey machte uns das Material zugänglich, Janet Druker half beim Sichten und Auswerten und Pat Ludgate opferte Zeit und Geduld, um Hunderte von Fotokopien anzufertigen. Wir danken allen Helfern, nicht zuletzt unseren Familienangehörigen, die uns bei der Bearbeitung des Materials zur Hand gingen, Leah Curnutt, Anita und Rudolf Locher für Übersetzungen, Ursula Schneid für Katalogisierung und Schriftverkehr sowie Richard Berndt für die Organisationsschemata. Besonderen Dank schulden die Verfasser ihrem Verleger Dr. Thomas Cornides und Christian Kreuzer vom Lektorat, die uns bei der Abfassung des Manuskripts mit Rat und Tat zur Seite standen.

1. Gründung und Wachstum

1.1. Vor dem Start: Eine Reihe von Fehlschlägen

Die Geschichte von AI begann an einem Morgen im November des Jahres 1960 in einem Zug der Londoner U-Bahn. Der englische Rechtsanwalt Peter Benenson befand sich auf dem Weg zum Temple, dem traditionsreichen Juristenviertel im Zentrum der britischen Hauptstadt, wo er sein Büro hatte. Wie immer nutzte er diese Gelegenheit, um einen Blick in die Zeitung zu werfen. Eine kurze Meldung abseits der politischen Schlagzeilen zog Benensons Aufmerksamkeit auf sich. Der Artikel berichtete von zwei portugiesischen Studenten, die in einem Restaurant in Lissabon kritische Bemerkungen über das Regime von Ministerpräsident Salazar fallengelassen hatten. Jemand hatte ihr Gespräch zufällig mitangehört und Anzeige erstattet. Die beiden Studenten waren verhaftet und zu einer langjährigen Gefängnisstrafe verurteilt worden.
Viele mögen an diesem Morgen dieselbe Meldung in ihrer Zeitung gelesen haben. Manche mögen wie Peter Benenson Empörung und Ärger über den Vorfall empfunden haben. Doch während die meisten mit einem resignierenden Achselzucken und in dem Glauben, doch nichts gegen das Unrecht in der Welt tun zu können, an ihre Arbeit gingen, schritt der 39jährige Londoner Rechtsanwalt zur Tat.
Wer war dieser Peter Benenson? Nachdem er in Eton die Schule absolviert hatte, studierte er auf dem Balliol-College in Oxford Jura. Während des Krieges stand er in Diensten des britischen Intelligence Service, wo er hauptsächlich mit der Entschlüsselung feindlicher Nachrichtencodes beschäftigt war. Drei Jahre nach Kriegsende wurde er in die englische Anwaltschaft aufgenommen. Dem außerordentlich begabten jungen Anwalt stand eine glänzende berufliche und, nach dem Beitritt zur *Labour Party*, eine nicht weniger Hoffnungen weckende politische Laufbahn offen. Doch die Aussicht auf berufliche und politische Erfolge lockte Benenson wenig. Er suchte nach einer sinnvollen Aufgabe, die ihm mehr abverlangen würde, als dies der juristische Alltag einer Großstadtpraxis je tun könnte. Er fand sie in der Verwirklichung der 1948 von den *Vereinten Nationen* verkündeten *Allgemeinen Erklärung der Menschenrechte*, deren eklatante Mißachtung in weiten Teilen der Welt

sein ausgeprägtes Gerechtigkeitsempfinden herausforderte. Allerdings führte sein Engagement im Laufe der Jahre, wie er heute nüchtern feststellt, zu einer Reihe von Fehlschlägen.[1]

Als Vertreter der britischen Gewerkschaften reiste Benenson zu Beginn der fünfziger Jahre im Auftrag der Labour Party zu politischen Prozessen nach Spanien. Aufgrund der dort gewonnenen Erfahrungen rief er das *Spanish Democrat's Defence Committee* ins Leben, eine Organisation, die spanische politische Häftlinge und deren Familien ideell und materiell unterstützte. Das sei anfangs eine ganz ordentliche Einrichtung gewesen, urteilt Benenson zurückblickend, bis sich dann die erste Begeisterung gelegt habe. Von 1953 bis 1956 setzte er sich für die Schaffung einer nationalen Organisation für Menschenrechte nach dem Vorbild der *American Civil Liberties Union* ein, da ihm der bestehende *National Council of Civil Liberties* allzu sehr von kommunistischen Kräften beeinflußt schien. Mit Hilfe der drei größten Parteien des Landes gründete er schließlich 1956 eine überparteiliche Organisation, die sich *Justice (Gerechtigkeit)* nannte. Sie bestand in der Hauptsache aus Rechtsanwälten und arbeitete eng mit der britischen Sektion der *Internationalen Juristenkommission* zusammen, in der sich Benenson ebenfalls engagierte. *Justice* existiert auch heute noch, wenngleich sie nach den Worten ihres Gründers nichts Besonderes leistet.[2]

Drei Jahre vergingen. Benenson war mit dem Erreichten nicht zufrieden. Mit keiner seiner Initiativen, mit denen er den Menschenrechten und Grundfreiheiten mehr Beachtung hatte verschaffen wollen, hatte er einen durchschlagenden Erfolg erzielt. Dabei wären seiner Meinung nach Erfolge auf diesem Gebiet dringend nötig gewesen. Seit geraumer Zeit schon bemühten sich die Vereinten Nationen vergeblich um ein internationales, völkerrechtlich verbindliches Abkommen zum Schutz der Menschenrechte. An Entwürfen mangelte es nicht, aber immer wieder brachten einzelne Mitgliedsstaaten die verschiedenen Vorlagen wegen kleinlicher Proteste gegen die Formulierung bestimmter Artikel zu Fall. Und hilflos mußte die Weltorganisation mitansehen, wie wenig Regierungen, deren Vertreter in der Vollversammlung wortreich gegen die Mißachtung von Freiheit und Menschenwürde in anderen Staaten zu Felde zogen, sich selbst um die Einhaltung der *Allgemeinen Erklärung der Menschenrechte* scherten, wenn ihre eigenen Interessen auf dem Spiele standen.

Gegen Ende des Jahres 1959 erhielt Benenson ausreichend Gelegenheit, in Ruhe über seine Zukunftspläne nachzudenken. Eine schwere Erkrankung zwang ihn zu einer sechsmonatigen Arbeitspause. Er gab daher seine Stellung bei Gericht auf. Auch aus der Politik zog er sich zurück, nachdem er zehn Jahre lang Unterhauskandidat der Labour Party gewesen war. Der Abschied von der politischen Bühne fiel ihm nicht sonderlich schwer. *Ich liebte den Kampf, aber ich fand keinen Genuß am Sieg.*[3] erklärt er heute. Der Anwalt besaß keinen Ehrgeiz, Parlamentarier zu bleiben. – Die Ärzte rieten dem Kranken zu einem Erholungsaufenthalt im Ausland. Benenson reiste nach Italien. Als er im Frühjahr 1960 wieder nach Hause zurückkehrte, fühlte er sich frei, um neue Ideen in die Tat umzusetzen. Überdies verschaffte eine kleine Erbschaft ihm und seiner Familie finanzielle Unabhängigkeit. Benenson begann mit den Recherchen zu einem Taschenbuch mit demTitel *Verfolgung 1961*, das im Oktober des Jahres 1961 erschien. Das Buch schildert das Schicksal von neun politischen Gefangenen, für deren Freilassung sich der Autor einsetzte. Drei der Gefangenen (ein Amerikaner, ein Südafrikaner und ein Franzose) waren Opfer ihrer Ansichten über Rassengleichheit, die sechs anderen (eine Russin, ein Chinese, ein Spanier, ein Angolaner, ein Rumäne und ein Filipino) waren Opfer des ideologischen Konflikts zwischen Ost und West.

Als Benenson an jenem Novembermorgen des Jahres 1960 aus der U-Bahn stieg und zu seinem Büro ging, beschäftigte ihn noch immer das Schicksal der beiden portugiesischen Studenten, über die er in der Zeitung gelesen hatte. Seine Gedanken kreisten um eine neue Idee: den Start einer weltweiten Kampagne zugunsten all jener Menschen, die unter Mißachtung der Artikel 18 und 19 der *Allgemeinen Erklärung der Menschenrechte*[4], die das Recht eines jeden auf Meinungs- und Gewissensfreiheit verkünden, verfolgt, festgehalten und gefoltert werden.

Benenson diskutierte seinen Plan mit Freunden und Kollegen. Sechs Monate dauerte es, bis das Vorhaben bis in alle Einzelheiten durchdacht und vorbereitet war. So erwogen Benenson und seine Freunde zuerst die Gründung einer Organisation mit dem Namen *Armistice*[5] *(Waffenstillstand)*. Doch kamen sie bald wieder auf die ursprüngliche Idee der Kampagne zurück. Aus Armistice wurde Amnesty und schließlich *Appeal for Amnesty, 1961*. Ziel der erst nur auf ein Jahr geplanten Aktion war die Mobilisierung der öffentlichen Meinung. Benenson und seine Freunde versprachen sich vom Druck der Öffentlichkeit die Freilassung politischer Häftlinge, die Gewalt weder befürwortet noch angewandt hatten, oder wenigstens faire Prozesse vor ordentlichen Gerichten innerhalb angemessener Frist für Personen, die sogenannter politischer Vergehen wegen angeklagt würden. In diesen Anfangstagen konnte sich Benenson vor allem auf die Mitarbeit Eric Bakers und Louis Blom-Coopers stützen. Der Quäker Eric Baker, jetzt Professor am Polytechnikum in London und Ehrenpräsident von AI, arbeitete damals als Sekretär des britischen *National Peace Council*. Louis Blom-Cooper, damals wie heute ein angesehener Rechtsanwalt, verfaßte nebenbei juristische Beiträge für *The Observer*, die traditionsreichste Wochenzeitung Großbritanniens. Ihn fragte Benenson, ob *The Observer* nicht einen Artikel über die geplante Kampagne veröffentlichen könnte. Blom-Cooper besprach das Vorhaben mit der Chefredaktion, bei der er auf Interesse stieß.[6] Schließlich gab auch der Herausgeber der Zeitung, David Astor, sein Einverständnis.

Die Initiatoren der Kampagne trafen sich einmal wöchentlich in einem Pub in der Tudor Street, das nur einen Steinwurf weit vom Verlagsgebäude des *Observer* entfernt lag. Zum Kreis derer, die regelmäßig an diesen Arbeitsessen teilnahmen, zählten acht Personen, überwiegend Journalisten und Juristen. Zu ihnen gehörte auch der Anwalt Peter Archer, der später lange Zeit Vorsitzender der britischen Sektionen von AI war und seit 1974 als Zweiter Kronanwalt Mitglied der Regierung Wilson. Teil der Kampagne sollte die Errichtung einer Zentralstelle sein, die Pressemeldungen und anderweitig beschafftes Material über politische Gefangene sammeln, registrieren und an jene weiterleiten sollte, die sich *Appeal for Amnesty, 1961* als aktive Mitarbeiter anschließen würden. Mitarbeiter in derselben Stadt, an derselben Universität oder im selben Betrieb sollten kleine Gruppen bilden und sich in gemeinschaftlicher Aktion für jeweils drei Gefangene aus den verschiedenen politischen Blöcken der Welt (Ostblock, westliche Welt, Entwicklungsländer) einsetzen. Benensons Artikel *The Forgotten Prisoners (Die vergessenen Gefangenen),* der in *The Observer* erscheinen sollte, war dazu ausersehen, die Kampagne einzuleiten. Der Start von *Appeal for Amnesty, 1961* wurde auf den Dreifaltigkeitssonntag, den 28. Mai 1961, gelegt. Ende des Jahres sollte die Kampagne allmählich auslaufen.

Die Mehrzahl der heutigen AI-Mitglieder hält den 28. Mai 1961 fälschlicherweise für den Gründungstag der Organisation. Der zum katholischen Glauben konvertierte Benenson jedoch hatte den Dreifaltigkeitssonntag als Starttermin gewählt, da die Dreifaltigkeit als ein Symbol für die Einheit der drei weltpolitischen Blöcke verstanden werden sollte. Amnesty war in den Augen seines Gründers eine Weltanschauung, fast so etwas wie eine Religion: eine Religion der Selbsterforschung, der permanenten Infragestellung aller Werte und Überzeugungen und der persönlichen Bescheidenheit.[7]

Am 28. Mai 1961 erschien *The Observer* wie üblich in einer Gesamtauflage von über 600 000 Exemplaren. Benensons Artikel *Die vergessenen Gefangenen* war günstig plaziert: Er nahm die gesamte Titelseite des *Weekly Review,* des gesonderten Magazinteils der Zeitung, ein. Wir drucken ihn fast in voller Länge ab, weil er gewissermaßen das Gründungsmanifest von AI ist.

Die vergessenen Gefangenen

Sie können Ihre Zeitung an jedem x-beliebigen Tag der Woche aufschlagen, und Sie werden in ihr einen Bericht über jemanden finden, der irgendwo in der Welt gefangengenommen, gefoltert oder hingerichtet wird, weil seine Ansichten oder Religion seiner Regierung nicht gefallen. Es gibt einige Millionen solcher Gefangenen und keinesfall nur hinter dem „Eisernen" oder dem „Bambus-Vorhang". Und ihre Zahl wächst. Der Zeitungsleser empfindet eine ekelerregende Hilfslosigkeit. Wenn jedoch diese Gefühle des Abscheus in der ganzen Welt in einer gemeinsamen Aktion vereint werden könnten, wäre es möglich, etwas Wirkungsvolles zu tun.

1945 wurde die Allgemeine Erklärung der Menschenrechte von den Gründern der UNO angenommen.

Artikel 18: Jeder Mensch hat den Anspruch auf Gedanken-, Gewissens- und Religionsfreiheit; dieses Recht umfaßt die Freiheit, seine Religion oder seine Überzeugung zu wechseln, sowie die Freiheit, seine Religion oder Überzeugung allein oder in Gemeinschaft mit anderen, in der Öffentlichkeit oder privat, durch Lehre, Ausübung, Gottesdienst und Vollziehung von Riten zu bekunden.

Artikel 19: Jeder Mensch hat das Recht auf freie Meinungsäußerung; dieses Recht umfaßt die Freiheit, Meinungen unangefochten anzuhängen und Informationen und Ideen mit allen Verständigungsmitteln ohne Rücksicht auf Grenzen zu suchen, zu empfangen und zu verbreiten.

Gegenwärtig existiert kein verläßlicher Weg, um herauszufinden, wieviele Länder ihre Bürger diese zwei grundlegenden Rechte genießen lassen. Wichtiger als die Verankerung der Rechte in den Verfassungen ist, wie sie in der Praxis ausgelegt und befolgt werden. Keine Regierung betont beispielsweise ihre verfassungsmäßigen Garantien so ausdrücklich wie die spanische; sie wendet sie aber nicht an.

Es gibt in aller Welt eine wachsende Tendenz, die tatsächlichen Gründe für die Gefangennahme von Oppositionellen zu tarnen. In Spanien werden Studenten der militanten Rebellion bezichtigt, wenn sie Flugblätter verteilen, in denen gefordert wird, Diskussionen über aktuelle Fragen veranstalten zu dürfen. In Ungarn wurden katholische Priester, die versuchten, Chorschulen in Betrieb zu halten, wegen Homosexualität angeklagt. Diese verfälschenden Anklagen zeigen, daß Regierungen keineswegs unempfindlich auf den Druck der Meinungen außerhalb ihres Machtbereiches reagieren. Wenn die Weltmeinung sich auf einen schwachen Punkt konzentriert, kann sie manchmal mit Erfolg eine Regierung zum Nachgeben bewegen. Der ungarische Dichter Tibor Dery beispielsweise wurde kürzlich aus der Haft entlassen, nachdem in vielen Ländern ‚Tibor Dery Komitees' gebildet worden waren; und Professor Tierno Galvan und mit ihm befreundete Literaten wurden in Spanien diesen März freigesprochen, nachdem bedeutende ausländische Beobachter angekommen waren.

Es ist wichtig, die öffentliche Meinung rasch und auf breiter Basis zu mobilisieren, noch bevor eine Regierung, durch ihre eigene Repression, sich in einem circulus vitiosus verfängt, und mit einem drohenden Bürgerkrieg konfrontiert wird. Dann ist die Lage schon zu verzweifelt, als daß eine Regierung sich erlauben könnte, Zugeständnisse zu machen. Damit die öffentliche Meinung einen wirksamen Druck ausübt, sollte sie eine breite Grundlage haben, international, unparteiisch und konfessionslos sein. Feldzüge für die Freiheit, die nur von einem einzelnen Land oder einer Partei gegen andere geführt werden, erreichen oft das Gegenteil, das heißt: eine verschärfte Verfolgung.

Darum haben wir 1961 mit dem Appeal for Amnesty begonnen. Dieser

Feldzug, der heute gestartet wird, geht auf die Initiative einer Gruppe Londoner Rechtsanwälte, Schriftsteller und Verleger zurück, die die Überzeugung Voltaires teilen: „Ihre Ansichten sind mir zuwider, aber ich bin bereit, mein Leben dafür zu geben, damit sie sie uneingeschränkt äußern dürfen."
Wir haben eine Geschäftsstelle in London eingerichtet, die Unterlagen sammeln soll über Namen, Anzahl und Zustand der „Gewissensgefangenen", wie wir sie nennen wollen. Der Gewissensgefangene wird von uns wie folgt definiert: Jede Person, die physisch daran gehindert wird (durch Haft oder auf irgendeine andere Art), ihre ehrliche Ansicht zu äußern (sei es in Wort oder Schrift), ohne daß sie persönlich Gewalt angewendet oder befürwortet hat. Wir schließen auch solche Personen aus, die sich mit einer fremden Regierung verschworen haben, um die eigene zu stürzen. Unsere Stelle wird von Zeit zu Zeit Pressekonferenzen abhalten, um die Aufmerksamkeit auf Gewissensgefangene zu lenken, die unparteiisch aus verschiedenen Teilen der Welt ausgesucht werden. Unsere Geschäftsstelle wird sachliche Informationen vermitteln, und zwar an jede Gruppe, bestehende oder neue, in jedem Teil der Welt, die sich entschließt, an einer besonderen Bemühung zugunsten der Meinungs- oder Glaubensfreiheit mitzuwirken.
Im Oktober wird von Penguin eine Sonderausgabe von „Verfolgung 1961" als Teil unseres Amnestie-Feldzuges veröffentlicht. Sie enthält Geschichten von neun Männern und Frauen aus verschiedenen Teilen der Welt, die voneinander abweichende Meinungen vertreten und Haft erleiden mußten, weil sie ihre Meinung äußerten. Keiner von ihnen ist Politiker; alle sind Angehörige höherer Berufsstände. Die Meinungen, die ihre Inhaftierung herbeiführten, sind in einer freien Gesellschaft alltägliche Argumente und Äußerungen. Ein Fall schildert die widerliche Brutalität, mit der der führende angolanische Dichter Agostinho Neto behandelt wurde, ehe es dort zu den gegenwärtigen Unruhen kam. Dr. Neto gehörte zu den fünf eingeborenen Ärzten Angolas. Seine Bemühungen, den Gesundheitsdienst für seine afrikanischen Brüder zu verbessern, waren der portugiesischen Regierung unerträglich. Im Juni letzten Jahres drang die Sicherheitspolizei in sein Haus ein, peitschte ihn vor den Augen seiner Familie aus und schleppte ihn fort. Seither befindet er sich auf den Kapverdischen Inseln in Haft, ohne daß er angeklagt oder ihm der Prozeß gemacht wurde.
An dieser Stelle kürzen wir den Artikel, indem wir jene Passage überspringen, in der Benenson auf das Schicksal der anderen Gefangenen in seinem Buch *Verfolgung 1961* eingeht. Er fährt dann fort:
Die Technik, persönliche Schicksale einer Anzahl Gefangener mit gegensätzlicher politischer Einstellung zu veröffentlichen, ist neu. Sie wurde eingeführt, um dem Schicksal früherer Amnestie-Kampagnen zu entgehen, die sich so oft den politischen Ansichten der Inhaftierten widmeten, statt humanitären Zielen.
Wie können wir den Stellenwert der Freiheit in der Welt von heute bestim-

men? Der amerikanische Philosoph John Dewey sagte einmal: „Wenn du dir ein Bild von einer Gesellschaft machen willst, finde heraus, wer im Kerker sitzt." Dieser Rat ist schwer zu befolgen, weil es nur wenige Regierungen gibt, die Nachforschungen über die Zahl der Gewissensgefangenen in ihren Gefängnissen zulassen. Ob der Presse Kritik an der Regierung erlaubt ist oder nicht, darf als weiterer Prüfstein der Freiheit gelten. Sogar viele demokratische Regierungen sind erstaunlich empfindlich gegenüber der Kritik der Presse. In Frankreich hat General de Gaulle in zunehmenden Maße Zeitungen beschlagnahmen lassen, ein Brauch, den er aus der Vierten Republik übernommen hat. In Großbritannien und den Vereinigten Staaten werden gelegentlich Versuche unternommen, der Pressekritik den Stachel zu ziehen, indem man die Redakteure wegen eines „Staatsgeheimnisses" ins Vertrauen zieht.

Innerhalb des britischen Commonwealth hat die Regierung von Ceylon einen Angriff auf die Presse gestartet und gedroht, das gesamte Pressewesen unter staatliche Kontrolle zu stellen. In Pakistan ist die Presse der Gnade der Kriegsrechts-Verwaltung ausgeliefert. In Ghana arbeitet die Presse der Opposition unter großen Behinderungen. In Südafrika, das dieser Tage aus dem Commonwealth ausscheidet, plant die Regierung gesetzliche Maßnahmen zur Erweiterung der Pressezensur. Außerhalb des Commonwealth ist die Pressefreiheit besonders bedroht in Indonesien, in den arabischen Staaten und in den lateinamerikanischen Ländern, wie zum Beispiel in Kuba. In der kommunistischen Welt, in Spanien und in Portugal wird Kritik der Presse an der Regierung selten geduldet.

Freiheit kann auch daran gemessen werden, ob eine Regierung eine politische Opposition zuläßt. Die Nachkriegsjahre haben eine Ausbreitung der „Einzelherrschaft" in Asien und Afrika gebracht. Überall dort, wo eine Oppositionspartei daran gehindert wird, eigene Kandidaten aufzustellen oder Wahlresultate zu überprüfen, steht viel mehr auf dem Spiel als die Zukunft der Regierung. Wahlen, bei denen mehrere Parteien zugelassen werden, mögen schwerfällig sein, auch können Koalitionen zu unbeständigen Regierungen führen; aber kein anderer Weg wurde bisher gefunden, um Minderheiten Freiheit oder Dissidenten Sicherheit zu garantieren. Was auch immer an Wahrheit in dem alten Spruch stecken möge, wonach sich Demokratie schlecht mit aufstrebendem Nationalismus verträgt, so sollten wir uns auch an Winston Churchill's Ausspruch erinnern: „Die Demokratie ist eine verdammt schlechte Regierungsform, aber niemand hat sich eine bessere ausgedacht." Ein vierter Test, um den Stellenwert der Freiheit zu prüfen, fragt danach, ob diejenigen, die eines Vergehens gegen den Staat angeklagt sind, einen schnellen und öffentlichen Prozeß vor einem unvoreingenommenen Gericht erhalten, ob sie eigene Zeugen laden dürfen und ob ihr Anwalt die Verteidigung so führen darf, wie es ihm am günstigsten scheint. In den letzten Jahren gab es eine bedauerliche Tendenz in einigen jener Länder, die sonst so stolz auf ihre unabhängige Rechtsprechung sind, einen Notstand auszurufen und Gegner in Vorbeugungshaft zu nehmen. Auf diese Weise haben Regierungen die Notwendigkeit, Anklage zu erheben und die Schuld der Angeklagten zu beweisen, umgehen können. Auf der anderen Seite steht der Enthusiasmus, mit dem in sowjetischen Provinzen Einrichtungen ins Leben gerufen werden, die sich Gerichte nennen, es aber keinesfalls sind. Die sogenannten ‚Genossen-Gerichte' in der UdSSR, die ermächtigt sind, sich mit ‚Parasiten' zu befassen, sind im Grunde genommen kaum mehr als Abteilungen des Arbeitsministeriums, die ‚Querköpfe' auf öde Posten in Sibirien abschieben. In China wird das Übersiedeln von Arbeitskräften aufgrund eines angeblich legalen Prozesses in gigantischem Ausmaß betrieben.

Der schnellste Weg, Gewissensgefangenen Erleichterung zu verschaffen, ist, solche Fakten in der Presse zu veröffentlichen, insbesondere die Mitbürger aufzuklären. Infolge des Drucks, den der aufkeimende Nationalismus ausübt, und der Spannungen des Kalten Krieges, werden notgedrungen Situationen entstehen, in denen sich Regierungen bemüßigt sehen, Notstandsvorkehrungen zu treffen, um ihren Fortbestand zu sichern. Es ist außerordentlich wichtig, daß die öffentliche Meinung darauf besteht, daß diese Maßnahmen nicht übertrieben oder über den eigentlichen Notstand hinaus aufrechterhalten werden. Für den Fall, daß der Notstand längere Zeit andauert, sollte die Regierung dazu veranlaßt werden, ihre Gegner aus dem Gefängnis zu entlassen, damit diese im Ausland Asyl suchen können.

Obwohl es darüber keine Statistik gibt, so ist es doch wahrscheinlich, daß die letzten Jahre eine stetige Abnahme der Zahl von Asyl findenden Menschen mit sich.brachten. Das ist nicht so sehr der Abneigung anderer Länder, Asyl zu gewähren, zuzuschreiben, als vielmehr der stark erhöhten Wirksamkeit der Grenzkontrollen, die den Menschen heutzutage die Flucht wesentlich erschwert. Versuche der Vereinten Nationen, eine funktionsfähige Konvention über das Asylrecht zu schaffen, schleppen sich schon seit vielen Jahren erfolglos dahin.

In vielen Ländern existiert auch das Problem der Arbeitsbeschränkung für Einwanderer. Solange in „Gastgeber"-Ländern Arbeit nicht verfügbar ist, bleibt das Asylrecht weitgehend sinnlos. Appeal for Amnesty, 1961 will bei der Beschaffung geeigneter Beschäftigungsmöglichkeiten für politische und religiöse Flüchtlinge helfen. Es wäre von Vorteil, wenn in jedem „Gastgeber"-Land ein zentrales Arbeitsamt für diese Menschen eingerichtet werden könnte, das mit den Arbeitgeberverbänden, den Gewerkschaften und dem Arbeitsministerium zusammenarbeitet.

In Großbritannien gibt es viele Betriebe, die bereit wären, mit Übersetzungs- und Korrespondenzarbeiten, Flüchtlinge zu beschäftigen, aber, leider gibt es keine Einrichtung, die das Problem von Angebot und Nachfrage regelt. Jene Regierungen, die, mit der Begründung, daß ihre Bürger nur ins Ausland ziehen, um verschwörerischen Tätigkeiten nachzugehen, diesen verbieten, um

Asyl nachzusuchen, wären vielleicht weniger abgeneigt, wenn sie wüßten, daß die enttäuschten Flüchtlinge nach ihrer Ankunft nicht vergeblich auf Arbeit warten müßten.
Die Mitglieder des Europarats haben eine Menschenrechtskonvention angenommen und einen Ausschuß gebildet, der deren Anwendung sichern soll. Einige Länder haben ihren Bürgern das Recht zugestanden, sich persönlich an diesen Ausschuß zu wenden. Aber andere Länder, einschließlich Großbritanniens, haben sich geweigert, die Kompetenz des Ausschusses für individuelle Klagen anzuerkennen, und Frankreich hat sich überhaupt geweigert, die Konvention zu ratifizieren. Die Öffentlichkeit sollte auf der Gründung einer wirksamen überstaatlichen Behörde bestehen, nicht nur in Europa. sondern auf ähnlicher Basis auch auf den anderen Kontinenten.
Dieses Jahr eignet sich besonders gut für eine Amnestie-Kampagne. Hundert Jahre sind seit dem Amtsantritt von Präsident Lincoln und dem Beginn des amerikanischen Bürgerkriegs vergangen, der mit der Befreiung der amerikanischen Sklaven endete, hundert Jahre auch seit dem Erlaß, der die russischen Leibeigenen befreite. Ebenfalls vor hundert Jahren fegte Dr. Gladstone's Haushaltsplan die erdrückenden Zölle für Druckerzeugnisse weg und vergrößerte damit die Bedeutung und den Freiheitsraum der Presse. Das Jahr 1861 brachte das Ende der Tyrannei von König „Bomba" von Neapel und die Errichtung eines vereinigten Italien; es war aber auch das Todesjahr Lacordaires, des französischen Dominikaners und Gegners der bourbonischen und orleanischen Unterdrückung.
Der Erfolg von Appeal for Amnesty, 1961 wird davon abhängen, mit welchem Nachdruck die öffentliche Meinung mobilisiert wird. Er hängt auch davon ab, ob der Feldzug umfassend in seiner Zusammensetzung, international in seinem Charakter und unparteilich in seiner politischen Richtung ist. Die Teilnahme jeder Gruppe wird begrüßt, die bereit ist, Unterdrückung zu verurteilen, unabhängig davon, wo diese vorkommt, wer dafür verantwortlich ist, oder welche Ideen unterdrückt werden. Wieviel erreicht werden kann, wenn sich Männer und Frauen, die guten Willens sind, zusammentun, zeigte sich während des Welt-Flüchtlings-Jahres. Es wird nicht zu vermeiden sein, daß Aktionen, die Appeal for Amnesty, 1961 fordert, nur von Regierungen ausgeführt werden können. Aber die Erfahrung lehrt, daß Regierungen in solchen Angelegenheiten nur dann bereit sind mitzumachen, wenn sich die öffentliche Meinung dafür stark engagiert. Der Druck der öffentlichen Meinung führte vor hundert Jahren zur Befreiung der Sklaven. Jetzt ist für die Menschen der Zeitpunkt gekommen, darauf zu bestehen, daß die Freiheit des Geistes, der Meinung und der Rede durchgesetzt wird, so wie einst die Fesseln von den Körpern abgestreift wurden.

Peter Benenson

Die Ziele der Kampagne und eine Kontaktadresse standen eingerahmt in einem Kästchen auf der gleichen Zeitungsseite:

Die Ziele:

1. *Unparteiisch für die Haftentlassung jener zu arbeiten, die wegen ihrer Meinung eingesperrt sind.*
2. *Für sie einen fairen und öffentlichen Prozeß zu erwirken.*
3. *Das Asylrecht zu erweitern und politischen Flüchtlingen bei der Arbeitsbeschaffung zu helfen.*
4. *Eine wirksame internationale Maschinerie zu veranlassen, das Recht auf freie Meinungsäußerung zu garantieren.*

Zu diesem Zweck wurde in London ein Büro eingerichtet, das Informationen über Gewissensgefangene aus aller Welt sammelt und veröffentlicht. Die erste Pressekonferenz der Kampagne wird morgen abgehalten. Unter den Sprechern sind drei Parlamentsabgeordnete: John Foster, Q.C. (Konserv.), F. Elwyn Jones, Q.C. (Lab.) und Jeremy Thorpe (Lib.).

Alle Angebote zur Mithilfe, sowie Informationen möchten bitte an folgende Adresse gerichtet werden: Appeal for Amnesty, I, Mitre Court Buildings, Temple, E.C.4.

Da *The Observer* über einen guten Kontakt zu etwa achtzig führenden ausländischen Zeitungen verfügte, denen man den Artikel zur Veröffentlichung angeboten hatte, und der Herausgeber der Zeitung unter anderen mit Kollegen von der *Herald Tribune, Le Monde* und dem *Corriere della Sera* befreundet war, gab es ein weltweites Presseecho.[8] An diesem Dreifaltigkeitssonntag und an den folgenden Tagen erschien der Artikel *Die vergessenen Gefangenen* vollständig oder in Auszügen in über 30 Zeitungen der westlichen Welt. *Wäre der Artikel nur in England erschienen,* meint Peter Benenson, *wären wir wohl nicht sehr weit gekommen.*[9]

1.2. Der Start: Die Kampagne, Appeal for Amnesty, 1961'

1961-1962

Benenson glaubte, ein äußerst geeignetes Jahr für *Appeal for Amnesty, 1961* gewählt zu haben: *Man kann fast sagen, daß das Jahr 1961 die einzige Gelegenheit für eine derartige Kampagne bot. Die westliche Welt erlebte einen wirtschaftlichen Aufschwung, während sich auf politischer Ebene eine Zeit der Flitterwochen zwischen Chruschtschow, Kennedy und Papst Johannes XXIII. ankündigte.*[10] Benenson und seine Freunde erwarteten daher mit Spannung die Reaktion der Öffentlichkeit auf den Artikel *Die vergessenen Gefangenen*. Man hatte Zeit, Geld und Idealismus in die Vorbereitung der

Kampagne investiert. Hatte sich der Aufwand gelohnt? Würden die Leute erkennen, was Benenson geplant hatte? *Es handelt sich keinesfalls um eine Protestbewegung, wie sie heute so zahlreich in Mode sind,* betonte Benenson in einem Referat 1974. *Es handelt sich vielmehr um die Zusammenarbeit von Menschen aus allen Ländern der Erde für ein Ziel und nicht gegen etwas. Das Ziel heißt Meinungs- und Religionsfreiheit.*[11]

Das Echo auf den Artikel ließ nicht lange auf sich warten. In dem Büro am Mitre Court, das Benenson für die Kampagne als Koordinationszentrale zur Verfügung gestellt hatte, und in der Redaktion des *Observer* traf eine Flut von Briefen ein. *Wir hatten auf Anhieb einen unerwarteten Erfolg,*[12] erinnert sich Eric Baker. *Zeitungsleser aus allen Teilen Europas und den USA boten uns Geld oder ihre Mitarbeit an.* Ein Amerikaner spendete spontan 1 000 Dollar.

Vorrang in diesen ersten Tagen der Kampagne hatte die Bildung von Gruppen, die Gefangene betreuen wollten. In einer entsprechenden Anleitung für Interessierte hieß es in der ersten Nummer des *Amnesty Journal* aus dem Jahr 1962: *Threes* (diese Bezeichnung für die Gruppen leitete sich von den drei Gefangenen ab, die jede zu betreuen hatte, d. Vf.) *können durch eine am Ort ansässige Organisation, eine Schule, eine Familie (oder mehrere Familien) oder durch Studenten gebildet werden, die es auf sich nehmen, für die Freilassung von drei Gefangenen zu arbeiten und dabei auch deren Angehörigen zu helfen. Jeder dieser Wege ist typisch für die Entstehung von Threes, die auf diesem Sektor bereits tätig sind. . . Es gibt für den Beginn keine festgelegten Regeln – vieles muß von der eigenen Initiative und selbstgeknüpften Kontakten abhängen – , aber auch über die Versorgung mit Namen von Gefangenen hinaus ist das Zentralbüro stets darauf eingerichtet, mit Rat und Tat zu helfen, wo immer das möglich ist. Die einzige Voraussetzung, auf die wir großes Gewicht legen, ist, daß jeder die unparteilichen und humanitären Ziele der Bewegung anerkennt und daß die Gruppe geschlossen dazu bereit ist, sich für einen Gefangenen aus dem Osten, dem Westen und einem afro-asiatischen Land gleichermaßen einzusetzen.*

Zwei Frauen sorgten dafür, daß die versprochene Hilfe auch tatsächlich geleistet wurde. Marlys Deeds koordinierte vom Mitre Court aus die Arbeit der Gruppen im Ausland, die sich aufgrund des Artikels *Die vergessenen Gefangenen* und zahlreicher lobender Pressekommentare gebildet hatten. Für Großbritannien, das mit siebzig Gruppen, viele davon an Universitäten, das größte Kontingent an Mitarbeitern der Kampagne stellte, war die ehemalige Lehrerin Margaret Archer, die Frau des Anwalts und Mitbegründers der Organisation Peter Archer, verantwortlich. Sie leitete den Einsatz von ihrer Londoner Privatwohnung aus. Beide Stellen versorgten die ihnen anvertrauten Gruppen mit Daten verschiedener Art, mit Angaben zur Person adoptierter Gefangener, Hintergrundinformationen, Kontaktadressen und Ratschlägen:

Versuchen Sie, Kontakt mit nahen Verwandten des Gefangenen aufzunehmen; sie sind vielleicht die einzigen Menschen, die mit dem Gefangenen Verbindung haben.
Schreiben Sie an den Herausgeber einer führenden Zeitung in dem betreffenden Land.
Benützen Sie die lokale Presse, um Ihren Bezirk über die von Ihnen geführte Kampagne auf dem laufenden zu halten.
Beraten Sie sich mit den Verwandten des Gefangenen bezüglich der wirksamsten Methode, Druck auszuüben, um die Haftentlassung des Gefangenen zu erreichen.
Versuchen Sie, Geld aufzutreiben oder Geschenke an eventuell notleidende Angehörige des Gefangenen zu schicken.
Wenn Sie die Haftentlassung eines Gefangenen erreicht haben, schreiben Sie an das Zentrum der Threes (gemeint ist die Zentrale für Großbritannien von Margaret Archer, d.Vf.), *um Namen und Daten eines anderen Gefangenen aus dem gleichen Teil der Welt zu erhalten.*[13]
In einem kleinen Kellerraum des Hauses, in dem sich Benensons Büro befand, sammelten freiwillige Mitarbeiter unter der Leitung einer hauptamtlich tätigen Bibliothekarin Informationen über Gefangene. Zu diesem Zweck sichteten sie regelmäßig ausländische Zeitungen nach entsprechenden Meldungen. Die Presse ist für AI die wichtigste Nachrichtenquelle geblieben, obwohl sich das System der Informationsbeschaffung inzwischen erheblich verbessert hat.
Im Sommer 1961 waren acht ständige Mitarbeiter im Zentralbüro tätig. Als ehrenamtliche Geschäftsführer fungierten Benenson und sein Anwaltskollege Neville Vincent.
Im Ausland trat *Appeal for Amnesty* erstmals am 20. Juni 1961 an die Öffentlichkeit. Auf einer von der Organisation in Paris abgehaltenen Konferenz, die sich mit Fällen religiöser Verfolgung befaßte (darunter auch mit dem Schicksal des Prager Erzbischofs Kardinal Beran, über dessen Fall wir gegen Schluß dieses Kapitels berichten), trug Benenson Ziele und Richtlinien der Kampagne vor. Daß seine Botschaft auf fruchtbaren Boden fiel, bewies die Bildung einiger französischer Gruppen – die erste organisierte Beteiligung des Auslandes an der Kampagne.
Nach einem Besuch Eric Bakers in Köln, der Kontakt zu deutschen Künstlern und Journalisten aufgenommen hatte, entstand der Plan, ein internationales Treffen aller Gruppen zu arrangieren. Diese Zusammenkunft fand unter Beteiligung von Abgesandten aus Belgien, Irland, Frankreich, England, der Bundesrepublik Deutschland, der Schweiz und den USA am 22. und 23. Juli 1961 in Luxemburg statt. Ein abschließendes Kommuniqué[14] bekräftigte den Anspruch auf ideologische Unparteilichkeit und regte den Einsatz von internationalen Prozeßbeobachtern an. Die Gruppen wurden ersucht, Geld für die Familien Inhaftierter zu sammeln. In der Zeitschrift *Amnesty*,

mit der wir uns noch an anderer Stelle befassen werden, schrieb einer der Organisatoren der Konferenz, Sean MacBride (vgl. S. 45 f.), daß es bei der Kampagne nicht mehr länger um die Frage der Haftentlassung einiger isolierter Gewissensgefangener gehe, sondern um das Problem, den Frieden für Tausende und Abertausende zu sichern, die wegen ihrer religiösen und politischen Ansichten dieses Friedens beraubt werden. Man müsse, wie es in Luxemburg gefordert worden sei, die Regierungen spüren lassen, daß die freie Welt eine Gefängnisstrafe ohne vorausgehenden Prozeß nicht zu akzeptieren bereit sei. MacBride wies auch darauf hin, daß zu jener Zeit die aufstrebenden Staaten Afrikas ihre ehemaligen Kolonialherren nachzuahmen begannen und die Verhängung von Haftstrafen ohne Gerichtsverfahren als eine legitime Demonstration der Macht ansahen.[15] Das Selbstbewußtsein einiger Konferenzteilnehmer, die der Bewegung für die nahe Zukunft eine bedeutende Rolle im internationalen Geschehen zubilligten, spiegelt MacBrides mehr von Euphorie denn von realpolitischem Verständnis geprägter Schlußsatz wider, in dem der irische Ex-Außenminister die kühne Behauptung aufstellte: *Obwohl der Eichmann-Prozeß während der Konferenz nicht erwähnt wurde, war doch zu spüren, daß es, hätte eine internationale Bewegung wie Amnesty bereits in den Dreißiger Jahren existiert, keinen Krieg, keine Konzentrationslager und keine Gaskammern gegeben hätte – und keinen Eichmann.*[16]
Fassen wir an dieser Stelle kurz die wichtigsten Ereignisse im Rahmen der Kampagne zusammen: In der zweiten Jahreshälfte 1961 bildeten sich Nationale Sektionen (das sind nationale Zweigorganisationen der internationalen Amnesty-Bewegung) in Belgien, der Bundesrepublik Deutschland und Irland. Schweizer Gruppen entstanden in Genf und Zürich, eine griechische Gruppe wurde in Athen ins Leben gerufen. Am 24. August war Benenson Interview-Gast einer australischen Rundfunkstation. Das Fünf-Minuten-Gespräch führte zur Bildung von Amnesty-Gruppen in Sydney und Melbourne. Benenson und Baker reisten rund um die Welt, ohne dabei den Aufbau der Zentrale in London zu vernachlässigen. *Wait and see* hieß Benensons Devise zu Beginn der Kampagne. Doch bereits wenige Wochen später forderte deren Erfolg ein neues Konzept. Zwar lief *Appeal for Amnesty, 1961* wie geplant weiter, doch der Beschluß, eine Bewegung mit dem Namen *Amnesty* aus der Taufe zu heben und 1962 an die Stelle der Kampagne zu setzen, war schon im Juli 1961 in Luxemburg gefallen.
In den Vereinigten Staaten gründete Benenson im September eine provisorische Nationale Sektion. Am 26. Oktober erschien in London sein Buch *Verfolgung 1961*. Am 10. Dezember schrieben die Verantwortlichen der Kampagne zum *Tag der Menschenrechte*[17] einen Brief an alle Regierungen, in dem diese aufgefordert wurden, an Weihnachten eine Amnestie durchzuführen. Am selben Tag fanden in acht Städten Großbritanniens Bittgottesdienste für die Opfer politischer Willkür statt. In einer feierlichen Zeremonie

in der Krypta der Londoner Kirche St. Martin-in-the-Fields wurde erstmals die Amnesty-Kerze als ein Symbol des Gedenkens an die politisch und religiös Verfolgten entzündet. Nach dem Motto: *Es ist besser, eine Kerze zu entzünden, als sich über die Dunkelheit zu beklagen,* wurde die brennende, von Stacheldraht umschlungene Kerze zum Sinnbild der Bewegung. Einen großen Erfolg erzielten die Initiatoren der Kampagne mit einer Weihnachtskartenaktion. 5 000 Grußkarten mit Zitaten bekannter Dichter und Philosophen, *von denen wir glauben, daß sie die fundamentalen Wahrheiten ausdrücken, zu deren Verteidigung Amnesty ins Leben gerufen wurde,*[18] wurden verkauft und an Gefangene in aller Welt verschickt.[19]
Um alle Mitglieder der Kampagne im In- und Ausland sowohl über politische Entwicklungen in Zusammenhang mit den Zielen des *Appeal for Amnesty, 1961,* als auch über interne organisatorische Fragen zu informieren, erschien am 27. Juni 1961 die erste Ausgabe von *Amnesty,* einer Halbmonatszeitschrift von acht Seiten Umfang, deren vierzehnte und letzte Nummer zum Ausklang der Kampagne für den 3. Januar 1962 vorgesehen war. Provozierender Blickfang von Ausgabe vier bis zwölf war auf der Titelseite ein kahlgeschorener junger Mann mit Brille, eingesperrt in eine winzige Zelle – die Zentralfigur einer Zeichenserie des Karikaturisten Abu, eines Mitarbeiters des *Observer.* Der Kommunikation zwischen der Zentrale und den Gruppen kam speziell in den Anfangstagen der Bewegung entscheidende Bedeutung zu, denn immer wieder tauchten Mißverständnisse auf: *Die meisten Gruppen waren in den ersten Jahren eher enthusiastisch als vernünftig.*[20] Die Bezeichnung *Threes* für die Gruppen verführte beispielsweise viele Leute zu der irrigen Ansicht, eine Gruppe dürfe nur aus drei Mitgliedern bestehen.[21] Fehlinterpretationen oder gar der Mißbrauch der Idee aus ideologischen Gründen bekümmerte die Initiatoren jedoch in weitaus stärkerem Maße. In keiner Publikation, in keinem Interview, in keiner Rede vergaß man auf die Grundsätze hinzuweisen, die der Existenz der Bewegung ihren Sinn gaben. Das Gebot der strikten Neutralität wurde den Gruppen bei jeder Gelegenheit eingeschärft. Benensons große Sorge galt dem möglichen Verlust der Unparteilichkeit durch die Annäherung an eine politische Richtung oder infolge finanzieller Abhängigkeit.
Für Dezember 1961 war in Utrecht ein internationales Kolloquium geplant. Um ein Grundsatzpapier für diese Zusammenkunft ausarbeiten zu können, führten Benenson und Baker in Ausgabe Nr. 6 von *Amnesty* eine Leserumfrage durch. Gefragt wurde nach den Grenzen der Freiheit – so hieß die Überschrift.[22] Gemeint waren die legitimen Grenzen grundlegender, aber oft mißachteter Rechte, wozu die Fragesteller zum Beispiel das Recht auf freie Meinungsäußerung und das Asylrecht zählten. Zweck der Umfrage war es herauszufinden, ob Initiatoren und Mitglieder von *Appeal for Amnesty, 1961* über die Ziele und Aufgaben der Kampagne und speziell über die Definition des von Benenson eingeführten Begriffes des Gewissensgefangenen

derselben Meinung waren. Gleichzeitig war diese Aktion ein Indiz dafür, daß Benensons Worte von der *permanenten Infragestellung aller Werte und Überzeugungen* kein leeres Gerede waren, sondern ernstgenommen werden wollten. Wir geben den Fragebogen, da er heute sicher nicht weniger Denkanstöße vermittelt als 1961, einschließlich der später veröffentlichten, zusammenfassenden Auswertung der eingegangenen Antworten[23] im folgenden nur unwesentlich gekürzt wieder.

Fragebogen zum Thema: Grenzen der Freiheit

I. Wann darf ein Bürger rechtmäßig versuchen, seine Regierung oder deren Politik zu ändern?

In jeder Gesellschaft können zwischen der Regierung (nationale, regionale oder Gewerkschafts-Ebene, usw.) und ihren Bürgern höchst gefährliche Spannungen auftreten. Der Sinn regelmäßiger Wahlen und anderer Mechanismen der Verfassung liegt darin, durch rechtzeitigen Interessenausgleich den offenen Konflikt zu vermeiden. Trotzdem kann die Spannung so groß werden, daß der Druck einem Staatsbürger (oder den Bürgergruppen) so unerträglich zu werden scheint, daß er sich berechtigt fühlt, im Sinne des Gesetzes unerlaubte Wege zu gehen, um seiner Frustration Ausdruck zu verleihen. Der folgende Fragebogen beabsichtigt die Grenzen abzustecken, die der Bürger und die von ihm angegriffene Regierung anerkennen sollten.

A) In Friedenszeiten:

Unter welchen Umständen ist ein Bürger berechtigt, aus politischen Gründen die Gesetze zu brechen (im Gegensatz zu den Gewissensgründen, die in Abschnitt 3 besprochen werden)? (Ist er zum Beispiel berechtigt, das Gesetz zu mißachten, wenn es nach der Verfassung mit verfassungsmäßigen Mitteln unmöglich ist, Neuwahlen zu veranlassen; wenn es ihm nicht gestattet ist, seine Meinung zu äußern, sei es durch Presse, Funk, Fernsehen oder nach eigenen Mitteln und Möglichkeiten; wenn sein Arbeitsplatz bedroht ist, durch bevorstehende Kündigung, Aussperrung oder Streik?)

B) Während eines ‚Notstands':

Gibt es irgendwelche Rechte, die ein Staat nicht aufheben darf? (z.B. das Habeas Corpus-Recht).

C) In einem neu entstandenem Staat:

Gibt es irgendwelche Rechte, die ein Bürger nicht beanspruchen kann? Falls ja, welche, während welcher Zeitspanne, mit welchen Sicherheitsklauseln? (Sollten solche Sicherheitsklauseln zum Beispiel das Recht eines Einzelnen auf Anrufung eines internationalen Tribunals einschließen, etc.?)

D) Wo ein Bürger keinen gewählten Repräsentanten hat:
Ist er je berechtigt, Gewalt anzuwenden, d.h. Personen körperlich zu verletzen, Sach- oder Vermögensschäden an Personen oder dem Staat zu verursachen?

Antwort der Leser auf IA und IB: An den Gesetzen – falls möglich – festzuhalten, wird als notwendig erachtet. Gewalt solle nur dann angewandt werden, wenn jedes andere Mittel versagt hat. Gesetzesbruch sei aber auch dann erlaubt, wenn verfassungsmäßige Rechte außer Kraft gesetzt sind oder die Freiheit der Rede, der Presse, von Funk und Fernsehen bedroht ist. Diese vier Freiheiten werden hoch eingeschätzt und als ein Grundrecht jedes Bürgers angesehen. Gleiches gilt für das Recht auf einen fairen Prozeß. Sollte irgendeines dieser Rechte während eines Notstands außer Kraft gesetzt werden, solle dies nur für die kürzest mögliche Zeit gelten. Auch dürfe ein Bürger während eines Notstands inhaftiert werden, doch soll man ihn nicht vor der Durchführung eines fairen Gerichtsverfahrens verurteilen.

Auf IC: Man war der Ansicht, daß Bürger eines neu entstandenen Staates, die nicht zwangsläufig uneingeschränkte staatsbürgerliche Rechte erhalten, nichtsdestoweniger durch einen übernationalen Gerichtshof, den anzurufen sie das Recht haben müssen, beschützt werden sollten.

Auf ID: Zu wenige Antworten.

II. Wo liegen die legitimen Grenzen der freien Meinungsäußerung?
Gedankenfreiheit zu verlangen ist eine harmlose Angelegenheit, solange man die Gedanken für sich behält. Aber wie verhält es sich mit der freien Meinungsäußerung, zum Beispiel dem Recht, andere von der Wahrheit der eigenen Ansichten zu überzeugen? Welche Grenzen müssen jene akzeptieren – welche sind sie gezwungen anzuerkennen – , die ihre Ansichten über politische, religiöse, literarische oder persönliche Angelegenheiten äußern möchten?

A)

1) Ist ein Bürger berechtigt, zu sagen, was er will, wo, wann und wie es ihm gefällt (in jeder gewünschten Sprache, in Druck, Bild oder Geste)? Falls nicht:
2) Wo liegen die Grenzen (z.B. Zensur, Gerichtsverordnung, usw.)?

B)

Gibt es irgendwelche Einschränkungen aus folgenden Gründen?

1. *Verletzung des Urheberrechts;*
2. *Verleumdung oder üble Nachrede;*
3. *Gefährdung der Moral;*
4. *Gotteslästerung;*
5. *Gefährdung der öffentlichen Ordnung;*
6. *Gefahr des Friedensbruchs;*
7. *Unantastbarkeit der Institution (und welcher Institutionen);*

8. wenn ein Gerichtsfall sub judice ist;
9. Preisgabe wissenschaftlicher oder militärischer Geheimnisse;
10. Vorliegen eines Notstands.

Antwort auf IIA: Die meisten Einsender erkannten, daß es immer einige Einschränkungen der Redefreiheit geben müsse, aber alle waren ausnahmslos der Ansicht, daß die Zahl dieser Einschränkungen so gering wie möglich gehalten werden sollte. Es wurde der Vorschlag gemacht, auf eine Einschränkung der politischen Meinungsfreiheit zu verzichten.

Zu IIB: Es wurde die Meinung vertreten, daß die Redefreiheit aus den Gründen 1, 2, 5, 6 und 7 eingeschränkt werden könnte; ebenso aus dem Grund 9, sofern die momentane Weltlage bestehen bleibt; gleiches gilt für 10. Zwei Einsender waren der Ansicht, daß 5 und 6 mißbraucht werden könnten und nur dann als berechtigter Grund für eine Einschränkung gelten, wenn ein akuter Fall von Gefahr offenkundig vorliegt. Zwei andere wiesen daraufhin, daß 9 und 10 wegen der heutzutage gespannten Weltlage notwendig seien, eine Regierung jedoch nicht diese Gründe als Entschuldigung für die Einschränkung der Informationsfreiheit anführen und einen Großteil ihrer Geschäfte im Verborgenen abwickeln dürfe (wie das in Großbritannien unter der *Official Secrets Act* der Fall war).

III. Wo liegen die Grenzen der zivilen Dienstverweigerung aus Gewissensgründen?

Diese Frage verlangt zuerst eine Untersuchung des Begriffs ‚Pflicht‘. Ist es meine Pflicht, zu tun, was die Mehrheit von mir verlangt? Oder wird Pflicht nicht unbedingt durch das bestimmt, was irgendjemand anderer sagt? Ist das Erstere wahr, so könnte man folgern, daß ein Häretiker Befreiung fordert. Im zweiten Fall könnte es die Mehrheit sein, die Befreiung verlangt und der Häretiker wäre der, welcher es nicht erlaubt (letzteres ist der Fall beim Wehrdienstverweigerer).

A)

1. Bis zu welchem Grad sollte der Einzelne dem Mehrheitswillen (ausgedrückt durch das Gesetz oder andere weniger formale Ordnungen) erlauben, sein Verhalten zu bestimmen?
2. Gibt es Pflichten, deren Ausführung dem Bürger aus Gewissensgründen zu verweigern erlaubt ist? (z.B. aus welcher Art von Gewissensgründen sollte er verweigern dürfen, vorbehaltlos oder unter Vorbehalt?)

B)

Ist ein Bürger je berechtigt, ein auf demokratische Weise entstandenes Gesetz zu brechen, wenn er es ernsthaft für schlecht hält? (Welche Art von Gesetz, aufgrund welcher Tatsachen?)

C)

1. Gibt es innerhalb der Gesellschaft einen Platz für eine opponierende Minderheit? Welche Funktion oder welchen Wert hat sie?

2. Inwieweit sollte eine Gesellschaft solchen Opponenten entgegenkommen?
3. Welche Grenzen sollte man für deren Bestrafung oder Unterdrückung setzen? (z.B. Freiheitsverlust, Berufsverbot oder Verlust der Mitgliedschaft in der Gewerkschaft – Verlust des Lebens.)

D)

Ist ein Mensch, der nach einem rechtmäßigen Gerichtsverfahren weiterhin zu seinen Überzeugungen steht und das Gefängnis der Anpassung vorzieht, noch ein Gewissensgefangener?

E)

Gibt es Umstände, unter denen man von einem Bürger verlangen sollte, daß er einen anderen anzeigt?

Antwort auf III: Die Antworten zu dieser Frage waren erfreulich. Jeder setzte sich aufrichtig für die Andersdenkenden ein und meinte, daß sie sogar ermutigt werden sollten. Man schrieb, sie seien ein Stimulus für die Gedanken, ein Anreiz für den Fortschritt, ein Zeichen einer gesunden Gesellschaft usw. Jedoch stimmten die meisten Leser darin überein, daß der Einzelne dem Willen der Mehrheit erlauben sollte, sein Verhalten in der Öffentlichkeit zu bestimmen und er dieses Verhalten deren Gesetzen anpassen sollte. Aber es sollte auch vermerkt werden, daß die Minderheit bestimmte Rechte haben müsse. Falls ihr diese nicht zugestanden werden, sei die Minderheit berechtigt, ein Gesetz zu brechen, das sie als ein schlechtes Gesetz ansieht, falls es gegen ihr Gewissen verstößt. In letzter Konsequenz hat ein Einzelner das Recht, gemäß seinem Gewissen für sich selbst zu entscheiden.

IV. Welche Verpflichtungen hat ein Staat bezüglich der Aufnahme von Bürgern eines anderen Staates?

Die Möglichkeit, nach einem anderen Land auszuwandern, wo eine größere politische, religiöse oder wirtschaftliche Freiheit herrscht, ist eine der leuchtenden Hoffnungen, die viele Menschen dazu veranlaßte, vor und nach dem Krieg eine Grenze zu überschreiten, um politisches Asyl oder bessere wirtschaftliche Möglichkeiten zu suchen. Die wenigsten Länder sind gewillt, oder in der Lage, unbegrenzt Einwanderer aufzunehmen. Welche Beschränkungen sind berechtigt?

A)

1. Gibt es eine allgemeine Verpflichtung zur Gastfreundschaft? Falls ja –
2. Darf der Staat dann nach eigenem Gutdünken prüfen oder ist er in gewissen Fällen verpflichtet, Einlaß zu gewähren? (z.B. bei politischen Flüchtlingen, Arbeitslosen aus Entwicklungsländern oder ‚heimgesuchten' Ländern, bei persönlichen Gästen von Bürgern oder solchen, die zu Konferenzen oder Tagungen eingeladen worden sind.)

B)

Ist ein Staat jemals berechtigt, bestimmten Personen die Einreise zu verwei-

gern? (z.B. jemandem, der eines politischen Verbrechens oder einer Straftat verdächtigt wird oder Trägern einer ansteckenden Krankheit.)

C)

Falls ein Staat jemandem Einlaß gewährt hat, unter welchen Umständen darf –

1. die Verlängerung der Aufenthaltserlaubnis verweigert werden?

2. jemand vor Ablauf der Aufenthaltserlaubnis ausgewiesen werden?

D)

Hat ein Staat Einlaß gewährt, welche Bedingungen muß man dann erfüllen, um zu folgendem berechtigt zu sein –

1. Einbürgerung? (z.B. nach welchem Zeitraum, unter welchen Umständen)

2. Aufenthaltsbewilligung für die eigene Familie? (z.B. wie weit geht ‚Familie')

3. Arbeitserlaubnis?

E)

Im Falle der Verweigerung von B, C oder D sollte der Ausländer irgendeinen Anspruch auf Berufung haben –

1. bei einem Gericht?

2. bei einem Ausschuß der Exekutive?

3. bei einem Ausschuß der Legislative?

F)

1. Darf ein Staat diplomatische Immunität für Angehörige Dritter Staaten beanspruchen, die von ihrer Botschaft oder einem ihrer Konsulate aufgenommen worden sind, und unter welchen Vorbehalten?

2. Falls einem Bürger des Gastlands in einer Botschaft oder in einem Konsulat Asyl gewährt wurde, ist dann das Gastland verpflichtet, ihn zum Heimatland der Botschaft ausreisen zu lassen?

Anwort auf IV: Die wichtigste Erkenntnis, die aus den Antworten zu IV. gewonnen werden konnte, war die, daß jedermann glaubte, Pflicht eines Staates sei es, seine eigenen Bürger zu schützen, bevor er anderen Menschen das Gastrecht anbietet, egal ob es sich dabei um einen Flüchtling, einen heimatlosen Ausländer oder einen Einwanderer handelt. . . Hat man einen Einwanderer aufgenommen, so sollte ihm die Arbeitserlaubnis erteilt werden, solange es in dem betreffenden Land keine große Zahl von Arbeitslosen gibt. Außerdem sollte es ihm gestattet sein, seine Familie bei sich zu haben, sofern dafür gesorgt ist, daß er sie erhalten kann. Man stimmte nahezu einmütig darin überein, Kriminellen (nicht-politischen Verbrechern) die Einreise zu verweigern, ebenso Leuten mit ansteckenden Krankheiten, bis sie geheilt worden sind. Letzteres empfand man als harte, aber notwendige Entscheidung. Fünf Jahre fried- und ordnungsliebenden Aufenthalts wurden als notwendige Voraussetzung für die Erteilung der Staatsbürgerschaft angesehen.

V. Ist ein Staat jemals berechtigt, einem Bürger dessen Staatsangehörigkeit zu entziehen oder seinen Schutz zu versagen?

Eine der ernstesten Formen der Strafe, die ein Staat einem Menschen auferlegen kann, ist die, ihn nicht mehr als ein Mitglied der nationalen Gemeinschaft zu betrachten.

A)

Unter welchen Umständen ist ein Staat berechtigt –

1. einem Bürger die Staatsbürgerschaft zu entziehen?

2. ihm seinen Schutz zu versagen?

(z.B. wenn der Bürger die Staatsbürgerschaft eines anderen Staates erhält, eine Anzahl zivilrechtlicher Vergehen begeht oder seine eigene Regierung im Ausland angegriffen hat.)

B)

Falls ein Staat einem Bürger seinen Schutz versagt hat, sollte der betroffene Bürger dann berechtigt sein, vor Ablauf dieser Entzugszeit die Wiederherstellung seiner Rechte zu beantragen, und wenn ja, an welche Amtsgewalt sollte er sich wenden?

C)

Sollte ein Mensch, dessen eigene Nation ihm den Schutz versagt hat oder seine Staatsangehörigkeit aberkannt hat, ‚staatenlos' gelassen werden? Hat die internationale Gemeinschaft ihm gegenüber eine Verpflichtung und wenn ja, innerhalb welcher Grenzen?

Anwort zu V: Eine Reihe von Einsendern gab zu Frage V überhaupt keine Antwort. Die anderen waren der Ansicht, daß niemand staatenlos gelassen werden sollte, denn dies wäre ein Verbrechen gegen die Menschlichkeit. Es sollte einen übernationalen Gerichtshof zum Schutze eines jeden geben, der in diese Situation gebracht wurde.

Als das Ergebnis dieser Umfrage veröffentlicht wurde, war die für Dezember in Utrecht vorgesehene Konferenz bereits abgesagt. Der Kampagne fehlte es an Geld. Der erste Finanzbericht[24], der die Zeitspanne vom 27. Mai 1961 bis zum 31. Mai 1962 umfaßte, wies Einnahmen und Ausgaben in Höhe von 7 859 Pfund nach. Finanziert wurde Amnesty fast ausschließlich durch Mitgliedsbeiträge und Spenden aus Großbritannien, zu kleineren Teilen aus den USA, durch Anzeigen in der Zeitschrift *Amnesty* und durch die Weihnachtskarten-Aktion.

Alle finanziellen Zuwendungen wären jedoch ausgeblieben, hätte *Appeal for Amnesty, 1961* in den sieben Monaten seines Bestehens nicht bewiesen, daß Grundsatzdiskussionen, Werbekampagnen und Spendenaufrufe einzig und allein dem Zweck dienten, das Los der Verfolgten in aller Welt zu lindern. Einer der ersten Gewissensgefangenen, für den sich die Bewegung einsetzte, war der Erzbischof von Prag, Kardinal Beran, dessen Fall beispielhaft zeigen soll, wie rasch AI lernte, sich unter Ausnützung der ihr zur Verfügung stehenden Mittel auf der internationalen politischen Ebene als Hilfsorganisation für politische und religiöse Gefangene Respekt zu verschaffen.

Josef Beran, 1888 in Pilsen geboren, als Gegner der Nationalsozialisten drei Jahre in den Konzentrationslagern Dachau und Theresienstadt eingesperrt, war 1946 von Papst Pius XII. zum Erzbischof von Prag[25] ernannt worden. Nach Kriegsende geriet er bald in die Schußlinie der tschechoslowakischen Kommunisten, die, nachdem sie sich durch die schrittweise Ausschaltung ihrer politischen Gegner die alleinige Macht im Lande gesichert hatten, 1949 zum offenen Kampf gegen die katholische Kirche antraten.

Am 15. Juni 1949 besetzte ein Staatskommissar mit Hilfe der Polizei das erzbischöfliche Ordinariat. Beran hatte am 18. Juni 1949 ein letztes Mal Gelegenheit, in der Prager Prämonstratenserkirche zu den Gläubigen zu sprechen. Die Kirche war überfüllt, denn die Nachricht von der Anwesenheit des Erzbischofs hatte sich wie ein Lauffeuer verbreitet. Beran wies staatliche Eingriffe in die Hoheit der katholischen Kirche zurück und forderte den Klerus auf, dem kommunistischen Regime Gottwald den geforderten Treueid zu verweigern. *Ich werde,* rief er in seiner Kanzelrede aus, *keine Zeile der Erklärung unterschreiben, die sich gegen die Rechte der Kirche und die Treue zum Heiligen Vater richtet.*[26] Er bat die Gläubigen eindringlich, man möge nicht an seiner Gesinnung zweifeln, auch wenn er einmal unter dem Einfluß von Folterungen anders sprechen müsse... Am folgenden Tag, einem Sonntag, wurde der Erzbischof nach dem Pontifikalamt beim Verlassen der St. Veits-Kathedrale verhaftet.

Im Zuge eines Hochverratsprozesses gegen katholische Geistliche wurde Beran am 12. März 1951 seines Amtes enthoben, aus der Erzdiözese verwiesen und mit einer Geldstrafe belegt.[27] Der Papst reagierte auf die Amtsvertreibung des Erzbischofs mit der Exkommunikation aller von der Regierung eingesetzten, sowie an der Vertreibung Berans beteiligten Geistlichen.[28] In der Presse wurde es still um den Kirchenfürsten, nur einige, vorwiegend katholische Zeitungen gedachten im Juni 1959 der Verhaftung, die nun schon zehn Jahre zurücklag.

Nachdrücklich erinnerte Benenson am 28. Mai 1961 im *Observer* an den Fall Beran. Auch auf der *Konferenz über religiöse Verfolgung* in Paris kam Berans Schicksal zur Sprache und in der Zeitung *Amnesty* ließ Benenson einen Brief an den tschechoslowakischen Botschafter in London abdrucken, in dem dieser gebeten wurde, *so schnell wie möglich uns wissen zu lassen, wo Monsignore Beran ist, ob er in Haft gehalten wird oder frei ist und in welchem Gesundheitszustand er sich momentan befindet.*[29] Gerüchte besagten nämlich, Beran sei schwer erkrankt, andere, er sei schon gestorben. Gewiß wußte man nur, daß er sich seit 1951 nicht mehr in seiner Residenz aufhielt. Die Initiatoren der Kampagne sorgten dafür, daß der Name Beran nicht wieder aus den Berichten der Weltpresse verschwand. In *Amnesty* selbst erschien regelmäßig eine Spalte unter der Überschrift *Wo ist der Erzbischof von Prag?* und ebenso regelmäßig gab die Zeitung bekannt, daß die Botschaft der CSSR bisher nicht auf den an sie adressierten Brief geantwor-

tet hatte. Gegen Ende des Jahres 1961 schrieben auch Mitglieder einiger Amnesty-Gruppen an die tschechoslowakischen Botschafter in ihren Ländern oder direkt an die Regierung in Prag. Schließlich schickte das Hauptquartier in London einen Repräsentanten zur tschechoslowakischen Botschaft in Großbritannien. Der Empfang war höflich, die Auskunft unergiebig: *Erzbischof Beran ist nicht im Gefängnis. Er ist in guter körperlicher Verfassung und wird von Nonnen gepflegt. Er treibt Studien, schreibt und darf für sich allein die Heilige Messe lesen.*[30] Die Bekanntgabe seiner Adresse wurde von der Botschaft mit der Begründung abgelehnt, der Erzbischof wolle nicht von ausländischen Reportern gestört werden.
Nach diesem Besuch schrieb die Londoner Zentrale an den Botschafter mit der Bitte, den Brief an die Regierung in Prag weiterzuleiten. Das Schreiben enthielt die Aufforderung, dem Erzbischof zu erlauben, die Weihnachtsmesse in seiner eigenen Kathedrale zu zelebrieren.[31] Beran erschien auch auf einer Liste von 144 Gewissensgefangenen, denen die Weihnachtskartenaktion zugutekommen sollte.
Im Februar 1962 besuchte Sean MacBride, Vorsitzender der irischen Sektion von AI, den stellvertretenden tschechoslowakischen Außenminister Dr. Jiri Hajek in Prag, um mit ihm über den Fall Beran zu diskutieren. MacBride schrieb über seine Mission im *Amnesty Journal:*[32]
Es stellte sich heraus, daß die Funktionäre und die Mitglieder der Regierung höfliche und nüchtern denkende Männer waren. Anfangs zeigten sie sich argwöhnisch und empfindlich gegenüber dem Grund meiner Erkundigungen. In ihrer ersten Reaktion gaben sie mir zu verstehen, daß der Fall des Erzbischofs Beran und Fragen bezüglich politischer und religiöser Gefangener Angelegenheiten der Innenpolitik seien, um die sich kein anderer zu kümmern habe. Ich erklärte, daß es geradezu der Hauptzweck von Amnesty sei, ihre Nase in die inneren Angelegenheiten von Ländern zu stecken, wo immer es Gewissensgefangene gäbe, und daß die Regierung uns überall, sei es in Südafrika, Portugal, Ghana oder Tschad, als dazwischenfunkende Wichtigtuer betrachteten, die eigentlich in ein Konzentrationslager gehörten und denen es nicht erlaubt sein solle, autokratische Regierungen zu belästigen. Diese Bemerkung rief ein ziemlich dünnes Lächeln hervor; es war eben nicht besonders angenehm, mit gewissen anderen Ländern in einen Topf geworfen zu werden.
Ernster werdend betonte ich, daß mehr getan werden könne, um die gespannte Lage in der Welt zu lockern und Mißverständnisse zu vermeiden, indem man sich nicht nur menschlich verhalte, sondern auch bekannt werden lasse, daß man politische und religiöse Gefangene korrekt behandle – oder, noch besser, indem man all diese Gefangenen freilasse. Die bloße Tatsache, daß eine Regierung Menschen wegen politischer oder religiöser Ansichten im Gefängnis halte, sei schon ein Zeichen der Instabilität und der mangelnden Unterstützung durch die Bevökerung und zeige, daß eine Regierung Angst

vor Kritik habe... Die Tschechoslowakei habe sich in dieser Beziehung einen wenig beneidenswerten Ruf erworben. Ein anderes Argument, das ich ins Feld führte und an das ich stark glaube, ist, daß Regierungen oftmals wegen einer politischen Krise zu willkürlichen Maßnahmen greifen und dann versäumen, wieder zu normalen Zuständen zurückzukehren. Sie setzen die Willkürmaßnahmen länger als notwendig fort. Für eine Regierung ist es oft einfacher, Menschen einzusperren als sie freizulassen.
Dr. Jiri Hajek, der stellvertretende Außenminister, mit dem ich mich unmittelbar nach meiner Ankunft über diese Angelegenheiten unterhalten habe, erkannte die Stichhaltigkeit meiner Argumente nicht an. Aber ich fühlte, daß er in seinem Innern bis zu einem gewissen Grad von diesem Überlegungen beeindruckt war. Er ist ein gut informierter und intelligenter Mann. Er war so freundlich, diese Angelegenheiten mit mir ausführlich zu besprechen. Dank seiner Vermittlung war es mir möglich, Funktionäre, die für die Beziehung zwischen Staat und Kirche verantwortlich waren, sowie Vertreter des Justizministeriums zu treffen.
Anfangs wurden alle meine Bitten, Erzbischof Beran besuchen zu dürfen, abgeschlagen. Verschiedene Gründe wurden vorgeschoben. Er sei nicht im Gefängnis, aber er lebe in einem nicht mehr benutzten Kloster, und Besuch würde ihn stören. Er sei eigentlich ein freier Mann und werde von einigen Nonnen aufs beste gepflegt. Er sei fleißig am Schreiben. – Ich erklärte beharrlich, daß es, sollte dies alles der Wahrheit entsprechen, keinen Grund gäbe, ihn vor Besuchern abzuschirmen. Ich gab zu verstehen, daß man von jemandem, der in Einzelhaft ist, sei es in einem Verlies oder in einem stillgelegten Kloster, nicht sagen könne, er sei ein freier Mann.
Bevor ich abreiste, informierte man mich darüber, daß die Behörden nun bereit seien, die Frage zu überdenken, ob es einem unabhängigen Beobachter erlaubt werden dürfe, den Erzbischof zu besuchen. Es werde aber noch einige Zeit verstreichen, bevor eine Entscheidung fiele. Ich betrachte diese Mitteilung als einen Fortschritt...
1963 führte AI eine massive Kampagne zugunsten des Erzbischofs. Beran rückte an die Spitze der von der Organisation herausgegebenen Liste der *vergessenen Gefangenen.* Tschechische Exilvereinigungen und religiöse Gruppen in England, Kanada und den Vereinigten Staaten hielten öffentliche Versammlungen ab und forderten die Freilassung Berans. BBC und *Radio Free Europe* strahlten Sendungen über den Erzbischof in die Tschechoslowakei aus. Im Oktober 1963 wurden der Erzbischof und vier weitere Bischöfe freigelassen, ihren seelsorgerischen Pflichten durften sie jedoch weiterhin nicht nachkommen. In einem Brief[33] an AI bedankte sich der Erzbischof im November 1963 für die Hilfe, die man ihm hatte zuteil werden lassen: *Ich bete für Amnesty International. Ich bete für alle, die Amnesty unterstützen. Vielen Dank Sean MacBride, der nach Prag gekommen war, um über meine Situation mit unserer Regierung zu verhandeln...* Es zeigte sich bald, daß sich

an Berans Lage wenig geändert hatte. Er durfte das Caritasheim in Mukarov bei Prag und später das ‚Altersheim' in Radvanov bei Tabor in Südböhmen nicht verlassen. Die Erlaubnis zu einer Romreise wurde ihm 1964 verweigert.[34]

Im Sommer 1964 bereiste ein dänisches AI-Mitglied die CSSR, um dort über einige Gefangene Erkundigungen einzuziehen. Nach seiner Rückkehr berichtete es, daß es ihm gelungen sei, Erzbischof Beran persönlich zu sprechen: . . . *Eine Dame, die in Deutschland geboren war, gab mir die Adresse eines aufgeschlossenen Priesters, der mir erzählte, daß der Erzbischof in der Villa Charita zusammen mit einer Gruppe Nonnen und einigen anderen Priestern in dem Dörfchen Mukarov, 30 Kilometer östlich von Prag lebe. Es war mir möglich, ihn dort aufzusuchen, ohne daß ich dem Erzbischof oder mir selbst Schwierigkeiten mit den Behörden eingehandelt hätte. Ich wurde von Monsignore Beran in seinem bescheidenen Wohnzimmer freundlich empfangen. Er verlieh seiner großen Dankbarkeit gegenüber der Organisation Ausdruck und sagte, sie sei sowohl im Kampf für die Befreiung anderer, als auch in seinem eigenen Fall sehr wichtig. Solange er sich im Gefängnis aufgehalten habe, seien die Lebensbedingungen schlecht gewesen, jedoch weitaus besser als in Dachau, wo die Nazis ihn während des Krieges gefangengehalten hatten. Soviel er wüßte, habe keiner der Priester als Gefangener des gegenwärtigen Regimes physische Verletzungen erlitten. Im Augenblick sei es ihm als Erzbischof nicht gestattet, eine klerikale Funktion öffentlich auszuüben. Er habe keinen Kontakt zur katholischen Kirche als solcher. Außerhalb Prags dürfe er sich frei bewegen, doch wünsche die Regierung nicht, daß er sich in der Hauptstadt aufhielte. Erzbischof Beran bat mich, der Organisation seinen Segen zu übermitteln. Er schien sie hoch einzuschätzen.*

Im Januar 1965 ernannte Papst Paul VI. Erzbischof Beran zum Kardinal. Nur wenig später wurde Beran gemeinsam mit vier Bischöfen überraschend im Februar 1965 endgültig auf freien Fuß gesetzt. Der Kardinal erhielt die Ausreisegenehmigung; er begab sich nach Rom, wo er sich bis zu seinem Tod am 17. Mai 1969 aufhielt.

Die Maßnahme der Prager Regierung wurde von der internationalen Presse mit der allgemeinen Entspannung in der Welt und mit den Bemühungen vatikanischer Kreise in Zusammenhang gebracht, über AI fiel kein Wort. Wie so oft in den folgenden Jahren bestätigte sich, was Lionel Elvin, Vorsitzender des Richtlinienkomitees von AI, im Bericht des Vorsitzenden im ersten Jahresreport schrieb:[35] *Es gibt keine konkreten oder greifbaren Anhaltspunkte für Amnesty, den Erfolg für sich zu beanspruchen, wenn ein Gefangener aus der Haft entlassen oder eine Generalamnestie verkündet wurde, nachdem wir die Zustände in einem Land publik gemacht haben, wir können einzig und allein von dem Zusammentreffen Notiz nehmen. Wir können nicht sagen, daß Amnesty unmittelbar dafür verantwortlich sei.*

Kardinal Beran zumindest wußte, wer sich neben dem Vatikan unermüdlich für ihn eingesetzt hatte. 1966 bekundete er AI persönlich seine Dankbarkeit, indem er nach London kam und in einer feierlichen Zeremonie die Amnesty-Kerze, das Symbol des Gedenkens an die Gewissensgefangenen in aller Welt, entzündete.

Zum Jahresende 1961 zog Benenson, der Initiator des *Appeal for Amnesty, 1961*, Bilanz.[36] In einer Zeit, in der sich nach seiner Meinung der Einfluß der UNO ständig verringert hatte und das *Rote Kreuz* aufgrund seiner Einschränkungen in der Satzung nicht tatkräftig handeln konnte, schien die neue Bewegung eine wichtige Aufgabe zu erfüllen. Kritik, die die Einstellung der Mitglieder der Kampagne als idealistisch und hoffnungslos unrealistisch bezeichnete, ließ Benenson nur gelten, was den ersten Vorwurf betraf, den zweiten wies er entschieden zurück, denn die vergangenen sechs Monate hatten bewiesen, daß *in einer ständig zynischer werdenden Welt ein großes verborgenes Reservoir an Idealismus nur darauf wartet, erschlossen zu werden.*[37] Zusammenarbeit mit Presse, Funk und Fernsehen, Gruppenarbeit und direkte Kontaktaufnahme mit Regierungen und Behörden, als Methoden, um die Freilassung politischer Gefangener zu erwirken, hatten sich bewährt; das Archiv, das Informationsmaterial zu den einzelnen Fällen sammelte, war weiter im Aufbau, die Mitgliederzahl wuchs und, was das Wichtigste war, Amnestien waren in Burma, der CSSR, Frankreich, Ghana, Griechenland, dem Irak, Irland, Portugal, Südkorea, Spanien, dem Sudan und Jugoslawien verkündet worden.[38] Einige der Gefangenen, auf die die Kampagne aufmerksam gemacht hatte, lebten inzwischen in Freiheit, aber Hunderttausende warteten noch auf Hilfe.
Der zeitlich begrenzte *Appeal for Amnesty, 1961* war zu Ende, der erste entscheidende Schritt getan. Jetzt mußte die Basis für eine kontinuierliche Arbeit gelegt werden, für eine weltweite Bewegung, *denn die Gefängnismauern sollten nicht durch einen einzigen kurzen Trompetenstoß zum Einsturz gebracht werden.*[39]

1.3. Der Aufbau: Amnesty International – Eine Bewegung erhält ihren Namen

1962-1963

Seit der Luxemburger Tagung im Juli 1961 stand fest, daß die Idee, Gewissensgefangenen Hafterleichterung oder gar die Freilassung zu verschaffen, in

einer ständigen Amnesty-Bewegung weiterleben sollte. Für die Zukunft schien es deshalb notwendig, Sympathisanten, Helfer und Mitarbeiter der Bewegung zu zahlenden Mitgliedern zu machen. Anfang des Jahres 1962 bat die Zentrale in London alle Befürworter des Amnesty-Gedankens, die man der Einfachheit halber in den Publikationen der Kampagne schon 1961 als Mitglieder bezeichnet hatte, offiziell ihren Beitritt zu erklären und einen Jahresbeitrag von einem Pfund Sterling zu überweisen.[40]
Das Hauptaugenmerk der Gründer galt weiterhin der Bildung von Gruppen. Trotz großherziger Spenden war es der Zentrale mit ihrem kleinen Mitarbeiterstab nicht möglich, jeden Fall eines Gefangenen zu publizieren. Die Hauptlast der Öffentlichkeitsarbeit sollten in verstärktem Maße die Gruppen tragen. Da jede größere Botschaft eines Landes einen Presseausschnittdienst unterhielt, wies Benenson die Gruppen an, auch kleine Zeitungen mit Material zu beliefern: *Es hilft auch, wenn die Geschichte über das schwere Schicksal eines Gefangenen im Kleckersdorfer Generalanzeiger erscheint, denn irgendwann erreicht auch er das zuständige Justizministerium.*[41] Um im Hauptquartier Erfolge und Mißerfolge registrieren zu können, vor allem aber, um Gruppen, die mit ihrer Weisheit am Ende waren, neue Impulse zu geben, richtete man in London eine Abteilung ein, die den Fall jedes Gefangenen von der Aufnahme ins Archiv über die Weitergabe an eine Gruppe bis zur eventuellen Freilassung verfolgte.

Benenson ließ sich durch die beachtliche Unterstützung seiner Idee in Westeuropa, vornehmlich an den britischen Universitäten, nicht darüber hinwegtäuschen, daß die Idee, die der Bewegung zugrunde lag, in der Dritten Welt auf kein Verständnis stoßen konnte. Benenson bemerkte im *Amnesty Journal*, einer vierteljährlich erscheinenden Publikation, die die Zeitschrift *Amnesty* abgelöst hatte: *Gerade in jenen Gebieten der Welt, in denen die Tradition des persönlichen Einsatzes für andere unbekannt ist, sind die Menschenrechte am meisten in Gefahr.*[42] Als Motto für das Jahr 1962 wählte Benenson einen Satz aus der Bibel: *Der Buchstabe tötet. aber der Geist macht lebendig* (II Kor. 3,6)[43]
Die Zentrale begann, um der Organisation einen internationalen Charakter zu verleihen, Persönlichkeiten des öffentlichen Lebens als Vertreter ins Ausland zu schicken. Sie sollten sich über die Zahl der politischen Gefangenen an Ort und Stelle informieren und für deren Haftentlassung auf höchster Ebene verhandeln. Die erste dieser Missionen,[44] die mit finanzieller Unterstützung der Tageszeitung *The Guardian* zustandegekommen war, unternahm Louis Blom-Cooper, der im Januar 1962 nach Ghana reiste, um Informationen über Oppositionelle zu erhalten, die unter dem Schutzhaftgesetz von 1958 gefangengehalten wurden. *Früher mußte man alles selbst machen, vom Kaufen des Tickets bis zum Kontakt mit den Behörden,*[45] erinnert sich Blom-Cooper. *Heute bereitet das Hauptquartier die Mission bis ins kleinste Detail vor, und für die nötigen Informationen bekommt man einen sachkun-*

digen Mitarbeiter aus dem Internationalen Sekretariat mit. Nun, auch 1962 erhielt der prominente Anwalt und Journalist seine Informationen, wenn auch auf Umwegen. Sogar ein Gespräch mit dem Innenminister ließ sich arrangieren. Zwar konnte keiner der zum damaligen Zeitpunkt von Amnesty ausgesandten Repräsentanten Material über Einzelschicksale von Gefangenen zurückbringen, doch erhielten sie alle die Gelegenheit, mit Regierungsmitgliedern über die Lage der Gewissensgefangenen und die Situation der Menschenrechte im Lande zu diskutieren. Bei einigen Regierungen weckten diese Gespräche den Verdacht, Amnesty stehe grundsätzlich auf der Seite der Opposition und unterstütze Kräfte, die die Stabilität und Existenz eines Staates gefährdeten. Diese Furcht sei unbegründet, schrieb Eric Baker 1962 im *Amnesty Journal.*[46] Er betonte, daß Amnesty keinesfalls eine Regierung herausfordern wolle: *Amnesty hat niemals versucht, sich in die internationale Politik einzumischen.* Baker zog einen Vergleich mit dem *Internationalen Roten Kreuz,* das immer wieder nachdrücklich betont habe, sich nur mit den leidenden Menschen zu befassen, und sich daher aus guten Gründen beispielsweise stets geweigert habe, sich mit der Frage der Kriegsschuld zu beschäftigen. Während das *Internationale Rote Kreuz* hauptsächlich mit den Konsequenzen der Feindseligkeiten zwischen den Ländern befaßt sei, habe Amnesty mit den Folgen politischer Auseinandersetzungen innerhalb eines Landes zu tun. Dies zu begreifen, werde wohl bei einigen Regierungen etliche Jahre dauern, meinte Baker.

Am 22. und 23. September 1962 fand im Château de Male, nahe der belgischen Stadt Brügge, das zweite internationale Treffen aller Nationalen Sektionen statt. Einer der wichtigsten Beschlüsse der rund sechzig Delegierten war, der Bewegung einen neuen Namen zu geben: *Amnesty International.* Das *International* sollte ihren Anspruch auf weltweite Geltung unterstreichen, ihr weltweites Aufgabengebiet kennzeichnen und sie deutlicher von verschiedenen nationalen Amnestie-Kampagnen absetzen, die meist von Mitgliedern irgendwelcher Exil-Regierungen organisiert wurden. Ein Ausschuß von Rechtsanwälten bereitete in Brügge den Entwurf eines Verhaltenskodex gegenüber Gewissensgefangenen vor, der am 10. Dezember 1962, dem *Tag der Menschenrechte,* veröffentlicht wurde. Dieser Kodex war als ein Verbindungsglied zwischen der *Allgemeinen Erklärung der Menschenrechte* und den Genfer Rot-Kreuz-Konventionen konzipiert: Erstere galt in Friedenszeiten, wurde jedoch meist mißachtet, letztere galt im Krieg und wurde in der Regel respektiert. Der Kodex enthielt Vorschriften für Festnahme, Schutzhaft, Prozeß, Berufung, Inhaftierung und Gefangenhaltung von Gewissensgefangenen; er bekannte sich auch zum Prinzip, daß das *Internationale Rote Kreuz* das Recht habe, Gefängnisse und Gefangenenlager zu inspizieren. Er wurde in vier Sprachen in der Zeitschrift des *Internationalen Komitees vom Roten Kreuz* veröffentlicht.[47] Als im Mai 1963 der zweite Jahresbericht von AI erschien, existierten bereits 260 Threes in 12 Ländern.[48] Von 770

Amnesty International-Zeitschriften seit 1961

Titel	Zahl der erschienenen Hefte *	Erscheinungszeitraum *	Erscheinungsweise
Amnesty	14	Juni 1961 –Januar 1962	halbmonatlich
Amnesty Journal	4	1962–1963	vierteljährlich
Amnesty News	?	1962	vierteljährlich
Amnesty International Bulletin (Schlußnummer herausgegeben von der britischen Sektion)	6	März 1963 –Januar 1964	zweimonatlich
Newsheet	?	?	vierteljährlich
Eustomy	7	Januar 1964 –August 1965	vierteljährlich
Amnesty International Bulletin (fortgeführt vom Internationalen Sekretariat)	7–18	April 1964 –Februar 1967	vierteljährlich
amnesty international review (air)	32 (?)	? bis 1970	vierteljährlich
monthly newsletter from amnesty international – postcards for prisoners campaign	?	Januar 1968 –Dezember 1970	monatlich
Amnesty International Newsletter		seit Januar 1970	monatlich
campaign for the abolition of torture Monthly Bulletin (Beilage des AI newsletter)		seit Juni 1974	monatlich

* Soweit feststellbar (die Zeitschriften der ersten Jahrgänge wurden nicht archiviert).

Chronik der Internationalen Versammlungen und Ratstagungen

	Internationale Versammlungen
Juli	**1961 in Luxemburg**
September	**1962 in Brügge (Belgien)**
September	**1963 in Königswinter (BRD)**
September	**1964 in Canterbury (England)**
September	**1965 in Scheveningen (Holland)**
September	**1966 in Kopenhagen (Dänemark)**
	1967 ausgefallen
August	**1968 in Stockholm (Schweden)[1]**
	Internationale Ratstagungen
September	**1969 in Genf (Schweiz)**
September	**1970 in Oslo (Norwegen)**
September	**1971 in Luxemburg[2]**
September	**1972 in Utrecht (Holland)**
September	**1973 in Wien (Österreich)**
September	**1974 in Askov (Dänemark)**
September	**1975 in Sankt Gallen (Schweiz)**
September	**1976 in Straßburg (Frankreich)[3]**

[1]) Die Internationale Versammlung von Stockholm ging als die erste Tagung des Internationalen Rates zuende. Das neue Statut von AI, das in Stockholm verabschiedet wurde, führte für die leitenden Gremien neue Bezeichnungen ein. Das oberste beschlußfassende Organ hieß nun nicht mehr *Internationale Versammlung*, sondern *Internationaler Rat.Internationale Versammlung* lautete hingegen der Name eines rein beratenden Organs, das allen Mitgliedern offenstehen, der Grundsatzdiskussion, dem Erfahrungsaustausch und der Formung neuen Perspektiven in der Amnesty-Politik dienen, jedoch nur in Abständen von fünf Jahren zusammentreten sollte.

[2]) Aus Anlaß des zehnjährigen Bestehens der AI berief man auch die *Internationale Versammlung* ein. Vier Jahre später, in St. Gallen, beschloß der Rat, diese Einrichtung ersatzlos aus dem Statut zu streichen.

[3]) geplant

adoptierten Gefangenen waren 140 aus der Haft entlassen worden, unter ihnen auch Christopher Payi, ein staatenloser Südafrikaner, der auf der Durchreise in Portugiesisch-Guinea grundlos verhaftet worden war. Payi war der erste *Gefangene des Jahres* in der Geschichte von AI, sein Schicksal stand symbolisch für das Hunderttausend anderer. Der junge Student war nach einigen Monaten Gefängnisaufenthalts in Portugal plötzlich freigelassen worden, als Amnesty am *Tag der Menschenrechte* im Jahre 1961 seinen Fall veröffentlichte. Payi's Nachfolger als *Gefangener des Jahres* wurde 1962 Khan Abdul Ghaffar Khan, der 72-jährige Führer einer religiös-nationalen Bewegung in der Nordwestprovinz Pakistans, der von kurzen Unterbrechungen abgesehen, seit 1947 im Gefängnis saß. Abdul Ghaffar Khans ‚Vergehen' bestand darin, regionale Autonomie für vier Millionen Pathans, Angehörige einer sprachlichen Minderheit, gefordert zu haben. – Im Archiv der *Prisoner of Conscience Library* (das Archiv, in dem die Fälle der Gewissensgefangenen registriert sind) in der Londoner Zentrale lagen detaillierte Angaben über 2 180 Gewissensgefangene.[49] Um sicherzustellen, daß es sich bei diesen Inhaftierten tatsächlich um Gewissensgefangene und nicht um Gewalttäter handelte, traf sich der Mitarbeiterstab des Archivs einmal in der Woche zur gemeinsamen Beratung. Oft wurden Experten von außerhalb der Organisation hinzugeladen. Bei diesen Konferenzen wurden auch Techniken besprochen, die die Gruppen für ihre Gefangenen in dem jeweiligen Land anwenden sollten.

Im Februar 1963 war eine Hilfsabteilung eingerichtet worden, die sich mit der Lage der nicht-adoptierten Gefangenen und deren Familien befaßte. Diese Abteilung war auch dafür zuständig, einzelnen Flüchtlingen bei der Asylsuche zu helfen.

Das Finanzproblem stellte AI auch im zweiten Jahr vor eine schwere Probe. 7 500 Pfund, ungefähr das Jahresgehalt eines britischen Richters, mußte für drei Festangestellte und zwei Teilzeitkräfte im Mitarbeiterstab, für Miete, Telefon-, Porto-, Telegramm- und Druckkosten, sowie für die Bezahlung von Missionen ins Ausland reichen.[50] Erstmals finanzierte sich die Organisation nicht nur durch Mitgliedsbeiträge und Spenden aus dem britischen Raum: Die irische und die deutsche Sektion konnten kleine Beiträge für die Arbeit der Zentrale beisteuern.

Im März 1963 erschien die erste Ausgabe des *Amnesty International Bulletin*, bis 1967 das Hauptorgan von AI. Es half, den Kontakt nicht nur zwischen der Zentrale und den Gruppen zu fördern, sondern auch den Kontakt der Gruppen untereinander. Knapp und sachlich informierte das Bulletin über Gruppenarbeit, Gefangene und Missionen.

Im Mai 1963 schickte das Büro in London jeder Gruppe ein Handbuch,[51] das Arbeitsanleitungen in Form von Frage und Antwort enthielt, um speziell neuen Gruppen den Einstieg in die Gefangenenarbeit zu erleichtern. Denn noch immer gab es weitverbreitete Mißverständnisse. Einige Mitglieder waren sich beispielsweise nicht sicher, in welcher Sprache Bittgesuche und Anfragen an die Heimatbehörden des von ihnen betreuten Gefangenen abzufassen seien. Oft schrieb man aus Mangel an Sprachkenntnissen statt in der Sprache des Adressaten oder in Englisch in der des eigenen Landes und stiftete damit gelegentlich erhebliche Verwirrung.[52]

1963-1964

Auf der Internationalen Versammlung in Königswinter, die von der deutschen Sektion im September 1963 veranstaltet wurde, beschlossen die Delegierten die Einrichtung eines *Internationalen Sekretariats.*[53] Diese Entscheidung entlastete die britische Sektion, die sich bisher auch um die anderen Nationalen Sektionen zu kümmern hatte. Das *Internationale Sekretariat* nahm am 1. November 1963 seine Arbeit am Mitre Court auf. Zur Kontrolle der Arbeit des Internationalen Sekretariats wählte die Versammlung ein fünfköpfiges *Internationales Exekutivkomitee.*[54] Sean MacBride, Nicolas Jacob, Ulrich Gembart, Herman Todts und Bent Knudsen repräsentierten die wichtigsten Sprachzonen (englisch, französisch, deutsch, holländisch und skandinavisch) der Mitgliedsländer. MacBride wurde zum Vorsitzenden des Exekutivkomitees gewählt. Benenson stellte sich als ehrenamtlicher Internationaler Sekretär zur Verfügung und nahm ebenfalls an den meist vierteljährlich stattfindenden Sitzungen des Komitees teil.

Mit Sean MacBride, dem Mitbegründer der irischen Sektion im Jahre 1961, war eine bedeutende Persönlichkeit an die Spitze der Organisation gelangt. MacBride wurde 1904 in Paris geboren. Er war der Sohn der irischen Unabhängigkeitskämpferin Maud Gonne MacBride und des Majors John MacBride, den sein Patriotismus das Leben kostete (er wurde 1916 von den Briten hingerichtet). MacBride verbrachte die ersten Lebensjahre in Irland, bevor er wieder nach Frankreich zurückkehrte, wo er eine von Jesuiten geleitete Schule besuchte. Als Vierzehnjähriger ging er nach England, um dort die Schule abzuschließen, während seine Mutter im Gefängnis saß. Doch die Schulzeit fand ein vorzeitiges Ende, denn MacBride, der sich in der irischen Unabhängigkeitsbewegung engagiert hatte, mußte selbst ins Gefängnis. Als junger Mann arbeitete MacBride als Journalist, dann als Rechtsanwalt. 1936 gründete er die *Irisch-Republikanische Partei,* deren Vorsitzender er wurde. 1947-1958 war er Parlamentsmitglied, 1948-1951 Minister für auswärtige Angelegenheiten. 1949-1950 stand er als Präsident dem Ministerrat des *Europarats* vor. 1948-1951 war er Vizepräsident der *Organisation für wirtschaftliche Zusammenarbeit und Entwicklung* (OECD) in Europa. Sein Interesse an der Frage der Menschenrechte ließ ihn zum lebhaften Befürworter der europäischen *Konvention zum Schutz der Menschenrechte und Grundfreiheiten* von 1950 werden. Als er zum Vorsitzenden des Internationalen Exekutivkomitees von AI gewählt wurde, war MacBride Generalsekretär der *Internationalen Juristenkommission.*

Das Zusammenwirken MacBrides, des gewandten Diplomaten mit seinen internationalen Beziehungen an der Spitze der Exekutive, und Benensons, des Gründers und Kopfs der Bewegung an der Spitze des Internationalen Sekretariats, weckte Hoffnungen für eine erfolgversprechende Zukunft der noch jungen Bewegung. Kleine Differenzen zwischen den beiden wurden vom Stab in der Londoner Zentrale und den Mitgliedern des Exekutivkomitees in Kauf genommen. Man wußte, daß der quirrlige Benenson sich nicht durch klar gegliederte Kompetenzbereiche und einen durchstrukturierten Organisationsapparat einengen lassen wollte. Der von ihm geprägte Satz: *Wenn man sein Leben damit verbringt, ein Bürokrat zu werden, hat man keinen Erfolg,*[55] könnte einen Schlüssel zum Wesen dieses Mannes liefern, der für seinen kreativen Geist größtmögliche Freiheit beanspruchte und daher jene verstand, die sich der Anpassung an von oben verordnete Denkschablonen widersetzten und die eigene Meinung in der Öffentlichkeit vertraten. Benenson, der seinen Wahlspruch auch auf AI bezog, stand damit einem weiteren Wachstum der Bewegung im Wege. Da er, nach eigener Aussage ein *Anti-Organisationsmensch,*[56] mehr an der Amnesty-Idee als an der Amnesty-Organisation interessiert war, konnte die Bewegung, solange er an der Spitze des Internationalen Sekretariats stand, nicht größer werden, als er an Arbeit überblicken und bewältigen konnte. Benenson mag gefühlt haben, daß er die Grenzen seiner Leistungsfähigkeit erreicht hatte, als er sich in der Zeitschrift *Eustomy* allen vorschnellen Expansionsbestrebungen widersetzte, die er ursprünglich selbst geweckt hatte: *Unser schnelles Wachstum stellt unsere Bewegung vor neue Fragen. Wie groß können oder sollten wir werden? Kann das Sekretariat bei der ständig wachsenden Zahl von Dreiergruppen die Arbeit noch leisten, ohne bürokratisiert zu werden? Bürokratie und Überzentralisierung würden rasch zu einer Institutionalisierung führen – und damit zu einer Verknöcherung. Wir sind gewachsen, weil wir eine Bewegung sind.*[57]

Stünde Benenson noch immer an der Spitze von AI, gäbe es seinen Worten zufolge keine Bürokratie, keine Statuten und keine Protokolle.[58] Benenson war nicht nur Initiator, er war auch Gehirn und Seele dieser Bewegung. Selbst in alltäglichen Fragen war seine Entscheidung, sein Rat unentbehrlich. *Wenn er am Morgen ins Büro kam, hatte er fünfzehn neue Ideen,*[59] erinnerte sich einer seiner Mitarbeiter aus dem Internationalen Sekretariat, *und mindestens eine von ihnen war brillant. Er kümmerte sich selbst um Kleinigkeiten, so zum Beispiel um die Frage, wieviel eine Tasse Tee im Archiv zu kosten habe, er machte einfach alles. Er war in unseren Augen die Verkörperung von Amnesty International.* Die überragende Position Benensons machte sich aber auch in negativer Hinsicht bemerkbar: *Die Mitglieder des Internationalen Exekutivkomitees waren froh, wenn er sie über seine Pläne informierte. Benenson erledigte fast alles im Alleingang.* Diese Situation mußte früher oder später zum Konflikt zwischen Benenson und den anderen Mitgliedern der Exekutive führen.

Selbstverständlich unternahm auch Benenson Missionen. Mit spitzbübischem Vergnügen erzählt er von seiner nicht ungefährlichen Reise nach Haiti im Jahre 1964.[60] Da AI beabsichtigte, einen Report über die politischen Gefangenen unter der Diktatur des Präsidenten François Duvalier zu veröffentlichen, war es erforderlich, einen Beobachter auf die Insel im Karibischen Meer zu schicken, der an Ort und Stelle recherchierte. Die erste Möglichkeit zur Einreise als offizieller Gesandter der Organisation schied aus, eine Erlaubnis war nicht zu erhalten; die zweite „Notlösung", als Tourist ins Land zu gelangen, schien ohne Aussicht auf Erfolg, da der internationale Tourismus auf der nahezu hermetisch abgeriegelten Insel unbekannt war. Benenson verfiel deshalb auf den Trick, sich als Künstler auszugeben, der die Schönheiten Haitis auf die Leinwand bannen wollte. Dem harmlosen, scheinbar unpolitischen Kunstmaler genehmigten die Behörden die Einreise. Benenson, der im Verlauf der ersten Jahre bei AI für seine große Leidenschaft keine Zeit gefunden hatte, mußte nun zur Tarnung fleißig seinem Hobby nachgehen, denn Duvaliers Polizei überwachte die Produktivität des ausländischen Künstlers. Da Benenson den Tag für Interviews und Recherchen brauchte, sah er sich während seines Aufenthaltes gezwungen, in den frühen Morgenstunden und in der Dämmerung unter Hochdruck Bilder auf Vorrat zu malen. So stand für die Kontrolleure jeden Tag ein neues Gemälde auf der Staffelei. Als der Trick nach Benensons Abreise aufgedeckt wurde, empörte sich der britische Gesandte auf Haiti über den ‚Maler' der in London seinen Bericht über Haftbedingungen veröffentlichte. *Ich sagte dem Gesandten, daß er auf dem Holzweg sei, wenn er versuche, Papa Doc versöhnlich zu stimmen. Einige Monate später verwies man ihn und seine Gesandtschaft unter einem fadenscheinigen Vorwand des Landes. So mußte er schließlich lernen, daß es sich nicht auszahlt, kleinen Diktatoren zu schmeicheln.*[61]

Der Jahresbericht 1963/64, eingeleitet durch ein Vorwort des Amnesty-Sympathisanten Albert Schweitzer,[62] berichtet von einem Zuwachs an Dreiergruppen auf insgesamt 350.[63] Die Kartei der *Prisoner of Conscience Library* umfaßte 2800 Fälle aus 83 Ländern.[64] Die Ende des Jahres 1963 gegründete Ermittlungsabteilung *(Research Department)* hatte es sich zur Aufgabe gemacht, unzureichende Informationen über einzelne Gewissensgefangene durch intensive und gezielte Nachforschungen zu vervollständigen und zu aktualisieren. Die Ermittlungsabteilung begann im Frühjahr 1964 Hintergrundinformationen über jeweils ein Land zusammenzustellen und Fallberichte einzelner Gefangener hinzuzufügen. Bis dahin hatte die Zentrale nur auf Kontaktadressen zur eventuellen Informationsbeschaffung hingewiesen oder selbst individuell Angaben zur politischen Situation verschickt. Das

Budget des Internationalen Sekretariats wurde auf 10000 Pfund festgesetzt, diese Summe konnte jedoch nicht erreicht werden. Die Einnahmen beliefen sich auf knapp über 4 000 Pfund, da die Nationalen Sektionen die Zentrale in zu geringem Maße bezuschußten. Die niedrigste Abgabe einer Sektion lag bei 25, die höchste, die der britischen Sektion, bei 3000 Pfund.

1964 –1965

Im vierten Jahr des Bestehens von AI beschäftigte die Mitglieder der Organisation ein akutes Problem, das für die Entwicklung der Bewegung von weitreichender Bedeutung war, nämlich die Frage, ob ein Gewissensgefangener Gewalt anwenden dürfe oder nicht.[65] Einige Sektionen hatten die Nichtberücksichtigung von Gewalttätern bei der Adoption moniert. Am Fall Nelson Mandela wurde die Frage in einer ausgiebigen Diskussion aufgerollt. Der südafrikanische Politiker und Jurist Mandela war 1918 als Sohn eines Xhoas-Fürsten in der Transkei geboren worden. 1944 trat er in den *African National Congress* ein und führte 1952 eine gewaltfreie Kampagne gegen die Apartheid-Gesetze durch. Die südafrikanische Regierung erlegte Mandela eine Aufenthaltsbeschränkung auf und verbot ihm die Teilnahme an Versammlungen. In den Jahren 1956 – 1961 stand er in einem Hochverratsprozeß vor Gericht, wurde aber freigesprochen. Aus dem Pazifisten Mandela war in dieser Zeit ein Befürworter der Gewalt zum Sturz politischer Ordnung geworden. Ende 1961 gründete er die Organisation *Speer der Nation* zur Vorbereitung eines Aufstands. Im August 1962 wurde Mandela erneut verhaftet und im Juni 1964 zu lebenslanger Freiheitsstrafe verurteilt. Mandela war von AI als Gewissensgefangener eingestuft worden, solange man ihn in Südafrika nur wegen des Versuchs, einen Streik zu organisieren und das Land ohne Paß zu verlassen, angeklagt hatte. Als er aber 1964 im Rahmen des Sabotagegesetzes für schuldig befunden worden war, setzte seine Adoptionsgruppe ihre Arbeit nicht mehr fort.[66] In der Zeitschrift *Eustomy* stellte Benenson im Juli 1964 zwei Fragen:

1. Soll Amnesty International versuchen, Haftentlassung für jene zu erreichen, die Gewalt zur Unterstützung der Ziele ihrer rassischen Gruppen anwenden?

2. Gibt es im Rahmen der Arbeit von Amnesty International eine anwendbare Methode, um das Leiden, verursacht durch rassisch bedingte Intoleranz zu mildern?[67]

Auf dem Treffen der Internationalen Versammlung in Canterbury vom 26. bis 27. September 1964 wurden die Antworten der Mitglieder auf diese Fragen diskutiert. Die 100 Delegierten, die Gruppen aus 15 und Mitglieder aus 42 Ländern repräsentierten, fanden zu einer klaren Übereinstimmung.[68] Ein-

hellig bekräftigte man die von Anfang an praktizierte Regel, Gefangene, die Gewalt befürwortet oder angewendet hatten, weiterhin nicht zu adoptieren. Nur symbolische Handlungen, wie das Herunterreißen von Fahnen oder die Unkenntlichmachung von Plakaten, sowie Akte der Notwehr wurden nicht als Grund erachtet, Menschen von der Adoption auszuschließen.
In Canterbury ließ sich das Hauptanliegen der Amnesty-Delegierten folgendermaßen zusammenfassen: *Es hat etwa 50 Jahre gedauert, den Wehrdienstverweigerern eine rechtlich gesicherte Position zu verschaffen. Amnesty versucht nun, eine ähnliche Immunität für die Menschen zu erreichen, die gegen andere Aspekte der Politik ihres Landes tiefbegründete Einwände haben. Dissidenten sollen toleriert und nicht verfolgt werden. Des weiteren war Amnesty geneigt, Verhafteten in solchen Ländern, in denen ein System verwaltungsmäßig verhängter Inhaftierung herrscht oder in denen die Beschuldigung der Spionage zur Bemäntelung dieses Systems benutzt wird, den Status von Gewissensgefangenen zuzuerkennen.*[69] Ferner wurde in Canterbury der Beschluß gefaßt, Reports über Haftbedingungen in Ländern zu veröffentlichen, wo zahlreiche Gefangene inhaftiert oder die Haftbedingungen extrem hart waren. Drei Reports sollten pro Jahr erscheinen.
Der Jahresbericht 64/65 nennt eine Zahl von 400 *Adoptionsgruppen*; die Bezeichnung *Threes* hatte man abgeschafft. 1 200 Gewissengefangene hatte die Bewegung adoptiert, 800 waren seit dem Jahr 1962 inzwischen freigelassen worden.[70] Einen großen Erfolg für AI bedeutete die Gewährung des beratenden Status bei den *Vereinten Nationen*, den die Organisation seit Jahren angestrebt hatte. Erster Repräsentant in New York wurde Niels Groth von der dänischen Sektion.[71] Für die Mitarbeiter der *Prisoner of Conscience Library* endeten 1965 die Jahre der Pionierzeit, die sie bislang in dem winzigen Keller des Gebäudes am Mitre Court verbracht hatten. Sie bezogen das Obergeschoß des Crane Court Hauses in der Fleet Street, der Straße der Zeitungen und Presseagenturen.

1965-1966

Erstmals veröffentlichte AI die angekündigten Reports über Haftbedingungen. Die ersten drei Länder, mit denen sich die Organisation beschäftigte, waren Südafrika, Portugal und Rumänien. Mit größter Sorgfalt hatte man Fakten zusammengetragen, die nüchtern und frei von Emotionen dargeboten wurden. Vor allem die Regierungen der westlichen Welt lobten diese Initiative. Auf der Sitzung eines Unterausschusses der *UN-Kommission für Menschenrechte* im Februar 1966 begrüßte der Delegierte der USA die Reports als *besonders ermutigend, weil die Organisation durch ausgewählte Beispiele von Verletzungen der Menschenrechte in Ländern mit stark diffe-*

rierenden politischen und sozialen Systemen aufrichtige Objektivität bewiesen hat.[72]

Die Zentrale in London rechnete mit einer noch stärkeren Beachtung der Reports über die DDR, Rhodesien und Paraguay, deren Erscheinen für Herbst 1966 vorgesehen war.

Etwa hundert Delegierte nahmen 1965 auf der Internationalen Versammlung in Scheveningen eine Resolution für die Schaffung eines *Zentralen Notfonds (Emergency Fond)* an, mit dessen Hilfe Reisen zu Prozessen finanziert werden sollten, bei denen es um Todesurteile ging.[73] Von 1965 an schenkte die Bewegung der Entsendung juristischer Beobachter verstärkte Aufmerksamkeit. Dafür gab es zwei Gründe: Erstens hielt die wenn auch nur symbolische Präsenz des Auslands und der öffentlichen Meinung viele Gerichte davon ab, zu harte Urteile zu fällen oder gar die Rechte des Angeklagten zu mißachten. Zweitens konnte ein detaillierter Bericht über den Prozeßablauf Irrtümer, Unterlassungen oder durch das Gericht begangenes Unrecht an den Tag fördern. Zahlreiche prominente Richter, Anwälte und Professoren sind im Laufe der Jahre für AI als Prozeßbeobachter tätig gewesen. Den Juristen dient diese unentgeltliche Aufgabe zur Verbesserung ihres Renommees, die Angeklagten aber bewahrt die Anwesenheit eines Beobachters manchmal vor einer jahrelangen Haftstrafe. AI versuchte auch zunehmend mit Regierungen direkt ins Gespräch zu kommen. Zu diesem Zweck entsandte sie Unterhändler, deren Aufgabe es war, die Lage der Menschenrechte und die Situation der politischen Gefangenen mit den jeweils Verantwortlichen zu erörtern. Aus gutem Grund hütete sich die Londoner Zentrale, Delegierte früherer Kolonialmächte oder aus Ländern, die Wortführer des Kalten Krieges waren, zu schicken, um nicht von vornherein die Glaubwürdigkeit der Gesandten zu erschüttern.

Die Arbeitsüberlastung im Internationalen Sekretariat führte auf Benensons Vorschlag[74] zur Verpflichtung von Robert Swann als ersten Generalsekretär in der Geschichte von AI. Benenson, der die Arbeit nicht mehr allein bewältigen konnte und nur noch als Präsident fungierte, übergab einen Teil seiner Aufgaben Swann, den er für einen *energischen Enthusiasten*[75] hielt. Dennoch blieb Benenson einer der unermüdlichsten Arbeiter in der Spitze der Bewegung, deren Aufstieg untrennbar mit seinem Namen verknüpft ist.

1.4. Die Krise: Eine Wand des Schweigens

1966-1967

Auf der fünften Internationalen Versammlung im September 1966 in Kopenhagen war bei AI von einer Krise noch nichts zu merken. Die Hauptsorge der Delegierten aus 17 Nationalen Sektionen galt der zunehmenden Anwendung der Folter in allen Teilen der Welt. Nachdrücklich forderten sie die Ernennung eines *UN-Hochkommissars für Menschenrechte*.

Trotz ihres guten Rufes stand AI immer noch auf wackeligen Beinen. In einigen Ländern war ihr Wachstum nach Anfangserfolgen in eine Phase der Stagnation geraten, wie in der Bundesrepublik Deutschland, der Schweiz und Großbritannien. Im Berichtsjahr 1965/66 lösten sich 23 von 189 Gruppen in Großbritannien auf, während 22 neu entstanden. In Frankreich war AI völlig von der Bildfläche verschwunden. Zu oft war AI in den Nationalen Sektionen von der Tatkraft einer Persönlichkeit (meist handelte es sich um den Gründer der Sektion) abhängig. Die stärkste Sektion außerhalb des englischen Sprachraums war die schwedische mit 103 Gruppen und rund 1500 Mitgliedern.[76] Die schwedische AI war es übrigens, die die Standfestigkeit der jungen Organisation ungewollt auf eine harte Probe stellte, als sie mit dem Aden-Report[77] in Großbritannien leidenschaftliche Diskussionen entfesselte.

Die ehemalige britische Kronkolonie Aden (heute: Demokratische Volksrepublik Jemen), im Süden der arabischen Halbinsel gelegen, hatte 1955 die innere Selbstverwaltung erhalten und war 1963 Mitglied der Südarabischen Förderation geworden. Am 10. Dezember 1963, als der britische Hochkommissar, Sir Kennedy Trevaskis, sich auf dem Flughafen von Aden aufhielt, wurde, vermutlich aus Protest gegen die Förderation, eine Handgranate geworfen. Sie verletzte fünfzig Menschen, zwei davon tödlich. Noch am gleichen Tag wurde von den britischen Behörden der Ausnahmezustand verhängt. Eine Verhaftungswelle setzte ein. Erste Klagen über politische Häftlinge, die angeblich zu Unrecht im Gefängnis saßen, erreichten das Internationale Sekretariat 1964,[78] aber erst in der Zeit vom 28. Juli bis 4. August 1966 stellte der Arzt Dr. Selahaddin Rastgeldi, als Repräsentant der schwedischen Sektion intensive Nachforschungen in Aden an.

An der Wahl Rastgeldis zum unparteilichen Beobachter entzündete sich in Großbritannien Kritik. Rastgeldi, so hieß es, sei schon aufgrund seiner ethnischen Abstammung unglaubwürdig, seine Einstellung sei pro-ägyptisch und Präsident Nasser bezahle ihn. Rastgeldi, dessen Report die britischen Gemüter erhitzte, war in der Türkei geboren und hatte in Wahrheit kurdische Vorfahren. In erster Linie richtete sich die Kritik jedoch gegen den Aden-Report an sich, der Ende des Jahres 1966 erschienen war. In ihm schilderte Rastgeldi u.a. die Schwierigkeiten, die sich ihm gestellt hatten, als er seinen Wunsch vorgetragen hatte, britische Internierungslager in Aden besuchen zu wollen. Alle Versuche des AI-Generalsekretärs Swann, das britische Außenministerium zur Erteilung der Erlaubnis zu bewegen, scheiterten. Auch der neue Hochkommissar in Süd-Arabien, Sir Richard Turnbull, erklärte Dr. Rastgeldi in einem persönlichen Gespräch, daß er an einer Zusammenarbeit mit AI nicht interessiert sei. Turnbull soll angeblich auf den Hinweis Rast-

geldis, er sei wegen der politischen Häftlinge gekommen, geantwortet haben: *Es gibt keine politischen Häftlinge in Aden*[79]. Rastgeldi stellte in seinem Bericht fest, daß Organisationen wie AI oder das *Internationale Rote Kreuz* den britischen Notstandsgesetzen *mehr oder weniger hilflos* gegenüber stünden. Zur Rechtfertigung seiner Mission erklärte er: *Es steht fest, daß ein Ausnahmezustand, wie er in Aden verkündet wurde, eine Verletzung der Allgemeinen Erklärung der Menschenrechte darstellt, gegen die Amnesty International wie so viele andere Organisationen vor ihr protestieren muß.*[80]
Der Aden-Report besaß eine wunde Stelle, auf die alle Kritiker ihren Finger legten. Rastgeldi hatte kein einziges Internierungslager von innen gesehen. Er war einzig und allein auf Zeugenaussagen und Erklärungen von Ex-Häftlingen angewiesen. Rastgeldi war in der Position eines Staatsanwalts, der zwar den Täter aufgrund von Indizien zu kennen glaubte, ihm aber die Tat nicht eindeutig nachweisen konnte. Er schrieb: *Der Umstand, daß es einer neutralen Organisation wie Amnesty International nicht erlaubt wird, Häftlinge zu interviewen, nährt den Verdacht, daß Folter in den Verhörzentren angewandt wird.*[81]
Die Reaktion der britischen Regierung auf diesen Report, berichtet Benenson heute, *war äußerst feindselig.*[82] Benenson reiste im September 1966 selbst nach Aden, um Rastgeldis Behauptungen an Ort und Stelle nachzuprüfen. Er brachte ergänzendes Material aus Aden zurück und schrieb einen zweiten Bericht,[83] in dem er Rastgeldi und dessen Report ohne Einschränkungen zu rechtfertigen versuchte: *Nichts... veranlaßt uns daran zu zweifeln, verantwortungsbewußt gehandelt zu haben, als wir wiederholte Male Proteste an die britische Regierung richteten. Unsere schwedische Sektion hatte recht, die ex-parte Aussagen zu veröffentlichen.*[84] Aus der Sicht des Juristen widmete er sich in dem Report speziell der Frage der Wahrheitsfindung. Er schrieb: *...gewisse Leute in England äußerten die Vermutung, daß die Veröffentlichung eidesstattlicher Erklärungen und Aussagen, die im Juli 1966 von unserem schwedischen Delegierten, dem Arzt Dr. Selahaddin Rastgeldi gesammelt worden sind, verantwortungslos seien und sich für die britische Position nachteilig auswirken. Wir müssen daher ausdrücklich betonen, daß unser Generalsekretär am 20. Juni, lange bevor Dr. Rastgeldi nach Aden ging, die britische Regierung warnte: Dem Delegierten die Einreise zu erlauben, ihm aber gleichzeitig jegliche Unterstützung zu verweigern und die Aufdeckung unangenehmer Tatsachen zu verhindern, führe zu dem unausbleiblichen Resultat, daß unser Delegierter nichts anderes für eine Veröffentlichung in Händen haben würde, als die von Adenis ex-parte vorgetragenen Klagen. Und genau das ist eingetreten.*[85] Benenson bedauerte die unnachgiebige Haltung der britischen Behörden, die die Gelegenheit zu einer unparteilichen Nachforschung ungenutzt hatten verstreichen lassen. Der zwölfseitige Bericht schließt mit den Worten: *Die Moral dieses Reports lautet: Nichts nährt Verdacht oder erzeugt Verstimmung so heftig, wie unnötige*

Geheimniskrämerei. Veröffentlichen, um vorzubeugen, ist auf jeden Fall der bessere Weg . . . Vorzubeugen dem Verdacht, der Furcht, dem Verdruß und der Schädigung des Ansehens. Aus diesem Grund hielt unsere Bewegung, deren Emblem eine brennende Kerze, umwickelt von Stacheldraht, zeigt, es für richtig, diesen Report zu veröffentlichen . . . um weiterem Leiden und neuerlichen Bombenanschlägen vorzubeugen, um das Ansehen Dr. Rastgeldis zu entlasten, die Adenis, die ihm ausgesagt haben und die regulären britischen Einheiten, deren Ehre niemals infragegestellt worden war . . .[86]

Bald darauf entschloß sich das Außenministerium, einen eigenen Beobachter, den Anwalt und ehemaligen stellvertretenden Parlamentssprecher Roderic Bowen, nach Aden zu schicken, um den Foltervorwürfen auf den Grund zu gehen. Die Veröffentlichung des Bowen-Reports und die Begleiterklärung des Außenministers vor dem Unterhaus am 20. Dezember 1966 standen im Mittelpunkt einer ausführlichen Presse- und Fernsehberichterstattung. Kommentatoren lobten die verdienstvolle Vorarbeit von AI. Die große liberale englische Tageszeitung *The Guardian* fragte, ob dies alles geschehen wäre, wenn AI nicht seinen eigenen Ermittlungsbeamten geschickt hätte.[87] In der Februar-Ausgabe 1967 des *Amnesty International Bulletin*[88] erklärte AI den Fall Aden für abgeschlossen. Alle Empfehlungen, die Bowen in seinem Bericht gemacht hatte, um die bestehenden Haftverhältnisse auf der südarabischen Halbinsel zu ändern, hatte die Regierung akzeptiert. *Es ist offenkundig, daß es nur Amnesty Internationals beständigem Druck zu verdanken ist, daß die Tatsachen schließlich ans Licht der Öffentlichkeit gebracht wurden.*[89]

Wenige Tage später, am 26. Februar 1967, sorgte das Thema Aden jedoch überraschend für neue Schlagzeilen in ganz Großbritannien. An diesem Tag hielt Benenson in seiner Londoner Wohnung eine Pressekonferenz[90] ab, in deren Verlauf er die britische Regierung beschuldigte, durch Zensur die Meldung über die Ermordung von 50 Arabern durch britische Soldaten während einer Demonstration zurückgehalten zu haben. Benenson hatte diese Nachricht einer ausländischen Tageszeitung entnommen. Ferner beklagte er die zunehmende Überwachung von Fernmeldeleitungen seit der Regierungsübernahme durch die *Labour Party*. Man habe sogar die Telefone im Hauptquartier von AI angezapft.

Für die AI-Mitglieder brachte jedoch Benensons öffentlicher Angriff gegen MacBride die eigentliche Überraschung der Pressekonferenz. Benenson teilte mit, er habe von MacBride den Rücktritt vom Amt des Vorsitzenden des Internationalen Exekutivkomitees verlangt. Diese ehrenamtliche Tätigkeit im Dienste der Menschlichkeit vertrage sich nicht mit MacBrides Arbeit als Vorsitzender der *Internationalen Juristenkommission,* die finanziell durch den amerikanischen Geheimdienst CIA, unterstützt werde. Auch letztere Behauptung hatte Benenson entsprechenden Pressemeldungen entnommen. Was hatte Benenson zu diesem unerwarteten Schritt veranlaßt? Wer heute

dieser Frage nachzugehen versucht, steht rasch vor einer Wand des Schweigens. In der Geschichte von AI klafft für den Zeitraum der Krise eine Lücke. Die Hauptbeteiligten mit Ausnahme Benensons geben nur spärliche Auskünfte oder schweigen sich taktvoll aus. War es 1967 noch darum zu tun, die Organisation nicht durch Enthüllungen in Verruf geraten zu lassen, so will man heute, da AI die Krise gemeistert hat, anscheinend ihren Gründer schonen, dessen Verdienst um die Bewegung nicht durch eine traurige Episode geschmälert werden soll. Heute, da längst eine neue Amnesty-Generation gemäß den Idealen Benensons arbeitet, MacBride AI nur noch als Vorsitzender der irischen Sektion verbunden ist, Eric Baker in seiner Eigenschaft als Ehrenpräsident nicht weiß, inwieweit er tätig werden kann und darf und nur wenige Mitarbeiter des Gründers im Internationalen Sekretariat verblieben sind, können die aus dem Buch der Geschichte von AI herausgerissenen Seiten wieder eingesetzt werden. Eine unausbleibliche Folge der Geheimniskrämerei jener Tage war die ungewollte, aber nichtsdestoweniger gründliche Auslöschung des Namens Benenson in den Annalen der Organisation. Um nicht in die Verlegenheit zu geraten, Näheres über seine Abdankung berichten zu müssen, erwähnte man anfangs in feinfühliger Vorsicht, später aus Mangel an Informationen Benenson nur als Rechtsanwalt und Gründer in den kurzen geschichtlichen Rückblicken, die vom Internationalen Sekretariat und den Nationalen Sektionen von Zeit zu Zeit herausgegeben werden.
Bei allen Vergleichen, die sich zwischen AI und dem *Internationalen Roten Kreuz* aufdrängen und auch gezogen werden, läßt sich eines mit Sicherheit feststellen: Dem Schweizer Philantropen Henri Dunant, dem 1901 der Nobelpreis verliehen wurde, war zu Lebzeiten ein besseres Schicksal beschieden als Peter Benenson, der vielen AI-Mitgliedern nicht einmal vom Namen her bekannt ist.
Doch zurück zum Jahr 1966. Aus einem Interview mit Benenson und ehemaligen Mitarbeitern, aus Zeitungsausschnitten und den wenigen offiziellen AI-Mitteilungen läßt sich folgender Ablauf der Ereignisse rekonstruieren: 1966 begann sich Benenson allmählich aus der Organisation zurückzuziehen und sich wieder seinen Hobbies zu widmen.[91] Man darf nicht vergessen, daß sich Benenson 1961 als Rekonvaleszent eine Aufgabe gestellt hatte, die den totalen geistigen und körperlichen Einsatz verlangte. Für einen Mann, der auf seine Gesundheit achten mußte, war das anstrengene Programm, angefüllt mit Reisen, Verwaltungsarbeit, Projektentwicklung und Pressekonferenzen, zu umfangreich. Benenson fühlte, daß er die Organisation einer weltweiten Bewegung nicht mehr allein hätte bewältigen können, ohne deren Entwicklung, die trotz aller Sorgen um den einsetzenden Bürokratisierungsprozeß in seinem Sinne lag, zu behindern. Benenson, der Robert Swann als Generalsekretär Platz gemacht hatte, fuhr wöchentlich zwei- bis dreimal aufs Land, auf seinen Bauernhof, den er sich in Buckinghamshire gekauft hatte. In den knapp bemessenen Mußestunden fand Benenson

nun wieder Zeit zum Malen – bis zum Beginn der Aden-Affäre, in deren Verlauf Benenson, wie er heute sagt, die schockierende Entdeckung zu machen glaubte, daß Robert Swann seit 20 Jahren für den *British Intelligence Service* arbeitete und daß man ihn mit Bedacht in die Organisation eingeschleust hatte: *Swann selbst eröffnete mir eines Abends, daß er noch immer im Interesse der British Intelligence Erkundigungen anstelle.*[92] Benenson, äußerst verärgert, wollte, daß Swann sofort gehe,[93] konnte jedoch keine Entscheidung ohne MacBride treffen. Diesen lehnte er in diesem personellen Problem als befangen ab, da nach seiner Ansicht die *Internationale Juristenkommission* seit längerer Zeit vom CIA finanziert wurde.[94] Benenson forderte unverzüglich, das Internationale Sekretariat solle in ein neutrales Land übersiedeln, nach Schweden, in die Schweiz oder nach Luxemburg. Im *Johannesburg Star* vom 19. November 1966 findet sich unter der Schlagzeile *Amnesty verärgert über Plünderungen in London* ein ausführlicher Artikel, der Benensons Klage wiedergibt, Eindringlinge seien im März 1966 in die Londoner Zentrale eingebrochen und hätten eine Akte über Aden und eine Mitgliederliste entwendet. Ferner würden Amnesty-Delegierte von britischen Geheimdienstagenten überwacht und über Dr. Rastgeldi habe man Erkundigungen einzuziehen begonnen. Von Swann war keine Rede. Der Konflikt schwelte noch immer auf interner Ebene. *In dieser Zeit glaubte ich,* erinnert sich Benenson, *wir könnten die Angelegenheit unter uns ausfechten, aber es gibt noch andere Dinge in der Welt zu erledigen, so tat ich es dann doch nicht.*[95] Swann arbeitete wie bisher im Internationalen Sekretariat, das weiterhin in London beheimatet blieb. Der erfahrene Diplomat MacBride hatte sich in der ersten Kraftprobe gegen den Gründer der Organisation durchgesetzt, nicht ohne zuvor die Behauptungen Benensons nachgeprüft zu haben. MacBride kam zu dem Ergebnis, daß Benenson, der am 31. Dezember 1966 wohl in der ersten Enttäuschung vorschnell als Präsident von AI zurücktrat, das Vertrauen in ihn verloren habe.[96]

Die Mitarbeiter im Internationalen Sekretariat, die von dem Gespräch zwischen Benenson und Swann keine Ahnung hatten, verstanden nicht, warum Benenson plötzlich alle Angestellten verdächtigte, die auf Swanns Empfehlung zu AI gekommen waren. Was nach Aussage des aufgebrachten Gründers der Organisation *ein Akt der Vorsicht*[97] war, stellte sich in den Augen eines Mitarbeiters, der ungenannt bleiben möchte, wie folgt dar: *Benenson kam gerade von einer Mission zurück und fing plötzlich an, alle als Spione zu verdächtigen. Er ging von Büro zu Büro und sagte, der ist vom Secret Service bezahlt, der von der CIA, der von Israel... Es war eine furchtbare Zeit, dabei sah er nicht krank aus, er war wie immer, vielleicht zu erschöpft. Er behauptete, er habe sich nie vitaler gefühlt. Dann begann er, Briefe an die Nationalen Sektionen zu verschicken, in denen er seine Verdächtigungen mitteilte. Wir versuchten, das zu unterbinden. MacBride, der einzige, den er respektierte, schaltete sich ein. MacBride wollte die Sache intern regeln, aber die*

Journalisten stürzten sich auf das Thema. Hauptziel der Angriffe von Benenson war Swann, ein wirklich fähiger Generalsekretär. Ihn kann man als Benensons Opfer bezeichnen. MacBride regelte die Angelegenheit äußerst kühl und nüchtern. Für uns im Internationalen Sekretariat war diese Periode sehr traurig, denn Peter Benenson war die Organisation. Wir mochten ihn gern, bewunderten ihn und konnten seine plötzliche Wesensänderung nicht verstehen. Ich glaube, er wäre heute noch dabei, obwohl sein Rücktritt Amnesty International dann doch auch gut getan hat. Anschließend wollte er jahrelang nichts mehr von Amnesty International hören, um eine reine Weste zu behalten.[98]

Nach vielen Diskussionen stimmten Benenson und MacBride am 13. Februar 1967 auf den Rat gemeinsamer Freunde hin überein, den Universitätsdozenten Peter Calvocoressi mit der Aufgabe zu betrauen, Benensons Anklagen unparteiisch nachzuprüfen und dem Internationalen Exekutivkomitee einen Vorschlag zu unterbreiten, wie die Situation gelöst werden könne.[99] Dieser Versuch einer internen Regelung schlug fehl, als sich Journalisten aus aller Welt der Angelegenheit bemächtigten und in groß aufbereiteten Enthüllungsreportagen über die Krise berichteten. Jetzt ging es nicht mehr um personelle Probleme, sondern um das Schicksal der Organisation, um das Überleben von AI. Die Krise hatte ihren Höhepunkt erreicht. In der letzten Februarwoche 1967, *da Peter Benenson nahe daran war, sein eigenes Kind zu erdrosseln,*[100] wie Louis Blom-Cooper die damalige Situation beschreibt, *in dieser dramatischen Periode, da alles in der Schwebe schien,* bewies MacBride seine Autorität und Führungskraft. Die Mitarbeiter des Internationalen Sekretariats und die Mitglieder des Internationalen Exekutivkomitees vertrauten, hin und hergerissen in einem Für und Wider bezüglich Benenson, MacBrides Fähigkeit, die Fäden in der Hand halten zu können.

Benenson, der den verständlichen Wunsch hatte, sich zu rechtfertigen, nahm am 26. Februar 1967 auf der bereits erwähnten Pressekonferenz seinen Rücktritt als Präsident zurück. In einer Auseinandersetzung, die nicht von persönlicher Feindschaft geprägt war, kämpfte er auf verlorenem Posten gegen MacBride, der allmählich die Krise zu meistern begann. Benenson glaubte damals vermutlich in der Tat, MacBride könne der Organisation schaden. Benensons Klage, die übereinstimmend in führenden Tageszeitungen der westlichen Welt erschien, sei hier kurz zusammengefaßt: Er, Benenson, habe bereits 1966 MacBride und die *Internationale Juristenkommission* kritisiert, da diese keine Nachforschungen über angebliche Folterungen in britischen Armeelagern angestellt hatten. Die gleichen Vorwürfe habe er gegen *Justice,* die von ihm gegründete Allparteien-Organisation britischer Anwälte unter dem Vorsitz von Lord Shawcross erhoben. Den beiden Vorsitzenden unterstellte er, dumm und naiv gehandelt zu haben, als sie der Juristenkommission erlaubt hatten, Geld von der CIA anzunehmen. MacBride sei von ihm, bevor er sein Amt bei der *Internationalen Juristenkommission* antrat, wegen deren finanzieller Struktur gewarnt worden. Obwohl MacBride gewußt haben müsse, daß ein Großteil der Finanzmittel von der CIA oder von der amerikanischen Regierung kamen, habe er nichts dagegen unternommen. Er habe schließlich MacBrides Rücktritt verlangt, da die Finanzierung von AI ebenso unbeeinflußt von Gruppierungen und Parteien sein müsse wie ihre Arbeit. Benenson schloß mit den Worten, daß er seinen Rücktritt als Präsident auf Wunsch von Mitgliedern wieder rückgängig gemacht habe. MacBride, der heute diese Zeit als *traurige Periode*[101] bezeichnet, gab kurz nach dieser Erklärung ebenfalls eine Pressekonferenz[102] ab. Ihm zufolge hatte man vereinbart, bis zur Tagung des Internationalen Exekutivkomitees am 11. und 12. März 1967 im dänischen Elsinore Stillschweigen über alle Vorgänge innerhalb der Organisation zu bewahren: *Deswegen beabsichtige ich nicht, mich auf eine Diskussion über Benensons zahlreiche und verschiedenartige Anschuldigungen einzulassen. Benenson ist zurückgetreten und hat daher keine Befugnis, als Vertreter von Amnesty International zu handeln oder zu sprechen. Amnesty ist eine wirklich verdienstvolle Bewegung, die wertvolle Arbeit geleistet hat und noch immer leistet. Sie ist weder das Spielzeug von Herrn Benenson, noch von mir. Das Internationale Exekutivkomitee ist das einzige Organ, das berechtigt ist, sich mit der momentanen Krise zu befassen, und ich hege keinen Zweifel, daß sie das auf eine verantwortungsvolle Art auch tun wird.* Im übrigen dachte MacBride nicht daran, zurückzutreten. Die Behauptung, die *Internationale Juristenkommission* erhalte Geld von der CIA, wies er entschieden zurück. Die Organisation werde nur durch Mitgliedsbeiträge finanziert.

Benenson hatte mit einer einzigen Pressekonferenz, in der er seine ehemaligen Freunde von der *Labour Party*, die britische Regierung, sowie verantwortliche Mitarbeiter von *Justice* und AI attackiert hatte, eine Lawine von Richtigstellungen und Gegenangriffen ausgelöst. Einen Tag nach der Konferenz bestritt beispielsweise Verteidigungsminister Denis Healey die Richtigkeit der Behauptung, in Aden seien 50 Araber von britischen Armee-Einheiten getötet worden.

Der Höhepunkt der Krise war überschritten, es galt die Organisation zu retten, indem man Ballast abwarf. Benenson mußte geopfert werden, um die Einheit von AI nach außen zu demonstrieren. Das Internationale Exekutivkomitee handelte rasch. In Elsinore zog es am 12. März 1967 einen Schlußstrich unter die Differenzen. Das Ergebnis der Tagung wurde im *amnesty international review*[103] abgedruckt:

Vollmacht für eine Veränderung

Wenn ein Journalist das Wort Krise hört, greift er auf Klischees zurück. Es ist nicht zu leugnen, daß Amnesty im Februar und März so etwas wie eine Krise durchmachen mußte. Es war daher vorauszusehen, daß die Presse darauf mit Berichten wie „Leichen im Keller", „bevorstehender Zerfall", „Absplitterungsvorhaben", „scharfe Attacken" und „sensationelle Behauptungen" rea-

gieren würde... Dem normalen Zeitungsleser kann seine Schlußfolgerung, Amnesty läge im Sterben und die Diskussion drehe sich nur noch um die Art des Begräbnisses, verziehen werden.

Um den wahren Grund der Krise zu verstehen, ist es erst einmal unerläßlich, den Charakter von Amnesty selbst zu begreifen. Wie so viele Bewegungen, die auf freiwilliger Mitarbeit basieren, war Amnesty die Idee eines einzigen Mannes, der die Notwendigkeit, eine Organisation dieser Art zu gründen, erkannt hatte, und dessen Zuversicht und Beharrlichkeit ausreichten, um alle Schwierigkeiten zu überwinden. Peter Benenson ist solch ein Mann. Er schuf Amnesty und führte sie in genialer Weise. Innerhalb von sechs Jahren ist Amnesty schneller gewachsen, als selbst er es ursprünglich für möglich gehalten hatte. Nationale Sektionen wurden in 20 Ländern gebildet, 550 Gruppen entstanden. Ein qualifizierter Mitarbeiterstab wurde engagiert. Die Liste adoptierter Gefangener wird täglich länger. Amnesty ist eine einzigartige Autorität und übt einen eindrucksvollen Einfluß auf Regierungen aus.

Doch die Organisation drehte sich um einen einzigen Mann, schaute auf ihn und war von ihm abhängig. Eine derartige Situation, wie sie viele Bewegungen vorgefunden haben, bleibt nicht für unbegrenzte Zeit tragbar. Der Ruf nach einer Verwaltung wird unüberhörbar. Der demokratische Prozeß muß beginnen. Sieht man Amnestys jüngste Probleme im Zusammenhang mit ihrem organischen Wachstum, überraschen sie nicht. Es ist darum auch nicht ungewöhnlich, daß man sie genau so ohne Aufsehen zu lösen versuchte, wie sie in der Stille aufgetaucht waren. Es war Peter Benensons Verdienst, daß es ihm gelungen war, eine Bewegung zu schaffen, die stark genug war, den Übergang von der Jugend zum Erwachsenendasein mit nur einem leichten Trauma zu bewältigen.

Dieser Wandel wurde durch eine Reihe von Behauptungen, die durch die Presse verbreitet wurden, gehemmt. Drei waren es: Die Loyalität einiger Amnesty-Mitglieder sei infragegestellt; Nachrichtendienste von Regierungen seien innerhalb der Organisation am Werk und die Hilfsaktionen in Rhodesien gemäß der UDI (Unilateral Declaration of Independence, d.Vf.) *hätten geheime Finanzmittel aus Regierungsquellen benutzt.*

Die ersten beiden Behauptungen wurden von Peter Benenson aufgestellt. Anläßlich deren Veröffentlichung wurde Peter Calvocoressi mit ausdrücklicher Billigung Peter Benensons ersucht, eine unparteiliche Untersuchung durchzuführen. Calvocoressi ist Dozent für internationale Beziehungen an der Sussex-Universität und war früher Vorsitzender des Africa Bureau. Sein Untersuchungsergebnis, das dem Internationalen Exekutivkomitee bei dessem Treffen am 11. und 12. März in Elsinore vorgelegt und einstimmig angenommen wurde, ergab die Unhaltbarkeit dieser Behauptungen. Unter diesen Gegebenheiten wäre es von Amnesty unfair, die in ihnen erwähnten Persönlichkeiten der Öffentlichkeit bekanntzugeben. Das Untersuchungsergebnis brachte das Internationale Exekutivkomitee jedoch bedauernswerterweise

zu dem Beschluß, daß es nicht länger sein uneingeschränktes Vertrauen in Peter Benensons Urteil setzen könne, wie das in der Vergangenheit bisher der Fall gewesen war. Unter diesen Umständen wurde sein Rücktrittsangebot angenommen.
Den Behauptungen über Amnestys Rolle in Rhodesien ging das Internationale Exekutivkomitee nach. Es wurde klargestellt, daß weder der internationalen noch der britischen Exekutive gesagt worden war, daß Geld von Spendern, vermutlich von der britischen Regierung, eingegangen war. Egal welchen Ursprungs das Geld sein mag, eines steht fest: Es waren damit keine Auflagen bezüglich der Verwendung der Spende verbunden. Das Geld wurde ausschließlich für humanitäre Hilfsvorhaben verwendet. Nichtsdestoweniger stimmte man darin überein, daß Amnesty in Zukunft nicht nur unabhängig und unparteiisch bleiben, sondern darüberhinaus auch in eine Position gebracht werden müsse, die das Aufstellen von Behauptungen dieser Art unmöglich erscheinen läßt... Amnesty wird nicht wieder so sein, wie sie einmal war, aber es besteht keine Veranlassung, dies zu bedauern. Eine Änderung war unvermeidlich und obwohl keiner die genauen Umstände, die zu dieser Änderung führten, vorhersehen konnte, darf jeder gewiß sein, daß diese letztlich der ganzen Bewegung zugutekommen wird.
Auch Robert Swann schied, obwohl ihm das Internationale Exekutivkomitee das Vertrauen ausgesprochen hatte, aus der Organisation aus. Er wollte angesichts der handfesten Vorwürfe gegen ihn nicht durch seine Mitarbeit dem Ansehen von AI schaden. Offiziell legte er sein Amt aus gesundheitlichen Gründen nieder, eine Formulierung, die, obgleich sie nicht falsch war, nur die halbe Wahrheit enthielt.
Das Internationale Exekutivkomitee beschloß in Elsinore, den Posten eines Generaldirektors zu schaffen, den nach Möglichkeit ein Skandinavier als erster innehaben sollte. Vermutlich wollte man mit dem Titel ‚Generaldirektor' deutlich den Bruch mit der Vergangenheit demonstrieren, wie auch die Suche nach einem Skandinavier für diesen Posten dem erklärlichen Wunsch entsprach, nicht nur das Internationale Sekretariat den Ausländern zu öffnen, sondern auch einen Mann aus einem ‚unbelasteten' Land an die Spitze der Verwaltung zu setzen. Der Generaldirektor sollte in erster Linie für die Durchführung der Beschlüsse des Internationalen Exekutivkomitees verantwortlich sein. Bis zu dessen Nominierung wurde Eric Baker, der Vorsitzende der britischen Sektion, gebeten, die Stelle kommissarisch zu übernehmen. Des weiteren beschloß man in Elsinore, Komitees zu bilden, um Vorschläge für eine Reorganisation der Verwaltung und der Finanzen auszuarbeiten.
Wie sehr man in der Führungsspitze von AI die Erinnerung an die unglücklichen Monate im Winter 1966/67 verdrängte, belegen zwei Beispiele. Ein geschichtlicher Abriß anläßlich des zehnjährigen Jubiläums der Organisation[104] erwähnt den Namen Benenson auf vier Seiten nur ein einziges Mal – als den Autor des Artikels *Die vergessenen Gefangenen*. Dabei entsteht beim

Leser der Eindruck, als habe Benenson nur den Zeitungsartikel für *The Observer* verfaßt, mit der Gründung der Bewegung jedoch nichts oder nur beiläufig zu schaffen gehabt. Sein Ausscheiden wird geschickt mit dem Satz kaschiert: *Es stellte sich heraus, daß die Stärke der Bewegung deren organisatorischen Rahmen gesprengt hatte und sie in eine Organisation umgewandelt werden mußte, die durch Ausschüsse und nicht durch Einzelpersonen geleitet wird.*[105] Der Jahresbericht 1966/67 vermerkt den Weggang des Gründers verschämt in einem Nebensatz. Als *das tragischste Ereignis des Jahres für alle Amnesty International-Mitarbeiter*[106] wurde der Tod von Karin O'Donovan bezeichnet, der ehrenamtlichen Geschäftsführerin der irischen Sektion, der prominenten Frau eines nicht minder angesehenen irischen Journalisten, die am 8. April 1967 im Alter von nur 38 Jahren plötzlich gestorben war. Zur Erinnerung an sie benannte AI den von ihr mit angeregten *Zentralen Notfonds* in *Karin O'Donovan Notfonds* um.

1.5. Die Konsolidierung: Ein Statut und neue Aufgaben

1967-1968

Die Schwierigkeiten, die sich der Bewegung in den frühen Monaten des Jahres 1967 stellten, machten, obwohl sie im Laufe des Jahres erfolgreich überwunden wurden, eine Neuordnung der Verwaltungs- und Finanzstruktur erforderlich. Dank der Loyalität aller Sektionen und der Arbeit der Unterausschüsse des Internationalen Exekutivkomitees war das Sekretariat in der Lage, sich selbst auf einer Basis zu etablieren, die das Vertrauen sowohl der Mitgliedschaft, als auch einer größeren interessierten Öffentlichkeit wiederherstellte. So konnte Amnesty jetzt das achte Jahr in dem Bewußtsein beginnen, daß ihr Wachstum einer leistungsfähigen ökonomischen und lebensfähigen Zentralorganisation entspringe. Dieser Umstand, betrachtet man ihn gemeinsam mit der praktischen Hilfe, die sie so vielen Opfern der Verfolgung gewährt hat, ist das fundamentale Ergebnis eines kritischen Jahres in der Geschichte von Amnesty.[107] Mit diesen Worten schließt das Vorwort zum Jahresbericht 1967/68.

Zu Beginn des *Jahres der Menschenrechte* 1968 hatte AI die Krise. die durch Peter Benensons Ausscheiden ausgelöst worden war, weitgehend bewältigt. Im Februar traf das Internationale Exekutivkomitee eine wichtige Entscheidung. Eric Baker, Gründungsmitglied und Vorsitzender der britischen Sektion, bewährter ‚Feuerwehrmann' in allen Notfällen der Organisation, hatte das Internationale Sekretariat über ein Jahr lang kommissarisch geleitet, um die Zeit zwischen dem Rücktritt Swanns und der Ernennung eines neuen Generalsekretärs (den zu hochtrabenden Titel ‚Generaldirektor' hatte man fallen gelassen) zu überbrücken. MacBride dankte Baker mit den Worten: *Es ist nicht übertrieben zu sagen, daß Amnesty ohne Eric Bakers hingebungsvolle und harte Arbeit, während der schwierigen Periode, als er die Hauptlast der Probleme trug, wohl zusammengebrochen wäre.*[108] Der Zeitpunkt für den Amtsantritt des neuen Mannes war gekommen. Da von den Nationalen Sektionen kein geeigneter Kandidat empfohlen worden war, übernahm die britische Sektion die Frage der Nominierung. Sie schlug Martin Ennals vor, der am 1. Juli 1968 sein Amt antrat.[109] Der Jurist Anthony Marreco, ehemaliges Mitglied der britischen Anwaltschaft beim Nürnberger Prozeß, wurde zum ehrenamtlichen Schatzmeister ernannt.

Mit Martin Ennals hatten die Briten und das Internationale Exekutivkomitee eine ausgezeichnete Wahl getroffen. Der 1927 im englischen Walsall geborene Ennals hatte internationale Beziehungen und internationales Recht studiert. Nach kurzer Tätigkeit im britischen Studentenverband ging er 1950 zur UNESCO nach Paris. 1954-1956 leitete er das *UNESCO Arab States Fundamental Education Centre* in Ägypten. 1959 verließ Ennals die UNESCO. Von diesem Jahr an bis 1966 war er Generalsekretär des *British National Council of Civil Liberties.* Während dieser Zeit befaßte er sich mit den politischen Problemen Afrikas, das er immer wieder bereiste. 1966 schloß sich Ennals dem *National Comittee for Commonwealth Immigrants* an, das sich mit den Beziehungen zwischen den verschiedenen Rassen und Nationalitäten im Commonwealth befaßte und von der Regierung finanziert wurde. 1968 trat er aus Protest gegen das *Commonwealth-Einwanderer-Gesetz* der Labour-Regierung zurück. Das Gesetz sollte eine Überfremdung Großbritanniens verhindern und beschränkte britische Untertanen aus Ostafrika in ihrem Recht ins Vereinigte Königreich einzureisen. Im selben Jahr verbrachte Ennals drei Monate in Ostafrika, um dort die Lage der asiatischen Minderheit zu studieren. Anschließend veröffentlichte er einen Bericht und statistisches Material zu diesem Thema.

Mit dem neuen Generalsekretär und einem für die nächste Internationale Versammlung in Stockholm vorbereiteten neuen Statut begann auch ein neuer Abschnitt in der Geschichte von AI. Ennals zog endgültig einen Schlußstrich unter die Krise. *Ich entschied damals, daß der beste Weg, um die Krise zu vergessen, der sei, die alte Akte nicht mehr zu öffnen und neu anzufangen. Ich hatte so mit der Sache niemals etwas zu tun, ja, ich war nicht einmal darüber informiert, was vorgefallen war. Ich weiß absolut nichts, ich habe keinerlei Informationen. Vergangenheit ist Vergangenheit. Ich bin ein Praktiker, ich schaue nicht zurück.*[110] Diese Aussage charakterisiert treffend Ennals' Stil. Die Phase der Konsolidierung war gekennzeichnet durch eine Fülle von Aktivitäten, die AI halfen, sich selbst erneut zu bestätigen und an Ansehen zu gewinnen. Große Bedeutung kam dabei dem Fall Grie-

chenland zu, der AI sieben Jahre lang, von 1967 bis 1974, beschäftigte. Der Fall verdient in zweifacher Hinsicht besondere Beachtung. Erstens kam der Staatsstreich vom 21. April 1969, so sehr ihn die Organisation bedauerte, für AI zweifellos zu einer gelegenen Zeit, da er ihr die Möglichkeit bot, eigene Sorgen – das unglückliche Ausscheiden Benensons wenige Wochen zuvor und die damit verbundenen organisatorischen und personellen Probleme – zu vergessen. Die Intensität, mit der sich AI dem Fall Griechenland widmete, läßt vermuten, daß sie sich selbst und der Weltöffentlichkeit beweisen wollte, unbeschadet, ja gestärkt aus der Krise hervorgegangen zu sein. Der Fall Griechenland ist zweitens deswegen erwähnenswert, weil er der einzige ist, in dem Aktionen von AI wenigstens indirekt sichtbare, politische Konsequenzen hatten, die in einer Intervention des *Europarates* gegen die ständigen Menschenrechtsverletzungen durch die griechischen Militärs gipfelten.
Am 21. April 1967 übernahmen rechtsgerichtete Militärs mit der Behauptung, einer kommunistischen Bedrohung vorbeugen zu müssen, in Griechenland die Macht. Sie verhängten den Belagerungszustand, setzten grundlegende, in der griechischen Verfassung verankerte Rechte außer Kraft und errichteten damit faktisch die Diktatur. Die Öffentlichkeit in Westeuropa beobachtete das Geschehen mit einiger Ratlosigkeit. Begegneten viele den Meldungen über den Staatsstreich und die Inhaftierung zahlreicher Oppositionspolitiker und linksorientierter Intellektueller, Künstler und Studenten anfänglich sogar mit ungläubigem Staunen, so machte sich doch bald die Überzeugung breit, daß die Militärherrschaft nur von kurzer Dauer sein würde. Immerhin galt Griechenland als die abendländische Wiege der Demokratie.
Seit 1949 war Griechenland Mitglied des Europarates und hatte als solches auch die europäische *Konvention zum Schutz der Menschenrechte und Grundfreiheiten* unterzeichnet. Kurz nach dem Putsch reichte der ständige Vertreter Athens beim Europarat eine Erklärung der Militärjunta ein, in der es hieß, daß die getroffenen Maßnahmen zur Einschränkung einiger Grundrechte im Einklang mit Artikel 15 der Konvention stünden. Dieser Artikel erlaubt den Signatarstaaten, *im Falle eines Krieges oder eines anderen öffentlichen Notstandes, der das Leben der Nation bedroht,* Schritte einzuleiten, *welche die in dieser Konvention vorgesehenen Verpflichtungen in dem Umfang, den die Lage unbedingt erfordert, und unter der Bedingung außer Kraft setzen, daß diese Maßnahmen nicht in Widerspruch zu den sonstigen völkerrechtlichen Verpflichtungen stehen.* Für die weitere Entwicklung der Dinge ist es von Bedeutung, daß einige Bestimmungen der Konvention ausdrücklich von dieser Erlaubnis ausgenommen sind, unter anderem Artikel 3, der die Folter verbietet.
Der Europarat verhielt sich zunächst einmal abwartend. Angesichts der sich ständig verschlechternden Lage der Menschenrechte in Griechenland gab er diese Haltung jedoch bald auf. Am 23. Juni 1967 verabschiedete die Bera-

tende Versammlung eine Resolution, in der sie ihre Betroffenheit über die vermehrten Verstöße gegen die Menschenrechte äußerte und die Hoffnung aussprach, daß bald entsprechende Beschwerde vor der *Europäischen Kommission für Menschenrechte* erhoben werde.[111] Diese Beschwerde ließ nicht lange auf sich warten. Eingebracht wurde sie, oder genauer gesagt: wurden sie, denn es handelte sich gleich um vier Beschwerden, im September 1967 von den Regierungen der Europaratsmitglieder Dänemark, Norwegen, Schweden und Niederlande, wo sich die öffentliche Meinung schon bald gegen das Militärregime gewendet hatte. Die vier Regierungen beschuldigten die griechische Regierung, die europäische Menschenrechtskonvention durch die ungerechtfertigte Außerkraftsetzung verfassungsmäßiger Rechte verletzt zu haben. Sie erwähnten insbesondere das Recht auf persönliche Freiheit und Sicherheit, fairen Prozeß, Achtung vor dem Privat- und Familienleben, Meinungs-, Gewissens- und Religionsfreiheit, sowie das Recht auf Rede- und Versammlungsfreiheit.[112]

Die griechische Regierung nahm im Dezember 1967 zu den Anschuldigungen Stellung. Ihr Standpunkt lautete auf ein kurzes Fazit gebracht: Die inneren Angelegenheiten Griechenlands gingen niemanden etwas an.[113] Diese schroffe Abfuhr mußte zwar die anderen Mitgliedsstaaten des Europarates verärgern, aber das herrschende Triumvirat in Athen, das aus den Obersten Papadopoulos, Makarezos und Pattakos bestand, glaubte, sich dieses Verhalten leisten zu können, wußte es doch einen mächtigen Verbündeten hinter sich: die Vereinigten Staaten. Die amerikanische Regierung machte aus ihrer wohl in erster Linie strategisch begründeten Sympathie für die neuen Machthaber kaum einen Hehl. Den Militärs schien auf Anhieb zu gelingen, was mehrere zivile Regierungen in den Jahren zuvor nicht erreicht hatten: Stabile innenpolitische Verhältnisse, die die Amerikaner als Voraussetzung für die Bündnistreue Griechenlands im Rahmen der NATO betrachteten.

Im Januar 1968 sollte die *Europäische Kommission für Menschenrechte* über die Zulässigkeit der vier eingebrachten Beschwerden entscheiden. Griechenlands Regierung konnte diesem Spruch ruhig entgegensehen, da politische Konsequenzen kaum zu erwarten waren. Bevor die Kommission jedoch ihr Urteil fällte, trat im Fall Griechenland eine Wende ein. Von Anfang an hatte AI die Entwicklung in Griechenland aufmerksam verfolgt. Ein Plan, der die Errichtung eines Außenbüros in Athen als zentrale Nachrichtensammelstelle über Menschenrechtsverletzungen in Griechenland vorgesehen hatte, war bald wieder fallengelassen worden. Im November 1967 erschienen in der ausländischen Presse erstmals ernstzunehmende Berichte über die Folterung politischer Gefangener in griechischen Polizeistationen und Militärlagern.[114] Beunruhigt über diese Meldungen und allgemein über die große Zahl politischer Häftlinge entschloß sich AI, eine Mission zur Untersuchung der Lage zu entsenden. Es dauerte einige Zeit, bis zwei Männer gefunden waren, die für den schwierigen Auftrag geeignet schienen. Es handelte sich um den damals 53-

jährigen britischen Rechtsanwalt Anthony Marreco, den späteren Schatzmeister im Internationalen Exekutivkomitee, und den um 20 Jahre jüngeren amerikanischen Juristen James Becket. Marreco hatte bereits auf einer Mission nach Portugal Erfahrungen mit der Durchführung von Auslandsermittlungen gesammelt. Becket kannte Griechenland von ausgedehnten Urlaubsreisen her und sprach Griechisch. Am 30. Dezember 1967 traf die Delegation in Athen ein. Während ihres vierwöchigen Aufenthalts sollte sie zweierlei prüfen: Erstens, in welchem Umfang eine von der Junta vor Weihnachten verkündete Amnestie auch wirklich staatgefunden hatte, und zweitens, wie es um die in Haft verbliebenen Gefangenen bestellt war. Nach ihrer Rückkehr berichteten Marreco und Becket, daß die Amnestie nur einem kleinen Teil der politischen Gefangenen zugute gekommen sei. Keiner der über 2 700 Häftlinge auf den Gefangeneninseln Leros und Yaros sei betroffen. In ganz Griechenland befänden sich zahlreiche Personen in Haft, denen nie der Prozeß gemacht worden sei.[115] Von verschiedenen entlassenen Gefangenen hatten die beiden Rechtsanwälte Klagen über Mißhandlungen und systematische Folter gehört. Sie waren den Behauptungen nachgegangen. 16 ehemalige Häftlinge hatten sich bereit erklärt, ihre Erlebnisse zu Protokoll zu geben. Allerdings hatten einige von ihnen aus Furcht vor Repressalien verlangt, daß ihr Name ungenannt bleibe. AI beschloß daraufhin, ganz auf die Nennung von Namen zu verzichten, um keinen der Zeugen in irgendeiner Weise zu gefährden. Die Aussagen der Gefolterten wurden also anonym in den Untersuchungsbericht der Delegation aufgenommen, der Ende Januar 1968 veröffentlicht wurde und in dem Marreco und Becket zu dem Schluß gelangten: . . . *die Delegation kann objektiv feststellen, daß Folter vorsätzlich und offiziell angewandt wird, und sie ist überzeugt, daß griechische Bürger, die der aktiven Opposition gegen die Regierung verdächtigt werden, in großem Umfang gefoltert werden . . .*[116]

Der Bericht machte in der Öffentlichkeit großen Eindruck, wenn er auch, wie AI selbst zugibt, *durch die Tatsache, daß keine Namen genannt wurden, an Gewicht verlor.*[117] AI nützte das günstige Echo und gab den Report auch an den Europarat weiter, wo die Menschenrechtskommission inzwischen die Beschwerden Dänemarks, Norwegens, Schwedens und der Niederlande für zulässig erklärt hatte. Die griechische Militärjunta nahm den Bericht offiziell nicht zur Kenntnis. Dennoch schien sie ihm große Bedeutung beizumessen. Auf Anraten des britischen Labour-Abgeordneten Francis Noel-Baker lud der Stellvertretende Ministerpräsident und Innenminister Stylianos Pattakos Rechtsanwalt Marreco im März 1968 zu einer zweiten Ermittlungsreise nach Griechenland ein. Offensichtlich hoffte er, daß Marreco seinen Bericht revidieren werde. Marreco nahm die Einladung an und machte sich am 26. März 1968 auf den Weg nach Athen. Dort traf er dreimal mit Pattakos zusammen, der ihm beim ersten Gespräch jede erdenkliche Hilfe zusagte. Marreco könne jedes Gefängnis und jede Polizeistation besichtigen. In der Tat, so berichtete

Marreco später, habe er seine Nachforschungen ungehindert durchführen können.[118] Am 28. März 1968 besuchte er das Polizeihauptquartier in Athen. Dort verlangte er den 32jährigen Andreas Lendakis zu sehen, einen Archäologiestudenten, der im Oktober 1967 wegen Mitgliedschaft in einer kommunistischen Vereinigung festgenommen worden war. Auf die Frage, ob er gefoltert worden sei, erklärte Lendakis, er ziehe es vor, darauf keine Antwort zu geben.[119] Am 30. und 31. März führte der AI-Beauftragte weitere Gespräche, diesmal mit Häftlingen, die sich nicht mehr in Polizeigewahrsam, sondern bereits in einem Gefängnis befanden. Im Gegensatz zu Lendakis wagten sie es, selbst in Gegenwart des jeweiligen Gefängnisdirektors und eines Polizeioffiziers auszusagen, auch wenn man ihnen, wie Marreco in seinem Bericht schilderte, die Angst vor neuen Verhören durch die Polizei anmerken konnte.[120]

Neun der insgesamt zwölf Befragten hatten erzählt, daß sie mißhandelt oder gefoltert worden seien. Am 1. April machte Marreco einen abschließenden Besuch bei Stylianos Pattakos, legte ihm eine Liste mit den Namen seiner Zeugen vor und bat ihn, eine sofortige Untersuchung einzuleiten. Pattakos, dem als Innenminister auch die Polizeibehörden unterstanden, erwiderte, das sei nicht nötig. Er habe vollstes Vertrauen zu seinen Beamten. Die Häftlinge – alles bekannte Kommunisten – hätten ihm, Marreco, nichts als Lügen aufgetischt. Das ganze Gerede von Folter und Mißhandlung sei doch nur kommunistische Propaganda. Gegen Ende der teilweise hitzig geführten Unterredung wies der AI-Beauftragte nochmals eindringlich auf die Notwendigkeit einer öffentlichen Untersuchung hin. Griechenland müsse damit rechnen, aus dem Europarat ausgeschlossen zu werden, wenn es sich keine Mühe gebe, die Foltervorwürfe zu entkräften. Pattakos schien diese Aussicht nicht weiter zu beunruhigen. *Sollen sie uns rauswerfen,* sagte er. *Wollen Sie wirklich, daß ich das in London berichte?* fragte Marreco. Pattakos antwortete erregt: *Sie zwingen mich dazu, es zu sagen. Die griechische Regierung muß das Volk gegen seine kommunistischen Feinde schützen. Ein Kommunist ist kein Grieche. Unsere eigene Sicherheit muß Vorrang haben.*[121]

AI veröffentlichte den zweiten Griechenland-Report unmittelbar nach der Rückkehr Marrecos. Nicht nur die Aussagen der Gefolterten, sondern auch die Worte des griechischen Innenministers machten starken Eindruck auf die Öffentlichkeit. Immer lauter wurden die Rufe nach politischer Vergeltung. Man forderte wirtschaftliche Sanktionen und den Ausschluß aus dem Europarat. Zunehmend beschäftigte man sich nun auch in den Parlamenten der westeuropäischen Länder mit der Frage der Folter in Griechenland. Am 11. April 1968 nahm der Abgeordnete David Winnick den AI-Report im britischen Unterhaus zum Anlaß, die Regierung zu fragen, wann sie denn endlich gedenke, im Fall Griechenland aktiv zu werden.[122] Noel-Baker hingegen kritisierte den Bericht, da Marreco seiner Ansicht nach mit einer vorgefertigten Meinung nach Griechenland gereist sei, die es ihm schwer gemacht habe, sich

ein objektives Bild von der Lage zu machen.[123]
Die Militärjunta in Athen sah sich zunehmendem politischen Druck ausgesetzt – besonders, nachdem auch in Straßburg neue Schritte eingeleitet worden waren. Im März 1968 hatten nämlich die Regierungen Dänemarks, Norwegens und Schwedens neue Anschuldigungen vorgebracht. Sie warfen der griechischen Regierung nun auch vor, gegen den Artikel 3 (Folterverbot) der europäischen Menschenrechtskonvention verstoßen zu haben.[124] Sie stützten sich dabei in erster Linie auf entsprechende Pressemeldungen, einen Bericht der *Internationalen Juristenkommission* und auf das Beweismaterial, das AI vorgelegt hatte. Im Mai 1968 wurden die Parteien zu den Vorwürfen gehört. Anschließend erklärte die Kommission die neuen Anschuldigungen ebenfalls für zulässig. Damit war eine neue Phase im Fall Griechenland erreicht. Im Bericht über die Folter erklärte AI: *Die Entscheidung, Artikel 3 mitaufzunehmen, veränderte den Charakter des Falles. Er war nicht nur von größerem Interesse für die Öffentlichkeit, da die Folterfrage die öffentliche Meinung Europas stark beschäftigte, sondern veränderte auch die Verhandlungstaktik beider Seiten. Artikel 15 der Konvention schließt Artikel 3 ausdrücklich von denjenigen Artikeln aus, die ein Staat in Krisenzeiten vorübergehend außer Kraft setzen darf. Mit anderen Worten: Die Konvention besagt, daß es keine Situation gibt, die einen Staat berechtigt, zur Selbstbehauptung die Folter anzuwenden. Der Prozeß konzentrierte sich dann auf diese beiden Artikel, denn wenn die Skandinavier Folterungen beweisen konnten, würde die griechische Regierung keine legalen Gründe mehr zu ihrer Verteidigung vorbringen können und eindeutig gegen die Konvention verstoßen haben.*[125]
Die Menschenrechtskommission setzte zur Untersuchung der Foltervorwürfe eine Unterkommission ein, die den gesamten Sachverhalt näher prüfen sollte. Die Unterkommission hielt in der Folgezeit eine Reihe von Sitzungen ab, die vorrangig der Beweisaufnahme dienten. Insgesamt wurden bis Juni 1969 über 80 Zeugen verhört, darunter auch Anthony Marreco und James Becket.[126] Im Oktober 1969 erstellte die Unterkommission einen vier Bände starken Bericht, der von der Kommission gebilligt und an das Ministerkomitee weitergeleitet wurde. Er bestätigte die Berichte von AI in vollem Umfang: *Die Kommission sieht als erweisen an, daß Folterungen und Mißhandlungen in Verletzung von Artikel 3 in einer Anzahl von Fällen verübt wurden, und aufgrund der „Wiederholung von Fällen" und der „offiziellen Duldung" solcher Praktiken kann gesagt werden, daß die Anwendung von Folter in Griechenland eine „administrative Praxis" ist.*[127] Obwohl der Bericht geheim war, wurden Auszüge daraus in der Presse veröffentlicht, was der griechischen Regierung Anlaß zu heftigen Angriffen auf die Menschenrechtskommission und die von ihr eingesetzte Unterkommission bot. Am 12. Dezember 1969 tagte das Ministerkomitee in Paris. Hauptgegenstand seiner Beratung war die Suspendierung der Mitgliedschaft Griechenlands im Europarat. Bevor das Ministerkomitee einen Beschluß gefaßt hatte, unterrichtete

die griechische Regierung den Generalsekretär des Europarates davon, daß sich Griechenland aus der Organisation zurückziehe und die europäische Menschenrechtskonvention kündige. Der Austritt aus dem Europarat wurde am 31. Dezember 1970 wirksam, die Kündigung der Konvention schon am 13. Juni 1970.
Damit war der Fall Griechenland für den Europarat im wesentlichen abgeschlossen. Zwar brachten Dänemark, Norwegen und Schweden am 10. April 1970 erneut eine Beschwerde gegen die griechische Regierung wegen Verletzung der Artikel 3 (Folterverbot) und 6 (Recht auf einen fairen Prozeß vor einem unabhängigen und unparteiischen Gericht) ein, das daran anschließende Verfahren besaß jedoch kaum mehr als symbolische Bedeutung.

1968-1969

1968 reisten 200 Delegierte aus zwölf Nationalen Sektionen und 47 Beobachter verschiedener internationaler Organisationen nach Stockholm, in die Hauptstadt des Landes mit der stärksten Sektion. Diese 6. Internationale Versammlung fand am 24. und 25. August im Reichstagsgebäude statt. Das wichtigste Ergebnis der Tagung war die Annahme eines neuen und noch heute in verbesserter Form gültigen Statuts, das die Aufgaben von AI um die Artikel 5 und 9 der *Allgemeinen Erklärung der Menschenrechte* erweiterte:

Artikel 5: Niemand darf der Folter oder grausamer, unmenschlicher oder erniedrigender Behandlung oder Strafe unterworfen werden.
Artikel 9: Niemand darf willkürlich festgenommen, in Haft gehalten oder des Landes verwiesen werden.

Die Aufmerksamkeit von AI galt von Stockholm an nicht mehr allein den Gewissensgefangenen, sondern auch den Problemen der Folter, unmenschlicher Behandlung, der Todesstrafe und dem fairen Gerichtsverfahren. Die Aufnahme der Artikel 5 und 9 in das neue Statut war ein Gebot der Stunde, denn vor allem die Anwendung der Folter nahm gerade in jener Zeit stark zu. AI wollte sich nicht mehr mit der bloßen Adoption von Gewissensgefangenen begnügen, sondern beabsichtigt, das Phänomen ‚Folter' zu ergründen und Verstöße gegen das Menschenrecht an sich anzuprangern.
Auch die Arbeitsmethoden der Nationalen Sektionen wurden differenzierter. Die Auswahl von drei Gefangenen pro Monat, denen im Rahmen einer Postkartenkampagne *(Aktion für die Gefangenen des Monats)* international öffentliche Unterstützung zugutekommen sollte, wurde zum festen Bestandteil des Programms für Gewissensgefangene.[128] Das Schicksal dieser drei unter dem Gesichtspunkt politischer und geographischer Ausgewogenheit ausgesuchten Gefangenen wurde in einem speziellen Mitteilungsblatt, heute meist in den monatlichen Informationsblättern der Sektionen, beschrieben.

Mit der Bitte um Freilassung dieser Personen schicken Amnesty-Mitglieder in aller Welt Postkarten an die Regierungen der betreffenden Staaten. Eine besondere Förderung genoß seit der Tagung des Internationalen Exekutivkomitees im März 1968 die *Doppeladoption*, die Adoption eines Gefangenen von zwei Gruppen.

Das ursprüngliche Konzept der Amnesty-Gründer, die Welt in kommunistische Länder, nicht-kommunistische Länder und Dritte-Welt-Länder zu teilen, sahen die Delegierten in Stockholm als überholt an, da es mehr den Realitäten des Kalten Krieges der fünfziger Jahre entsprach als, wie Generalsekretär Ennals es im Jahresbericht 1968/69 ausdrückte, *der Welt der siebziger Jahre, in der der Kommunismus keine scharf definierbaren Grenzen mehr kennt.*[129] Dennoch mußte die Versammlung in Ermangelung eines besseren Vorschlags am bisherigen Konzept festhalten, um den Anspruch der Ausgewogenheit zu wahren.

Im Berichtsjahr 1968/69 nahm die Mitgliederzahl von AI sprunghaft zu, die Finanzen stabilisierten sich, die Ermittlungsabteilung wurde reorganisiert und das Kernstück der Organisation, das Internationale Sekretariat, arbeitete straffer und damit wirkungsvoller. Die deutsche Sektion, die den stagnierenden Mitgliedsstand der ersten Jahre überwunden hatte, und die Schweden finanzierten Angestellte des Stabs in London weitgehend aus ihren eigenen Budgets. In Schweden arbeiteten mittlerweile 184 Gruppen, in der Bundesrepublik Deutschland 134. In den USA gab es nur zwei Gruppen, aber 5000 Einzelmitglieder. Im Frühjahr 1969 zählte das Internationale Sekretariat 640 Amnesty-Gruppen in zwanzig Sektionen.[130] Um das Sekretariat, das in den Anfängen der Organisation selbst mit kleinsten Gruppen Kontakt gehalten hatte, zu entlasten, begannen die Nationalen Sektionen eigene Verwaltungs- und Koordinationszentralen zu errichten.

Ein entscheidender Stockholmer Beschluß galt der Ablösung der Internationalen Versammlung durch den Internationalen Rat, der zum obersten beschlußfassenden Organ von AI gemacht wurde. Dem Internationalen Rat ist seit 1968 das Internationale Exekutivkomitee verantwortlich, das heute aus neun Mitgliedern, besteht. Als einen speziellen Beitrag zum *Jahr der Menschenrechte* 1968 führte AI die *Woche des Gewissensgefangenen* (in der Bundesrepublik *Woche des politischen Gefangenen* genannt) durch, die vom 17. bis 23. November 1968 abgehalten wurde und als Teil eines internationalen Programms die Anerkennung der UNO fand. Die Londoner Zentrale hatte Informationsmaterial vorbereitet und an die Nationalen Sektionen verkauft. Diese koordinierte internationale Woche für politische und religiöse Gefangene erzielte weltweite Aufmerksamkeit. Aufgrund des Erfolges, der vielen Gefangenen die Haftentlassung bescherte, behielt AI diese Kampagne, die ein wenig an den *Appeal for Amnesty, 1961* erinnerte, bei.

1969-1970

Mit der Reorganisation von AI und dem erweiterten Aufgabengebiet, angepaßt den weltpolitischen Gegebenheiten der Gegenwart, hatte man den richtigen Weg beschritten. Es stieg nicht nur die Zahl der Adoptionsgruppen von 640 auf 850,[131] sondern auch in den Ländern der Dritten Welt schlug die Idee allmählich Wurzeln. Im Internationalen Sekretariat war man dennoch unzufrieden. Steigende Mitgliederzahlen ließen den Mitarbeiterstab drastisch die unzulänglichen Arbeitsbedingungen in dem Gebäude in der Turnagain Lane spüren. Noch immer waren der Kreis der Festangestellten zu klein, die Räumlichkeiten zu eng und die Finanzmittel zu gering. Generalsekretär Ennals sprach im Jahresbericht 1969/70 das Problem an: *Es genügt nicht zu erfahren, daß jemand im Gefängnis sitzt. Ebenso wichtig ist es, den Hintergrund seiner Verhaftung zu kennen. Nur einen einzigen vollbeschäftigten Mitarbeiter in der Ermittlungsabteilung für ganz Lateinamerika, Spanien und Portugal zu haben, ist für eine professionelle Organisation, die von genauer Information abhängig ist, unzureichend. Jeder Researcher muß für jedes einzelne Land in seinem Bereich ein Spezialist sein, und das ist bei der jetzigen Größe des Stabes selbstverständlich unmöglich.*[132] Diese Klage taucht von da an in jedem Jahresbericht in ähnlichen Worten auf. Je mehr Gruppen sich der Organisation anschließen, je mehr Gefangene adoptiert werden, desto stärker werden die Mitarbeiter im Sekretariat beansprucht. Daher befindet sich auch das Internationale Sekretariat in einer ständigen Phase der Expansion, der aber durch die Beengtheit im Hauptquartier Grenzen gesetzt sind.
Um das finanzielle Problem weitgehend lösen zu können, stimmten die drei größten Sektionen, die der Bundesrepublik Deutschland, Schwedens und Großbritanniens, darin überein, pro Jahr und Gruppe 40 Pfund zu überweisen.[133] Die kleineren Sektionen behielten die Zahlung von 30 Pfund bei. Auf die Dauer sah man sich jedoch gezwungen, nach anderen zusätzlichen Geldquellen zu suchen. Die großzügigste Spende kam damals von einer sozialen Stiftung, die 5000 Pfund pro Jahr zahlte. Einerseits nahm man in London diese Spende dankbar an, andererseits fürchtete man aber, durch diese Zahlungen von Stiftungen in Abhängigkeit zu geraten.

1970-1971

Als die Organisation im Mai 1971, zehn Jahre nach dem Erscheinen des Artikels *Die vergessenen Gefangenen* ihren international stark beachteten Geburtstag feierte, waren schon über 1000 AI-Gruppen aus 28 Nationalen Sektionen im Kampf um die Menschenrechte tätig.[134] Die Hauptlast der Arbeit trugen die stetig wachsenden Sektionen Hollands, der Bundesrepublik

Deutschland und Schwedens. Die Schweden hatten ein Inventur-Jahr eingelegt und die Gruppen auf deren Leistungsfähigkeit überprüft. Gruppen, die nicht mehr arbeitsfähig waren, löste die Stockholmer Zentrale auf, arbeitswillige, aber zu kleine Gruppen wurden durch neue Mitglieder verstärkt.
Im Januar 1971 erschien erstmals der *Amnesty International Newsletter*, der sowohl die bisher erschienen Zeitschriften (zuletzt den *amnesty international review*), als auch den monatlichen Rundbrief für die Postkartenaktion ersetzte. Der *Amnesty International Newsletter* erscheint noch heute und umfaßt Hintergrundinformationen über Länder mit politischen Gefangenen, Nachrichten über die Organisation und Meldungen über ehemalige Gefangene. Die *Amnesty International Publikations* (AIP) wurden Verlag und damit das Markenzeichen aller von AI veröffentlichten Informationsblätter und Bücher. Zu den ersten Veröffentlichungen der AIP zählte die *Chronik der laufenden Ereignisse*, ein im Original maschinengeschriebener Bericht über Menschenrechte in der Sowjetunion.[135]

1.6. Der Ausbau: Schlüsselwort Entwicklung

1971-1972

Im Internationalen Sekretariat trat aufgrund der Raumnot ein Einstellungsstop in Kraft. Unternehmensberater, das Internationale Exekutivkomitee und eine Arbeitsgruppe für langfristige Planung erstellten eine Analyse der Entwicklung und Probleme der Organisation für die nächsten fünf Jahre. Um die Durchführung der Empfehlungen, die sich aus der Analyse ergaben, sicherzustellen, die Verwaltung zu rationalisieren und den Generalsekretär zu entlasten, wurde eine neue Planstelle geschaffen, für die man bei den Nationalen Sektionen und in Zeitungsannoncen vorläufig vergeblich nach einem geeigneten Bewerber suchte. – Für die Dauer von viereinhalb Jahre konnte ein Mietvertrag für neue Büroräume in der Theobald's Road abgeschlossen werden.
Das Internationale Exekutivkomitee beriet im April 1972 über die Einrichtung von Spezialgruppen sogenannter *Koordinationsgruppen*, die drei wesentliche Aufgaben wahrnehmen sollten (vgl. S. 233):
(1) Koordinierung der Gruppenarbeit in ihrer Sektion hinsichtlich eines bestimmten Landes;
(2) Planung und Vorbereitung großangelegter Aktionen innerhalb ihrer Sektion;
(3) Sammeln von Informationen für das Internationale Sekretariat.[136]

1972-1973

Im Herbst 1972 übersiedelte das Internationale Sekretariat, das mittlerweile 41 Festangestellte, sechs Teilzeitkräfte und zwanzig freiwillige Mitarbeiter beschäftigte, in die Londoner Theobald's Road. Das Budget mußte infolge des Umzugs von 81 483 Pfund Sterling im Vorjahr auf 138 586 erhöht werden.[137]

Die fünfte Ratstagung, die 1972 in Utrecht abgehalten wurde, war besonders der Folter gewidmet. Man beschloß den Beginn einer internationalen Kampagne, die die weltweite Ächtung und schließlich die Abschaffung jeder Art entwürdigender, unmenschlicher Behandlung in Haft oder bei Verhören zum Ziel haben sollte.[138] Das Jahr 1973, so befanden die Delegierten, würde für einen Auftakt eine günstige Gelegenheit bieten: 25 Jahre zuvor hatten die Vereinten Nationen die *Allgemeine Erklärung der Menschenrechte* verkündet. Der Rat regte an, als vorläufigen Höhepunkt der Kampagne eine internationale Konferenz zum Thema Folter zu veranstalten. Diese Konferenz fand im Dezember 1973 unter Beteiligung zahlreicher internationaler Organisationen in Paris statt. Bereits am 7. September, anläßlich des 150. Jahrestages der brasilianischen Unabhängigkeit hatte AI beschlossen, einen ersten Report über Folter zu veröffentlichen. Der fertige Bericht wurde der brasilianischen Regierung, den *Vereinten Nationen* und internationalen Organisationen überreicht. Die Regierung des größten südamerikanischen Staates reagierte auf die Publikation außerst empfindlich. Sie verbot der Presse jegliche Erwähnung der Organisation und ihrer Publikationen in den Zeitungen des Landes.

1973 veröffentlichte die holländische Sektion in Zusammenarbeit mit dem Sekretariat in London einen Spezialbericht über Indonesien, in dem festgestellt wurde, daß die dortigen Behörden über 55 000 Menschen ohne Gerichtsverfahren in Haft hielten. Eine weitere Publikation der Organisation mit dem Titel *Politische Gefangene in Südvietnam* befaßte sich mit der Lage der Menschenrechte auf dem südostasiatischen Kriegsschauplatz.

1973-1974

Die beiden Kampagnen zur Abschaffung der Todesstrafe und der Folter, ursprünglich nur für ein Jahr geplant, wurden fortgesetzt. In der Londoner Zentrale richtete man eine eigene Abteilung *Kampagne zur Abschaffung der Folter* ein. Eine Reihe von Neuerungen auf den Sektoren Ermittlungsarbeit und Ausbau der Organisation wurden erprobt: Researcher aus dem Internationalen Sekretariat begannen in Afrika, Lateinamerika, Südasien und im Nahen Osten mit der Durchführung regelmäßiger Missionen, die für neue

Kontakte, bisher nicht erfaßte Fälle und fundierte Informationen sorgen sollten. Auf Vorschlag der indischen Sektion entsandte das Internationale Exekutivkomitee im Rahmen eines Versuchs, den Zielen von AI in der Dritten Welt Gehör zu verschaffen, einen *Field Secretary* (die deutsche Bezeichnung *Entwicklungsbeauftragter* kommt der Bedeutung seiner Tätigkeit am nächsten) nach Südasien. Der Entwicklungsbeauftragte Richard Reoch begann von Neu Dehli aus im Februar 1974 seine Tätigkeit.
Im Berichtsjahr 1973/74 arbeitete AI in mehr als 100 Ländern, entsandte Beobachter und Missionen in 27 Länder, veröffentlichte drei große Reports, gab 63 Presseerklärungen heraus und veranstaltete elf Regionalkonferenzen und Treffen in verschiedenen Teilen der Welt.[139]

1974-1975

Mehr als je zuvor befaßten sich die internationalen Gremien von AI – Internationaler Rat, Exekutivkomitee und Sekretariat – mit dem Ausbau der Organisation speziell in den Ländern der Dritten Welt. Mit finanzieller Hilfe einer holländischen Stiftung konnte in der Zeit vom 20. bis 23. März 1975 in Neu-Dehli eine Regionalkonferenz unter Beteiligung von Amnesty-Mitgliedern aus Indien, Bangladesh, Pakistan, Nepal und Sri Lanka abgehalten werden. Bereits 1974 hatte ein zweiter Entwicklungsbeauftragter, ein Kolumbianer, seine Arbeit in Lateinamerika aufgenommen.
In Schwerpunktkampagnen foderte AI Amnestien für Gefangene, die sich seit langen Jahren in Haft befanden. Eine dieser Kampagnen betraf fünf Staaten in Westafrika, von denen drei wenige Wochen später tatsächlich eine Amnestie verkündeten. Eine zweite Aktion konzentrierte sich auf Indonesien. Gemeinsam mit 25 anderen nichtstaatlichen Organisationen unterzeichnete AI eine an die *Vereinten Nationen* gerichtete Resolution, in der die Vollversammlung aufgerufen wurde, eine Erklärung zugunsten der totalen weltweiten Abschaffung der Todesstrafe zu verkünden.[140] Der Jahresbericht 1974/75, der mit 148 Seiten Umfang Taschenbuchformat besitzt und durch eine den Finanzbericht enthaltende Broschüre noch um zwanzig Seiten erweitert wird, gibt unter anderem folgende Zahlen bekannt (Stand 31. Mai 1975): 1 592 Gruppen in 31 Ländern; 70 000 Einzelmitglieder in 65 Ländern; 3 650 betreute Gefangene.[141] Während des Kalenderjahres 1974 wurden 2 458 neue Fälle registriert und 1 403 betreute Gefangene aus der Haft entlassen.
Als sich Sean MacBride im September 1974 in Askov nicht mehr zur Wiederwahl für das Amt des Vorsitzenden des Internationalen Exekutivkomitees stellte, verlor AI nach Benenson die zweite Persönlichkeit eines Triumvirats, das der Organisation Idee, Leben und Gestalt gegeben hatte. MacBride, mitt-

lerweile Kommissar der *Vereinten Nationen* für das von Südafrika trotz Mandatsentzugs noch immer beanspruchte Namibia (das ehemalige Deutsch-Südwestafrika), hielt es schon im Mai 1974, angesichts seiner Stellung bei der UNO, nicht mehr für angebracht, das Vorwort für den Jahresbericht zu verfassen. Genau einen Monat, nachdem MacBride seinen Vorsitz niedergelegt hatte, wurde ihm am 8. Oktober in Anerkennung seiner lebenslangen Arbeit für die Menschenrechte der Friedensnobelpreis verliehen. MacBride teilte diese Auszeichnung mit dem früheren japanischen Premierminister Eisaku Sato, der selbst einmal Mitglied von AI gewesen war. In der Freude über die Ehrung MacBrides, der AI als Vorsitzender der irischen Sektion verbunden geblieben war, mischten sich jedoch auch Wermutstropfen des Bedauerns, denn die höchste Friedensauszeichnung war zu spät erfolgt, als daß AI noch an der publizistischen Auswertung des Ruhmes hätte teilhaben können. Die Ehrung galt im Oktober 1974 einem Mann, hinter dessen Namen erstmals UN-Kommissar geschrieben stand und nicht, wie all die Jahre zuvor, Vorsitzender von Amnesty International.
Zwei Monate später, am 7. Dezember 1974, fand dann auch die Arbeit der Organisation ehrenvolle Anerkennung. Fast unbemerkt von der Mehrzahl der Amnesty-Mitglieder verlieh die *Deutsche Kriminologische Gesellschaft* der Amnesty International, vertreten durch deren Begründer Peter Benenson, die Beccaria-Medaille in Gold – benannt nach dem italienischen Juristen und Schriftsteller Cesare Beccaria (1738-1794), der sich in seinem Buch *Dei delitti e delle pene (Von den Verbrechen und Strafen)* unter anderem gegen Todestrafe und Folter eingesetzt hatte.
Erstmals wurde bei der Ehrung durch die Deutsche Kriminologische Gesellschaft *neben die Persönlichkeit auch die Institution, die von ihr verkörpert wird, gestellt...*[142]
Für Benenson war die Feierstunde in Frankfurt am Main Anlaß, zum ersten Mal nach seinem Ausscheiden im Jahre 1967 wieder öffentlich als Repräsentant von AI aufzutreten.
Auf seinem Treffen im November 1974 wählte das Internationale Exekutivkomitee den früheren Sprecher der Sektion der Bundesrepublik Deutschland, den 41jährigen Hamburger Kaufmann Dirk Börner, zum Vorsitzenden. Der ehemalige Vorsitzende der schwedischen Sektion, Thomas Hammarberg, löste Baker als stellvertretender Vorsitzender ab. Zuvor schon hatte das Internationale Exekutivkomitee den Schweden Hans Ehrenstrale auf den neu geschaffenen Posten des stellvertretenden Generalsekretärs berufen. Der 60jährige Ehrenstrale war vor seiner Nominierung unter anderem Area Director der UNICEF im Mittleren Osten, Jugoslawien und Rumänien, zuletzt örtlicher Repräsentant des Entwicklungsprogramms der *Vereinten Nationen* an der Elfenbeinküste, im Kongo, in Äthiopien und schließlich in Algerien gewesen.
Auf der Internationalen Ratstagung im September 1975 in Sankt Gallen

schied mit Eric Baker der letzte der drei Männer, die AI geprägt hatten, aus der Exekutive aus. In Anerkennung seiner Verdienste ernannte der Internationale Rat Baker statusgemäß zum Ehrenpräsidenten für die Dauer von drei Jahren.

2. Theorie und Praxis der Amnesty-Arbeit

2.1. Allgemeines

Aus dem Internationalen Statut

(1) Eingedenk des Rechts eines jeden Menschen, seine Überzeugungen frei zu äußern und an ihnen festzuhalten, sowie eingedenk der Verpflichtung, die gleiche Freiheit auch für andere zu gewährleisten, ist es die Aufgabe von Amnesty International, in der ganzen Welt die Einhaltung der Allgemeinen Erklärung der Menschenrechte auf folgende Weise zu erreichen
a) durch Arbeit ohne Rücksicht auf politische Erwägungen für die Freilassung und für die Unterstützung von Menschen, die unter Mißachtung der vorgenannten Schutzbestimmungen verhaftet, gefangen, auf andere Weise physischem Zwang ausgesetzt oder Freiheitsbeschränkungen unterworfen sind
und zwar aufgrund ihrer politischen, religiösen oder anderen geistigen Überzeugung, aufgrund ihrer ethnischen Abstammung, ihrer Hautfarbe oder ihrer Sprache – vorausgesetzt, daß sie Gewalt nicht angewendet und sich für die Anwendung von Gewalt auch nicht eingesetzt haben (im weiteren Gewissensgefangene genannt);
b) durch das Eintreten mit allen geeigneten Mitteln gegen die Inhaftierung von Gewissensgefangenen oder politischen Gefangenen ohne Prozeß innerhalb angemessener Zeit, sowie bei solchen Gefangenen gegen alle Prozeßverfahren, die den anerkannten Regeln eines fairen Prozesses nicht entsprechen;
c) durch das Eintreten mit allen geeigneten Mitteln gegen die Verhängung und Vollstreckung von Todesurteilen, sowie gegen die Folterung und andere grausame, unmenschliche oder erniedrigende Strafen und Behandlungen von Gefangenen und anderen Menschen, die in Haft gehalten oder verfolgt werden, unabhängig davon, ob sie Gewalt angewendet haben oder sich für die Anwendung von Gewalt eingesetzt haben.

(2) Um diese Ziele zu erreichen, soll Amnesty International
a) stets bestrebt sein, in ihrer Arbeit ein Gleichgewicht zwischen allen Län-

dern der Erde ohne Rücksicht auf deren Zugehörigkeit zu den verschiedenen politischen Ideologien und Blöcken zu wahren;

b) in geeignet erscheinender Weise die Verabschiedung von Verfassungen, Konventionen und Verträgen, sowie andere Maßnahmen fördern, wenn diese Rechte, auf die in Artikel (1) dieser Satzung hingewiesen wird, garantieren;

c) die Tätigkeit internationaler Organisationen und Behörden, die für die Verwirklichung dieser Bestimmungen arbeiten, unterstützen und die Öffentlichkeit mit ihren Aufgaben vertraut machen;

d) alle notwendigen Schritte unternehmen, um eine arbeitsfähige Organisation mit Nationalen Sektionen, Amnesty-Gruppen und Einzelmitgliedern zu schaffen;

e) die Betreuung einzelner Gewissensgefangener durch Amnesty-Gruppen oder Förderer von Amnesty International sicherzustellen, oder solchen Gruppen andere Aufgaben zur Erreichung der im Artikel (1) dargelegten Zielsetzungen zu übertragen;

f) für finanzielle und sonstige Unterstützung von Gewissensgefangenen und ihren Angehörigen sorgen, ebenso von Personen und ihren Angehörigen, die noch vor kurzem Gewissensgefangene waren oder es vermutlich wären, wenn sie in ihr Heimatland zurückkehren müßten;

g) Rechtshilfe ermöglichen für Gewissensgefangene und solche Personen, die im Falle einer Verurteilung voraussichtlich als Gewissensgefangene angesehen werden müssen, wo dies notwendig und möglich ist, sowie falls es wünschenswert erscheint, Beobachter zu den Prozessen solcher Personen zu entsenden;

h) für die Verbesserung der Haftbedingungen von Gewissensgefangenen und politischen Gefangenen wirken;

i) die Fälle von Gewissensgefangenen oder Personen, die in anderer Form unter Verletzung der vorgenannten Bestimmungen in ihrer Freiheit eingeschränkt wurden, publizieren;

j) wo dieses angebracht erscheint, Beauftragte zu einer Untersuchung entsenden, wenn der Verdacht besteht, daß die Rechte von Einzelpersonen unter den oben genannten Bestimmungen verletzt oder bedroht sind;

k) bei internationalen Organisationen und Regierungen vorstellig werden, wann immer es den Anschein hat, daß die betreffenden Personen als Gewissensgefangene angesehen werden müssen, oder in anderer Form unter Verletzung der oben genannten Bestimmungen in ihrer Freiheit beschränkt werden;

l) die Gewährung allgemeiner Amnestien befürworten und unterstützen, die auch Gewissensgefangenen zugute kommen würden;

m) alle geeignet scheinenden Schritte unternehmen, die zur Erreichung der Ziele dieser Organisation führen können.

So lauten die Artikel (1) und (2) des 1968 in Stockholm verabschiedeten Internationalen Statuts (von uns im folgenden als *Stockholmer Statut* bezeichnet) in der auf der Ratstagung 1974 in Askov verbesserten Fassung. Sie umreißen das Programm von AI, dessen drei Schwerpunkte heißen:
(1) Gefangenenarbeit
(2) Bekämpfung der Folter
(3) Bekämpfung der Todesstrafe

AI unterscheidet zwischen zwei Kategorien von Gefangenen, die aus politischen, religiösen oder anderen Gründen gemäß Artikel (1a) inhaftiert sind: *Gewissensgefangenen,* die Gewalt weder angewendet noch deren Anwendung befürwortet haben, und *politischen Gewalttätern,* die zwar im Statut nicht ausdrücklich unter dieser Bezeichnung erwähnt sind, deren Existenz aber durch die Eingrenzung der Bezeichnung Gewissensgefangene auf gewaltlose politische Häftlinge stillschweigend vorausgesetzt wird. Für beide Kategorien – Gewissensgefangene *und* politische Gewalttäter – wird der Oberbegriff *politische Gefangene* oder *politische Häftlinge* benützt.
Im Sprachgebrauch der deutschen AI verwendet man die Begriffe Gewissensgefangene und politische Gefangene häufig synonym oder zumindest in einer Weise, die nicht immer klar erkennen läßt, ob mit den politischen Gefangenen nun sowohl Gewissensgefangene wie auch politische Gewalttäter oder nur Gewissensgefangene gemeint sind. Auch politische Gewalttäter sind im Fall ihrer Inhaftierung politische Gefangene. Von einer Adoption durch AI sind sie jedoch ausgeschlossen. Eine synonyme Verwendung der beiden Begriffe Gewissensgefangene und politische Gefangene ist zumindest irreführend. Wir schließen uns deshalb der auf der internationalen Ebene von AI gebräuchlichen Sprachregelung an und verwenden die Bezeichnung Gewissensgefangene exakt nur für solche Personen, für die sie gemäß dem Stockholmer Statut auch zutrifft.
Es sollte noch einem weiteren möglichen Mißverständnis vorgebeugt werden. Mit dem Begriff politische Gefangene assoziiert man gewöhnlich Personen, die aus rein politischen Gründen inhaftiert sind – worunter man etwa die Mitgliedschaft in einer verbotenen politischen Partei, die Zugehörigkeit zu einer separatistischen Bewegung, anarchistische Aktivitäten und ähnliches versteht. Der Begriff soll jedoch mehr besagen. Er soll auch all jene umfassen, die aus religiösen, rassischen und anderen Gründen festgehalten werden und denen AI ja ebenfalls Interesse entgegenbringt. Mißverständnisse, die sich aus einer allzu engen Auslegung des Wortes *politisch* ergeben könnten, lassen sich vermeiden, wenn man sich vergegenwärtigt, daß auch religiöse und rassische Verfolgung und die daraus resultierenden Inhaftierungen ein *politisches* Phänomen sind.
Für alle politischen Häftlinge – gewaltlose wie gewalttätige – fordert AI menschenwürdige Behandlung und einen Prozeß, der in angemessener Frist

und unter Beachtung international anerkannter, gerichtlicher Verfahrensnormen stattfindet. Bei Gewissensgefangenen, und nur bei diesen, setzt sich die Organisation für die Freilassung ein.
AI kümmert sich auch um potentielle Gewissensgefangene, etwa um Asylsuchende, denen die Abschiebung aus dem Asyl in ihr Heimatland und dort Inhaftierung, Folter und Todesstrafe aus politischen, religiösen oder ähnlichen Gründen droht, und um politische Flüchtlinge (politische Gewalttäter wieder ausgeschlossen), die erfolgreich um Asyl nachgesucht haben. Die Hilfeleistung erstreckt sich sowohl auf materielle Betreuung (finanzielle Unterstützung, Wohnungsvermittlung, Besorgung von Arbeitsplätzen) wie auch ideelle Betreuung (inbesondere Rechtsberatung).
Zum Programmbereich Gefangenenarbeit gehört schließlich auch das Bemühen um menschenwürdige Haftbedingungen für alle politischen Gefangenen. Bereits 1965 veröffentlichte AI Berichte über Haftbedingungen in Südafrika, Portugal und Rumänien (vgl. S. 49). Ein Jahr später erschienen entsprechende Untersuchungen, denen jeweils sorgfältige Ermittlungen vorangegangen waren, über die DDR, Rhodesien und Paraguay. Im August 1973 gab *Amnesty International Publications* einen Report mit dem Titel *Politische Haft in Spanien* heraus. Darin war unter anderem ausführlich von den äußeren Bedingungen die Rede, unter denen Spaniens politische Gefangene ihre Haftstrafe verbüßen müssen. Ein Häftling aus Teruel berichtete beispielsweise: *Wenn politische Gefangene ins Gefängnis kommen, verbringen sie 30 Tage zur Beobachtung in einer äußerst schmutzigen Zelle ohne Waschbecken, mit einer Toilette ohne Spülung. Wenn das Fenster zerbrochen ist, muß man mehrere Tage warten, bis sie eine neue Scheibe einsetzen. Die Temperatur erreicht manchmal 14 Grad unter Null, aber man bekommt nur zwei Decken.*[1]
Die Verhältnisse im Provinzgefängnis Barcelona sind anscheinend nicht viel besser: *Sanitäre Anlagen gibt es in den Beobachtungszellen nicht. Der Gestank ist unerträglich. Die Decken sind zerfetzt, die Toiletten verstopft. . . .*[2]
Die medizinische Versorgung der Gefangenen ist *außerordentlich mangelhaft, nicht nur weil es es zu wenige Gefängnisärzte gibt, sondern auch weil keiner von ihnen sich lange genug in den Gefängnissen aufhält, um den Insassen mehr als nur oberflächliche Untersuchungen angedeihen zu lassen . . . Die Krankenreviere der Gefängnisse sind nicht für die Behandlung von Notfällen eingerichtet, und Gefangene, die sich einer Operation unterziehen müssen, befinden sich in großer Gefahr.*[3] Die wenigsten Zellen verfügen über eine Heizungsmöglichkeit, *obwohl viele der Gefängisse an Orten mit kontinentalem Klima gelegen sind. Die Temperatur der Zellen erreicht in einigen Fällen sogar* $-18^\circ C$*. Die hygienischen Bedingungen sind sehr schlecht, sehr wenig Wasser, keine Duschen, Ratten und Wanzen gehen dort spazieren.*[4]
Bei der Prüfung von Haftbedingungen legt AI keinen willkürlichen Maßstab an, sondern beruft sich auf die *Mindestgrundsätze für die Behandlung von Gefangenen,* einen Katalog von 94 Vorschriften, die am 30. August 1955

vom *Ersten Kongreß der Vereinten Nationen über die Verhütung von Verbrechen und die Behandlung von Straffälligen* angenommen und am 31. Juli 1957 vom *Wirtschafts- und Sozialrat der Vereinten Nationen* gebilligt wurden und allen Staaten *zur Beachtung und weitestgehenden Bekanntmachung empfohlen*[5] sind. Die Mindestgrundsätze enthalten Bestimmungen über Unterbringung, persönliche Hygiene, Kleidung, Verpflegung, medizinische Betreuung, Durchführung von Disziplinarstrafen, Anwendung von Zwangsmitteln, Religionsausübung, Verhalten des Anstaltspersonals. Spezielle Vorschriften regeln außerdem den Umgang mit geistig behinderten Gefangenen und Untersuchungsgefangenen. Bedauerlicherweise stellen die Mindestgrundsätze nur Empfehlungen dar. Kein Staat ist zu ihrer Anwendung verpflichtet. Daher kümmern sich viele Staaten und nicht nur Spanien herzlich wenig um diese Bestimmungen, die zum Beispiel verlangen:

...

(10) Alle Räume, die für die Benutzung durch die Gefangenen vorgesehen sind, und insbesondere alle Schlafgelegenheiten sollen allen Erfordernissen der Gesundheit unter Berücksichtigung der klimatischen Verhältnisse und insbesondere hinsichtlich des Kubikinhalts an Luft, einer Mindestfläche für einen Zwischenraum, Beleuchtung, Heizung und Lüftung entsprechen.

...

(12) Die sanitären Einrichtungen sollen so gehalten sein, daß sie es dem Gefangenen ermöglichen, seine natürlichen Bedürfnisse zur notwendigen Zeit zu verrichten, und zwar in einer reinlichen und gehörigen Weise.

...

(15) Von den Gefangenen soll persönliche Reinlichkeit gefordert werden, und zu diesem Zweck sollen ihnen Wasser und solche Toilettenartikel zur Verfügung gestellt werden, die aus Gründen der Gesundheit und Reinlichkeit notwendig sind.[6]

...

Im Kampf gegen die Folter macht AI keinerlei Unterschied zwischen Gewissensgefangenen und politischen Gewalttätern. Nach Artikel 5 der *Allgemeinen Erklärung der Menschenrechte* darf kein Häftling der Folter und unwürdiger, erniedrigender Behandlung oder Strafe unterworfen werden. Da AI auch die Todesstrafe als menschenunwürdige Strafe ansieht, wendet sie sich gegen deren Verhängung und Vollstreckung, und zwar ebenfalls unabhängig von der Frage, ob der Verurteilte ein politischer Gewalttäter ist oder nicht.

Es würde zu weit führen, auf alle die Menschenrechte ausschließlich oder tangentiell betreffenden Erklärungen und Abkommen einzugehen, auf die sich AI bei der Verwirklichung ihres Programms beruft. Hauptsächliche Rechtsgrundlage des AI-Programms ist, wie bereits mehrfach erwähnt, die *Allgemeine Erklärung der Menschenrechte* der *Vereinten Nationen* vom 10. Dezember 1948. Sie umfaßt sowohl bürgerliche und politische Rechte (zum Beispiel Recht auf gleichen Schutz und gleiche Behandlung vor dem Gesetz,

Schutz vor Folter und Sklaverei, Recht auf Freizügigkeit, Staatsangehörigkeit, Gedanken-, Gewissens- und Religionsfreiheit, freie Meinungsäußerung, Versammlungs- und Vereinigungsfreiheit, Zugang zu öffentlichen Ämtern, freie und geheime Wahl), als auch soziale und wirtschaftliche Rechte (Recht auf soziale Sicherheit, Ausbildung, Arbeit, freie Berufswahl, befriedigende Arbeitsbedingungen, angemessene Entlohnung, Urlaub, Schutz vor Arbeitslosigkeit) und kulturelle Rechte (Recht auf Teilnahme am kulturellen Leben, Schutz der Urheberschaft wissenschaftlicher, literarischer und künstlerischer Produktion).

Allerdings handelt es sich bei der *Allgemeinen Erklärung der Menschenrechte* nur um eine Absichtserklärung und nicht um ein Vertragswerk, aus dem den Unterzeichnerstaaten völkerrechtliche Verpflichtungen erwachsen. Solche Vertragswerke hingegen sind das *Internationale Abkommen über wirtschaftliche, soziale und kulturelle Rechte* und das *Internationale Abkommen über bürgerliche und politische Rechte,* beide aus dem Jahr 1966. Ersteres ist drei Monate nach Hinterlegung der 35. Ratifikationsurkunde durch Jamaica (3. Oktober 1975) im Januar 1976 in kraft getreten, letzterem fehlte im Oktober 1975 noch eine Ratifikation. Ihr Inkrafttreten stärkt die Position von AI. Hinweise der Organisation auf mögliche Widersprüche zwischen Vertragsnorm und Vertragswirklichkeit wird die Regierungen der betreffenden Signatarstaaten veranlassen, sich nachdrücklich gegen solche Anschuldigungen zu verteidigen, da sich keine gerne den Vorwurf machen lassen wird, ein völkerrechtlich verbindliches Abkommen gebrochen zu haben.

AI ist durch ihre Arbeit für Gewissensgefangene und den Kampf gegen die Folter bekanntgeworden. Das läßt einen manchmal übersehen, daß sie sich für die Verwirklichung aller Menschenrechte einsetzt und nicht nur für jene, die in den Artikeln 5 (Folterverbot), 9 (Schutz vor willkürlicher Festnahme, Haft und Ausweisung), 18 (Gedanken-, Gewissens- und Religionsfreiheit) und 19 (Recht auf freie Meinungsäußerung) der *Allgemeinen Erklärung der Menschenrechte* niedergelegt sind. Die begrenzte Leistungsfähigkeit einer privaten Organisation wie AI hat freilich eine Spezialisierung nahegelegt. Dies ist auch insofern gerechtfertigt, als man vermuten kann, daß in Ländern, in denen Meinungs- und Gewissensfreiheit garantiert und Folter verboten sind, auch alle übrigen bürgerlichen und politischen Rechte geachtet werden. Um die wirtschaftlichen, sozialen und kulturellen Rechte hat sich AI bisher kaum gekümmert. In den industriell entwickelten Staaten spielt das sicher keine große Rolle, in der Dritten Welt, wo wirtschaftliche und soziale Probleme wichtigste Ursachen politischer Verfolgung sind, dürfte sich AI mit dieser Lücke im Engagement jedoch einiger Chancen auf mehr Popularität und offizielle Anerkennung berauben.

Als Voraussetzung für die Verwirklichung ihres Programms betrachtet AI die strikte Befolgung dreier Grundsätze:

Neutralität, Ausgewogenheit, Unabhängigkeit.

Der Grundsatz der Neutralität ist in Artikel (1a) des Statuts verankert, worin es heißt: . . . *durch Arbeit ohne Rücksicht auf politische Erwägungen für die Freilassung und für die Unterstützung von Menschen . . .* – Artikel (2a) verpflichtet die Organisation zur Ausgewogenheit: . . . *soll Amnesty International stets bestrebt sein, in ihrer Arbeit ein Gleichgewicht zwischen allen Ländern der Erde ohne Rücksicht auf deren Zugehörigkeit zu den verschiedenen politischen Ideologien und Blöcken zu wahren. . .* Das Prinzip der Unabhängigkeit – wobei Unabhängigkeit praktisch finanzielle Unabhängigkeit bedeutet – resultiert aus den beiden vorhergenannten Grundsätzen.

2.2. Grundsätze

2.2.1. Neutralität

Der wichtigste Grundsatz im Wirken von AI heißt Neutralität. Er verpflichtet die Organisation und alle Mitglieder dazu, sich für jeden Gewissensgefangenen unabhängig von dessen politischem Standort und dessen religiöser Überzeugung mit gleicher Nachdrücklichkeit einzusetzen. AI sieht sich als *weltweite Menschenrechtsbewegung, die von keiner Regierung, keiner politischen Partei und keinem religiösen Bekenntnis abhängig ist.*[7] Sie will für die Freiheit von Menschen kämpfen, die den verschiedensten Meinungen anhängen. AI möchte nicht verteidigen, was sie sagen, sondern nur ihr Recht, es frei zu sagen, und das ohne Rücksicht auf die Regierung und den Staat, die sie daran hindern. Das erfordert Toleranz. Engstirnige Ideologen will die Organisation daher nicht in ihren Reihen haben. Allerdings wünscht sie auch nicht, daß diese Toleranz so weit geht, daß Amnesty-Mitarbeiter ihre Augen vor offenkundigen sozialen Mißständen und wirtschaftlichen Ungerechtigkeiten verschließen. Viele Gefangene, die AI adoptiert hat, sind ja gerade wegen ihres Widerstandes gegen die herrschenden Verhältnisse in ihrem Land verhaftet worden. Das *Handbuch für die Gruppenarbeit* der deutschen Sektion schärft daher seinen Lesern ein: *Es ist . . . für unsere Öffentlichkeitsarbeit von ausschlaggebender Bedeutung, daß wir nicht nur den Einzelfall selbst, für sich isoliert, sondern auch seinen Zusammenhang mit den politischen und wirtschaftlichen Gegebenheiten des Landes darstellen und damit ursächliche Zusammenhänge für das Phänomen politischer Repression aufdecken. Erst im Zusammenhang mit einer so gearteten politischen Arbeit gewinnt die Arbeit für den einzelnen Gefangenen ihren vollen Sinn und ihre ganze Bedeutung. Die Betreuung des Einzelfalls muß deshalb begleitet (nicht*

ersetzt) werden von einer Arbeit, die mit den Mitteln politischer Information diejenigen Ursachen aufdeckt, die zu einer politischen Verfolgung geführt haben und täglich neue politische Gefangene schaffen.[8]
Die ständige Mißachtung der Menschenrechte in vielen Teilen der Welt macht es AI im Grunde leicht, Neutralität zu wahren. Rechtsbrüche gibt es in westlich orientierten Staaten ebenso wie in Ländern des Warschauer Pakts, in Südamerika wie in Südostasien, im Namen von Diktatoren wie von Demokraten. Die Unterdrückung Andersdenkender, die Verfolgung Andersgläubiger, die Diskriminierung von Menschen, die eine andere Hautfarbe, Herkunft oder Nationalität besitzen, die physische und psychische Folter von Männern, Frauen und selbst Jugendlichen, die man als Feinde betrachtet, nur weil sie sich von den Herrschenden oder der Mehrheit unterscheiden, ist kein primär politisches, sondern ein primär menschliches Problem, das sich geographisch nicht, ideologisch nur schwer eingrenzen läßt. Die Menschenrechte sind universal. Sie gelten für die Bürger aller Staaten. Ausnahmen darf es nicht geben. Daß sie dennoch immer wieder brutal mit Füßen getreten oder auch „nur" behutsam und scheinbar legal außer Kraft gesetzt werden, verschafft AI die Legitimation.
AI geht es nicht darum, Regierungen, die die Verletzung von Menschenrechten veranlassen und dulden, zu beleidigen oder gar ihren Sturz herbeizuführen. Im Interesse der politischen Gefangenen liegt ihr sogar daran, mit Machthabern aller Schattierungen zusammenzuarbeiten. Diese Politik macht manchmal den Eindruck, als stecke eine doppelbödige Moral dahinter. Die Organisation muß jedoch mit möglichst vielen Regierungen ins Gespräch kommen. Nicht selten lassen sich über Verhandlungen am ehesten Erleichterungen für einzelne oder alle politischen Gefangenen eines Landes erzielen. Erst wenn sich eine Regierung absolut taub stellt und für keinen noch so dringenden Appell ein offenes Ohr hat, muß AI schärfere Geschütze auffahren, wozu auch die Publikation eines Reports gehört. Aber wie schwerwiegend die Vorwürfe gegen die Führung eines Staates auch sein mögen, der Ton, in dem die Organisation diese erhebt, bleibt im allgemeinen sachlich. Polemik wird vermieden.
Fairneß und Höflichkeit sind Eigenschaften, mit denen auch jedes einzelne Anmesty-Mitglied seine Bereitschaft zur Unparteilichkeit demonstrieren soll, besonders bei der Korrespondenz mit offiziellen Stellen im Land des adoptierten Gewissensgefangenen. Das *Handbuch für die Gruppenarbeit* der deutschen Sektion erteilt entsprechende Anweisungen: *Die Briefe sollten kurz, höflich und sachlich sein, sie sollten die Gesprächsbereitschaft des Adressaten immer als gegeben voraussetzen.*[9] Und im *Handbuch für Amnesty-Gruppen und Einzelmitglieder* der Schweizer Sektion steht zu lesen: *Grundsätzlich sollten alle Aggressionen durch AI vermieden werden. Briefe, Telegramme, Petitionen usw. müssen bei aller Bestimmtheit des Tons folgenden Forderungen entsprechen: . . . (b) Unüberprüfbare Behauptungen müssen unter-*

lassen werden. (c) Der Briefstil muß sachlich und höflich sein. (d) Entrüstungen, Drohungen, Forderungen schaden im allgemeinen mehr, als sie nützen.[10] Musterbriefe zeigen, wie diese Empfehlungen in die Praxis umgesetzt werden sollen.

Das Neutralitätsprinzip findet noch in anderer Hinsicht Anwendung: Keine Adoptionsgruppe darf politische Häftlinge aus dem eigenen Land betreuen. Es leuchtet ein, daß dieser Grundsatz auch im Fall der beiden deutschen Staaten gilt: *Gruppen der Bundesrepublik betreuen keine Gefangenen in der Deutschen Demokratischen Republik, weil sie als Bürger des anderen deutschen Staates die geringsten Erfolgsaussichten haben.*[11] Diese Aufgabe nehmen vielmehr holländische, skandinavische und amerikanische Gruppen wahr.

Es scheint paradox, aber daß es AI mit der Neutralität tatsächlich ernst meint, beweist am ehesten die Tatsache, daß sie von allen Seiten der Konspiration mit irgendeiner politischen Gruppe, einer Ideologie oder einer Regierung verdächtigt wird. Einige Pressestimmen machen deutlich, wie kontrovers die Meinungen über AI sind, wie sich ihre Einschätzung je nach politischem Standort des Betrachters ändert. Die in Rio de Janeiro erscheinende Zeitschrift *O Cruzeiro* polemisierte im September 1972, nachdem AI einen Bericht mit dem Titel *Folter in Brasilien* veröffentlicht hatte: *...die berühmte Amnesty International, ein Instrument des kommunistischen Terrors, hilft von London aus Guerillas in aller Welt. Mit Mitteln der Lüge und der Diffamierung demokratischer Regierungen unterstützt sie rund um den Erdball Kampagnen zur Freilassung terroristischer Krimineller. Sie hat eine gezielte Kampagne gegen Brasilien entfacht, indem sie Folterungen, Morde und Greueltaten erdichtet hat, um kommunistische Ziele zu unterstützen.*[12]

Empfindlich reagierte im gleichen Jahr auch *The Weekly Spectator,* eine Wochenzeitung, die in Akkra, der Hauptstadt Ghanas, herausgegeben wird, auf eine Erklärung von AI-Generalsekretär Martin Ennals. Dieser hatte der ghanaischen Regierung die Besorgnis der Organisation über die große Anzahl politischer Häftlinge mitgeteilt, die ohne Prozeß in Haft gehalten wurden. Im Leitartikel der Ausgabe vom 18. November 1972 hieß es: *Daß dieses imperialistische Organ es nun für seine Pflicht hält, die Art, in der unsere jetzige Regierung politische Gefangene behandeln sollte, vorzuschreiben, läuft nicht nur auf eine mutwillige Einmischung in die inneren Angelegenheiten Ghanas hinaus, sondern beweist auch, daß Kofi Abretia Busia* (Chef einer kurz zuvor gestürzten Regierung Ghanas, d.Vf.) *irgendwo im Rahmen von AI seine Beziehungen spielen läßt . . . Imperialisten bieten ihren Rat und ihre Dienste nur dann an, wenn ihre eigennützigen Ziele auf dem Spiel stehen. Die Regierung muß sich vor den Wölfen hüten, die im Schafspelz kommen.*[13]

Und die sowjetische Zeitung *Pravda Ukrainy* nahm am 1. November 1970 unter der Überschrift *Falsche Adresse, meine Herren* die zahlreichen Briefe von Amnesty-Mitgliedern, die um die Freilassung politischer Gefangener in der UdSSR gebeten hatten, zum Anlaß, um zu urteilen: *...Die Leute, die solche Briefe schicken, sind gewöhnliche Angestellte der lokalen Organisationen dieser sogenannten Amnesty International, die selbst, laut der bourgeoisen Presse, unter jenen Organisationen, die subversive antisowjetische Propaganda betreiben, an führender Stelle steht . . . Amnesty International verbreitet in den kapitalistischen Ländern gefälschte Materialien, von denen man erwartet, daß sie die Öffentlichkeit überzeugen. Sie verbreitet, daß sich die Kirche in unserem Land angeblich im Untergrund befindet und so weiter... Es ist tatsächlich kein Zufall, daß die Führer von Amnesty International eng mit den Geheimdiensten der USA und Großbritannien verbunden sind.*[14] Mit dem letzten Satz bezieht sich der Verfasser ganz offensichtlich auf die Vorgänge um das Ausscheiden Peter Benensons aus der Organisation. Dessen Vorwürfe gegen die *Internationale Juristenkommisssion, Justice* und Sean MacBride boten besonders für das östliche Lager einen willkommenen Anlaß, die Glaubwürdigkeit von AI in Frage zu stellen.

Altgediente Amnesty-Mitarbeiter, die als Angehörige von Adoptionsgruppen einen ständigen, oft aussichtslos scheinenden Kleinkrieg um die Verwirklichung von Meinungs- und Gewissenfreiheit ausfechten, lassen sich durch Angriffe dieser Art kaum noch irritieren. Im Hauptquartier beobachtet man die divergierenden Kommentare der internationalen Presse ebenfalls mit Gelassenheit. Generalsekretär Ennals sieht in den zahlreichen publizistischen Attacken auf die Arbeit der Organisation freilich auch eine Verpflichtung. Im Jahresbericht 1968/69 schrieb er: *Da wir uns für die Freilassung von Schriftstellern in der Sowjetunion und von Wehrdienstverweigerern in den Vereinigten Staaten von Amerika einsetzen, für die Entlassung von Juden in den arabischen Staaten und von Arabern in Israel, beschuldigt uns jede Seite, daß wir von der anderen mißbraucht werden. Das ist ein Handicap, dem nur durch Disziplin und durch Festhalten am Statut begegnet werden kann.*[15]

Es gibt wenig Zweifel daran, daß sich AI tatsächlich um Neutralität bemüht. Natürlich ist es nicht immer leicht, unparteilich zu bleiben. Die Mitarbeiter im Internationalen Sekretariat und die Mitglieder der Adoptionsgruppen in den Nationalen Sektionen besitzen wie jedermann eine eigene politische Meinung. Diese sollten sie zwar im Rahmen der Arbeit für die Organisation hintanstellen, aber dem sind selbstverständlich Grenzen gesetzt. Besonders angesichts bedeutsamer aktueller Ereignisse, die zur öffentlichen Diskussion herausfordern, fällt es oft schwer, Objektivität zu wahren. Während beispielsweise der 1975 erschienene AI-Bericht über *Politische Gefangene in der UdSSR*, in dem das Material mehrjähriger Ermittlungen verarbeitet ist, ein Vorbild an Sachlichkeit und Ausgewogenheit darstellt, verrät der 1974 publizierte Chile-Report in manchen Passagen jene spontane Empörung über die Gewaltherrschaft der Militärjunta, die damals in weiten Teilen der Öffentlichkeit herrschte.

Obwohl die Beschuldigung, die chilenische Regierung habe die Menschen-

rechte wiederholt und in eklatanter Weise verletzt, von AI sicher nicht zu Unrecht erhoben wurde – was ja auch die Berichte anderer Beobachter gezeigt haben –, so ist jedoch dem Tonfall des Reports zu entnehmen, daß die neuen Machthaber in Santiago de Chile bei AI in sehr geringem Ansehen standen. Selbst Generalsekretär Ennals, in seinen Formulierungen im allgemeinen recht zurückhaltend, verließ ein wenig den Boden der Sachlichkeit, als er in seinem Vorwort sonst peinlich vermiedene Superlative verwendete:
Die Verletzung und Unterdrückung der Menschenrechte in Chile seit dem September 1973, als die demokratisch gewählte Regierung von Präsident Salvador Allende durch einen Militärputsch von ungeahnter Brutalität gestürzt wurde, hält unvermindert an.
Die Zahl der Todesopfer ist ohne Beispiel in der jüngeren lateinamerikanischen Geschichte, und es gibt kaum Anzeichen dafür, daß sich die Situation verbessern oder daß eine Rückkehr zu normalen Zuständen angestrebt würde ... Die wiederholten Versicherungen der Regierung, die Menschenrechte würden respektiert, haben sich als völlig unwahr herausgestellt...[16]
AI wegen dieser Verurteilung eines rechtsgerichteten Regimes Linkslastigkeit vorwerfen zu wollen, wäre ungerechtfertigt. Vorzuhalten wäre ihr allenfalls, wie das obige Beispiel zeigt, ein gelegentliches Abgleiten ins allzu Moralisierende.

2.2.2. Ausgewogenheit

Der zweite allgemeine Grundsatz der Amnesty-Arbeit ist Ausgewogenheit, und zwar Ausgewogenheit in politischer wie auch in geographischer Hinsicht. Die Organisation hätte ihr Prestige im Nu verspielt, würde sie etwa nur noch Menschenrechtsverletzungen im Ostblock anklagen, den Westen aber schonen. Der gleiche Effekt würde eintreten, wenn sie Folter in Südamerika als grausam und moralisch verwerflich verurteilte, Folter in Afrika hingegen mit Hinweis auf jahrhundertalte Stammestraditionen entschuldigte.
Die Initiatoren von AI, Peter Benenson und seine Freunde, wollten den Gruppen die Entscheidung über die Frage, ob ihre Arbeit ausgewogen sei, nicht selbst überlassen. Das Risiko, ideologische Scheuklappen könnten eine vorurteilsfreie Einschätzung der eigenen Tätigkeit vereiteln, schien ihnen zu hoch. Ausgewogenheit bis aufs i-Tüpfelchen, darüber waren sie sich im klaren, ist schwerlich erreichbar. Aber sie ersannen immerhin eine Methode, mithilfe deren sich wenigstens der gute Wille zur Ausgewogenheit demonstrieren läßt. Sie gingen davon aus, daß die Welt in drei politische Blöcke unterteilt ist: in den Ostblock, den Westen und die Dritte Welt. 1961, im Gründungsjahr von AI, entsprach dieses Schema grob den weltpolitischen Gegebenheiten.

Das Konzept der Amnesty-Gründer sah vor, daß jede Gruppe je einen Gewissensgefangenen aus dem Osten, dem Westen und der Dritten Welt adoptieren sollte. Es besitzt auch heute noch, fünfzehn Jahre, nachdem AI ins Leben gerufen wurde, weitgehend Gültigkeit. Einige Beispiele aus der deutschen Sektion zeigen das. Die folgenden Gruppen betreuten laut Gruppenverzeichnis nach dem Stand vom August 1975 je einen Gefangenen aus:

Gruppe	Ost	West	Dritte Welt
045	Kuba	Spanien	Marokko
050	CSSR	Südafrika	Kenia
251	Jugoslawien	Frankreich	Marokko
349	UdSSR	Nordirland	Haiti
423	Rumänien	Chile	Lesotho

Neben diesen Beispielen für politische Ausgewogenheit bei der Vergabe von Fällen durch das Internationale Sekretariat findet man jedoch auch andere, die zeigen, daß das Prinzip der Ausgewogenheit gelegentlich durchbrochen wird:[17]

Gruppe	Ost	West	Dritte Welt
049	–	Chile	Somalia
			Mauretanien
056	–	Spanien	
		Rhodesien	Indonesien
157	UdSSR		–
	CSSR	Brasilien	–
271	–	Türkei	Nepal
			Singapur
402	–	Spanien	Marokko
			Nepal

In den letzten Jahren häufen sich diese Fälle von Unausgewogenheit. Woran liegt das? Zum einen ist die Zeit des Kalten Krieges vorbei. Die Fronten haben sich gelockert. Es sind neue Zentren politischer Macht entstanden. Staaten wie die Volksrepublik China, Indien, der Iran und Südafrika haben sich, teils aus strategischen, teils aus wirtschaftlichen Gründen, zu bedeutsamen Faktoren im weltpolitischen Kräftespiel entwickelt. Im Jahresbericht 1968/69 schrieb Generalsekretär Ennals: *Das ursprüngliche Konzept, das zwischen kommunistischen, nicht-kommunistischen und Staaten der Dritten Welt unterschied, ist im Jahre 1969 vielleicht überholt, aber das neue Statut* (gemeint ist das Stockholmer Statut von 1968, d.Vf.) *betont ausdrücklich die Notwendigkeit einer politischen und geographischen Ausgewogenheit bei der Adoption von Gefangenen und bei der Entsendung von Missionen. Diese Ausgewogenheit muß keineswegs die Verhältnisse des Kalten Krieges der*

50er Jahre widerspiegeln, vielmehr die Situation der 70er Jahre, in der der Kommunismus keine scharf definierbaren Grenzen mehr kennt.[18] Offenbar hat AI aus dieser Einsicht jedoch keine Konsequenzen gezogen. Allerdings liegt in der Frage, welcher Kategorie man ein Land zuordnen soll, ob dem Westen, dem Osten oder der Dritten Welt, anscheinend nicht das eigentliche Problem. Was Ausgewogenheit so schwer macht, ist die steigende Zahl von Adoptionsgruppen. Ihr unermüdlicher Einsatz schlägt zu Buche: in der Zeit zwischen Mai 1974 und Mai 1975 wurden 1403 adoptierte Häftlinge entlassen. Das Internationale Sekretariat kann die wachsende Nachfrage nach neuen Fällen kaum befriedigen. Im Juni 1975 erhielt eine schwedische Gruppe einen Brief aus dem Hauptquartier, in dem zu lesen stand: *Ich sehe mich heute nicht in der Lage, Ihnen mehr als einen neuen Fall zu schicken. Wir warten täglich darauf, mehr Fälle von den verschiedenen Researchern zu erhalten. Im Augenblick sind wir total ausgebucht.* Die Schweden kommentierten trocken: *Wir haben Grund zu der Befürchtung, daß dies eher die Situation im Internationalen Sekretariat als in der Welt widerspiegelt.*[19] Die Nachschubschwierigkeiten der Researcher, die ja für die Anfertigung neuer Fallberichte verantwortlich sind, resultieren aus der Tatsache, daß es nicht einfach ist, aus manchen Teilen der Welt Material über politische Gefangene zu erhalten. Diese Lücken ließen sich durch gründlicheres Recherchieren vielleicht schließen. Aber das kostet Zeit, und gerade die fehlt den Researchern. Um eine kontinuierliche Häftlingsarbeit der Gruppen zu gewährleisten, greifen sie – gezwungenermaßen – auf jene Länder zurück, bei denen sie über ausreichende Unterlagen verfügen. So darf es nicht verwundern, daß die *geographische Ausgewogenheit*, von der Ennals sprach, des öfteren auf der Strecke bleibt. Mit Vorliebe werden eben Gefangene aus Spanien, Südafrika, Rhodesien, Jugoslawien und anderen Ländern, über die man aufgrund ihrer nach allen Seiten hin offenen Grenzen gründlichere Kenntnisse besitzt, adoptiert. Andere Staaten, von denen man zwar weiß, daß sich hinter ihren Gefängnismauern eine stattliche Anzahl von Gewissensgefangenen befindet, Einzelheiten jedoch entweder nicht erfahrbar oder aus Zeitmangel schlicht nicht erkundet worden sind, kommen dabei zu kurz.

Im allgemeinen vermeidet es AI, davon viel Aufhebens zu machen. Nur in einem Fall stellte der Jahresbericht 1973/74 lapidar fest: *Aus Mangel an Mitarbeitern war AI nicht in der Lage, die Arbeit in Venezuela weiterzuentwickeln.*[20] Bei näherem Hinsehen findet man jedoch noch weitere Länder, die die Ermittlungsabteilung vernachlässigte. Man erkennt sie daran, daß die, wenngleich nur geschätzte, Zahl von politischen Gefangenen im krassen Gegensatz zur Zahl der Adoptionen steht. Das gilt beispielsweise für den Iran, wo es nach Angaben der Organisation zwischen 25 000 und 100 000 politische Häftlinge gibt. Im Jahre 1975 waren zehn Gefangene adoptiert, in 89 Fällen wurde noch ermittelt.[21] Besonders schwer erhältlich sind Informationen aus Ländern hinter dem Eisernen Vorhang. Die Wartezeit für Fälle aus dem Ostblock beträgt für Adoptionsgruppen daher bis zu einem halben Jahr. Länder, über die AI in bezug auf politische Gefangenschaft so gut wie nichts weiß, sind Albanien, die Volksrepublik China und Nordkorea.

2.2.3. Unabhängigkeit

Dritter allgemeiner Grundsatz von AI ist Unabhängigkeit, worunter in erster Linie finanzielle Unabhängigkeit zu verstehen ist. Die Organisation finanziert sich, um eine Einflußnahme von irgendeiner Seite auszuschließen, überwiegend aus den Beiträgen der Nationalen Sektionen, die im Geschäftsjahr 1974/75 rund 89 Prozent des Einkommens ausmachten. Spenden schlugen mit knapp sechs Prozent zu Buche. Dieser Anteil stellt die Unabhängigkeit von AI sicher nicht in Frage, zumal Spenden nur unter drei Voraussetzungen angenommen werden:
(1) sie dürfen – im Vergleich zum Gesamtetat – einen gewissen Umfang nicht überschreiten, damit die Organisation durch ihren Wegfall in ihrer Existenz nicht bedroht wird;
(2) sie dürfen nicht an irgendwelche Bedingungen geknüpft sein (zum Beispiel an die Entsendung einer Mission in ein bestimmtes Land);
(3) sie dürfen die Ausgewogenheit der Quellen, aus denen die Spenden stammen, nicht gefährden.[22]
Auf seiner Wiener Tagung legte der Internationale Rat 1973 entsprechende Richtlinien fest, deren Tenor lautet: AI müsse bei der Entgegennahme von Spenden größtmögliche Wachsamkeit üben, um nicht ins Schußfeld böswilliger Verleumder zu geraten. Keine Spende dürfe die Redlichkeit der Organisation in Frage stellen und ihre Handlungsfreiheit und die Freiheit zu sagen, was zu sagen sei, einschränken.[23]
Besonders akut wurde das Problem der finanziellen Unabhängigkeit in Zusammenhang mit der geplanten Durchführung der *Kapitalbeschaffungskampagne*, die vom Internationalen Rat 1975 beschlossen wurde. Sie soll AI innerhalb von zwei Jahren Einkünfte in Höhe von £ 2000000 erschließen, um der leidigen Finanznot wenigstens für eine gewisse Zeit abzuhelfen. Auf Wunsch der Versammlung erarbeitet das Internationale Exekutivkomitee genaue Richtlinien, mit denen das Woher und Wohin der eingehenden Sach- und Kapitalspenden geregelt werden soll. Gewisse Probleme bereitet die Frage, ob die Organisation Spenden ohne Ansehen des Gebers in Empfang nehmen darf. Es gibt dazu zwei verschiedene Auffassungen. Die einen argumentieren, daß es mit dem Neutralitätsanspruch von AI nicht vereinbar sei, zu entscheiden, ob es *sauberes* und *schmutziges* Geld gebe. Sie machen geltend, daß AI als die größte Menschenrechtsorganisation der Welt gefestigt genug sein müsse, um nach allen Seiten hin für materielle Hilfe zugunsten

ihrer Klienten, der Gewissensgefangenen, offen sein und zugleich unabhängig bleiben zu können. Andere meinen, AI dürfe von bestimmten Personen und Organisationen kein Geld annehmen, etwa von erklärten Rassisten, Faschisten, Stalinisten und anderen, deren Weltanschauung den Zielen von AI zuwiderläuft, und auch nicht von politischen und anderen Gruppen, die die Verletzung von Menschenrechten unterstützen und propagieren.

Die Einnahmen der deutschen Sektion beliefen sich 1974 auf rund DM 1,36 Millionen (vgl. Übersicht S. 244). 42 Prozent stammten aus Gruppen- und Fördererbeiträgen, etwa 35 Prozent waren ungebundene und gebundene Spenden aus den verschiedensten Quellen. Keine Einzelspende überstieg den Betrag von DM 20 000.[25] Unter den Spendern befinden sich Firmen wie Siemens und drei Bundesländer: Nordrhein-Westfalen, Hessen und Rheinland-Pfalz. Nach einer 1975 getroffenen Entscheidung des Internationalen Rates dürfen AI und ihre nationalen Unterorganisationen nur dann Geld von Regierungen annehmen, wenn auch andere als gemeinnützig anerkannte Organisationen unter den gleichen Bedingungen (etwa im Rahmen eines entsprechenden Unterstützungsfonds) gefördert werden.[26]

2.3. Gefangenenarbeit

2.3.1. Allgemeines

2.3.1.1. Wer ist ein Gewissensgefangener?

In seinem Artikel *Die vergessenen Gefangenen* vom Mai 1961 legte Peter Benenson eine erste, vorläufige Definition des Gewissensgefangenen vor, die lautete:

Gewissensgefangener ist jede Person, die physisch daran gehindert wird, ihre ehrliche Ansicht zu äußern, ohne daß sie persönlich Gewalt angewandt oder befürwortet hat.

Das Stockholmer Statut von 1968 nimmt es genauer. Es definiert den Gewissensgefangenen als eine Person, *die unter Mißachtung der Schutzbestimmungen der Allgemeinen Erklärung der Menschenrechte verhaftet, gefangen, auf andere Weise physischem Zwang ausgesetzt oder Freiheitsbeschränkungen unterworfen ist, und zwar aufgrund ihrer politischen, religiösen oder anderen geistigen Überzeugung, aufgrund ihrer ethnischen Abstammung, ihrer Hautfarbe oder ihrer Sprache – vorausgesetzt, daß sie Gewalt nicht angewendet und sich für die Anwendung von Gewalt auch nicht eingesetzt hat.*

Wie Gewissensgefangene behandelt, obwohl sie keine Gewissensgefangenen im Sinne der obigen Definition sind, werden
(1) Personen, die beim Versuch festgenommen wurden, ein Land, das ihnen die Ausreise nicht gestattet, zu verlassen,
(2) Personen, die beschuldigt werden, anderen bei der Flucht aus einem Land geholfen zu haben (vorausgesetzt, sie haben aus Idealismus und nicht gegen Bezahlung gehandelt),
(3) Personen, die beim Versuch festgenommen werden, ein Land illegal wieder zu betreten und dafür zu mehr als einem halben Jahr Gefängnis verurteilt werden.[27]
Eine Kategorie von Gewissensgefangenen verdient besondere Erwähnung: Personen, die wegen Wehrdienst- oder Zivildienstverweigerung oder wegen Desertation aus Gewissensgründen inhaftiert sind. Das Recht auf Wehrdienstverweigerung ist weder in der *Allgemeinen Erklärung der Menschenrechte* noch in einer anderen Menschenrechtsdeklaration oder -konvention ausdrücklich erwähnt. In Spanien und Griechenland, wo die Verfassung kein Verweigerungsrecht vorsieht, werden Wehrdienstverweigerer mit Gefängnis bestraft. In anderen Staaten wie Frankreich, Italien und den USA garantiert die Verfassung zwar ein grundsätzliches Verweigerungsrecht, beschränkt es aber auf Fälle, in denen Gewissensgründe geltend gemacht werden können, deren Feststellung ein entsprechendes Anerkennungsverfahren voraussetzt. Wer beispielsweise trotz unanfechtbarer Ablehnung seines Antrages auf Anerkennung als Wehrdienstverweigerer den Dienst mit der Waffe ablehnt, kann strafrechtlich belangt werden. Bestraft wird im allgemeinen auch die unerlaubte Entfernung von der Truppe, selbst wenn sie aus nachträglich festgestellten Gewissensgründen erfolgt ist. Auf Grund dieser Rechtslage müssen immer wieder junge Männer den Weg in das Gefängnis antreten. Für AI gelten sie als Gewissensgefangene.
Der Entschluß, inhaftierte Wehrdienstverweigerer zu adoptieren, fiel 1966 in Anbetracht des wachsenden Widerstandes der jungen Generation gegen den Vietnamkrieg. Zuerst und besonders heftig flammte der Protest natürlich in den Vereinigten Staaten von Amerika auf. Die Zahl der Wehrdienstverweigerer stieg sprunghaft an. Als Verweigerungsgrund gaben viele die, ihrer Meinung nach, unmenschliche Kriegführung in Vietnam an und erklärten, daß sie es nicht mit ihrem Gewissen vereinbaren könnten, an einem solch schmutzigen Krieg teilzunehmen. Die Gerichte wiesen diese Argumentation zurück, da die amerikanische Verfassung zwar das Recht gewähre, den Wehrdienst grundsätzlich, nicht jedoch das Recht, ihn in Hinblick auf einen bestimmten Krieg zu verweigern. Den *selektiven* Wehrdienstverweigerern, wie man sie nannte, blieb daher die Anerkennung versagt.
AI bekam viel zu tun. 1972 stellte die Organisation auf der Utrechter Tagung des Internationalen Rates ein Richtlinienpapier zusammen, an dem sich seither ihre Politik in der Frage der Wehrdienstverweigerung orientiert.[28]

Dieses Papier enthält:
(1) die Resolution Nr. 337 der *Beratenden Versammlung* des *Europarates* von 1967; sie lautet:
Wehrpflichtige, die den Dienst mit der Waffe aus Gewissensgründen oder aus tiefster religiöser, ethischer, moralischer, humanitärer, philosophischer oder ähnlicher Überzeugung verweigern, sollen ein persönliches Recht haben, aus der Verpflichtung zu diesem Dienst entlassen zu werden.
(2) den Entwurf des *Internationalen Friedensbüros* für eine *Allgemeine Charta für Wehrdienstverweigerer;* dieser fordert neben dem Recht eines jeden Menschen auf Wehrdienstverweigerung in Friedens- und Kriegszeiten (wovon in der Resolution der *Beratenden Versammlung* des *Europarates* keine Rede war) auch das Recht, aus Gewissensgründen oder innerer Überzeugung jede Form von Ersatzdienst abzulehnen;
(3) Resolutionen der *Konferenz der Christlichen Religionen* vom April 1970 *(Kommission für Gesellschaft und Frieden* – SODEPAX); sie bestätigen – wie die beiden obengenannten Erklärungen – das Recht auf Verweigerung des Wehrdienstes und jede andere Form der direkten oder indirekten Beteiligung an bewaffneten Konflikten. Darüber hinaus fordern sie die Erweiterung eines entsprechenden Rechtsschutzes auf all jene, die sich weigern, an einem bestimmten Krieg, den sie für ungerecht halten, teilzunehmen, und auf all jene, die es ablehnen, in einem Krieg mitzumachen, in denen Massenvernichtungsmittel verwendet werden. Sie erklären, daß Angehörige bewaffneter Streitkräfte das Recht und sogar die Pflicht haben, Befehle, die auf eine Mißachtung von Menschenrechten hinauslaufen, nicht zu befolgen.
(4) eine Resolution der *Weltkonferenz für Religion und Frieden* vom Oktober 1970 in Kyoto gleichen Inhalts;
(5) zwei, auf den internationalen Ratstagungen 1970 in Oslo und 1971 in Luxemburg verabschiedete Resolutionen; diese schreiben vor, daß AI jeden *prima facie* als Gewissensgefangenen ansieht, dessen Verhaftung oder Haft aus einer oder mehreren der folgenden Ursachen resultiert:
(a) die Gesetze des betreffenden Landes sehen kein Recht auf Wehrdienstverweigerung aus Gewissensgründen vor und keine Möglichkeit, sich als Wehrdienstverweigerer registrieren zu lassen;
(b) der Gefangene hat es aus Prinzip abgelehnt, sich als Wehrdienstverweigerer registrieren zu lassen, obwohl er dazu die Möglichkeit besaß;
(c) der Gefangene hat Verweigerungsgründe geltend gemacht, die gesetzlich nicht vorgesehen sind: ethische, humanitäre, politische, religiöse oder ähnliche;
(d) der Gefangene hat den Wehrdienst entgegen den gesetzlichen Vorschriften erst nach seiner Einberufung zum Militär verweigert oder es abgelehnt, den Dienst mit der Waffe zu leisten, bevor über seinen Fall entschieden worden ist;
(e) der Gefangene hat seine Verweigerung nicht mit einer grundsätzlich pazi-

fistischen Einstellung, sondern damit begründet, daß er die Teilnahme an einem bestimmten Krieg oder an bestimmten militärischen Aktionen vor seinem Gewissen nicht verantworten kann;
(f) der Gefangene hat sich geweigert, einen waffenlosen Dienst anzutreten;
(g) der Gefangene hat sich geweigert, einen zivilen Ersatzdienst zu leisten.
Für eine Adoption kommen auch alle uneingeschränkten Pazifisten in Frage, sowie all jene, die zwar bereit sind, einen Ersatzdienst zu leisten, die aber die angebotenen Alternativen ablehnen, weil sie sie für einen Teil der Kriegsmaschinerie halten. Adoptiert werden kann auch, wer keiner Wehrpflicht unterliegt, sich aber aus Gewissensgründen weigert, bestimmte Arbeiten, die indirekt dem Krieg und der Tötung von Menschen Vorschub leisten (zum Beispiel die Herstellung von Waffen in einer Rüstungsfabrik), zu verrichten. Adoptionswürdig ist schließlich auch, wer aus dem Wehrdienst desertiert – vorausgesetzt, daß offensichtliche Gewissensgründe für diese Handlungsweise ausschlaggebend gewesen sind.[29]

2.3.1.2. Wer wird adoptiert?

Grundsätzlich kann jeder Gewissensgefangene und jeder einem Gewissengefangenen gleichgestellte politische Häftling adoptiert werden. So sagt die Theorie. Wie sieht die Wirklichkeit aus? Es gibt – die Schätzungen gehen sehr weit auseinander – zwischen 250000 und 1 Million politische Häftlinge auf der Welt. AI kann sich nur mit einem Bruchteil davon befassen. Im Berichtsjahr 1974/75 wurden im Internationalen Sekretariat 3650 Fälle bearbeitet.[30] Legt man zugrunde, daß es 500000 politische Häftlinge gibt (eine, wie uns scheint, realistische Zahl), so sind das weniger als ein Prozent. Woran liegt das? Es sind in der Hauptsache die vier folgenden Gründe:
(1) Die Mehrzahl aller politischen Häftlinge besonders in der Dritten Welt ist namentlich nicht bekannt. Die Kenntnis der wichtigsten Lebensdaten, der Umstände und mutmaßlichen Gründe der Inhaftierung und des Aufenthaltsortes ist jedoch Voraussetzung für eine Einzeladoption. Je prominenter ein Gewissengefangener ist, desto größer sind seine Chancen, adoptiert zu werden. Bei Politikern, Universitätsprofessoren, Schriftstellern, Journalisten und Gewerkschaftlern sorgen häufig Freunde und Bekannte oder internationale Organisationen wie Berufsverbände oder Gewerkschaften dafür, daß AI Kunde von ihrer Inhaftierung erhält. Die namenlosen Gefangenen bleiben vergessen. Daran ändert auch die Tatsache nicht viel, daß AI dazu übergegangen ist, Gewissensgefangene, die in ein- und demselben Gefängnis oder Lager untergebracht sind, ohne große Rücksicht auf die Kenntnis ihrer Namen, als Gruppe zu adoptieren (*group adoption*) und ihre Betreuung besonders erfahrenen Adoptionsgruppen anzuvertrauen.
(2) Es ist vorrangig Sache der Ermittlungsabteilung, die erforderlichen Basisinformationen über einen Gewissengefangenen zu beschaffen. Die Kapazität der Ermittlungsabteilung ist allerdings begrenzt. Wollte das Internationa-

le Sekretariat erheblich mehr Fälle als bisher prüfen, machte das eine Erweiterung des Personalbestandes nötig. Doch dafür fehlen die finanziellen Voraussetzungen. Eine gewisse Entlastung kommt dadurch zustande, daß die Ermittlungsabteilung in Fällen, in denen sie die Untersuchungen nicht abschließen kann, Adoptionsgruppen in den Ermittlungsprozeß einschaltet. Die Gruppen können dann auf eigene Faust Recherchen anstellen, um den politischen und ideologischen Hintergrund des betreffenden Gefangenen aufzuhellen und um zu klären, ob es sich eventuell um einen politischen Gewalttäter handelt, was eine Adoption ja ausschließen würde. Der an eine Gruppe zur Ermittlung übertragene Fall heißt *Ermittlungsfall (investigation case)* im Gegensatz zum *Adoptionsfall (adoption case)*.
(3) Es gibt Gewissensgefangene, die eine Betreuung durch AI ablehnen. Ihre Zahl fällt allerdings kaum ins Gewicht. Unseres Wissens handelt es sich fast ausschließlich um Zeugen Jehovas. Mitglieder dieser religiösen Gemeinschaft verweigern grundsätzlich jede Form von Wehrdienst. In einigen Ländern erhalten sie dafür hohe Gefängnisstrafen, die sie als gottgewollte Glaubensprüfung auf sich nehmen. Einige von ihnen wünschen daher nicht, daß sich Außenstehende um eine vorzeitige Freilassung bemühen.
(4) Eine Reihe von politischen Gefangenen scheidet nicht zuletzt wegen der Gewaltklausel von vorneherein für eine Adoption aus.

2.3.1.3. Die Gewaltklausel

AI adoptiert nur solche politischen Häftlinge, die bei der Verfolgung ihrer Ziele weder Gewalt angewendet noch deren Anwendung befürwortet haben. Diese im Artikel (1) des Stockholmer Statuts verankerte Regelung macht beispielsweise die Adoption von palästinensischen Flugzeugentführern und Mitgliedern der Baader-Meinhof-Gruppe unmöglich. Die Gewaltklausel hat in der Öffentlichkeit und in den Reihen der Organisation immer wieder zu Mißverständnissen geführt. Um diese aus der Welt zu schaffen, berief der Internationale Rat 1973 auf seiner Wiener Tagung eine Kommission ein, die sich ausführlich mit dem Problem der Gewaltanwendung beschäftigen sollte. Sie entwarf eine Erklärung, die 1975 veröffentlicht wurde.[31] Diese Erklärung enthält eine Rechtfertigung der Gewaltklausel, die im wesentlichen auf folgenden Überlegungen beruht:
(1) Zunächst stellte die Gewaltkommission fest, daß AI nicht nur für gewaltlose politische Häftlinge arbeite, sondern sich für die menschliche Behandlung aller Häftlinge einsetze. Ob sie Gewalt angewendet hätten oder nicht, spiele dabei keine Rolle. Ein Gefangener fiele auch nur dann nicht unter die Kategorie Gewissensgefangener, wenn ihm Gewalttaten oder deren Anstiftung zweifelfrei in einem fairen Prozeß nachgewiesen worden seien. Für die Praxis bedeutet das: AI verlangt von keiner Regierung die Freilassung eines politischen Gefangenen, der als Gewalttäter rechtmäßig überführt und verurteilt worden ist.

(2) *Manchmal, so scheint es,* heißt es weiter in der Erklärung, *wird unterstellt, daß AI eine Organisation ist, die die Anwendung von Gewalt unter allen Umständen ablehnt. Das stimmt nicht. Die Haltung von AI ist völlig neutral. AI wurde nicht gegründet, damit sie sich für gerechte wirtschaftliche, soziale und politische Verhältnisse in verschiedenen Ländern einsetzt – wie sehr das auch einzelne Mitglieder gerne tun wollen und im Rahmen anderer Organisationen durchaus tun dürfen –, sondern damit sie das Schicksal einzelner Opfer von Ungerechtigkeiten erleichtern hilft. Sie wurde zu diesem Zweck aufgebaut und ist allein zu diesem Zweck ausgerüstet. Zu entscheiden, ob Gewalt gerechtfertigt ist oder nicht, liegt außerhalb dieser zentralen Aufgabe.*

(3) Ein längerer Abschnitt der Erklärung ist den sachlichen Erwägungen gewidmet, die ein Festhalten an der Gewaltklausel empfehlen. Der Einfluß von AI sei auf die Tatsache zurückzuführen, daß *Regierungen sie als unparteiliche Organisation akzeptieren, die sowohl ihnen wie auch ihrer jeweiligen Opposition neutral gegenüberstehe. Wenn AI damit begänne, die Freilassung jener zu fordern, die ihre Regierung mit Gewalt bekämpft haben, würde sie in den Augen der Regierung mit der Opposition gemeinsame Sache machen und ihre Glaubwürdigkeit und ihren Einfluß verlieren.* Im übrigen, meinte die Kommission, könne AI nicht bei den einen, den Häftlingen, billigen, was sie bei den anderen, den Soldaten, Polizisten und Gefängnisaufsehern, verurteile: Gewalt und Brutalität.

(4) Die Kommission verwies schließlich auf ein besonders schwerwiegendes Problem: Wie läßt sich Gewalt definieren? Wo sind ihre Grenzen? Sie erklärte, daß ein Versuch, diese Fragen zu entscheiden, zu tiefgreifenden Meinungsverschiedenheiten innerhalb der Organisation führen würde.

Meinungsverschiedenheiten gibt es bereits, wenn sie auch nicht so tiefgreifend sind, daß sie AI existentiell bedrohen. Immerhin ist das Problem, ob politische Gewalttäter adoptionswürdig sind, schon oft genug Gegenstand temperamentvoller Debatten gewesen, erstmals auf der Internationalen Versammlung 1964 in Canterbury, als sich die Gemüter im Fall des farbigen Südafrikaners Nelson Mandela erhitzt hatten (siehe S. 48). Im Gegensatz zu den Mitgliedern der Kommission von 1973 hatten die Delegierten damals versucht, den Begriff *Gewalt* näher zu umreißen. Als Gewalt- und gewaltverwandte Akte gelten seither: Mord, bewaffneter Aufstand, Bombenlegen, der Gebrauch von Feuerwaffen, Raub mit und ohne Anwendung von Gewalt, Anschläge auf Transportmittel und Verkehrswege unter Gefährdung von Menschenleben, Brandstiftung, Entführung, Vergiftung von Wasser, Lebensmitteln und Tieren und Spionage für eine ausländische Macht.[32] Symbolische Akte von Gewalt wie das Herunterreißen von Fahnen und das Beschmieren von Plakaten sind kein Hinderungsgrund für eine Adoption, ebensowenig gewaltfreie Aktionen wie ziviler Ungehorsam, Streiks, Demonstrationen. Auch Notwehr zur Anwendung eines gegenwärtigen, rechtswidrigen

Angriffs von sich oder einem anderen ist nach Ansicht von AI erlaubt.
Außergewöhnliche Umstände rechtfertigen es gelegentlich, einen politischen Gefangenen auch dann zu adoptieren, wenn seine Beteiligung an Gewaltakten nicht auszuschließen ist. 1974 adoptierte AI 49 Häftlinge in Brunei, die im Anschluß an einen gewaltsamen Umsturzversuch im Dezember 1962 eingesperrt worden waren. Das Internationale Sekretariat erklärte diese Maßnahme im Jahresbericht 1974/75: *Diese Gefangenen waren fast ein Jahr lang als Ermittlungsfälle von Amnesty-Gruppen betreut worden. Da die meisten von ihnen seit mehr als 11 Jahren ohne Prozeß in Haft sind – was einer schweren Haftstrafe entspricht –, war Amnesty International der Ansicht, daß in diesen Fällen das völlige Fehlen jeglicher prozessualer Verfahrensweisen und die offensichtlich politischen Motive für die andauernde Haft dieser Gefangenen betont werden müßten. Deshalb wurde entschieden, alle 49 Fälle nicht mehr als Ermittlungsfälle, sondern als Adoptionsfälle zu betrachten.*[33]
Erste Prüfinstanz für die Adoptionswürdigkeit eines Häftlings ist der zuständige Sachbearbeiter *(Researcher)* der Ermittlungsabteilung im Internationalen Sekretariat. Ein zweiter Researcher und der für die Vergabe der Fälle an die Adoptionsgruppen zuständige Leiter der Koordinationsabteilung unterziehen dessen Entscheidung einer unabhängigen Überprüfung. Bei voneinander abweichenden Urteilen liegt die endgültige Entscheidung beim Leiter der Ermittlungsabteilung. Häufig übergibt man zweifelhafte, unvollständig recherchierte Fälle – wie bereits erwähnt – als Ermittlungsfälle an Amnesty-Gruppen weiter. Erbringen auch deren Nachforschungen keine neuen Anhaltspunkte über die Adoptionswürdigkeit eines Häftlings, kann der Fall an die Mitglieder des *Grenzfall-Komitees (Borderline Committee)* zur schriftlichen Stellungnahme weitergeleitet werden. Das Grenzfall-Komitee wurde 1968 eingerichtet. Es besteht aus drei erfahrenen Amnesty-Mitgliedern, die vom Internationalen Exekutivkomitee ernannt werden.
Obwohl Leben und Hintergrund jedes Gewissensgefangenen durch die Ermittlungsabteilung und gegebenenfalls durch eine Amnesty-Gruppe vor der Adoption möglichst sorgfältig durchleuchtet worden sind, lassen sich Irrtümer natürlich nicht völlig ausschließen. Adoptionsgruppen haben die Pflicht, den ihnen zugewiesenen Fall an das Internationale Sekretariat zurückzugeben, wenn sich im Laufe der Betreuungsarbeit herausstellt, daß ein Häftling entgegen den bis zum Zeitpunkt der Adoption vorliegenden Informationen sich doch zur Anwendung von Gewalt bekannt oder Gewalt selbst angewendet hat. Irrtümer müssen nicht unbedingt auf das Konto von AI gehen. Die Gesinnung eines Menschen kann sich ändern und mit ihr seine Einstellung zur Gewalt. Persönliche Erfahrungen, äußere Umstände mögen dafür verantwortlich sein, wie es beispielsweise bei dem angolanischen Dichter und Arzt Agostinho Neto der Fall war. Neto gehörte zu jenen sechs Häftlingen, die Peter Benenson in seinem Artikel *Die vergessenen Gefangenen* als typische

Gewissensgefangene entsprechend seiner Definition vorstellte, da er dessen unnachgiebige, aber gewaltfreie Opposition gegen die portugiesischen Kolonialherren achtete. Während langer, unschuldig erlittener Haft auf den Kapverdischen Inseln wurde Neto zum Befürworter von Gewalt.[34] Seit 1962 Präsident der marxistisch orientierten Befreiungsbewegung MPLA ist er mitverantwortlich für den blutigen Bürgerkrieg zwischen den rivalisierenden nationalangolanischen Organisationen. Über den Neto von heute urteilt Benenson: *Ich ärgere mich über Leute wie ihn, die eine Arroganz an den Tag legen, als wären allein sie im Recht. Er ist es heute nicht mehr, als es seinerzeit jene Leute waren, die ihn ins Gefängnis warfen.*[35]

Fälle wie der eines Agostinho Neto haben den radikalen Gegnern der Gewaltklausel unter den Amnesty-Mitgliedern immer wieder Argumente geliefert, um auf eine Beseitigung des Adoptionsverbotes für politische Gewalttäter zu drängen. Sie machen geltend, daß Gewalt für die Unterdrückten oft den einzigen Weg zur Überwindung bestehenden Unrechts darstelle. Als Beispiele werden Südafrika, Rhodesien und südamerikanische Staaten genannt, Länder, in denen gewaltlose Aktionen noch zu keiner wesentlichen Veränderung der sozialen Verhältnisse zugunsten der unterprivilegierten Bevölkerungsschichten geführt haben. Ihre Gegner sehen in der Gewaltklausel eine Absage von AI an das Widerstandsrecht, das es jedem Volk und jeder Einzelperson gestattet, im Fall einer permanenten Verletzung ihrer grundlegenden Rechte Notwehrmaßnahmen zu ergreifen.

Aber so weit gehen nur wenige. Die meisten begreifen die Gewaltklausel als eine notwendige Einschränkung, deren Wegfall für AI einen Verlust an Glaubwürdigkeit und Effektivität bedeuten würde.

2.3.2. *Theorie und Praxis der Fallarbeit*

2.3.2.1. Theorie

Als Fallarbeit bezeichnet man die Tätigkeit einer Amnesty-Gruppe im Rahmen der Betreuung eines ihr als Adoptions- oder Ermittlungsfall zugeteilten Gewissensgefangenen. Die Grundsätze und Techniken der Fallarbeit schildert das vom Internationalen Sekretariat herausgegebene *Handbook for Groups.* Größere Nationale Sektionen haben diesen Leitfaden in ihre Landessprache übersetzt und zum Teil durch eigene Anmerkungen ergänzt. Besonders ausführlich ist das *Handbuch für die Gruppenarbeit der deutschen Sektion,* das in Lose-Blatt-Form herausgegeben wird. Es gliedert sich in die Hauptteile:

(1) Organisation (Geschichte, Definitionen, Aufbau)
(2) Gruppe (Organisation, Fallarbeit)
(3) Aktionen (Durchführung, rechtliche Probleme)

(4) Finanzen (Geldbeschaffung, Kontoführung)
(5) Menschenrechte und Satzungen
(6) Musterbriefe.

Im großen und ganzen ist dieses Handbuch ein präziser Ratgeber in allen wichtigen praktischen Fragen der Fallarbeit. Was die Musterbriefe angeht, die als Richtlinien für die Abfassung von Bittschreiben an Regierungen und andere offizielle Stellen dienen sollen, so hören die Verfasser des Handbuches bereits ausreichend Kritik aus den Reihen der eigenen Sektion. Neben Übersetzungsfehlern (alle Briefe sind auch in englisch, französisch und spanisch abgedruckt) stören besonders einige arrogante Formulierungen wie: *Wir haben in der Bundesrepublik Deutschland die Erfahrung gemacht, daß politisches Andersdenken, nicht verbunden mit kriminellen Aktivitäten, eher eine Stärke als eine Bedrohung für die politische Gesellschaft ist. Ferner haben wir festgestellt, daß das Recht, anderer Meinung zu sein, jeden Bürger enger an die Prinzipien bindet, für die unser Land eintritt. Wir hoffen, daß Sie diesen Standpunkt mit Rücksicht auf Ihr eigenes Land akzeptieren.* Abgesehen davon, daß der letzte Satz auch als (sicher nicht beabsichtigte) Drohung interpretiert werden kann, klingt diese Beschwörung von Humanität und demokratischer Gesinnung in Anbetracht dessen, daß es den Deutschen in der Vergangenheit gelungen ist, mit den Begriffen *SS*, *Gestapo* und *Konzentrationslager* Synonyme für Gewalt, Unterdrückung und politische Verfolgung zu schaffen, geradezu peinlich.

Vorgegebene Informationen:
Für jeden zu betreuenden Gefangenen erhält die Gruppe einen Fall-Bericht . . ., ein vorgedrucktes Formular, das Einzelheiten über die Person des Häftlings, Alter, Beruf, familiäre Situation, Gesundheitszustand, sowie Einzelheiten über seine Verhaftung angibt, über Anklage, Prozeß und Urteil, über das Gefängnis, in dem er sich befindet, und über die Haftbedingungen, soweit diese Angaben ermittelt werden konnten.
Im Fallbericht werden außerdem Anschriften des Staatsoberhaupts, der Ministerien (üblicherweise Justiz- und Innenministerium), sowie andere Persönlichkeiten und Organisationen genannt, mit denen die Gruppe Verbindung aufnehmen sollte.
Alle Fallberichte enthalten eine kurze Zusammenstellung der politischen Situation des betreffenden Landes sowie auch die Gründe bzw. die Gesetze, aufgrund derer sich der Gefangene in Haft befindet. . . .[36]
Wenn dem Sekretariat weitere Informationen über einen Gefangenen zugehen, werden die Gruppen sofort verständigt.
Es ist aber auch erforderlich, daß alle Gruppen die Nachrichten, die sie selbst erfahren, dem Sekretariat unverzüglich weitergeben, denn solche Mitteilungen können oft nicht nur für ihren eigenen Gefangenen, sondern auch für andere Mitgefangene von Bedeutung sein. . . .

Die Informationen, die die Gruppen vom Internationalen Sekretariat erhalten, sind in drei Kategorien eingeteilt, und zwar
a) offen (open)
Diese Informationen können jedermann gezeigt und auch für die Öffentlichkeitsarbeit verwendet werden.
b) eingeschränkt (restricted)
Eine solche Information kann innerhalb der Gruppe verwendet werden, auch besonderen Kontaktpersonen zur Kenntnis gebracht werden, ist aber nicht zur Veröffentlichung bestimmt.
c) vertraulich (confidential)
Darf an niemanden weitergegeben werden außer an die Mitglieder der Gruppe.
Ein solcher Hinweis soll dafür sorgen, daß Informanten, Häftlinge und ihre Familien nicht gefährdet werden.[37] *...*

Informationsfluß:
In den letzten Jahren ist unsere Organisation außerordentlich stark angewachsen. Bei der jetzt erreichten Anzahl der Mitglieder kommt der bloß technisch-organisatorischen Abwicklung unserer Arbeit eine nicht unerhebliche Bedeutung zu. Wenn es nicht gelingt, innerhalb unserer Organisation einen gut regulierten Informationsfluß in Gang zu halten, ist die Effektivität unserer Arbeit gefährdet. Jeder AI-Mitarbeiter muß deshalb darauf achten
a) Informationen rechtzeitig zu empfangen und
b) Informationen rechtzeitig an den richtigen Adressaten weiterzuleiten.
Es ist für alle Ebenen und Bereiche unserer Arbeit wichtig, daß Informationen zentral gesammelt werden, damit sie von dort aus gezielt an die richtigen Adressaten weitergegeben werden können.[38]
Der halbjährlich fällige *Tätigkeitsbericht* der Gruppe, der an das Internationale Sekretariat in London und das Sekretariat der Nationalen Sektion geschickt werden muß, bietet die Möglichkeit, sich auf nationaler und internationaler Ebene ein Bild von der Arbeit an der Basis zu verschaffen. Auf einem Formblatt, unterteilt in *Gefangenenarbeit* (insbesondere Korrespondenz) und *Aktionen* (Finanzbeschaffung und Öffentlichkeitsarbeit) sollen die Gruppen in englischer Sprache Rechenschaft ablegen. Trotz Mahnung waren jedoch bis zum 15. Oktober 1975 beispielsweise lediglich 51 Prozent der für das erste Halbjahr 1975 fälligen Gruppenberichte beim Sekretariat der deutschen Sektion eingegangen.[39] Dieses *deprimierende Ergebnis* veranlaßte das Sekretariat noch einmal zu erklären, daß London auf die Erfahrungen der Gruppen angewiesen ist.[40] Nachlässigkeit könne man – im Interesse der Gefangenen! – nicht auf sich beruhen lassen.[41]

Geldbeschaffung (Fundraising):
Geldbeschaffung ist notwendig, um unsere Arbeit überhaupt erst zu ermögli-

chen, die sich hinsichtlich der Finanzen in drei große Gebiete aufteilen läßt: (1) Gelder für die direkte Gefangenenbetreuung (d.h. Unterstützung der Familie der Gefangenen, Honorare für Rechtsanwälte, Zahlungen von Schulgeld für die Kinder der Gefangenen, Paketsendungen etc.).
(2) Finanzierung der Researcharbeit (Nachforschungsarbeit). (Das bedeutet: Sachkundige und fundierte Nachforschung über die Situation des politischen Gefangenen und der politischen Verfolgung überhaupt in seinem Lande; Erstellung von Hintergrund-Länderberichten unter politischen, sozialen und wirtschaftlichen Aspekten; Prozeßbeobachtungen, Durchführung von Missionen in diverse Länder etc).
(3) Finanzierung der Verwaltung auf nationaler und internationaler Ebene.[42]

Öffentlichkeitsarbeit:
Öffentlichkeitsarbeit wird unter den Techniken der Fallarbeit an erster Stelle genannt. Das ist kein Zufall, denn Öffentlichkeitsarbeit verlangt Selbstüberwindung, den Mut, sich öffentlich zu einer Überzeugung zu bekennen.
In allen Staaten gibt es mehr politische Gefangene als wir adoptieren können. Eine Möglichkeit, auch für diese Gefangenen zu arbeiten, ist die Öffentlichkeitsarbeit, die ihre Rückwirkungen nicht nur auf den jeweils angesprochenen Fall hat, sondern erfahrungsgemäß auch auf andere Gefangene. Öffentlichkeitsarbeit ist deshalb letztlich Fallarbeit mit anderen Mitteln, zumal sie in jedem Fall eine eventuell schon vorhandene Betreuung unterstützt. Indem wir durch öffentliche Information Fälle von politischer Repression dem Dunkel der Geheimhaltung entreißen, zerstören wir eine der wichtigsten Bedingungen für eine ungehindert fortschreitende Repression... Unsere Öffentlichkeitsarbeit steht – und das darf man nicht vergessen – zusätzlich im Zusammenhang mit den Bemühungen anderer Organisationen oder Einzelpersonen um menschenwürdigere Zustände in dem betreffenden Land. Die gemeinsame Anstrengung kann die moralische Integrität einer Regierung ins Zwielicht bringen und in Ausnahmefällen die betreffenden Regierungen in eine moralische Isolation drängen: Regierungen haben deshalb das größte Interesse, politische Repressionen geheimzuhalten. Es ist wichtig, diesem Interesse entgegenzutreten.[43]

Korrespondenz mit dem Gefangenen und seinen Familienangehörigen:
Vor allem sollte die Gruppe versuchen, brieflich Kontakt mit ihren Gefangenen und seiner Familie herzustellen. . . In den Fällen, in denen Gefangene nur beschränkt Post erhalten dürfen, muß die Gruppe darauf achten, daß durch Ihre Post die Post von Familienangehörigen nicht zurückgewiesen wird. Aus der Perspektive der Behörden ist eine offene Postkarte der am ehesten zulässige Weg, einem Häftling zu schreiben. . . . Wichtig ist vor allem, daß die Gruppe ihrem Gefangenen nur Grüße und gute Wünsche übermittelt. Machen

Sie eindeutig klar, daß Sie nicht einer seiner Landsleute im Exil sind. Erläutern Sie Ihre eigene nationale Zugehörigkeit und fragen Sie nur in ganz allgemeiner Form nach seinem Befinden. Es gibt einige wenige Länder, in denen Häftlinge mit Amnesty-Gruppen offiziell korrespondieren dürfen. Das Sekretariat (IS) wird Ihnen sagen können, ob Ihr Gefangener in diese Kategorie fällt. . . .
In der Regel ist es etwas leichter, mit der Familie des Gefangenen als mit ihm selbst in brieflichen Kontakt zu treten. . . . Bei der Korrespondenz mit der Familie ist jedoch die gleiche Vorsicht zu beachten, die für den Briefwechsel mit dem Gefangenen gilt. . . .
Bei aller gebotenen Vorsicht im brieflichen Kontakt sollten Sie doch immer daran denken, daß Ihre Briefe dem Gefangenen und seiner Familie die Gewißheit geben, nicht ganz vergessen zu sein.[44]

Pakete und finanzielle Unterstützung:
Erkundigen Sie sich bei Botschaften, Konsulaten oder auch Touristikbüros nach Zensurlisten. Das beeindruckt. In einigen Ländern ist es den Gefangenen auch gestattet, Fernkurse zu belegen, wenn die Gebühren bezahlt werden. Gruppen können dann Fernkurse für Ihre Häftlinge bestellen und bezahlen. Das Internationale Sekretariat organisiert dies häufig mit den von den Gruppen speziell zur Verfügung gestellten Geldmitteln. Auch die Möglichkeit, die Familie zu unterstützen, ist in den einzelnen Ländern sehr verschieden. In einigen Ländern hat das IS ein zentrales Hilfsprogramm organisiert. Im Fallbericht erhalten die Gruppen darüber genauere Angaben. Hilfeleistungen für die Familie des Gefangenen ist ein wesentlicher Teil der Amnesty-Arbeit. Beträge, die nach unseren Maßstäben geringfügig sind, können oft eine ganze Familie am Leben erhalten. Schulgeld für die Kinder, Reisekosten für einen Besuch der Familie bei dem Gefangenen, dringende ärztliche Hilfe, das alles sind wichtige Gesichtspunkte für die materielle Unterstützung eines Gefangenen.[45] ...

Reisen und Missionen:
Die Verfasser des Handbuchs mahnen Gruppen, die den Wunsch haben, ihren Gefangenen oder dessen Familie zu besuchen, zur äußersten Zurückhaltung. Amnesty-Mitglieder sollen nur nach Absprache mit der jeweiligen Koordinationsgruppe oder dem Internationalen Sekretariat reisen, wobei der Besuch privaten Charakter tragen müsse, um den Gefangenen nicht zu gefährden. Offizielle Missionen, die auch von der Gruppe angeregt werden können, bedürfen der Genehmigung des Internationalen Exekutivkomitees.

Korrespondenz mit offiziellen Stellen:
So wichtig der Kontakt mit dem Gefangenen und seinen Angehörigen ist: wichtiger ist seine Freilassung. Briefe und Petitionen an die betreffende Re-

gierung und ihre verschiedenen Behörden sind dabei eines der Mittel.
Man wird oft gefragt, ob solche Briefe den Gefangenen nicht eher gefährden.
. . . Erfahrungen aus Gefängnissen in aller Welt zeigen aber, daß internationaler Druck in den meisten Fällen nicht zu Repressalien führt: in immer stärkerem Maß sind die Regierungen an dem Bild interessiert, das sich das Ausland von ihnen macht. . . .
Damit der Erfolg so groß wie möglich ist, muß der Druck, den wir auf Regierungen ausüben, so groß wie irgend möglich sein. Druck kommt dadurch zustande, daß unsere Aktionen ununterbrochen sind und daß der Einfluß dieser Aktionen ständig wächst. . . .
Jedes mögliche Mittel, die ausländischen Regierungen an ihre politischen Gefangenen zu erinnern, muß genutzt werden. Druck ist nicht nur eine Frage der Quantität. Eine Petition, von einem Erzbischof unterzeichnet, kann einen größeren Effekt haben als eine Petition von tausend einzelnen Menschen. Auf der anderen Seite kann eine Delegation von Schulkindern zu einer Botschaft größere Publizität erzielen. Jede Form von Aktion hat einen besonderen Effekt. Das kombinierte Resultat ist Druck.
Manche Gruppen lassen sich entmutigen, wenn sie keine Antwort auf ihre Briefe erhalten. Aber das ist kein Grund aufzuhören. Briefeschreiben ist eine Routinesache, keine außerordentliche Aktion, an die man außerordentliche Hoffnungen knüpfen darf. Nur wenn diese Arbeit nicht unterbrochen wird, kann Druck auf eine Regierung ausgeübt werden. Wir müssen uns immer vor Augen halten: wenn überhaupt, dann können politische Gefangene nur durch ununterbrochene Aktionen befreit werden. Wir dürfen uns von scheinbar mangelnder Resonanz in unserer Arbeit nicht beirren lassen. Der tatsächliche Erfolg ist immer größer als sichtbar.[46]

Kontakt zu anderen Organisationen:
Neben Schulen, Gewerkschaften und Kirchen kann uns natürlich auch die Hilfe von Parteien und studentischen Organisationen nützlich sein.
Wenn eine Gruppe mit einer Organisation oder Partei öffentlich zusammenarbeitet, so kann dies nur soweit geschehen, wie die Organisation bzw. Partei die Ziele unserer Organisation mitvertritt. Eine Abgrenzung kann z.B. durch eine „Aktionsplattform" geschehen. Wichtig ist dabei, daß der Charakter der Zusammenarbeit auch nach außen hin deutlich wird, da wir laut Satzung parteipolitisch neutral sind und dieser Charakter unserer Organisation auch nach außen hin deutlich werden muß. . .

Nachbetreuung:
Sobald eine Gruppe aufgrund irgendwelcher Hinweise vermuten muß oder konkret erfährt, daß ihr Gefangener entlassen ist, muß sie sofort das IS benachrichtigen. Damit darf die Fallarbeit aber noch nicht als abgeschlossen gelten. Die Gruppe muß sich um eine sichere Kenntnis von der Entlassung

bemühen. ... Wenn eine Gruppe sieht, daß ihr Gefangener auch nach der Entlassung aus dem Gefängnis Hilfe braucht, besonders finanzieller Art, so kann die Gruppe diese Hilfe leisten, sie sollte aber gleichzeitig versuchen, eine Organisation zu finden, die diese Betreuung jetzt übernimmt.[47]

Die Organisation bemüht sich, die Mitglieder der AI durch Veröffentlichungen wie das oben zitierte *Handbuch für die Gruppenarbeit* der deutschen Sektion auf ihre verantwortungsvolle Arbeit vorzubereiten. In der Praxis der Fallarbeit stehen die Gruppen darüberhinaus in direktem Kontakt mit dem für ihren Fall zuständigen Researcher beziehungsweise dessen Assistenten.

2.3.2.2. Praxis: Der Fall Stelios Nestor

Einen kleinen Ausschnitt aus der Arbeit einer Gruppe für einen Gefangenen zeigt *der Fall Stelios Nestor*. In der Auswahl der Dokumente beschränken wir uns auf Briefe, die belegen, wie schwierig es sein kann, mit einem Gefangenen bzw. seiner Familie in Verbindung zu treten. *Der Fall Nestor* steht als Beispiel für viele tausend andere Fälle, die keinen unmittelbaren Erfolg der jahrelangen Tätigkeit einer Gruppe für ihren adoptierten Gefangenen erkennen lassen. Häufig bleibt der Gruppe, sofern der Gefangene einmal einen Brief erhält, nur der Trost, ihm das Gefühl gegeben zu haben, nicht vergessen zu sein. – *Der Fall Nestor* beginnt mit dem Schreiben einer Engländerin an das Internationale Sekretariat, in dem sie einen Brief zitiert, der AI auf das Schicksal des griechischen Dozenten aufmerksam macht.

Kopie eines Briefes datiert vom 4. September 68 von einem Studienkollegen meiner Tochter an der Birmingham Universität, der soeben nach einem Jahr Aufenthalt an der Universität von Thessaloniki zurückgekehrt ist, wo seine Vorgesetzte Dr. Alke Kyriakidou-Nestor war, Tochter des Volkskundlers Stylpon Kyriakidis. Der Studienkollege sagt, daß sie und ihr Mann aus einem streng rechtsgerichteten, konservativen Milieu stammen und niemals an einer politischen Bewegung teilgenommen haben, von welcher Seite sie auch ausging.

„Stelios Nestor – der Mann von Dr. Alke Kyriakidou-Nestor – Dozent der Rechte an der Universität von Thessaloniki, wurde um zwei Uhr nachts an einem Freitag im Mai (3. oder 10., genau kann ich mich nicht mehr erinnern) verhaftet. Er wurde in ein Gefängnis gebracht, wo ihn seine Frau fünf Tage später besuchen durfte. Danach kam keine Nachricht bis Anfang Juli, als er in ein Militärgefängnis gebracht wurde. Seiner Frau wurde erneut erlaubt, ihn zu besuchen. Man befahl ihr, ihm täglich Nahrung zu bringen. Es wurde weder ein Grund für die Verhaftung angegeben, noch wurde ein Gerichtsverfahren eingeleitet. Vor kurzem wurde bekannt, daß er und drei oder vier Freunde, die im Laufe der letzten drei Wochen verhaftet worden waren und eine Zelle mit ihm teilen, von einem Militärgericht wegen staatsfeindlicher Tätigkeiten . . . angeklagt werden sollen. Es ist bekannt, daß er physisch

und psychisch gefoltert wurde, um Informationen preiszugeben, die ihn und andere belasten würden. Alle Dokumente und Briefe in seinem Haus wurden beschlagnahmt, einschließlich der Liebesbriefe, die sich das Ehepaar vor zwölf Jahren geschrieben hat. Sie wurden gründlich durchgelesen und selbst die nichtigste Bemerkung wurde ihm als eine Beleidigung des griechischen Volkes ausgelegt . . . In dem Militärgefängnis leben ungefähr 115 Studenten zusammengepfercht auf engstem Raum. Die meisten stammen aus armen Familien und verfügen über keine Mittel zum Widerstand, im Gegensatz zu den begüterten und berühmten Gefangenen, für die sich Verwandte und Freunde einsetzen und die Verhaftung öffentlich bekannt machen können. Das sind die wirklich hilflosen Fälle. Die Macht der Polizei und des Militärs ist jedoch so groß, daß kein Widerstand geleistet werden kann.

Ich möchte den Fall dieses Mannes und seiner Freunde aufgreifen, einerseits weil man solche Dinge nicht ignorieren darf, sobald man von ihnen erfährt, andererseits weil es in Thessaloniki geschieht, wo, was immer sich ereignet, der Öffentlichkeit nicht bekanntgegeben wird. Könnte nicht der Verband der Universitätslehrer, oder wie immer er sich nennen mag, einen Protest einreichen? Ich beabsichtige auch, es Amnesty zu melden, obwohl ich weiß, daß sie in Griechenland persona non grata ist und nicht viel unternehmen kann. Auch sollte die Internationale Juristenkommission einen Beobachter zu dem Prozeß schicken . . . Ich wäre für eine Stellungnahme oder für Vorschläge dankbar.

Am 4. Dezember 1968 faßt die für Griechenland zuständige Researcherin des Internationalen Sekretariats die spärlichen Angaben über Stelios Nestor auf einem *case-sheet* zusammen:

Stelios Nestor *GRIECHENLAND*

Alter 37; Professor (?, Dozent) der Rechtswissenschaft an der Universität von Saloniki. Ehemaliger griechischer Generalsekretär des World University Service und noch immer ein Mitglied der internationalen W.U.S.-Exekutive. . . . Nach Paragraph 509 beschuldigt der Gründung einer Widerstandsgruppe für verräterische Vorhaben, des Druckens und Veröffentlichens subversiver Flugblätter und der Verbreitung von Zeitungen im Zusammenhang mit der „Widerstandsorganisation zur Verteidigung der Demokratie" Verurteilt zu 16 Jahren . . .

Stelios Nestor ist mit Dr. Alke Kyriakidou-Nestor verheiratet, die ebenfalls als Rechtsdozentin an der Universität von Saloniki arbeitet. Seit seinem Prozeß ist sie arbeitslos. Die Familie ist zur Zeit in erheblicher finanzieller Not . . .

Der Gruppe wird empfohlen, sich schriftlich an . . . zu wenden. Sie hat Verbindung zu einem Studenten, der soeben von der Universität Saloniki zurückgekommen ist und von Frau Nestor unterrichtet wurde. Ich lege einen Bericht bei, den uns Frau . . . sandte, da er den Hintergrund dieser Angelegenheit aufklärt. . .

Die Gruppe wird dringend gebeten, mit irgendeiner Lehrer- oder Rechtsanwaltsvereinigung in Verbindung zu treten, die den Fall Nestor aufgreifen könnte. In ihrem Appell sollten sie betonen, daß Nestor von einem Militärgericht verurteilt wurde, das keinen Beweis erbrachte, der die von dem Staatsanwalt vorgetragenen Anschuldigungen bestätigte, ausgenommen die des Verteilens von Flugblättern, eine Freiheit, die sowohl durch die Europäische Menschenrechtskonvention, als auch durch die Allgemeine Erklärung der Menschenrechte garantiert wird . . .

Mitteilung des Internationalen Sekretariats vom 21.2.1969 an die deutsche Gruppe, der der Fall Nestor übertragen wurde:
Wir haben soeben die Information erhalten, daß Stelios Nestor seine Strafe im Aegina-Gefängnis verbüßt. Die Gruppe sollte in der Hoffnung schreiben, daß er den Brief erhält und in der Lage ist zu antworten. Die Adresse ist einfach: Aegina-Gefängnis, Insel von Aegina, Athen.

Mitteilung des Internationalen Sekretariats vom 15.4.1969 an die deutsche Gruppe (Sicherheits-Klassifizierung: eingeschränkt):
Alle Informationen, die wir über diesen Fall und die anderen Gefangenen haben, die von dem gleichen Militärgericht wie Herr Nestor verurteilt wurden, lassen vermuten, daß sie alle im Aegina-Gefängnis inhaftiert sind. Ich denke jedoch, daß Sie vielleicht recht haben, wenn Sie annehmen, daß sich eine Gelegenheit bot, Herrn Nestor an einen anderen Ort zu bringen, als die Europäische Kommission für Menschenrechte Athen besuchte. Ich fürchte, es wäre unklug zu versuchen, Frau Nestor nach Saloniki zu schreiben, deshalb schlage ich vor, daß Sie einen deutschen Abgeordneten (vorzugsweise einen der Rechten und nicht der Linken) bitten, daß er für Sie einige Erkundigungen bei der griechischen Botschaft in Bonn über Herrn Nestors Aufenthaltsort einzieht.

Mitteilung des Internationalen Sekretariats vom 1.4.1970 an die deutsche Gruppe:
Wir haben eben erfahren, daß Stelios Nestor und alle Leute von Aegina gesund sind und sich in guter geistiger Verfassung befinden.
Frau Nestors Angelegenheit wird in Athen „erwogen", so daß sie nicht weiß, ob es ihr weiterhin erlaubt sein wird, an der Universität Saloniki zu arbeiten. . .

Es vergingen über zwei Jahre, ohne daß die Arbeit der deutschen Adoptionsgruppe und anderer Mitglieder von AI, die Petitionen an die griechischen Behörden und Briefe an Stelios Nestor im Aegina-Gefängnis richteten, zu Hafterleichterung oder zur Freilassung geführt hätten. Die Weihnachtskartenaktion 1970 von AI, die unter anderem auch Stelios Nestor zugute kommen sollte, brachte einen ersten bescheidenen Erfolg. Im März 1971 erhielt ein holländisches AI-Mitglied, das sich an der Aktion beteiligt hatte, ein Lebenszeichen des Griechen:

Liebe M,
es gab einmal einen Jungen, der in einer Stadt nahe am Meer lebte. Er liebte es, stundenlang am Meeresstrand entlangzuwandern und die Schiffe zu beobachten, die in den Hafen ein- und ausliefen. Er riß Blätter aus seinen Heften, machte Schiffchen aus ihnen und ließ sie auf das Meer hinausschwimmen mit dem Wunsch, sie mögen eines Tages zurückkommen mit einer Grußbotschaft von einem weit entfernten Freund. Die Jahre vergingen schnell. Der Knabe wuchs heran und wurde Jurist. Er war stolz darauf, dem Gedanken der Gerechtigkeit dienen zu können. Er war glücklich, studierte und schrieb, immer auf der Suche nach der Wahrheit. Eines Tages erwachte er und sah sein Haus von Tanks und Militärfahrzeugen umzingelt. Ein in Khaki gekleideter Offizier sagte ihm, daß es von nun an nur eine Wahrheit geben werde und die stamme von ihm. Der Jurist sagte nein und entschloß sich zu kämpfen. Er wurde verhaftet und ins Gefängnis gebracht. Er hatte die kleinen Papierschiffchen aus seiner Kindheit ganz vergessen, als eines davon mit einer Botschaft von einem Mädchen aus den Niederlanden kam. „Wir vergessen Dich nicht."
Das ist der Grund, warum Dein Brief Licht in meine Zelle brachte. Das Echo unserer Stimmen kommt aus Europa zurück von den Menschen, die guten Willens sind. Denn unser Kampf gilt nicht nur der Befreiung unseres Landes von der Tyrannei, sondern auch der Sicherung des Rechts auf ein freies Leben für die künftigen Generationen in einer besseren und glücklicheren Welt.
Ich werfe diese kleine Notiz in ein unbekanntes Meer in der Hoffnung, daß sie den Weg zu Dir findet. Mit den besten Wünschen für Dich und Deine Freunde, Dein ergebener Stelios Nestor
P.S.: Briefe aus dem Ausland werden den politischen Häftlingen nicht ausgehändigt. Mir gelang es jedoch einen Blick hineinzuwerfen und mir die Adresse zu notieren, bevor er vernichtet wurde.

Mitteilung des Internationalen Sekretariats vom 4.5.71 an die deutsche Gruppe:
Wir haben gerade erfahren, daß Ihr Gefangener in die Haftanstalt auf Kreta überführt wurde. Das ist die Strafe für die Unterschrift auf den beiden Erklärungen, die kürzlich von Aegina abgeschickt wurden.
Wir empfehlen Ihnen, sich bei den griechischen Behörden über diese Überführung und die damit verbundene Zersplitterung der politischen Häftlinge zu beschweren.

Im Juni 1972 erhielt die deutsche Gruppe einen Brief des Nestor-Anwalts Athanasious Boutyras aus Thessaloniki, dem sie Anfang März 1972 geschrieben hatte:
. . . Ich habe das große Glück, Anwalt meines Kollegen, Herrn Stelios Nestor

zu sein, der außerdem auch ein naher Verwandter von mir ist. Daher bin ich in der Lage, Ihnen unser aller Dankbarkeit für Ihr bewegendes Interesse an ihm auszudrücken.
Am 23. März 1972 vollendete er das vierte Jahr seines Gefängnisaufenthaltes und leider gibt es bis jetzt keine Anzeichen oder Hoffnungen für eine baldige Freilassung oder wenigstens eine Revision seines Verfahrens. . .
Im Augenblick ist er im Gefängnis von Kreta und eine Verbindung mit ihm ist daher sogar noch schwieriger geworden. Ich hoffe, daß es mir während meiner Ferien im Juli möglich sein wird, ihn zu besuchen und ich werde ihm von Ihrem Interesse und Ihren Grüßen berichten. . .

Brief der deutschen Gruppe vom 26.7.1972 an Pamela Cox, Teilzeitresearcherin für Griechenland:
. . . Ich weiß nicht, ob Fräulein R. (ein Mitglied der Gruppe, d. Vf.) *von ihren erfolglosen Versuchen, mit Frau Nestor Kontakt aufzunehmen, geschrieben hat. Aber dieses Mitglied unserer Gruppe, eine Studentin, plant eine Reise nach Griechenland zu machen und will dann auch die Familie Nestor aufsuchen, ihr unser Geschenk bringen und Herrn Boutyras treffen. . .*

Mitteilung der Researcherin für Griechenland, Bella Marshall, vom 28. 7.1972 an die deutsche Gruppe:
Danke für Ihren Brief vom 26. Juli an Fräulein Cox. Da Fräulein Cox nicht weiter für Amnesty arbeitet, habe ich Ihren Brief gelesen . . . Ich hoffe, daß Sie dieser Brief noch vor der Abreise Ihrer Freundin nach Griechenland erreicht, so daß Sie Ihrer Freundin Anweisung geben, sie möge zu Frau Nestor und Herrn Boutyras mit größter Vorsicht Kontakt aufnehmen. Wie Sie vielleicht wissen, fürchten die Menschen in Griechenland ‚in Schwierigkeiten zu geraten' und das kann der Grund dafür sein, daß Sie von Frau Nestor keine Antwort erhalten haben. . .

Brief von Alke Kyriakidou-Nestoros vom 5.10.1972 an Fräulein R. von der deutschen Gruppe:
Liebe B.,
Ihr Brief mit seinem wertvollen Inhalt kam wie ein Geschenk des Himmels in dem Augenblick, als ich dachte, ich würde es nicht länger ertragen. Das war für mich wirklich ein sehr schlechtes Jahr. Sie und Ihre Hilfsbereitschaft repräsentieren die Macht des guten menschlichen Elements, das uns, so hoffe ich, hilft, unser Gleichgewicht zu bewahren. Lassen Sie mich aber zuvor etwas sagen, was Ihnen vielleicht nicht bekannt ist: Mein Gatte ist – oder vielmehr war, da man ihm das Recht zu praktizieren absprach – Rechtsanwalt. Ich bin Philologin, habe mich aber schon vor längerer Zeit auf kulturelle Anthropologie und griechische Volkskunde spezialisiert. Wir promovierten nach unserem Studium in den USA, wo wir 1956 auch heirateten.

Wir haben einen Sohn, Stilpon, der dreizehn Jahre alt ist und zur Zeit im zweiten Jahr das Gymnasium besucht. Mein Schwiegervater lebt mit uns und hilft mir im Haushalt. Als mein Mann Stelios im Jahr 1968 verhaftet wurde, war ich – seit 1959 – Assistentin am Lehrstuhl für ‚Die Religion der antiken Griechen, ihr privates Leben und moderne griechische Volkskunde' an der Universität von Thessaloniki. In dieser Stellung arbeitete ich bis zum 18. März dieses Jahres, als man mir kündigte und mich ohne jeden Pfennig entließ. Warum erfolgte diese Reaktion der Regierung so verspätet, werden Sie sich fragen. Der Grund dafür: Im Juni 1971 war der Lehrstuhl, dem ich assistierte, vakant. Da ich bereits seit drei Jahren alle Kurse geleitet hatte und auch alle übrigen Qualifikationen besaß (den Doktortitel seit 1966, Studium in Paris, USA und England), bewarb ich mich um die Professur und es schien, als würde ich gewählt werden. Aber so etwas geschieht natürlich nicht in einer Diktatur, und das wußte ich. Ich machte mit keine Illusionen. Ich dachte aber, daß ich diesen Weg gehen müsse, trotz aller Konsequenzen, die natürlich endgültig zu meiner Entlassung von der Universität führten. Ich war aber von der Atmosphäre dort schon ganz krank geworden – Zivilpolizei kam laufend ins Büro, die Studenten wurden nach Gesprächen mit mir verhört und in jeder erdenklichen Weise eingeschüchtert, die Reisepässe meiner Familie wurden eingezogen und doch ließ man mich unterrichten, wie verträgt sich das miteinander? Im Juni fand ich in Athen einen Job. Es war ein guter, wenngleich schlecht bezahlter Job, aber ich fühlte mich dort wohl. Wir schrieben an einer Enzyklopädie. Aber es waren dort zu viele dem Regime feindlich gesinnte Leute beisammen (alle, die so wie ich aus ihrer öffentlichen Stellung gefeuert waren) und so wurde das Projekt abgeblasen. September war der letzte Monat, in dem wir Lohn erhielten. Jetzt muß ich mich wieder nach einer anderen Stelle umsehen . . .
Es tut gut zu wissen, daß die Menschen, die der gleichen Überzeugung sind, uns nicht vergessen. Das Vergessenwerden fürchten wir am meisten. Wir wissen, daß Menschen gerne das Unrecht, das in der Welt geschieht, vergessen möchten. Nach einiger Zeit wird es ermüdend, und sie wollen in Frieden leben. Aber in diesem armen Land wird es keinen Frieden geben, solange das Gesetz des Rechts nicht wieder eingeführt ist. Vergessen Sie uns nicht.
Entschuldigen Sie diesen langen Brief. Es ist ganz gegen meine Gewohnheit, aber ich wollte, daß Sie alles erfahren . . .
Gott segne Sie

Alke Kyriakidou-Nestoros

Brief der deutschen Gruppe vom 28.10.1972 an die Researcherin Bella Marshall:
. . . Frau Nestor ist zur Zeit dringend auf Hilfe angewiesen. Unsere Gruppe ist bereit, ihr monatlich einen bestimmten Geldbetrag zu schicken. . . Ver-

fügen Sie über einen sicheren Kanal, um unseren Schützlingen in Griechenland Geld überweisen zu können?

Brief der Researcherin Bella Marshall vom 15.11.1972 an die deutsche Gruppe:

... Sie teilen mir mit, daß Ihre Gruppe gewillt und imstande ist, Frau Nestor eine regelmäßige finanzielle Unterstützung zukommen zu lassen und fragen mich, wie Sie nun vorgehen sollten. Das ist ein schwieriges und ernstes Problem...

An Ihrer Stelle würde ich B. bitten, einen Brief an Frau Nestor zu schreiben (keine Erwähnung von Amnesty, nicht vergessen). B. muß so schreiben, als wären die beiden langjährige, enge Freunde – und der Brief muß wirklich sehr ausführlich sein – voll mit Klatsch über unwichtige Dinge. In der Mitte dieses Briefes könnte sie erwähnen, daß sie sich so freut, daß Frau Nestor das Geschenk gefiel und weil jetzt bald Weihnachten ist, würde sie ihr gern ein Geschenk schicken und Frau Nestor solle ihr mitteilen, wie sie das am besten bewerkstelligen könne. Meine Überlegung dabei ist, daß Frau Nestor Ihnen dann antworten kann und Sie wissen läßt, wie sie darüber denkt. Vielleicht könnte sie ihren Brief sogar jemandem mitgeben, der aus Griechenland abreist und den Brief im Ausland erst einwirft, in dem Fall könnte Ihnen Frau Nestor ganz offen schreiben.

Normalerweise empfehlen wir den Gruppen, Geld an die Familien adoptierter Gefangener durch die Post überweisen zu lassen (internationale Geldanweisung), so daß das Geld, wenn es den Adressaten nicht erreicht, an den Absender zurückgeht. Aber ich meine, dies wäre im Fall von Frau Nestor äußerst unklug. Bitte halten Sie uns über Ihre Entscheidungen auf dem laufenden und auch über die Reaktion von Frau Nestor.

Von heute an wird Anne Burley meine Arbeit übernehmen, da ich aus dem Sekretariat ausscheide ...

P.S.: Wenn Sie möchten, daß wir den Brief persönlich nach Athen bringen und dort aufgeben, so bietet sich uns Ende dieses Monats dazu eine Gelegenheit ...

Brief der Researcherin Anne Burley vom 29.11.1972 an die deutsche Gruppe:

Wir haben kürzlich die Nachricht erhalten, daß Herr Nestor jetzt im Korydallos Gefängnis in Athen eingesperrt ist.

Um noch einmal auf Frau Marshalls Brief vom 15. November an Sie zurückzukommen: Darf ich Sie auf den P.S.-Absatz hinweisen, der die Möglichkeit betrifft, Geld an Frau Nestor über eine Kontaktperson, die innerhalb der nächsten Monate nach Athen reisen wird, zu schicken. Falls Frau Nestor in Ihrem Brief an Sie keinen anderen sicheren Weg vorschlägt, auf dem man ihr Hilfe gewähren könnte, dann werden Sie diese Gelegenheit voraussichtlich

nutzen wollen. Könnten Sie uns daher bitte genaue Angaben machen, auf welchem Weg B. ihren Brief mit Geld nach Athen schickte? Schrieb sie in griechisch? Schrieb sie die Adresse auf dem Umschlag in griechischem Alphabet? Würde ein in lateinischem Alphabet adressierter, innerhalb Griechenlands abgesandter Brief Verdacht erregen und Frau Nestor in Schwierigkeiten bringen?
Diese Angaben sind selbstverständlich von größter Bedeutung für die Sicherheit unserer Verbindungsperson (sie würde sofort verdächtigt werden, falls ein in Griechisch adressierter Brief vom Zoll bei ihr gefunden wird) und für das Gelingen dieser Aktion . . .

Am 13.12.1972 beantwortet Fräulein R. die Fragen der Researcherin:
. . . Ich schreibe den Brief in deutscher Sprache und die Adresse auf dem Kuvert in griechischem Alphabet, wie ich es bei dem Brief tat, den ich Ihnen schickte. Den letzten Brief an Frau Nestor adressierte ich in lateinischem Alphabet, weil ich ihn von Deutschland abschickte. . .

Brief der Sekretärin der Researcherin vom 16.1.1973 an Fräulein R.:
. . . Ich bin sicher, daß es Sie freuen wird zu hören, daß Ihr Brief an Frau Nestor nach Athen gebracht und am Samstag, den 13. Januar erfolgreich aufgegeben wurde . . .

Postkarte von Alke Nestoros vom 17.1.1973 an Fräulein R.:
Ich war sehr glücklich, Deinen Brief zu erhalten und etwas über Deine Arbeit und Deine Pläne für die Zukunft zu erfahren. Auch über den guten Eindruck von meinem Land. Sei mein Gast im Sommer, lasse mich nur wissen, wann genau, denn jetzt, da ich ohne Arbeit bin, gibt es ab und zu mehr Dinge zu erledigen.
Alles Liebe

Alke Nestoros

Brief von Fräulein R. vom 1.2.1973 an die Sekretärin der Researcherin:
Ich habe eine sehr gute Nachricht, ich habe von Frau Nestor einen Brief bekommen. Beiliegend eine Kopie der Karte, die in dem Umschlag war. Ich glaube, daß die Verbindung gut ist und auch die Art und Weise, den Brief zu adressieren.
Das Problem ist, daß Frau Nestor nur auf unwichtige Dinge geantwortet hat, aber nicht auf meine Frage, wie wir ihr Geld schicken können. Entweder weiß sie auch keine Möglichkeit, oder sie möchte nicht über ihre schlechte finanzielle Lage sprechen. . .
Schreiben Sie mir bitte, wenn diese Verbindung wieder benutzt werden kann, dann schicke ich Ihnen einen weiteren Brief für Alke Nestor.

Brief der Sekretärin vom 2.7.1973 an Fräulein R.:
Ich habe gerade gehört, daß die Kontaktperson . . . am Samstag, den 7. Juli wieder nach Athen gehen wird. Wenn Sie möchten, daß sie wieder einen Brief mitnimmt, senden Sie ihn uns bitte postwendend . . .

Brief von Fräulein R. vom 3.7.1973 an die Sekretärin:
. . . Ich bin ein bißchen in Sorge, weil ein Brief an Alke, den ich am 11. April 1973 geschrieben hatte und der in Griechenland von einem Mitglied der Gruppe . . . aufgegeben wurde, ohne Antwort blieb. Das war der erste in Griechenland aufgegebene Brief, der nicht beantwortet wurde.
Im Sommer werde ich nach Griechenland reisen, aber falls ich zuvor von Alke keine Antwort bekomme, halte ich es für besser, sie nicht zu besuchen. Was halten Sie von einem Besuch?

Brief der Sekretärin vom 9.7.1973 an Fräulein R.:
. . . Wegen Ihres Besuchs bei Frau Nestor habe ich Anne Burley, die Researcherin für Griechenland, befragt. Sie sagt, daß ein Besuch in Ordnung ginge unter der Bedingung, daß Sie keine Aufmerksamkeit auf sich oder Frau Nestor lenken, da die Situation in Griechenland im Augenblick sehr gespannt ist. Besuchen Sie sie nur, wenn Sie die Adresse ausfindig machen können, ohne nach der Richtung zu fragen, und nur dann, wenn es sich nicht an einem abgelegenen Ort befindet, zum Beispiel in einem Dorf, wo ein ausländischer Besucher sofort von den Nachbarn bemerkt werden würde. Sollten Sie, wenn Sie bei dem Haus ankommen, das Gefühl haben, Ihre Anwesenheit sei unerwünscht, verschwinden Sie sofort und versuchen Sie nicht, mit Frau Nestor noch einmal Verbindung aufzunehmen. . .

Brief von Fräulein R. vom 27.9.1973 an die Sekretärin:
Am 7. September 1973 besuchte ich Alke Nestor. Ihr Mann ist frei und ihre finanzielle Situation ist gut, da sie Geld von der Ford-Stiftung erhält. Deshalb nahm sie das Geld nicht, das ich ihr bringen sollte. Ich konnte ihren Mann nicht sehen, da er einige Zeit auf einer Insel verbringt, bis er in der Lage ist, wieder viele Menschen zu sehen.
Es war ein sehr glücklicher Besuch ohne Probleme. . . Alke und ihre Freunde glauben nicht, daß Amnesty in Griechenland etwas zu ändern vermag, aber ich glaube, es ist in diesem Fall nichtsdestotrotz eine glückliche Lösung.

Brief vom Oktober 1973 der neuen Leiter der deutschen Gruppe an das Internationale Sekretariat:
. . . Wir können unseren neuen Arbeitsabschnitt mit einer guten Nachricht beginnen: Ein Mitglied unserer Gruppe, das sich um unseren griechischen Gefangenen, Herrn Stelios Nestor kümmerte, bestätigte, daß er im Verlauf der Generalamnestie freigelassen wurde . . .

Bei einem Besuch der Sachbearbeiterin des Internationalen Sekretariats für Griechenland in Thessaloniki versprach ihr Stelios Nestor, nach einer Rückkehr Griechenlands zur Rechtsstaatlichkeit eine Amnesty-Gruppe aufzubauen. Wie uns die Ermittlungsabteilung mitteilte, hat Stelios Nestor sein Vorhaben inzwischen wahrgemacht.

2.4. Amnesty International und die Folter

2.4.1. Bericht eines brasilianischen Studentenehepaares, das gefoltert wurde – London, Juli 1975.

Die beiden jungen Leute tragen an ihrem Körper sichtbare Spuren der Folter. Sie sprechen langsam, versuchen, bestimmte portugiesische Ausdrücke für Folterinstrumente durch Vergleiche verständlich zu machen und bringen die Aussagen so distanziert vor, als erzählten sie von Qualen, die eine dritte Person erlitten hat. Nur an wenigen Stellen, an denen die Erinnerung an das Geschehen den Selbstschutz zu durchdringen droht, beginnt die Studentin zu zittern und ihre Stimme klingt weinerlich.
Er studierte Betriebswirtschaft und war insgesamt 22 Monate inhaftiert.
Sie war Studentin der Rechtswissenschaften, mußte 18 Monate auf ihren Prozeß warten, wurde dann zu einer Haftstrafe von sechs Monaten verurteilt, von der sie nur einen Monat verbüßte. Ungefähr ein halbes Jahr nach ihrer Freilassung wurde sie erneut eingesperrt – diesmal für sechs Monate.
Grund der Inhaftierung: Beteiligung an der Demonstration einer Studentenbewegung: Verstoß gegen IA 5 *(Institutional Act to suppress individual liberties).*
Sie: *Sie brachten mich in einen Raum, schlugen mich und traten mich mit ihren Militärstiefeln. Dann behandelten sie mich mit Elektroschocks. Ich sollte Namen und Adressen von anderen Leuten aus der Studentenbewegung nennen, aber ich konnte nichts sagen. Sie gaben mir Elektroschocks am ganzen Körper. 72 Stunden lang wurde ich auf diese Weise gefoltert. Nach einiger Zeit banden sie mich wie ein Grillhuhn auf einen Spieß. Als sie mir erlaubten, den Raum zu verlassen, bekam ich Krämpfe, und sie brachten mich ins Krankenhaus. Dort gaben sie mir Medikamente. Aber sie wollten nicht, daß ich im Krankenhaus bleibe. Sie brachten mich für einen Monat ins Gefängnis zurück, um die Zeichen der Folter, die ich am Körper trug, zu verlieren. Ich durfte mit niemandem über die Folter sprechen. Ich bekam Elektroschocks am Kopf, um alles zu vergessen. Jeden Tag holten sie mich für diese*

Behandlung für eine Stunde aus der Zelle. Als sie mich dann in die Militärbaracken schafften, konnte ich mich tatsächlich nicht mehr erinnern, wie ich dorthin gekommen und was geschehen war. Aber ich hatte nicht alles vergessen, weil sie eine wichtige Sache übersehen hatten: Sie erlaubten mir jedesmal nach der Behandlung in die Zelle zurückzugehen. Dort war ein anderes Mädchen, und jedesmal wenn ich zurückkehrte, fragte ich es, wer ich bin und wo ich bin. Und es erzählte mir alles, damit ich wieder mein Erinnerungsvermögen zurückgewinnen konnte.

Er: *Ich konnte meine Frau erst ein Jahr später wiedersehen. Ich litt seelisch sehr stark. Immer wenn ich nach der Folter ohnmächtig wurde, gab mir der Arzt ein Mittel. Die Folterer warteten dann eine halbe oder eine volle Stunde und begannen von neuem. Ich blieb einen Monat in dem Gefängnis. Während dieser Zeit wurde ich 15 Tage lang gefoltert. Am Anfang war die Folter für alle gleich: Schlagen und Elektroschocks. Nach den ersten fünf Foltertagen aß ich nichts mehr. Ich war so geschwollen, daß ich nur noch Wasser trinken konnte. Ich verlor zehn bis fünfzehn Kilo an Gewicht. Drei Tage lang mußte ich Milch trinken, ehe ich wieder essen konnte. Zwischen der Folter bei Männern und bei Frauen gibt es übrigens einen Unterschied: Die Frauen werden schlechter behandelt.*

Sie: *Ich sah bei Folterungen zu, das wollten sie.*

Er: *Ich hörte die anderen schreien, das war das Schlimmste. Es waren ungefähr hundert Leute mit mir in den Militärbaracken. Es wurde rund um die Uhr gefoltert. – Nach dem Prozeß kam ich dann frei.*

Sie: *Ich wurde sieben Monate nach meiner Haftentlassung wieder auf der Straße verhaftet und einen Monat lang gefoltert. Dabei hatte der Staatsanwalt keine gesetzliche Handhabe, die ausgereicht hätte, mich anzuklagen. Beim zweiten Mal waren die Folterungen technischer. Man brachte mich in schalldichte Räume. Ich hörte keinen Laut und konnte die Folterer nicht sehen, weil ich eine Haube trug. Sie machten mit den Gefangenen raffiniert entwickelte sexuelle Folterungen. Sie versuchen einen zu erregen, spielen Musik und schaffen Atmosphäre. Man ist immer völlig nackt. Sie sagen: „Du mußt einen Orgasmus haben, du bist schon nahe daran. . .“ Man wird nur von Männern, von Armeeoffizieren gefoltert. Sie gingen sehr behutsam mit mir um, weil ich ja schon einmal in Haft gewesen war und sie von früher medizinische Atteste hatten, in denen geschrieben stand, daß ich nach einer neuerlichen Behandlung mit Elektroschocks sterben würde. Als die Offiziere mich anfaßten, wurde ich wütend. Ich schrie und schlug um mich. Da verloren sie die Geduld und gaben es auf. Sie schafften mich in einen weißen Raum, stellten die Klimaanlage ein und kühlten meine Haut ab. Währenddessen zeigten sie mir Dias, jemanden am Strand. Wenn ich durstig war, zeigten sie mir Coca-Cola-Dias. Hatte ich Hunger, sah ich Dias mit Speisen. Oder sie schafften mich in eine Dunkelzelle. Man konnte absolut nichts sehen. In der Decke war ein Loch mit einem Lautsprecher. Von dort sprachen sie zu einem und erteilten Befehle, die man dann sofort auszuführen hatte. Beispielsweise mußte man krabbeln und springen. Wenn man es nicht tat, kam ein Offizier in den Raum und schlug zu. In dieser Dunkelzelle ist man nahe daran verrückt zu werden, weil man kein Zeit- und Raumgefühl hat. Ich kannte einen Mann, der war drei Monate in der Dunkelzelle, aber er glaubte, es sei nur eine Woche gewesen. Er war verrückt geworden.*

Er: *Man kommt in ein Delirium.*

Sie: *Wegen meiner Atteste holten sie mich jeden Tag wieder aus der Dunkelzelle. Ich war nie den ganzen Tag in ihr. Ich wußte, wo sie sich befand und ich wußte auch die Zeit. Jeden Tag um sechs Uhr spielten sie einen Marsch, auf den wartete ich immer. Das war die einzige Chance für mich, normal zu bleiben. Weil der Staatsanwalt schließlich sagte, daß man mich nicht vor Gericht stellen könne, da die Anklage nicht ausreiche, ließ man mich laufen. In Rio kam ich in psychiatrische Behandlung. Da mein Mann noch im Gefängnis war, ging ich zu meinen Eltern. Ich fühlte mich bald besser. Meinen Mann durfte ich besuchen. Als er frei war, flüchteten wir nach Uruguay, weil es da keine Grenzkontrollen gab. Wir hatten nur einen Ausweis und keinen Paß. Über Argentinien reisten wir weiter nach Chile. Das war 1973, sechs Monate vor dem Coup. Wir nahmen dort wieder unser Studium auf, mußten uns dann aber nach dem Staatsstreich mit Tausenden von Flüchtlingen nach Europa absetzen. Von Chile flogen wir zuerst noch nach Panama, wo wir zwei Monate blieben. Sie hätten uns Flüchtlingen Aufenthaltserlaubnis erteilt, aber es gab keine Arbeit. Die Republik Panama zahlte uns den Flug nach London. Wir haben jetzt einen UNO-Paß, der für Westeuropa und paradoxerweise auch für Brasilien gilt. Hier haben wir keine Angst mehr. In Südamerika hat Brasilien Flüchtlinge entführt und zurückgeschafft, aber in London wagen sie das aus kommerziellen Erwägungen heraus nicht.*

Er: *Jede Meldung über AI wird in Brasilien unterdrückt, damit das Image des Landes keinen Schaden erleidet.*

Sie: *Mich hatte eine amerikanische Amnesty-Gruppe adoptiert. In Panama traf ich ein Mitglied dieser Gruppe, das mir die Adresse des Internationalen Sekretariats in London gab. Mein Anwalt hatte, als ich ins Gefängnis gekommen war, meinen Fall an AI weitergegeben. Daß meine Familie auch die Menschenrechtskommission der UNO informiert hatte, wurde mir vor dem Militärgerichtshof negativ ausgelegt. Ich weiß nicht genau, was die Amnesty-Gruppe für mich getan hat, ich weiß nur, daß es sehr wichtig ist, Menschen außerhalb des Gefängnisses zu haben, die einem helfen wollen. Man fühlt sich in der Haft so allein, gebrochen und hilflos. Immer wenn man einen Wunsch äußert, heißt die Antwort „nein". Keiner der Folterer hat Mitleid mit einem. Sie stehen unter Drogen oder sind betrunken. Ich kann mich noch genau erinnern, wie ich zitterte, weil ich nicht mehr gehen konnte. Aus meinem Mund floß Blut. Einer der Folterer lachte und lachte und sagte: „Schau, wie du aussiehst." Sie haben Spaß an der Folter, sie sind Sadisten. Einige dort*

glauben, daß sie foltern müssen. Deshalb nehmen sie Drogen und trinken, damit sie es ertragen können. Aber die meisten von ihnen genießen es.
Er: *Paare werden gemeinsam gefoltert. Ich weiß von einem Ehepaar, dessen Baby vor seinen Augen durch Elektroschocks getötet wurde. Die Eltern starben dann auch. Der Mann hieß Vergilio Gomes da Silva. Sein Fall wurde von der Kirche und in einigen Büchern publiziert.*
Sie: *Ich denke nicht mehr jeden Tag an die Folterungen, aber manchmal träume ich davon. – Mein Rechtsstudium habe ich an den Nagel gehängt.*
Er: *Ich erinnere mich noch an einen Augenblick, als ich mich wie tot fühlte. Da kamen Ameisen und krabbelten über meine Hand. Es war so wichtig, Lebewesen zu fühlen. Leben ist der wertvollste Besitz. Es läßt sich gegen nichts anderes eintauschen. Heute lebe ich intensiver. Ich wollte nie sterben.*

2.4.2. *Was ist Folter?*

Jedermann hat eine Vorstellung davon, was Folter ist, schreibt AI in dem 1973 erstmals veröffentlichen *Bericht über die Folter, aber es hat noch niemand eine Definition gefunden, die alle möglichen Fälle abdeckt.*[48] Die Brockhaus Enzyklopädie definiert die Folter mit *Anwendung körperlicher Qualen und Erzwingen von Geständnissen. . .*[49] Diese sachlich richtige Definition berücksichtigt jedoch nicht die zahlreichen Fälle, in denen Folter nur der Abschreckung dient, um zum Beispiel regimefeindliche Bevölkerungsgruppen einzuschüchtern.
Es hat seine guten Gründe, warum der Begriff der Folter sich einer präzisen wissenschaftlichen Definition entzieht: er beschreibt menschliches Verhalten, und jedes menschliche Wesen ist einzigartig, mit seiner eigenen Schmerzschwelle, seiner eigenen psychologischen Konstitution, seiner eigenen kulturellen Bedingtheit. Überdies ist Folter ein Begriff, der verschiedene Grade in einem Kontinuum umfaßt, das von Belästigung über Mißhandlung bis zu unerträglichem Schmerz und Tod reicht. Eine Definition muß auf qualitative Begriffe, die sowohl relativ wie subjektiv sind, zurückgreifen.[50]

AI hat sich deshalb bemüht, den Begriff Folter so zu definieren, daß er zumindest alle von der Organisation aufgegriffenen Fälle abdeckt:
Folter ist die systematische und bewußte Zufügung von akutem Schmerz in jeder Form durch eine Person gegenüber einer anderen oder einer dritten Person, um die Absichten der ersteren gegenüber den letzteren gegen ihren Willen durchzusetzen.[51]

2.4.3. *Anwendung der Folter heute*

Die Anwendung der Folter greift in unseren Tagen wie eine Epidemie um sich, obwohl es, wie AI feststellt, *niemals einen stärkeren oder universelleren Konsensus über die totale Unzulässigkeit der Folter gegeben hat . . .*
Während viele primitive Methoden, die auf physischer Kraft beruhen, weiterhin eingesetzt werden, so hat darüberhinaus die moderne Technologie, vor allem die Elektrizität, erheblich das Repertoire vergrößert. Das liegt zum Teil daran, daß, wenn die Folter illegal ist, jede Anstrengung unternommen wird, keine Spuren zu hinterlassen. Moderne Psychologie und Pharmakologie haben zusammengewirkt bei der Entwicklung von Techniken der Sinnesberaubung und neuer Drogen mit primär psychologischer Wirkung. Ein wesentlicher Unterschied liegt in der Tatsache, daß der moderne Gebrauch der Folter im Verborgenen geschieht. Ein drittes Charakteristikum hat sich zum Drama zwischen Folterer und Opfer hinzugesellt: der Vertreter des Staates, der die Folter leugnet. . .
Der Trend scheint zur verstärkten Beteiligung und in einigen Fällen zur ausschließlichen Zuständigkeit des Militärs auf Kosten der Polizei zu gehen. Spezialeinheiten werden nicht nur in Kriegssituationen und in einem besetzten Gebiet gebraucht. . . Die Praxis wurde auch von Ländern übernommen, die sich nicht im Kriegszustand befinden und die keine ausgedehnten inneren Aufstände niederzukämpfen haben. Zum Beispiel foltert das Militär in Uruguay, Brasilien, Indonesien, Griechenland und der Türkei Zivilisten aus innenpolitischen Gründen. Diese Entwicklung spiegelt den wachsenden Einfluß des Militärs auf die Politik wieder, die wachsende Zahl von Militärregierungen sowie die zunehmende Beschäftigung der Militärexperten mit Theorien zur Subversions- und Guerillabekämpfung.[52]

. . . Im Gefängnis der Militärpolizei blieb er vom 11.1.71 bis zum 14.1.71. In den ersten zwei Monaten erhielt er keine Besuche seines Anwalts oder seiner Familie. Während seiner gesamten Haftzeit konnte er nichts lesen und seine Zelle nicht verlassen. Er sah im Gefängnis nie das Tageslicht. Das Essen bestand aus einem Löffel Reis und einem Löffel Bohnen zum Mittag- und Abendessen. Manchmal gab es zum Mittagessen Milch oder Orangensaft. Außer der Behandlung seiner Beinwunde zwei Tage nach seiner Verhaftung erhielt er keinerlei ärztliche Hilfe. Die Besuche des Rechtsanwalts während der Haftzeit waren unregelmäßig. Sie fanden immer in Anwesenheit eines Polizeioffiziers statt, der für die Aufzeichnung des Gesprächs verantwortlich war. Sein Rechtsanwalt durfte ihn jedoch – wie in anderen Fällen auch – während der Verhörphase nicht sehen . . .[53]

Diese Passage ist dem AI-Report *Folter in Brasilien* entnommen. Die Aussage des 24jährigen Studenten Carlos Bernardo Vainer spricht jenen Teil der Foltertechnik an, der unter das Stichwort *sensorische Deprivation* fällt, deren mögliche Folgen, ein Trauma oder eine körperliche Krankheit sind. Später können sich auch Angstzustände, Zittern, Schlaflosigkeit usw. einstellen.

... Später schlossen sie Drähte an meinen Fingern und Zehen an und schickten elektrischen Strom durch meinen Körper ... Nach einer Weile lösten sie den Draht von meinem Finger und schlossen ihn an meinem Ohr an. Sofort gaben sie mir eine starke Stromdosis. Mein ganzer Körper und mein Kopf schüttelten entsetzlich. Meine Vorderzähne brachen. Gleichzeitig hielten meine Folterer mir einen Spiegel vors Gesicht und sagten: „Schau was mit deinen schönen, grünen Augen passiert. Bald wirst du überhaupt nichts mehr sehen können. Du wirst deinen Verstand verlieren. Siehst du, du fängst schon an, aus dem Mund zu bluten.“[55] ...

Der Textauszug aus dem *Bericht über die Folter* ist ein Teil der Aussage einer jungen Türkin, die auf brutalste Weise durch *Elektroschocks* gefoltert wurde. Die Elektroschocks gehören zum Standardrepertoire der modernen Foltertechnik, da sie keine sichtbaren Spuren hinterlassen. Dennoch richten sie verheerenden gesundheitlichen Schaden an. Elektrische Drähte, die am Kopf befestigt werden, können zu starker Hirnschädigung oder gar zum Wahnsinn führen. Werden die Kontakte an den Gliedmaßen befestigt, bewirkt der elektrische Strom eine Muskelreizung. Das Opfer verliert rasch die Kontrolle über die Muskeln. Als Dauerschäden können Apathie, Willenlosigkeit und eine phobische Angst vor der Elektrizität zurückbleiben.
AI betont in dem *Bericht über die Folter,* daß zwar *die Langzeitwirkung von Folter auf das Opfer und den Charakter des Folterers in den vergangenen Jahren mit zunehmender Gründlichkeit untersucht wurde,* daß jedoch *die sorgfältige Dokumentation der Erfahrung von Opfern Kern der Folterforschung bleibt.*[55]

2.4.4. Die Kampagne zur Abschaffung der Folter (Campaign for the Abolition of Torture – CAT)

Im Dezember 1972 begann AI mit der *Kampagne zur Abschaffung der Folter,* deren Höhepunkt und Abschluß eine internationale Konferenz im Dezember 1973 in Paris bildete. Hauptaufgabe der Kampagne war es, auf das weltweite Phänomen der Folter aufmerksam zu machen und Unterschriften aus der ganzen Welt zur Unterstützung einer Anti-Folter-Resolution der UNO zu sammeln. Die Kampagne brachte den erhofften Erfolg. Über eine Million Menschen aus mehr als neunzig Ländern unterstützten die Resolution, die von der UNO-Vollversammlung am 2. November 1973 einstimmig verabschiedet wurde. In ihr werden alle Regierungen aufgefordert, *internationalen Abkommen beizutreten, die Bestimmungen bezüglich des Verbots der Folter und anderer unmenschlicher oder erniedrigender Behandlung und*

Bestrafung enthalten.[56] Zur Vorbereitung der Konferenz in Paris fanden in zahlreichen Ländern der westlichen Welt von AI organisierte Konferenzen und Arbeitssitzungen statt, die in Presse, Funk und Fernsehen starke Beachtung fanden. In Norwegen diskutierten Ärzte, Psychiater und Psychologen die physischen und psychologischen Folgen der Folter. In Belgien befaßten sich Teilnehmer einer Beneluxkonferenz mit den sozio-ökonomischen und politischen Aspekten der Folter. In England, der Bundesrepublik Deutschland, Kanada, Mexiko, Australien, Irland, der Schweiz und in den USA analysierten Fachleute das Problem Folter und entwarfen Empfehlungen für deren Verhinderung, beziehungsweise deren Abschaffung. Diese Experten-Berichte bildeten die Grundlage für vier Kommissionen der *Pariser Anti-Folter-Konferenz*, die unter Beteiligung von 300 Delegierten am 10. und 11. Dezember 1973 abgehalten wurde.

Die Arbeitsgruppe A befaßte sich mit der Sammlung und Überprüfung von Informationen über Folterer und Institutionen, in denen gefoltert wird. Die Kommission empfahl, für diese Aufgabe eine Zentralstelle zu errichten (die CAT-Abteilung im Internationalen Sekretariat der AI nimmt seit Mai 1974 diese Funktion wahr) und regte auch die Bildung eines internationalen Strafgerichtshofes an – eine Empfehlung, die, wie AI im Jahresbericht 1973/74 zugibt, zu den utopischen Ratschlägen gehört.

Die Arbeitsgruppe B analysierte die sozio-ökonomischen und politischen Faktoren, die Folter begünstigen und schlug für Angehörige der Polizei und des Militärs, für Erzieher, Künstler, Gewerkschaften, kirchliche Organisationen, Wirtschaftsunternehmen und Arbeitgeber Aktionspläne gegen die Folter vor.

Die Arbeitsgruppe C erörterte internationale, regionale und nationale gesetzliche Grundlagen, die sich auf Folterpraktiken beziehen und entwickelte Empfehlungen zur Stärkung internationaler und nationaler Gesetze, um Verhaftete gegen Folterungen zu schützen.

Die Arbeitsgruppe D beschäftigte sich mit den Auswirkungen der Folter auf das Opfer. Überdies veranlaßte sie die Erstellung eines Registers von Medizinern, die sich bereit erklären, Folterbehauptungen in einzelnen Ländern zu überprüfen und empfahl die Erforschung der medizinischen und psychologischen Auswirkungen der Folter.

Unmittelbar nach Abschluß der Konferenz beschloß das Internationale Exekutivkomitee von AI in Übereinstimmung mit den Empfehlungen, eine neue Abteilung innerhalb des Internationalen Sekretariats zu bilden, die sich ausschließlich mit der Fortsetzung der *Kampagne für die Abschaffung der Folter* zu befassen hat. Für die sogenannte CAT-Abteilung sind die gleichen drei Mitarbeiter zuständig, die 1973 die Kampagne geführt und gemeinsam mit der Ermittlungsabteilung am 3. Dezember 1973 den *Bericht über die Folter* herausgegeben haben. Da drei Leute nicht über die politischen Probleme in allen Teilen der Welt Bescheid wissen können, arbeitet die CAT-Abteilung eng mit den einzelnen Researchern zusammen, die ohnehin die Informationen über Anwendung von Folter meist zuerst erreichen. Die Researcher erteilen Ratschläge, wie in einem bestimmten Fall vorzugehen ist, während die CAT-Mitarbeiter für die erforderliche Publizität sorgen. Seit Juni 1974 veröffentlicht die Abteilung monatlich ein zweiseitiges *CAT-Bulletin,* das dem *Amnesty International Newsletter* beigelegt wird und über Folterpraktiken in einzelnen Ländern, über Folteropfer und über die Aktivitäten der Abteilung berichtet.

Die Angestellten der CAT-Abteilung stehen bei ihrer Arbeit vor einer Reihe von Schwierigkeiten. Beispielsweise können nicht alle Länder, die foltern, in dem *Bericht über die Folter* erfaßt werden. Aus Lateinamerika und der Sowjetunion dringen viele brauchbare Informationen bis zu AI vor, jedoch nur spärliche aus den meisten afrikanischen und den anderen kommunistischen Ländern. – Es ist verhältnismäßig einfach, von der Inhaftierung eines Menschen zu erfahren, von seiner Folterung erhält man hingegen – wenn überhaupt – erst nach seiner Freilassung Nachricht. – Mit zunehmender Erfahrung versucht CAT nun, bereits im voraus die Folter zu verhindern. Wird etwa in Chile ein Mitglied der Sozialistischen Partei verhaftet, kann AI mit ziemlicher Sicherheit annehmen, daß dieser Gefangene auch gefoltert wird. CAT mobilisiert daher unverzüglich Amnesty-Mitglieder und die Öffentlichkeit, damit diese Briefe und Telegramme an die Behörden in Chile schicken, um so der Folter vorzubeugen. Für CAT ist es oft schwer herauszufinden, ob ein Gefangener tatsächlich gefoltert wurde. Die Aussagen des Gefangenen und seiner Angehörigen bedürfen in jedem Fall der Überprüfung durch unabhängige Fachleute, vorzugsweise Mediziner. Aber auch sie können Folterungen oftmals nicht bestätigen, da keine Spuren vorhanden sind. AI bringt speziell der Forschung über die Langzeitwirkung der Folter großes Interesse entgegen und bemüht sich, mit anerkannten Fachleuten auf dem Gebiet des Krankenwesens, des Rechts und der Sozialarbeit in Kontakt zu treten, um Folteropfern bei der Wiedereingliederung in die Gesellschaft behilflich zu sein. Die CAT-Abteilung gibt keine Gefangenen an die Gruppen zur Adoption weiter, sondern führt eine Kampagne durch, deren Ziel es in erster Linie ist, Hintergrundmaterial über ein bestimmtes Land zum Thema Folter zu veröffentlichen. Einzelschicksale dienen nur als Beweis für die Anwendung von Folter. Aufrufe, die die Einstellung der Folter bei einem einzelnen Gefangenen fordern, erscheinen im *CAT-Bulletin.* In *dringenden Fällen (CAT urgent actions)* werden Listen mit Namen von Gefangenen an die Nationalen Sektionen verschickt; von dort werden sie an die Gruppen weitergeleitet, die dann Briefe an die zuständigen Behörden schreiben. Eine Steigerung der urgent actions ist der *Telegramm-Baum (telegram tree)*, eine von London aus koordinierte Aktion, bei der in Fällen, die keinen Zeitaufschub dulden, möglichst viele Telegramme aus möglichst vielen Teilen der Welt zum gleichen Zeitpunkt an die Behörden eines Landes abgeschickt werden. Für die

Telegrammtexte gibt es bestimmte nach Nummern geordnete Formulierungen. Vor Beginn der Aktion, deren Zeitpunkt von London aus exakt angekündigt wird, muß nur noch die erforderliche Telegrammnummer angegeben werden.
Arbeitsschwerpunkt der CAT-Abteilung ist es, darauf zu drängen, daß die Anwendung der Folter in internationalen Konventionen und nationalen Gesetzeswerken unter Strafe gestellt und ihr somit ein Ende bereitet wird.
Mit ungebrochener Energie versucht AI – es bleibt ihr nichts anderes übrig –, die UNO und deren Mitgliedstaaten zu mehr als bloßen Lippenbekenntnissen zu bewegen. Aber auch die gesetzlich garantierte Abschaffung der Folter böte keine Gewähr für deren tatsächliches Ende. Das in einem Gesetzbuch verankerte Folterverbot könnte die Anwendung der Folter bestenfalls erschweren, sie jedoch nicht verhindern.
Die Anti-Folter-Kampagne ist kein Kampf allein gegen eine Ideologie, sondern gegen das Böse im Menschen selbst. AI übernimmt im Kampf gegen die Folter auch eine erzieherische Aufgabe, indem sie die Menschen über das Wesen der Folter informiert. Eine von AI herausgegebene *antifolter zeitung*, die bei Straßenaktionen und Kundgebungen verkauft wird, beschreibt ein psychologisches Experiment, das beweisen will, daß in jedem Menschen ein Folterknecht steckt. Ein anderer Artikel warnt vor dem versteckten Folterer in uns selbst, der vielleicht an Folterszenen und -beschreibungen insgeheim sadistisches oder masochistisches Wohlgefallen findet. Der Kampf muß der Folter um uns und in uns gelten.

2.5. Amnesty International und die Todesstrafe

Das Internationale Statut verpflichtet AI dazu, *mit allen geeigneten Mitteln gegen die Verhängung und Vollstreckung von Todesurteilen* einzutreten. Dabei spielt es im Einzelfall keine Rolle, aus welchen Gründen ein Häftling hingerichtet werden soll. Das Statut macht in dieser Hinsicht keine Einschränkung und vermerkt darüber hinaus ausdrücklich, daß die Gewaltklausel bei Todesurteilen keine Anwendung findet.
AI lehnt die Todesstrafe mit folgenden Argumenten ab:[57]
(1) Die Todesstrafe ist unwiderruflich und könnte am Unschuldigen vollzogen werden.
(2) Sie trägt zur Brutalisierung derer bei, die an ihrer Verhängung und Vollstreckung beteiligt sind.
(3) Sie ist Ausdruck einer primitiven „Auge um Auge, Zahn um Zahn“-Ideologie und daher einer zivilisierten Gesellschaft nicht würdig.

(4) Sie ist grausam, unmenschlich und erniedrigend im Sinne des Artikels 5 der *Allgemeinen Erklärung der Menschenrechte*, der Folter und unmenschliche Behandlung verbietet.

AI fordert die weltweite Abschaffung der Todesstrafe. Die Mittel, um dieser Forderung Nachdruck zu verleihen, sind beschränkt. In Fällen, in denen die Organisation von der Verhängung eines Todesurteils hört, appelliert sie an die betreffende Regierung, den Verurteilten zu begnadigen. Im Jahresbericht 1974/75 erklärte Stephanie Grant, die Leiterin der Ermittlungsabteilung im Londoner Hauptquartier, daß die Organisation gegen Todesurteile unter anderem in Bulgarien, der DDR, Somalia, Südkorea, Chile, Äthiopien, Sambia, den Vereinigten Staaten von Amerika, im Iran und im Irak protestiert habe.[58] Spektakuläre Erfolge im Kampf gegen die Todesstrafe hat AI bisher nicht erzielen können. Zu den wenigen wirklich herausragenden Resultaten ihrer Bemühungen gehört ein Resolutionsentwurf, den einige europäische Parlamentarier auf ihre Initiative hin im Mai 1973 in der *Beratenden Versammlung* des *Europarates* einbrachten. Der Entwurf enthält die Aufforderung an alle Mitgliedsstaaten des *Europarates*, in denen die Todesstrafe noch gesetzlich vorgesehen ist, für deren baldige Abschaffung zu sorgen. Die Versammlung überwies den Entschließungsentwurf an den Rechtsausschuß. Dieser empfahl am 23. Januar 1975, das Thema Todesstrafe von der Tagesordung der bevorstehenden 27. Sitzungsperiode der *Beratenden Versammlung* zu streichen. AI äußerte in einer Presseverlautbarung *Bestürzung*[59] über diesen Vorgang. Am 23. April 1975 verwarf die *Beratende Versammlung* daraufhin die Empfehlung des Rechtsausschusses.

Zusammen mit 25 anderen internationalen, nichtstaatlichen Organisationen unterzeichnete AI 1974 eine an die *Vereinten Nationen* gerichtete Resolution, in der die Vollversammlung der Weltorganisation aufgerufen wird, eine Erklärung zugunsten der Abschaffung der Todesstrafe zu verkünden.

Gelegentlich bezeichnet AI ihre Aktivitäten auf dem Gebiet der Todesstrafe als *Kampagne*, eine, wie es scheint, etwas hochstaplerische Bezeichnung für etwas das sich in seiner Stoßkraft und Wirksamkeit mit der Anti-Folter-Kampagne in keiner Weise messen kann. Der Kampf gegen die Todesstrafe ist nicht viel mehr als ein Scharmützel im Vorfeld der eigentlichen Kämpfe, die AI um die Menschenrechte führt.

Auf der Tagung in Askov im September 1974 gestand der Internationale Rat ein, daß AI auf dem Gebiet der Todesstrafe bis dahin kaum etwas erreicht hatte. Er ersuchte daher das Internationale Exekutivkomitee, eine Arbeitsstrategie zu entwickeln, die AI in die Lage versetzen solle, auf überstaatliche und nichtstaatliche Organisationen einzuwirken und sie zur Einleitung von Maßnahmen gegen die Todesstrafe zu veranlassen. Der Internationale Rat wies in diesem Zusammenhang auch auf die Bedeutung der öffentlichen Meinung hin, die man davon überzeugen müsse, daß es notwendig sei, die Todesstrafe abzuschaffen.[60] Das Internationale Exekutivkomitee richtete eine

Kommission ein, die die Erarbeitung eines strategischen Konzeptes in Angriff nehmen und ad hoc-Entscheidungen zur Durchführung entsprechender Aktionen treffen soll. In St. Gallen beschloß der Internationale Rat dann, 1976 eine internationale Kampagne gegen die Todesstrafe durchzuführen, die ihren Höhepunkt am 10. Dezember, dem *Tag der Menschenrechte*, mit der Veröffentlichung eines Reports über die Anwendung der Todesstrafe finden soll.[61]

Es gibt wenig Grund, dieser Kampagne und weiteren Versuchen von AI, die Öffentlichkeit für eine globale Verdammung der Todesstrafe zu gewinnen, mit Optimismus entgegenzusehen. In einer Zeit, da die Zahl der Verbrechen steigt und die Gewalt eskaliert, betrachten viele die Todesstrafe als eine legitime Notwehrmaßnahme der Gesellschaft gegen ihre zerstörerischen Feinde. Und angesichts der vermehrten Geiselnahmen und blutigen Terrorakte politischer Amokläufer vergrößert sich die ohnehin nicht kleine Schar der Befürworter von Galgen, Gaskammer und elektrischem Stuhl eher, als daß sie sich verringert. Selbst unter den Amnesty-Mitgliedern gibt es Anhänger der Todesstrafe. Der Generalsekretär der französischen AI, Odier, wußte jedenfalls von einigen in seiner Sektion zu berichten.

Vielleicht sind es das Wissen um diese Tatsachen und ein wenig Furcht vor dem Risiko, in weiten Teilen der Bevölkerung auf Unverständnis zu stoßen, was AI bisher zögern ließ, die Kampagne zur Abschaffung der Todesstrafe mit derselben Nachdrücklichkeit voranzutreiben wie die Anti-Folter-Kampagne. Im Gegensatz zur Folter ist die Todesstrafe öffentlich nicht geächtet und wird in einer Anzahl von Staaten immer noch anerkannt, etwa weil sie in die jeweilige religiöse und kulturelle Tradition eingebettet ist. Unter solchen Umständen hat es AI natürlich schwer, Gewissensregungen wachzurufen.

2.6. Menschenrechte und Amnesty-Aktivitäten Übersicht 1970–1975

2.6.1. Allgemeine Erläuterungen

Die Zahl der Länder, in denen AI zugunsten der Menschenrechte und Grundfreiheiten tätig geworden ist, bewegte sich in den sechziger Jahren lange Zeit konstant zwischen 50 und 60. Mit der Erweiterung der Ermittlungsabteilung seit 1970 ist sie um beinahe mehr als das Doppelte gestiegen. Mit ihr nahm

auch die Zahl der von den Researchern erarbeiteten Fallberichte zu. Der Jahresbericht 1972/73 schilderte Aktivitäten in 80 Ländern, die unter anderem zur Aufnahme von Ermittlungen in rund 1 500 Einzelfällen von Inhaftierung aus politischen, rassischen oder religiösen Gründen führten. Der jüngste, dieser Dokumentation zugrundeliegende Jahresbericht 1974/75 resümierte Interventionen von AI in über 100 Ländern und erklärte, daß im Berichtsjahr 2 169 neue Fälle bearbeitet worden seien.
Die folgenden, nach Erdregionen geordneten Übersichten über Menschenrechtsverletzungen und Amnesty-Aktivitäten basieren auf AI-Unterlagen: in erster Linie auf den Jahresberichten der Organisation seit 1970/71, dem *Bericht über die Folter* in seiner zweiten, revidierten Fassung von 1975 und den von Ai in den letzten Jahren herausgegebenen Berichten über politische Gefangenschaft und Folter in verschiedenen Ländern. Gelegentlich wurde Hintergrundmaterial hinzugezogen, das von AI-Länderkoordinationsgruppen erstellt worden ist.
Jede Übersicht wird noch ihrer eigenen Erläuterung bedürfen, vorweg sind daher nur einige allgemeine Anmerkungen nötig.
Die Übersichten enthalten Daten über Menschenrechte und Amnesty-Aktivitäten in fast 70 Ländern. Die verarbeiteten Jahresberichte 1970/71 bis 1974/75 umfassen zum Teil, wie bereits erwähnt, mehr als 100 Staaten. Wir haben jedoch nur die interessantesten davon ausgewählt. Staaten, bei denen die Ermittlungsarbeit noch nicht weit gediehen ist oder, aus welchen Gründen auch immer, bisher kaum Früchte getragen hat, haben wir weggelassen.
Die Übersichten zeigen zunächst für jedes Land für die Respektierung der Menschenrechte *bedeutsame innenpolitische Ereignisse* jüngeren Datums (zum Beispiel einem Regierungswechsel, einem Umsturz, oder der Verhängung des Ausnahmezustandes). In der folgenden Spalte sind daraus resultierende *Entwicklungen hinsichtlich der Menschenrechte* verzeichnet (zum Beispiel Inhaftierungen, politische Prozesse, Amnestien). Bei einigen Schwerpunktländern, bei denen die Darstellung von Einzelereignissen zu viel Platz beanspruchen würde, ist stattdessen ein summarischer Lagebericht zu finden. Die folgende Spalte faßt *Aktivitäten von AI* zusammen, wobei Vollständigkeit nicht erstrebt wurde. Erwähnt sind nur wichtige Initiativen und solche, bei denen eindeutig eine Rückwirkung auf die betreffende Regierung zu beobachten war. Zu den wichtigen Initiativen zählen insbesondere die Veröffentlichung von Berichten, die Entsendung von Missionen und die Durchführung gezielter, weltweiter Kampagnen.
Die Aneinanderreihung: innenpolitisches Ereignis → Menschenrechte → AI-Aktion entspricht in dieser Form an sich schon der zeitlichen Abfolge der meisten in den Übersichten geschilderten Geschehnisse; Folge- und Rückwirkungspfeile verdeutlichen darüber hinaus Ursache und Wirkung.
Die letzte Spalte gibt die Zahl der *Ermittlungs- (E) und Adoptionsfälle (A)* nach dem letzten uns bekannten Stand an. Als Quelle dienten eine vom In-

ternationalen Sekretariat herausgegebene Liste (Stand Dezember 1974) und der Jahresbericht 1974/75, der im Mai 1975 verfaßt wurde. Adoptionen von Gefangenengruppen *(G = group adoption,* vgl. S. 92) und Doppel- (D) und Mehrfachadoptionen (M) *(double adoption* bzw. *multiple adoption)* sind gesondert ausgewiesen. Doppel- und Mehrfachadoptionen sind Adoptionsfälle, in denen ein Gewissensgefangener von zwei bzw. mehreren Adoptionsgruppen betreut wird. Für den ehemaligen algerischen Präsidenten Ahmed Ben Bella zum Beispiel, der sich seit seiner Entmachtung durch Oberst Boumedienne im Jahre 1965 in Haft befindet und der einzige adoptierte Gewissensgefangene in Algerien ist, arbeiteten 1975 vier Gruppen. Die Bezeichnung *Schwerpunktland* wurde von uns gewählt, um jene Länder hervorzuheben, auf die sich die Ermittlungs- und Betreuungsarbeit von AI in besonderem Maße konzentriert hat.

2.6.2. Westeuropa

Die gesetzlichen Vorkehrungen zum Schutz der Menschenrechte in Westeuropa gelten als vorbildlich. Am 4. November 1950 wurde in Rom die europäische *Konvention zum Schutz der Menschenrechte und Grundfreiheiten* unterzeichnet, die inhaltlich dem *Internationalen Abkommen über bürgerliche und politische Rechte* entspricht. Sie ist ohne Zweifel die bedeutendste Leistung des *Europarates*, der 18 Mitgliedsstaaten umfaßt: Belgien, Dänemark, die Bundesrepublik Deutschland, Frankreich, Griechenland, Großbritannien, Irland, Island, Italien, Luxemburg, Malta, die Niederlande, Norwegen, Österreich, Schweden, die Schweiz, die Türkei und Zypern. Die Menschenrechtskonvention trat am 3. September in kraft. Bis 1969 hatten sie mit Ausnahme Frankreichs und der Schweiz alle Mitgliedsstaaten des *Europarates* ratifiziert. Im Dezember 1969 kündigte Griechenland das Abkommen und verließ den *Europarat*, nachdem die seit 1967 herrschende Militärjunta der Verletzung der Konvention überführt worden war (Näheres über den Austritt Griechenlands und die Rolle, die AI in diesem Zusammenhang spielte, siehe S. 61ff.) Am 3. Mai 1974 ratifizierte Frankreich das Abkommen. Im Juli 1974 kehrte Griechenland nach siebenjähriger Unterbrechung zur Demokratie und in den *Europarat* zurück. Am 28. November 1974 ratifizierte es die Konvention erneut. Am selben Tag trat auch die Schweiz als achtzehntes und damit vorerst letztes Mitglied des *Europarates* dem Vertragswerk bei.

Die europäische Menschenrechtskonvention ist in fünf Abschnitte gegliedert. Abschnitt I garantiert Grundrechte des Menschen, wie das Recht auf Leben, auf Freiheit und Sicherheit der Person, auf Achtung des Privat- und Familienlebens, auf Gedanken-, Gewissens- und Religionsfreiheit und auf freie

Meinungsäußerung. Er verbietet außerdem Folter, unmenschliche Strafe und Sklaverei. Abschnitt II verkündet die Errichtung einer *Europäischen Kommission für Menschenrechte* und eines *Europäischen Gerichtshofes für Menschenrechte.* Die Menschenrechtskommission, in der jeder Signatarstaat der Konvention durch je einen Abgesandten vertreten ist, nimmt sowohl Beschwerden von Staaten (seit 1953) wie auch von Einzelpersonen (seit 1955) entgegen. Zuerst entscheidet sie über die Zulässigkeit einer Beschwerde. Fällt diese Entscheidung positiv aus, stellt sie den vollständigen Sachverhalt fest und versucht, eine gütliche Regelung zwischen den Parteien herbeizuführen. Gelingt dies nicht, übermittelt sie dem *Ministerkomitee,* einem Organ des *Europarates,* einen Bericht. Innerhalb einer Frist von drei Monaten kann der Fall danach entweder von der Kommission oder von einem der betroffenen Staaten vor den Gerichtshof gebracht werden, der durch Mehrheitsbeschluß endgültige Urteile fällt, die für die streitenden Parteien verbindlich sind. Gelangt eine Beschwerde nicht vor den Gerichtshof, entscheidet das *Ministerkomitee*, dem auch die Aufgabe zukommt, den Vollzug einer Entscheidung des Gerichtshofes zu überwachen. Bis September 1974 registrierte die Kommission über 6 400 Einzel- und elf Staatenbeschwerden. 132 Beschwerden wurden für zulässig erklärt, 15 Fälle gelangten vor den Gerichtshof.[62] Die Abschnitte III, IV und V der europäischen Menschenrechtskonvention regeln das Vorgehen der Kommission und des Gerichtshofes und andere Verfahrensfragen.

Seit 1964 besitzt AI beratenden Status beim *Europarat,* wo sie schwerpunktmäßig drei Aufgaben verfolgt: die Anerkennung der Kriegsdienstverweigerung als Bestandteil der Menschenrechte, die Abschaffung der Todesstrafe und die Aufstellung eines ethischen Verhaltenskodex für Polizeibeamte. Die Vorbereitungen für die Schaffung eines solchen Kodex sind verhältnismäßig weit gediehen. Im Juni 1975 trafen sich Polizeibeamte aus acht europäischen Ländern im Friedenspalast in Den Haag zu einem Seminar, das von AI veranstaltet wurde. Sie erklärten in einem Kommunique: *Angesichts der ernsten Probleme bei der Durchsetzung der internationalen Regeln, die Folter und andere unmenschliche oder entwürdigende Behandlung verbieten, unterstützen die Teilnehmer die Schaffung eines internationalen Kodex polizeilicher Ethik.* Der Kodex soll unter anderem folgende Bestimmungen enthalten: Sofortige Exekutionen, Folter und andere Grausamkeiten sollen in Friedens- und Kriegszeiten strikt verboten sein. Alle Vorgesetzten haften persönlich für Folterungen, die unter ihrem Kommando begangen werden. Alle vom Kodex erfaßten Personen – auch Angehörige von Geheimdiensten, militärischen Einheiten und Milizen – haben das Recht, ja sogar die Pflicht, die Ausführung von Befehlen zu verweigern, die eine Mißachtung von Menschenrechten zur Folge haben.[63]

Die Liste der in der nachfolgenden Übersicht aufgeführten Länder ist kurz. In einer Reihe von westeuropäischen Staaten, wie etwa in Island, Irland,

Luxemburg, Österreich und Finnland, wo es nach Kenntnis von AI keine politischen Gefangenen gibt, hat die Organisation bisher keinen Grund zur Intervention gehabt. In Frankreich, Italien, der Schweiz und der Bundesrepublik Deutschland hat AI zwar jeweils eine kleine Anzahl von Häftlingen adoptiert, jedoch handelt es sich dabei fast ausschließlich um Kriegsdienstverweigerer. Der Schwerpunkt der Amnesty-Arbeit in Europa liegt auf einem Staat außerhalb des *Europarates*: auf Spanien. Innerhalb des *Europarates* konzentriert sich das Interesse der Organisation auf die Türkei und Nordirland.

Erklärung wichtiger, in der Übersicht verwendeter Abkürzungen

A	Adoptionsfall
AR	*Annual Report*, Jahresbericht von AI
BüdF	*Bericht über die Folter*
D	Doppeladoption
E	Ermittlungsfall
ECHR	*European Commission of Human Rights (Europäische Kommission für Menschenrechte)*
ECOSOC	*Economic and Social Council (Wirtschafts- und Sozialrat* der *Vereinten Nationen)*
G	Gesamtzahl der Ermittlungs- und Adoptionsfälle (Aufschlüsselung mangels Informationen nicht möglich)
GA	Gruppenadoption
GS	Generalsekretär (verwendet im Zusammenhang mit dem Generalsekretär von AI, Martin Ennals)
IACHR	*Inter-American Commission of Human Rights (Interamerikanische Kommission für Menschenrechte)*
ICJ	*International Commission of Jurists (Internationale Juristenkommission)*
IEK	Internationales Exekutivkomitee von AI
ILO	*International Labour Organization (Internationale Arbeitsorganisation)*
KDV	Kriegsdienstverweigerer
M	Mehrfachadoption
MP	Ministerpräsident
MR	Menschenrechte, Menschenrechts-
NS	Nationale Sektion von AI
OAS	*Organization of American States (Organisation der amerikanischen Staaten)*
OAU	*Organization of Africa Unity (Organisation für die Einheit Afrikas)*
R	Researcher
RA	Rechtsanwalt
→	bedeutet: Folge, Wirkung
←	bedeutet: Rückwirkung

Land	Bedeutsame innenpolitische Ereignisse	Entwicklung hinsichtlich der Menschenrechte	Aktivitäten von Amnesty International	Ermittlungs- u. Adoptionsfälle
Griechenland (vgl. auch S. 61ff.)	1974: Militärs übergeben Zivilisten Regierungsgewalt →	MP Karamanlis verordnet die Freilassung aller pol.Gef. (ca.350) →	Ermittlung und Gefangenenbetreuung konzentrieren sich seither fast ausschließlich auf wegen Kriegsdienstverweigerung inhaftierte Zeugen Jehovas	96 G (Mai 1975)
		1975: Prozesse gegen führende Mitglieder der ehem. Militärjunta wegen Hochverrat und gegen Offiziere und Mannschaften der Militärpolizei wegen Folterungen		
Großbritannien		Sept. 1973: Pat Arrowsmith, AI-Mitarbeiterin im IS, wegen Aufhetzung zur Desertion verhaftet (sie hatte vor einer Armeekaserne Flugblätter gegen den Einsatz brit. Soldaten in Nordirland verteilt) Mai 1974: Pat Arrowsmith zu 18 Monaten Gefängnis verurteilt →	AI adoptiert Pat Arrowsmith (einziger Adoptionsfall im Jahr 1974)	
		Dez. 1974: Pat Arrowsmith vorzeitig aus der Haft entlassen	←	

Nordirland	Aug. 1971: Verschlimmerung der ohnehin bürgerkriegsähnlichen Zustände veranlaßt nordir. Regierung zur Wiedereinführung der Internierung ohne Gerichtsverfahren nach dem Zivilverwaltungsgesetz für Nordirland von 1922 →			19 E 5 A (Dez. 1974)
		342 Personen am Tag der Bekanntgabe verhaftet: Eine Woche später berichten ir. Zeitungen über Mißhandlungen seitens brit. Soldaten während der Vernehmung Verdächtiger; brit. Innenminister beruft Untersuchungskommission unter Vorsitz von Sir Compton zur Prüfung der Foltervorwürfe ein	Okt. 1971: AI beschließt, eigene internationale Untersuchungskommission einzusetzen	
		Nov. 1971: Compton-Kommission legt Untersuchungsbericht vor, in dem physische Mißhandlungen festgestellt, aber nicht als Folter ausgelegt werden →	AI tadelt Bericht wegen Wortklauberei	
		neue Untersuchungskommission unter Vorsitz von Lord Parker zur Überprüfung der Verhörmethoden der brit. Streitkräfte in Nordirland ernannt		
		Dez. 1971: Irland erhebt gegen Großbritannien Beschwerde vor der ECHR wegen Verletzung des Art. 3 (Folterverbot) der europ. MR-Konvention	Dez. 1971: AI entsendet dreiköpfige Untersuchungskommission, die von den Behörden keinerlei Unterstützung bekommt	

Land	Bedeutsame innenpolitische Ereignisse	Entwicklung hinsichtlich der Menschenrechte	Aktivitäten von Amnesty International	Ermittlungs- und Adoptionsfälle
noch Nordirland		März 1972: Parker-Kommission legt zweigeteilten Untersuchungsbericht vor: Mehrheitsbericht rechtfertigt einige Verhörmethoden als Maßnahmen zur staatlichen Selbstverteidigung; Minderheitsbericht von Lord Gardiner verurteilt Verhörmethoden als *ungesetzlich, moralisch nicht zu rechtfertigen und den Traditionen der größten Demokratie der Welt zuwiderlaufend;* brit. Regierung schließt sich dem Minderheitsbericht an	März 1972: AI veröffentlicht Untersuchungsbericht, in dem Mißhandlungen als Verstöße gegen die europ. MR-Konvention gewertet werden	
	1972: nordir. Parlament beurlaubt; brit. Regierung übernimmt alleinige Regierungsgewalt in Nordirland →	Nordirlandminister Whitelaw ordnet Freilassung von 337 Internierten und Häftlingen an		
		1973: brit. Regierung verkündet Notstandsgesetze, die unbeschränkte Haft und Aburteilung durch Sondergerichte für Personen vorsehen, die terroristischer Aktivitäten verdächtig sind		

			Okt. 1974: AI entsendet holl. Juristen Alfred Heijder zur Untersuchung der Anwendung der Notstandsgesetzes nach Belfast; Heijder fordert nach seiner Rückkehr u.a. Abschaffung der Haft ohne vorangegangenen Prozeß und Verbesserung der Haftbedingungen	
Portugal	Apr. 1974: Streitkräfte stürzen Regierung Caetano →	Freilassung aller pol. Gef., dafür Inhaftierung von ca. 1000 Beamten der ehem.pol. Polizei P.I.D.E., denen Folter u.a. Vergehen vorgeworfen werden		keine Adoptionen
	1974/75: Spannungen zwischen Gruppen der Rechten und der Linken nehmen zu März 1975: Putschversuch konservativer Offiziere unter Führung Gen. Spinolas gescheitert →	Anhänger Spinolas inhaftiert; später auch Inhaftierung von ca. 200 Mitgliedern der verbotenen maoistischen Partei		
			Juni 1975: AI-Delegation zu Gesprächen mit Staatschef Gomes und Mitgliedern der Regierung nach Lissabon	

Land	Bedeutsame innenpolitische Ereignisse	Entwicklung hinsichtlich der Menschenrechte	Aktivitäten von Amnesty International	Ermittlungs- und Adoptionsfälle
Spanien			Nov. 1971: IEK-Vors. MacBride erörtert mit span. Justizminister zentrale Anliegen von AI: Folterung von Häftlingen auf Polizeistationen während des Verhörs, schlechte Haftbedingungen, ungleiche Behandlung von pol.Gef., Bestehen von Sondergerichtshöfen und Militärgerichten, Fehlen einer Gesetzgebung für KDVs aus Gewissensgründen; aufgrund dieser u.a. Verhandlungen können Mitglieder von Adoptionsgruppen die von ihnen betreuten pol. Gef. besuchen Aug. 1973: AI veröffentlich Bericht über *Politische Haft in Spanien* in engl. und span. Sprache	Schwerpunktland 75 E 288 A 2 D (Dez. 1974)
	Dez. 1973: MP Carrero Blanco fällt Bombenanschlag zum Opfer Jan. 1974: Arrias Navarro neuer MP			
		Regierungswechsel weckt Hoffnungen auf Liberalisierung, sie erfüllen sich nicht; im Gegenteil: *Die Zahl der beantragten Todesurteile ist gestiegen... Die Hinweise auf Mißhandlungen sind zahlreicher geworden,*		

	und AI ist besorgt, weil vielen Gefangenen der Rechtsbeistand verweigert wird und Kriegsdienstverweigerung immer noch als Verbrechen gilt. (AR 1974/75)	
Apr. 1975: blutige Unruhen führen vorübergehend zur Verhängung des Ausnahmezustandes im Baskenland Aug. 1975: Anti-Terror-Gesetz erlassen →		
	Sept. 1975: elf Angehörige span. Untergrundbewegungen, die wegen Polizistenmord angeklagt sind, zum Tode verurteilt; trotz weltweiter Proteste werden fünf der Verurteilten auch hingerichtet	AI-Prozeßbeobachter vorübergehend festgenommen und ausgewiesen
Nov. 1975: Staatschef Franco stirbt; Juan Carlos König von Spanien →	Juan Carlos verkündet Amnestie für pol. Gef. und weckt neue Hoffnungen auf Liberalisierung	

Land	Bedeutsame innenpolitische Ereignisse	Entwicklung hinsichtlich der Menschenrechte	Aktivitäten von Amnesty International	Ermittlungs- und Adoptionsfälle
Türkei	1971: Verhängung des Kriegsrechts in einzelnen Landesteilen →			4 A (Mai 1975)
		1972: Militärgerichte verurteilen 893 Personen wegen Friedensstörung, Terrorismus u.ä. Vergehen zu Haftstrafen; 138 Organisationen werden verboten; AI erhält Hinweise auf Anwendung der Folter →		
			Nov. 1972: AI entsendet dreiköpfige Delegation, deren Ermittlungen trotz Behinderungen Foltervorwürfe bestätigen; MP Ferit Melen bezichtigt AI im Parlament der Lüge ←	
		Dez. 1972: türk. Außenminister leugnet vor dem *Europarat* Anwendung der Folter		
			1973: AI drängt auf unabhängige Untersuchung der Foltervorwürfe; *Europarat* und EWG sollen diese Forderung unterstützen Juli 1973: IEK-Vors. MacBride fordert Abschaffung der Todesstrafe Aug. 1973: AI startet Kampagne zur Unterstützung eines Amnestieappells für pol.Gef. ←	
		Nov. 1973: MP Naim Talu verkündet Bildung eines Untersuchungsausschusses zur Prüfung von Folteranschuldigungen →		

Jan. 1974: Bildung einer Koalitionsregierung unter MP Ecevit

Mai 1974: Amnestie für 46000 Strafgefangene, aber mehr als 1000 pol.Gef. bleiben in Haft

Juli 1974: Verfassungsgericht verfügt Freilassung aller pol. Gef.

danach: neue Inhaftierungen, Zahl jedoch unbekannt; weiterhin, wenn auch seltener, Hinweise auf Mißhandlungen und Folter

Jan. 1974: AI lehnt Untersuchungsergebnisse des Ausschusses, die auf eine Entlastung aller der Folter verdächtigen Behörden hinauslaufen, ab, da der Untersuchungsausschuß aus Angehörigen eben dieser Behörden bestehe

2.6.3. Osteuropa

Amnesty-Arbeit in Osteuropa ist in erster Linie Gefangenenarbeit. Folter ist seit der Entstalinisierung weitgehend abgeschafft. Hinweise auf Mißhandlungen erhielt AI gelegentlich aus der DDR, aber eine systematische Folter scheint es dort nicht zu geben. Die einzige wirkliche Ausnahme ist offenbar die UdSSR, wo man mit psychiatrischer Zwangsbehandlung für politische Oppositionelle, die man im Zuge einer entsprechenden „Therapie" häufig der Wirkung von Drogen aussetzt, eine subtile Form der Folter entwickelt hat.

Ermittlungen über politische Gefangenschaft in Osteuropa erfordern viel Geduld und Fingerspitzengefühl. Das größte Problem besteht in der Beschaffung hieb- und stichfester Informationen. Nachrichten aus erster Hand, mündliche und schriftliche Botschaften von Gefangenen oder deren Familienangehörigen, Freunden und Bekannten gelangen oft nur auf Schleichwegen und mit erheblicher zeitlicher Verzögerung durch den Eisernen Vorhang. Aber diese Mitteilungen sind, obwohl sie alle sorgfältig ausgewertet werden, als Beweismittel nur bedingt brauchbar, da die zuständigen Researcher im Internationalen Sekretariat oft nicht imstande sind, die Glaubwürdigkeit des Absenders zu überprüfen.

Die wichtigste Informationsquelle über politische Gefangenschaft in der Sowjetunion sind die *Samisdat*-Veröffentlichungen (*Samisdat* bedeutet *Selbstverlag*), unter denen die *Chronik der laufenden Ereignisse* (englischer Titel: *A Chronicle of Current Events*) eine Sonderstellung einnimmt. Die *Chronik der laufenden Ereignisse*, eine anonym herausgegebene Zeitschrift der sowjetischen *Bewegung zur Verteidigung der Menschenrechte* berichtet über das Schicksal sowjetischer Dissidenten, über ihre Verhaftungen, Verhöre, Prozesse und Zwangsaufenthalte in Arbeitslagern und psychiatrischen Kliniken. Die erste Nummer erschien 1968. Beginnend mit Nummer 16 veröffentlichte AI vom Februar 1971 an eine englischsprachige Ausgabe auf Subskriptionsbasis. AI entschloß sich zu diesem außerordentlichen Schritt, nachdem sie drei Jahre lang das Erscheinen der *Chronik der laufenden Ereignisse* verfolgt und deren Inhalt auf Zuverlässigkeit und Glaubwürdigkeit hin geprüft hatte. Das Ergebnis dieser Untersuchung war die Feststellung, daß es keine offenkundige Falschmeldung gegeben hatte.[64] Auch die sowjetischen Behörden haben die Authentizität des Materials nie ausdrücklich bezweifelt.[65] Im Herbst 1972 mußte die *Chronik der laufenden Ereignisse* vorübergehend ihr Erscheinen einstellen, da es dem sowjetischen Geheimdienst KGB gelungen war, die Verbreitung der Zeitschrift zu unterbinden. Erst im Frühjahr 1974 gab es eine Fortsetzung. Im Mai 1975 veröffentlichte AI dann die Nummern 28 bis 31, wobei sie allerdings Wert auf den Hinweis legt, daß es sich bei der *Chronik der laufenden Ereignisse* nicht um offizielles AI-Material handelt, und die Organisation keine Verantwortung für die

Richtigkeit des Inhalts übernimmt.[66] Viele Informationen aus der *Chronik der laufenden Ereignisse* haben in den UdSSR-Report Eingang gefunden, den AI im November 1975 unter dem Titel *Prisoners of Conscience in the USSR: Their Treatment and Conditions* (deutscher Titel: *Politische Gefangene in der UdSSR: ihre Behandlung und ihre Haftbedingungen*) gleichzeitig in englischer, deutscher und holländischer Sprache herausgab. Ausgaben in schwedischer und französischer Sprache folgten. In diesem umfassenden Bericht behauptet die Organisation, daß es in der Sowjetunion wenigstens 10 000 Gefangene gebe, die aus politischen und religiösen Gründen eingesperrt worden seien. Man habe sie eindeutig wegen *politischer Vergehen* verurteilt, die aber in der Sowjetunion als kriminelle Straftaten gelten, beispielsweise wegen antisowjetischer Agitation und Propaganda, Verleumdung des Sowjetstaates, Verletzung von Gesetzen zur Trennung von Kirche und Staat und von Staat und Schule. Die entsprechenden Bestimmungen des sowjetischen Strafrechts ermöglichen es den Behörden, Bürger zu inhaftieren, die an politischen Demonstrationen teilgenommen, Kinder und Jugendliche in religiösen Fragen unterrichtet oder versucht haben, ohne Genehmigung das Land zu verlassen. Nach internationalen Rechtsnormen, so erklärt der Report, dessen Fertigstellung nach Auskunft des zuständigen Researchers rund 13 Monate in Anspruch genommen hat, seien alle diese sogenannten Verbrechen nicht strafbar. AI befürworte deshalb eine Strafrechtsreform in der UdSSR, der eine öffentliche Diskussion über das bestehende Rechtssystem vorangehen solle.

Neben der Sowjetunion ist Jugoslawien, wo dank der offenen Grenzen Ermittlungen nicht besonders schwierig sind, Schwerpunktland der Amnesty-Arbeit. Über andere osteuropäische Staaten – besonders über Rumänien, Bulgarien und die Tschechoslowakei – weiß AI wenig. Ein Extremfall schwieriger Informationsbeschaffung ist Albanien. Hier tappen die Researcher völlig im Dunkeln. Versuche, mit den albanischen Behörden Kontakt aufzunehmen, sind bisher gescheitert. Adoptionen gibt es nicht. Die Zahl der politischen Gefangenen ist unbekannt.

Die Betreuung von Gewissensgefangenen in den Ostblockstaaten erfreut sich bei den Adoptionsgruppen keiner übermäßig großen Beliebtheit, da die dortigen Behörden meist jede Empfindlichkeit im Umgang mit AI vermissen lassen. Selten reagierten sie auf einen Appell, oft stellten sie sich ganz einfach taub. Diese Erfahrung veranlaßte AI dazu, den Druck zu verstärken. Im Bereich der Gefangenenarbeit geschieht dies auch durch Doppel- und Mehrfachadoptionen, deren Zahl, wie die folgende Übersicht zeigt, in Osteuropa höher liegt als in anderen Teilen der Welt.

Land	Bedeutsame innenpolitische Ereignisse	Entwicklung hinsichtlich der Menschenrechte	Aktivitäten von Amnesty International	Ermittlungs- und Adoptionsfälle
Bulgarien		AI: *Verbannung oder zwangsweise Umsiedlung in Umschulungs- und Arbeitskommunen ist in Bulgarien noch immer weit verbreitet.* (AR 1974/75)		12 G (Mai 1975)
CSSR	Aug. 1968: Einmarsch von Truppen des Warschauer Paktes beendet *Prager Frühling* 1969: Anhänger des Reformkurses unter Alexander Dubcek werden aus ihren Parteiämtern entfernt	Oppositionelle werden *vor allem dadurch unterdrückt, daß sie zu körperlicher Arbeit gezwungen werden. Viele von ihnen haben kein Einkommen. . .* (AR 1971/72) 1972: Serie von pol. Prozessen gegen Personen, denen Subversion vorgeworfen wird 1974: AI schätzt Zahl der pol. Gef. auf 200–300, wobei die Haftbedingungen besorgniserregend sind.		3 E 2 A 14 D 1 M (Dez. 1974)

DDR		1975: AI schätzt Zahl der pol. Gef. (haupts. Personen, die wegen versuchter Republikflucht verurteilt worden sind) auf 6000		17 E 31 A 83 D (Dez. 1974)
Jugoslawien	Nov. 1971: Studentenunruhen in Zagreb aus Protest gegen wirtschaftl. Benachteiligung Kroatiens führt zu nat. Erhebungen auch in Serbien und unter den alban. und ungar. Minderheiten →	Parteiausschlüsse und Verhaftungen in ganz Jugoslawien 1973: Berichte sprechen von 1 849 Personen, die wegen „Verbrechen gegen Staat und Nation" angeklagt, und 672 Personen, die auch verurteilt wurden → 1975: *Seit 1974 ist die Zahl der Bestrafungen von Dissidenten verschiedener Richtungen merklich gestiegen . . . Die Bemühungen um die Wiederherstellung politischer und ideologischer Disziplin ist in allen Lebensbereichen deutlich geworden.* (AR 1974/75)	AI entsendet wiederholt Prozeßbeobachter	14 E 3 A 26 D 8 M (Dez. 1974)

Land	Bedeutsame innenpolitische Ereignisse	Entwicklung hinsichtlich der Menschenrechte	Aktivitäten von Amnesty International	Ermittlungs- und Adoptionsfälle
Polen		AI: . . . *unter der Führung von Edward Gierek hat Polen offenbar die niedrigste Zahl von politischen Gefangenen in Osteuropa* . . . (AR 1973/74)		3 E (Dez. 1974)
Rumänien			*Die meisten Amnesty-Fälle in Rumänien sind Angehörige der deutschen Minderheit, die wegen des Versuchs, das Land illegal zu verlassen, verurteilt worden waren, nachdem die Behörden ihnen die Auswanderungspapiere verweigert hatten.* (AR 1974/75)	9 G (Mai 1975
UdSSR		Allgemein: AI schätzt Zahl der pol. Gef. auf 10 000; die meisten pol. Gef. befinden sich in Arbeitslagern, einige – haupts. Intellektuelle – auch in psychiatr. Kliniken; Hauptgründe für Inhaftierung: Ausübung der Religion, Einsatz für Wahrung der Menschenrechte, nationalistische Aktivitäten, illegale Versuche, das Land zu verlassen AI: *Zahlreiche Berichte deuten darauf hin, daß sich die Bedingungen in den Gefängnissen und*		Schwerpunktland 17 E 23 A 238 D 63 M (Dez. 1974)

	Strafkolonien besonders für politische Gefangene in den vergangenen fünf Jahren erheblich verschärft haben. Die Disziplin ist strenger geworden und die Bestrafung willkürlicher . . . Das Leben der sowjetischen Gefangenen ist gekennzeichnet durch chronische Unterernährung, mangelnde medizinische Versorgung und Überanstrengung. (AR 1974/75) 1974/75: Mitglieder der Moskauer AI-Gruppe inhaftiert (Einzelheiten s.S. 278)→	Sept. 1974: IEK erkennt sowjetische AI-Gruppe an weltweite Proteste erfolglos Nov. 1975: Breites Echo in der Öffentlichkeit für AI-Report über *Politische Gefangene in der UdSSR: ihre Behandlung und ihre Haftbedingungen;* Verband der sowjetischen Rechtsanwälte bezeichnet den Bericht *als vulgäre Verfälschung und Verunglimpfung der sowjetischen Wirklichkeit und der sozialistischen Gesetzgebung*	
Ungarn	Apr. 1975: Regierung sichert Westflüchtlingen, die nach Ungarn zurückkehren wollen, Straffreiheit zu; Amnestie gilt nicht für pol. Gef.		4 E 1 D (Dez. 1974)

2.6.4. Afrika

Die Arbeit in Afrika ist für AI nicht einfach. Die Hauptprobleme sind die politische und kulturelle Vielfalt Afrikas und die Beschaffung von Informationen.

Es gibt in Afrika über 40 souveräne Staaten: ehemalige britische, französische und portugisische Kolonien, Staaten mit sozialistischer und Staaten mit kapitalistischer Wirtschaftsordnung, in manchen ist der Islam, in anderen das Christentum vorherrschende Religion, im Süden existieren noch Länder, die von einer weißen Minderheit regiert werden, im Norden gehören einige dem arabischen Block an. Trotz aller Bemühungen ist es dem kleinen Mitarbeiterstab der Afrika-Abteilung im Internationalen Sekretariat unmöglich, dieser komplizierten Situation gerecht zu werden: *Wir bräuchten zehn Researcher für Afrika,*[67] heißt es. Aber es gibt nur deren drei. Erschwerend kommt hinzu, daß AI gerade aus jenen Ländern, in denen es um die Menschenrechte schlecht bestellt ist, kaum zuverlässige Informationen erhält. Wer etwas weiß, schweigt lieber – aus Angst um die eigene Freiheit, das eigene Leben.

Hinderlich wirkt sich manchmal auch die Tatsache aus, daß AI, was Entstehung und Mitgliedschaft anbelangt, eine weitgehend europäische Organisation ist. AI muß daher sehr vorsichtig sein, um nicht in den Verdacht zu geraten, unter dem Deckmantel der Menschenrechte neokolonialistische Ideen verbreiten zu wollen: *Wir müssen den Afrikanern klarmachen, daß die Allgemeine Erklärung der Menschenrechte tatsächlich universal ist und nicht Ausdruck europäischen Hegemonialstrebens ist.*[68]

In den Jahren 1970-1975 ist AI ihren Jahresberichten zufolge in annähernd 40 afrikanischen Staaten tätig geworden. Aber diese Zahl darf nicht darüber hinwegtäuschen, daß AI wegen der geschilderten Schwierigkeiten in vielen dieser Länder nur die Rolle einer Beobachterin spielt, deren Aktivitäten über einen gelegentlichen Brief, in dem der Generalsekretär namens der Organisation Beunruhigung oder Besorgnis über tatsächliche oder vermutete Menschenrechtsverletzungen äußert, über ein Protesttelegramm nach der Verhängung eines Todesurteils oder über die Erstellung von Fallberichten für die Adoptionsgruppen selten hinausgeht.

Immerhin beschäftigte sich die Afrika-Abteilung im Mai 1975 mit über 860 Adoptions- und Ermittlungsfällen. Damit ist sicher nur ein Bruchteil aller politischen Gefangenen in diesem Erdteil erfaßt. Die traditionelle Amnesty-Technik der Einzelfallbetreuung hat jedoch in vielen afrikanischen Ländern versagt. AI beabsichtigt daher, verstärkt breitangelegte Kampagnen durchzuführen, deren Ziel es ist, die Amnestierung aller politischen Häftlinge in dem betreffenden Land zu erreichen. Eine erste Kampagne dieser Art begann im November 1974 und konzentrierte sich auf die fünf westafrikanischen Staaten Mali, Gabun, Elfenbeinkünste, Kamerun und Tschad. Jedes dieser Länder stand jeweils einen Monat lang im Mittelpunkt der AI-Öffentlichkeitsarbeit, die durch entsprechende Postkartenaktionen noch unterstützt wurde. Der Erfolg der Kampagne war im großen und ganzen befriedigend. In Mali, Kamerun und Gabun wurden tatsächlich Häftlinge freigelassen. Im Tschad gab es nach einem Regierungsumsturz eine Generalamnestie, wofür AI freilich kein Verdienst beanspruchen kann.

Mehr als ein Drittel aller adoptierten Häftlinge befindet sich in Rhodesien und Südafrika, den beiden wichtigsten Schwerpunktländern der Amnesty-Arbeit in Afrika. Dorthin fließt auch ein Großteil der Unterstützungsgelder, die AI an in Not geratene Familien politisch Verfolgter verteilt.

1972 erhielt AI beobachtenden Status beim *Koordinierungsausschuß des Büros für die Unterbringung und Ausbildung afrikanischer Flüchtlinge* (BPAER) der *Organisation für die Einheit Afrikas* (OAU). Die OAU, 1963 in Addis Abeba gegründet, ist ein Zusammenschluß der unabhängigen afrikanischen Staaten mit dem Ziel einer engeren wirtschaftlichen Kooperation. Die Beziehungen von AI zu dieser Organisation stecken noch in den Anfängen. Im Februar 1975 nahmen der stellvertretende Generalsekretär Ehrenstrale und der Leiter der Afrika-Abteilung, John Humphreys, an der sechsten ordentlichen Sitzung des BPEAR teil. Kontaktgespräche am Rande der Tagung waren für AI *ein erster Schritt zu einer verstärkten Zusammenarbeit bei zukünftigen Entscheidungen über Menschenrechtsfragen in Afrika.*[69] Ein größeres Mitspracherecht erhofft sich AI insbesondere hinsichtlich der politischen Flüchtlinge, deren rechtliche Unsicherheit ihr immer wieder Sorgen bereitet. Folter ist in Afrika weitverbreitet: *Die Bereitschaft afrikanischer Regierungen, zur Folter zu greifen, und die weite Verbreitung so ausgeklügelter Methoden wie des Elektroschocks sind ein Zeichen dafür, daß es gegenwärtig wenige afrikanische Staaten gibt, seien sie „unabhängig" oder von ethnischen Minderheiten oder Kolonialmächten regiert, wo in den letzten zehn Jahren keine Folterungen politisch Andersdenkender sowie rassisch oder religiös unterdrückter Gruppen stattgefunden haben. Und wenige Regierungen sind, wenn überhaupt, bereit, solche Praktiken zu untersuchen.*[70] Besorgt äußerte sich AI 1975 auch über *die zunehmende Anwendung der Todesstrafe.*[71]

Land	Bedeutsame innenpolitische Ereignisse	Entwicklung hinsichtlich der Menschenrechte	Aktivitäten von Amnesty International	Ermittlungs- und Adoptionsfälle
Äquatorial-Guinea		1974/75: AI erhält Berichte über Todesfälle von pol. Gef. und Gegnern der Regierung Nguema; Exil-Äquatorianer veröffentlichen Liste von 319 Personen, die seit Erlangung der Unabhängigkeit 1968 hingerichtet worden sein sollen →		keine Adoptionen (Mai 1975
			Feb. 1975: AI fordert Präs. Nguema auf, Grausamkeiten gegenüber pol. Gef. einzustellen	
Äthiopien	Feb. 1974: Streitkräfte stürzen die Regierung →			keine Adoptionen (Mai 1975)
		180 Angehörige und Anhänger der gestürzten Regierung und der kaiserlichen Familie inhaftiert		
	Sept. 1974: Kaiser Hailé Selassié abgesetzt Nov. 1974: Machtkampf unter den herrschenden Militärs →			
		60 hohe Beamte und Offiziere hingerichtet →		
			AI fordert Einstellung der Hinrichtungen Jan. 1975: Stellv. GS Ehrenstrale und R Humphreys zu offiz. Gesprächen mit Vertretern der Militärregierung und als Prozeßbeobachter in Addis Abeba	

	Feb. 1975: innenpol. Lage verschärft sich durch Aufstände in der Provinz Eritrea			
Botswana		pol. Flüchtlingen aus Südafrika und Rhodesien droht Repatriierung →	1974/75: AI verhandelt mit Regierung und *UN-Hochkommissar für Flüchtlinge* über Status der pol. Flüchtlinge und arbeitet an einem Projekt zur Bereitstellung von Unterstützungsgeldern	keine Adoptionen (Mai 1975)
Burundi		1971/72: pol. Prozesse gegen 30 Oppositionelle wegen Verschwörung; neun Todesurteile werden auf internat. Druck hin in Haftstrafen umgewandelt		5 A (Dez. 1974)
	1972/73: Stammesfehden zwischen den herrschenden Watussi und den Wahutu, die 85 % der Bevölkerung stellen →	Angehörige des Wahutu-Stammes gefoltert und ermordet →	AI fordert Beendigung der Massaker	
		AI: *Folter als Mittel ethnischer Unterdrückung findet verbreitet Anwendung.* (BüdF)		

Land	Bedeutsame innenpolitische Ereignisse	Entwicklung hinsichtlich der Menschenrechte	Aktivitäten von Amnesty International	Ermittlungs- und Adoptionsfälle
noch Burundi		1975: AI erhält Hinweise, daß möglicherweise alle pol. Gef. freigelassen worden sind		
Elfenbeinküste	1970: Unruhen im Distrikt Gagnoa →	300 Personen inhaftiert; Regierung leugnet gegenüber AI Existenz der Gefangenen		15 A (Dez. 1974)
			Mai 1973: GS Ennals bespricht Lage der pol. Gef. mit Vertretern der Regierung, die baldigen Prozeß bzw. Freilassung versprechen	
		Dez. 1973: Amnestie für 100 pol. Gef.	←	
		Aug. 1974: Prozeß gegen die in Haft verbliebenen Gefangenen von 1970; 55 Frei-, 85 Schuldsprüche und Gefängnisurteile	AI entsendet frz. RA Marie-Claire Picard als Prozeßbeobachterin	
			März 1975: Generalamnestie für pol. Gef. im Mittelpunkt der Westafrika-Kampagne	
Gabun		1972: zahlreiche Intellektuelle wegen subversiver Tätigkeit inhaftiert		9 E (1974/75)
			Mai 1973: Ermittlungsreise	
			Feb. 1975: Generalamnestie für pol. Gef. im Mittelpunkt der Westafrika-Kampagne	

		Juni 1975: Amnestie für 300 pol. Gef.	←	
Guinea		1970: AI vermutet mehrere hundert pol. Gef. 1971: pol. Prozesse, bei denen ca. 100 pol. Gef. zu Haftstrafen verurteilt werden	1971/75: Anfragen und Appelle an Präs. Sekou Touré bleiben unbeantwortet 1975: AI *immer noch sehr besorgt über die anscheinend große Anzahl von Gefangenen;* gespannte innenpol. Situation und Mangel an Informationen verhindern wirkungsvolle Gefangenenarbeit	2 E (Mai 1975)
Ghana	Jan. 1972: Militärputsch →	1 300 Anhänger der gestürzten Regierung inhaftiert, von denen die meisten jedoch bald wieder freigelassen werden 1972: AI erhält Berichte über Mißhandlungen von pol. Gef. →	Juli 1972: Jeremy Thorpe, Führer der brit. Liberalen, im Auftrag von AI zu Gesprächen mit Regierungsvertretern und pol. Gef. in Akkra	keine Adoptionen (Mai 1975)

Land	Bedeutsame innenpolitische Ereignisse	Entwicklung hinsichtlich der Menschenrechte	Aktivitäten von Amnesty International	Ermittlungs- und Adoptionsfälle
noch Ghana			Mai 1973: GS Ennals ebenfalls zu offiz. Gesprächen in Akkra	
		1973: weitere Freilassungen, aber auch neue Inhaftierungen	←	
Kamerun		Dez. 1970: Schauprozeß gegen mehr als 100 Mitglieder und Anhänger der verbotenen *Union des Populations du Cameroun*; Angeklagte berichten über Folterungen; drei Todesurteile, die auch vollstreckt werden 1972: Meldungen über Folter in der frz. Presse; AI schätzt Zahl der pol. Gef. auf 5 000	1973: Ermittlungsreise Dez. 1974: Generalamnestie für pol. Gef. im Mittelpunkt der Westafrika-Kampagne	6 E 2 A (Dez. 1974)
		Mai 1975: Amnestie für 50 pol. Gef.	←	
Malawi		1973: Zahl der pol. Gef. auf 1 000 geschätzt; AI erhält Berichte über schlechte Haftbedingungen; zu den Opfern pol. Verfolgung zählen bes. Zeugen Johovas →	Ermittlungsreise Apr. 1974: AI drängt auf Generalamnestie, die von Präs. Banda ausdrücklich abgelehnt	2 E 37 A 2 D (Dez. 1974)

		Mai 1974: Amnestie für 40 pol. Gef., aber zahlreiche neue Inhaftierungen Sept. 1974: Präs. Banda bestätigt Meldungen über Hinrichtung pol. Gewalttäter	wird; dennoch: ←	
Mali	Nov. 1968: Militär stürzt Zivilregierung Keita →	zahlreiche Anhänger des gestürzten Präs. werden verhaftet Dez. 1974: Präs. Traoré verkündet die Freilassung aller pol. Gef. im *Jahr der Versöhnung* Juni 1975: Amnestie für 15 pol. Gef.	1971: AI sammelt Material über 40 pol. Gef., die seit dem Militärputsch inhaftiert sind Mai 1973: GS Ennals zu offiz. Gesprächen in Bamako Nov. 1973: AI drängt vergeblich auf Generalamnestie Nov. 1974: Generalamnestie für pol. Gef. im Mittelpunkt der Westafrika-Kampagne ←	2 E 50 A 2 D (Dez. 1974)

Land	Bedeutsame innenpolitische Ereignisse	Entwicklung hinsichtlich der Menschenrechte	Aktivitäten von Amnesty International	Ermittlungs- und Adoptionsfälle
Marokko		Allgemein: zahlreiche willkürliche Inhaftierungen, Haft ohne Prozeß; AI erhält laufend Berichte über Folterungen von pol. Gef.		Schwerpunktland 47 E 49 A 1 D (Dez. 1974)
		1971: Massenprozeß gegen 193 Mitglieder und Anhänger der oppositionellen *Union des Forces Populaires* (UNFP) wegen Subversion in Marrakesch; Todesurteile und langjährige Haftstrafen werden verhängt	1971/73: AI entsendet zu allen Massenprozessen Beobachter (darunter Horst Woesner, Richter am Bundesgerichtshof der BRD)	
	1973: Stadtguerillas verüben Überfälle auf Polizeistationen und öffentl. Gebäude; UNFP verboten →			
		zweiter Massenprozeß gegen weitere Mitglieder und Anhänger der UNFP in Kenitra; Massenprozeß gegen linksgerichtete Studenten und Intellektuelle in Casablanca; wiederum Todesurteile, die auch vollstreckt werden →	AI protestiert vergeblich gegen Todesurteile	

	1975: Oppositionsparteien dürfen zum ersten Mal seit Jahren öffentl. Versammlungen abhalten	1974: Freilassungen, aber auch zahlreiche neue Inhaftierungen Nov. 1974: Philosophieprof. Bekkali in der Haft zu Tode gefoltert AI: *Es gibt einige ermutigende Anzeichen dafür, daß sich die Situation hinsichtlich der Menschenrechte verbessert.* (AR 1974/75)	AI startet Kampagne für eine Generalamnestie anläßlich des Geburtstages von König Hassan II.	
Namibia (ehem. Deutsch-Südwestafrika)	1971: innenpol. Spannungen wachsen, nachdem *die Polizei im Ovamboland im Norden Nambias Unterdrückungsaktionen großen Ausmaßes durchführte* (EüdF) →	Ausweisungen und Inhaftierungen; öffentliches Auspeitschen von Anhängern der *South West African People's Organization* → südafr. Regierung behauptet, Auspeitschungen seien ein Stammesbrauch und keine Folter →	1973/74: AI protestiert gegen öffentliche Auspeitschungen ←	6 E 2 A (Dez. 1974)

Land	Bedeutsame innenpolitische Ereignisse	Entwicklung hinsichtlich der Menschenrechte	Aktivitäten von Amnesty International	Ermittlungs- und Adoptionsfälle
noch Namibia			Aug. 1974: AI legt UN-Generalsekretär Waldheim einen *Bericht über immer wiederkehrende, grobe und glaubwürdig bezeugte Menschenrechtsverletzungen, begangen von der südafrikanischen Regierung an Einwohnern des UN-Treuhandgebietes Namibia vor*	
		1975: Oberster Gerichtshof der Rep. Südafrika verbietet Auspeitschungen	←	
Rhodesien (Zimbabwe)			umfangreiches Hilfsprogramm für die in Not geratenen Familien von pol. Gef. in Zusammenarbeit mit der Hilfsorganisation *Christian Care*	Schwerpunktland 2 E 247 A 4 D
		1973: Regierung Smith gibt an, 183 Personen in Vorbeugehaft zu halten; Zahl der Inhaftierten steigt bis Ende 1973 auf über 300 an; auch die Zahl der Personen, die wegen Mitgliedschaft in einer Befreiungsbewegung hingerichtet werden, nimmt zu Dez. 1974: Reverend Sithole, Führer der Befreiungsbewegung *Zimbabwe African National Union* und 12 weitere Führer		

		der schwarzen Bevölkerung zu pol. Verhandlungen in Sambia aus der Haft entlassen März 1975: Sithole unter dem Vorwand, ein Mordkomplott geplant zu haben, erneut verhaftet →	AI entsendet amerik. RA Clinton Bamberger als Prozeßbeobachter; Bamberger beschreibt Verhandlung gegen Sithole als *Scheinprozeß*	
Sambia	Feb. 1972: Verbot der UPP	Sept. 1971: Inhaftierung von 100 Mitgliedern der oppositionellen *United Progressive Party* (UPP) → 1972/73: die meisten inhaft. UPP-Mitglieder werden wieder auf freien Fuß gesetzt; einige ehem. pol. Gef. erheben Foltervorwürfe, fünf von ihnen verklagen die Regierung erfolgreich auf Schmerzensgeld 1975: AI schätzt Zahl der pol. Gef. auf 100; entspr. Berichte deuten auf fortgesetzte Anwendung der Folter hin Dez. 1975: 96 pol. Gef. freigelassen.	AI leitet Ermittlungen ein 1973/74: AI informiert OAU über 40 inhaft. rhodes. Flüchtlinge, von denen einige im Okt. 1974: freigelassen werden	2 E (Dez. 1974)

Land	Bedeutsame innenpolitische Ereignisse	Entwicklung hinsichtlich der Menschenrechte	Aktivitäten von Amnesty International	Ermittlungs- und Adoptionsfälle
Senegal	1970/71: Unruhen unter Studenten und Gewerkschaftlern →	Studentendemonstrationen werden von der Polizei mit Gewalt aufgelöst; willkürliche Festnahmen		keine Adoptionen (Dez. 1974)
	Feb. 1973: neuerliche Studentenunruhen →	weitere Festnahmen und Inhaftierungen →	März 1973: AI entsendet frz. RA Bernard Tirlocq zu Ermittlungen nach Dakar	
		Apr. 1974: Regierung verkündet Amnestie für pol.Gef. Dez. 1974: neue Inhaftierungen Jan. 1975: insges. 19 Personen in Haft; neun pol.Gef. werden später gegen Kaution freigelassen, die übrigen im Apr. 1975: vor Gericht gestellt und zu Gefängnisstrafen verurteilt; AI *beunruhigt wegen deutlicher Hinweise darauf, daß einige der im Dezember 1974 und Januar 1975 verhafteten Gefangenen während der Verhöre gefoltert worden sind.* (AR 1974/75)		
Somalia	Okt. 1969: Militärputsch →	Mitglieder der gestürzten Regierung inhaftiert → Apr. 1973: Regierung informiert AI über Freilassung von 19 pol. Gef.	AI ermittelt in einigen Fällen	1 E 15 A 1 D (Dez. 1974)

			Okt. 1974: AI adoptiert 13 Lehrer, die wegen illegalen Streiks zu langjährigen Haftstrafen verurteilt worden sind	
		Jan. 1975: Hinrichtung von zehn Personen wegen Untergrabung der Staatsautorität →	AI protestiert unverzüglich bei Präs.Siad Barre gegen die Hinrichtungen	
Sudan	Juli 1971: Umsturzversuch von Angehörigen der Armee und der komm. Partei scheitert →	zahlreiche Sympathisanten der Kommunisten verhaftet: ihre Zahl soll in die Tausende gehen; viele Inhaftierte nach Militärgerichtsverfahren hingerichtet →	1971/72: AI versucht vergeblich, offiz. Kontakte zur Regierung Numeiri aufzunehmen	1 A (Dez. 1974)
		1972: vermutlich noch über 500 pol.Gef., ihre Zahl sinkt aber rasch Mai 1973: Regierung Numeiri gibt bekannt, daß alle pol.Gef. frei sind		
	Juni 1973: Präs. Numeiri verkündet neues Staatssicherheitsgesetz Sept. 1973: Studentendemonstrationen in Khartum →	ca. 400 Personen, haupts. Angehörige verbotener pol. Organisationen, festgenommen →	AI ermittelt in 40 Fällen	

Land	Bedeutsame innenpolitische Ereignisse	Entwicklung hinsichtlich der Menschenrechte	Aktivitäten von Amnesty International	Ermittlungs- und Adoptionsfälle
noch Sudan		März 1974: Amnestie für die meisten pol. Gef.; AI schätzt Zahl der in Haft verbliebenen pol.Gef. auf 100 1974/75: AI erhält Berichte, denenzufolge sich die Haftbedingungen für pol.Gef. verschlechtert haben sollen, außerdem sollen pol.Gef. geschlagen und kahlgeschoren worden sein		
Südafrika		Allgemein: immer wieder willkürliche Festnahmen und Verbannungen; pol.Verfolgung konzentriert sich auf die schwarze Bevölkerung; Folter gilt als administrative Praxis; tägl. soll an 120 Personen die Prügelstrafe vollzogen werden; AI berichtet 1973/74 über sich verschlechternde Haftbedingungen; zahlreiche Hinrichtungen (1972/73: 55); 1974: ca. 600 pol.Gef.	verschiedene Bemühungen von AI, eine Verbesserung der Menschenrechtssituation herbeizuführen; u.a. *unterhält AI ein umfangreiches Unterstützungsprogramm, dessen Geldmittel dem Internationalen Sekretariat von der schwedischen Sektion und von Einzelnen zur Verfügung gestellt werden* (AR 1974/75)	Schwerpunktland 3 E 109 A 2 D (Dez. 1974)
Tunesien	1972: Streiks und Demonstrationen →	Festnahmen von Studenten und Oberschülern 1972/73: pol.Prozesse; Angeklagte erheben Folteranschuldigungen gegen die Polizei →		36 A 2 D (Dez. 1974)

			AI entsendet Prozeßbeobachter, wovon einer – der Vors. der österreichischen Sektion – ausgewiesen wird	
		Nov. 1973: Verhaftungswelle, von der bes. Studenten, Akademiker und Arbeiter betroffen sind Aug. 1974: Massenprozeß gegen 202 pol.Gef. wegen Verschwörung gegen die innere Sicherheit, Gründung einer verbotenen Organisation und Verbreitung falscher Informationen →	AI-Prozeßbeobachter, die frz. RA Monique Desforges, ausgewiesen	
Uganda	Jan. 1971: Präs Obote gestürzt; Gen. Amin übernimmt die Macht →	zahlreiche pol. Gef. freigelassen, jedoch mehrere Hundert weiterhin in Haft →	Feb. 1971: AI sucht Kontakt zur neuen Regierung, R Humphreys reist nach Kampala	keine Adoptionen (Dez. 1974)
		Feb. 1972: erste Berichte über Massenexekutionen unter der Regierung Amin: AI besitzt Namen von 200 „verschwundedenen" Gegnern der Regierung, die vermutlich ermordet worden sind; geflohene Augenzeugen berichten immer wieder von grausamen Folterungen, Verstümmelungen und willkürlichen Exekutionen		

Land	Bedeutsame innenpolitische Ereignisse	Entwicklung hinsichtlich der Menschenrechte	Aktivitäten von Amnesty International	Ermittlungs- und Adoptionsfälle
noch Uganda			Nov. 1972: GS Ennals zu offz. Gesprächen in Kampala	
		1973/74: weitere „politische Morde" an Gegnern Gen. Amins →	Mai 1974: AI veröffentlicht Bericht über *Politische Morde in Uganda*	
		Jan. 1975: internat. Presse berichtet von Massaker, bei dem 600 Menschen getötet worden sein sollen AI: *Uganda . . . afrikanischer Staat, in dem die Menschenrechte am konsequentesten und schwersten verletzt werden* (BüdF)		

2.6.5. *Naher und Mittlerer Osten*

Erst seit 1970 ist die Ermittlungsabteilung personell in der Lage, sich intensiv mit der Situation der Menschenrechte in den arabischen Staaten und in Israel zu beschäftigen. Das größte Problem besteht auch hier darin, zuverlässige Informationen zu erhalten. Der Begriff der Menschenrechte ist in den arabischen Ländern noch ziemlich unbekannt. In manchen fußt die Rechtssprechung hauptsächlich auf dem Koran, *oft in Verbindung mit dem alten lokalen Gewohnheits- oder Stammesrecht . . . Körperstrafen, gewohnheitsmäßige Mißhandlungen und Hinrichtungen gehören zu dieser akzeptierten Praxis, und politische Delikte werden weitgehend noch im Sinne von Stammesfehden gesehen und in traditioneller Weise behandelt.*[72]

Adoptionsgruppen empfinden die Betreuung von Gefangenen im Nahen und Mittleren Osten oft als undankbare Aufgabe, da sie von den Behörden generell keinerlei Antwort auf ihre Anfragen erhalten (Ausnahmen sind Israel und Ägypten). Im Mai 1975 waren in der zuständigen Abteilung im Internationalen Sekretariat 270 Ermittlungs- und Adoptionsfälle registriert, darunter 16 Gruppenadoptionen.

Land	Bedeutsame innenpolitische Ereignisse	Entwicklung hinsichtlich der Menschenrechte	Aktivitäten von Amnesty International	Ermittlungs- und Adoptionsfälle
Ägypten	1972/73: Studentenunruhen →	zahlreiche Festnahmen Apr. 1973: *Le Monde* berichtet über Mißhandlung weiblicher pol.Gef.		17 E 6 A 2 D (Dez. 1974)
	1974: Regierung Sadat gerät zunehmend wegen steigender Inflationsraten und Friedenspolitik gegenüber Israel ins Kreuzfeuer der Kritik Jan. 1975: Arbeiter, Studenten und linksgerichtete Sympathisanten demonstrieren gegen die sich verschlechternde wirtschaftl. Lage →	vermutlich mehrere hundert Demonstranten verhaftet →	AI ermittelt in 150 Fällen	
		März 1975: Prozeß gegen 14 Arbeiter einer Textilfabrik in Alexandria, die beschuldigt werden, eine komm. Organisation gebildet zu haben →	AI entsendet türk. RA Yuksel Ersoy als Prozeßbeobachter	
		AI 1975 über die Lage der MR: *AI besitzt etliche Beweise über Folterungen, aber trotzdem gibt es ermutigende Anzeichen dafür, daß sich auch Ägypten stärker um die Wahrung der grundlegenden Menschenrechte bemüht.* (AR 1974/75)		

Irak		Allgemein: AI erhält wiederholt Berichte über schlechte Haftbedingungen und Folterungen; pol. Verfolgung von Juden und Kurden 1973: Zahl der pol.Gef. auf mehrere Tausend geschätzt	1971/72: Gefangenenarbeit mangels Informationen zum Stillstand gekommen	1 E 1 A 2 GA 1 D (Dez. 1974)
	Juli 1973: Umsturzversuch uner Führung des Staatssicherheitschefs mißglückt →	36 Verschwörer hingerichtet →	AI protestiert wiederholt erfolglos gegen Hinrichtungen, Folter u.a. Menschenrechtsverletzungen	
	1974: Autonomiebestrebungen der Kurden werden mit Waffengewalt unterdrückt →	AI: *Beträchtliche Zunahme der repressiven Maßnahmen* (AR 1974/75) 1975: AI besitzt Namen von 91 Personen, die seit Apr. 1974 hingerichtet worden sind, von 551 inhaft. Kurden – darunter Frauen und Kinder – und von 43 Kurden, die zu Tode gefoltert worden sein sollen		
Iran		1970: internat. Presse veröffentlicht Meldungen über willkürliche Verhaftungen und Folter →	Aug. 1970: GS Ennals zu offiz. Gesprächen mit MP Hoveida und Polizeichef Mobasser in Teheran	Schwerpunktland 89 E 10 A (Mai 1975)

Land	Bedeutsame innenpolitische Ereignisse	Entwicklung hinsichtlich der Menschenrechte	Aktivitäten von Amnesty International	Ermittlungs- und Adoptionsfälle
noch Iran			Okt. 1970: dt. RA Heldmann in offiz. Mission im Iran: er wird ausgewiesen, sein pers. Dolmetscher verhaftet und im Okt. 1971: zu 10 Jahren Gefängnis verurteilt; AI protestiert vergeblich gegen das Urteil Mai 1972: GS Ennals erneut in Teheran; äußert sich in einem Gespräch mit MP Hoveida besorgt über steigende Zahl von Hinrichtungen	
		1972/73: pol.Prozesse, bei denen Angeklagte über Folterungen berichten →	Aug. 1972: AI veröffentlich Bericht über *Prozeßverfahren im Iran,* die nicht den üblichen Rechtsnormen entsprächen	
		1973: AI erhält erstmals Informationen über kurd. Häftlinge 1974/75: begrenzte Amnestien für pol.Gef., aber ständig neue Inhaftierungen Apr. 1975: neun adopt.pol.Gef. angeblich bei Fluchtversuch erschossen; AI äußert Zweifel →	AI fordert Untersuchung der Todesfälle durch unabh. Ärztekommission	
		1975: Zahl der pol.Gef. auf 25000 bis 100000 geschätzt		

Israel			Apr. 1970: AI-Bericht über Folterung arab. Häftlinge in Israel führt zu Differenzen innerhalb der Organisation: Sektion der USA distanziert sich	1 E (Dez. 1974)
		1972/75: Foltervorwürfe, u.a. erhoben von der *Israelischen Liga für Menschen- und Bürgerrechte,* verstummen nicht		
	1973: Oktoberkrieg		Okt. 1974: AI entsendet dreiköpfige Delegation nach Israel und Syrien, um in beiden Ländern Foltervorwürfe von ehem. Kriegsgef. und pol.Gef. zu prüfen. In beiden Staaten wird der Delegation der Zugang zu pol. Gef. versagt. Die Befragung ehem. Kriegsgef. hingegen ergibt, daß mit großer Wahrscheinlichkeit sowohl in Israel wie auch in Syrien gefoltert wurde Nov. 1974: GS Ennals wendet sich in einem Brief an MP Rabin gegen Deportation und vorbeugende Inhaftierung von Arabern in den von Israel verwalteten Gebieten am Westufer des Jordan	
		Juni 1975: AI schätzt die Zahl der aus Sicherheitsgründen inhaft. Araber auf 2500		

Land	Bedeutsame innenpolitische Ereignisse	Entwicklung hinsichtlich der Menschenrechte	Aktivitäten von Amnesty International	Ermittlungs- und Adoptionsfälle
Arabische Republik Jemen			mangels ausreichender Informationen bis heute keine Einzelfallbetreuung	keine Adoptionen (Dez. 1974)
		1973: ca. 50 Personen wegen Sabotage hingerichtet →	AI protestiert gegen angebl. Kreuzigung von vier Personen	
	Juni 1974: Militärputsch →	Freilassung aller pol.Gef. mit Ausnahme derer, die wegen Sabotage verurteilt worden sind		
			Mai 1975: AI entsendet brit. RA John Platts-Mills und R Mortimer zu Gesprächen mit Mitgliedern der Regierung und rel. Führern in die Arab. Rep.Jemen und in die Volksrep. Jemen; die Delegation besucht auch einige Gefängnisse	
Demokratische Volksrepublik Jemen (ehem.brit. Protektorat Aden)		Allgemein: . . . *die am meisten bekanntgewordene Methode zur Behandlung politischer Dissidenten scheint die summarische Hinrichtung zu sein.* (BüdF)	1971: Beginn der Gefangenenarbeit, aber Beschaffung zuverlässiger Informationen bis heute äußerst schwierig	1 E 2 A 4 D 5 M (Dez. 1974)
		1973/74: Berichte deuten auf 200 Exekutionen allein im Zeitraum Dez. 1974 – Juni 1975 hin →	AI protestiert erfolglos	
		März 1975: unbestätigte Berichte über weitreichende Amnestie		

			Mai 1975: AI entsendet Delegation zu Gesprächen mit Vertretern der Regierung (s.Arab.Rep.Jemen)	
Libyen	Apr. 1973: Präs.Gaddafi verkündet *Revolution des Volkes* →	300–400 Inhaftierungen → Dez. 1973: lib. Nachrichtenagentur meldet Freilassung von 61 pol.Gef.; AI schätzt Zahl der in Haft verbliebenen pol.Gef. auf mind. 100 1974/75: weitere Freilassungen, ca. 40 pol.Gef. bleiben in Haft	AI nimmt Ermittlungen auf	1 E 2 A (Dez. 1974)
Oman		1972/73: AI erhält Berichte über angebl. Folterungen an pol.Gef. Juni 1973: Hinrichtung von 10 Mitgliedern der *Volksfront zur Befreiung Omans und des Arabischen Golfes* wegen versuchten Umsturzes → 1974/75: weitere Hinweise auf Folterungen	AI verurteilt die Hinrichtungen und nimmt in 51 Fällen, in denen Häftlinge der Mittäterschaft beschuldigt werden, Ermittlungen auf	1 E (Dez. 1974)

Land	Bedeutsame innenpolitische Ereignisse	Entwicklung hinsichtlich der Menschenrechte	Aktivitäten von Amnesty International	Ermittlungs- und Adoptionsfälle
Saudi Arabien		1974: AI besitzt Namen von 200 pol.Gef., außerdem Unterlagen über 13 pol.Gef., die seit 1969 an den Folgen der Folter gestorben sind	Beschaffung von Informationen allgemein schwierig	4 E 43 A (Dez. 1974)
	März 1975: König Feisal fällt Attentat zum Opfer →	Apr. 1975: Feisals Nachfolger Chalid verkündet Amnestie für alle pol.Gef.; AI erfährt von der Freilassung von 62 Häftlingen		
Syrien	Nov. 1970: Gen.Assad stürzt Regierung Atassi →	Mitglieder der gestürzten Regierung verhaftet →	AI adoptiert 12 ehem. Minister, die 1975 noch immer inhaftiert sind	10 A 11 D (Dez. 1974)
	1973: Oktoberkrieg		Okt. 1974: AI entsendet dreiköpfige Delegation zur Prüfung von Foltervorwürfen ehem. Kriegsgefangener (s.Israel)	
	1975: Konflikt zwischen herrschenden Baath-Parteien in Syrien und im Irak verschärft sich →	März 1975: 100–200 Personen wegen subversiver, pro-irakischer Tätigkeit verhaftet; weitere Verhaftungen im Apr./Mai 1975 Allgemein: pol.Verfolgung konzentriert sich auf Angehörige der jüd. und kurd. Minderheiten		

2.6.6. Asien

(vgl. auch: *Amnesty International in der Dritten Welt*, S. 268)

Die Menschenrechtssituation in Asien wird gegenwärtig entscheidend geprägt durch die Tatsache, daß in vielen bedeutenden Staaten zum Teil bereits über Jahre hinweg der Ausnahmezustand verhängt ist. Das ermöglicht den betreffenden Regierungen, Notverordnungen und Sondergesetze zu erlssen, aufgrundderen politisch Andersdenkende ohne formelle Anklageerhebung in Haft gehalten werden können. Die Zahl der politischen Gefangenen ist daher in Asien höher als in allen anderen Erdteilen. Allein in Indonesien sind nach Schätzungen von AI 55 000 Personen, darunter 1 000 Frauen, seit dem Putschversuch einiger Offiziere im Jahre 1965 in Haft. Das Ende des Krieges in Vietnam im April 1975 brachte zwar den Zehntausenden, die in den Gefängnissen und Lagern der Regierung Thieu unter häufig erbärmlichsten Bedingungen festgehalten worden waren, die Freiheit, wenige Wochen später fand dafür in Indien, nachdem Ministerpräsidentin Indira Gandhi den Notstand ausgerufen hatte, eine Verhaftungswelle statt, der nach Angaben von Oppositionspolitikern bis Ende 1975 wenigstens 100 000 Menschen zum Opfer fielen. Die folgende Übersicht umfaßt zwölf asiatische Länder. Einige mag man vermissen, obwohl sie interessant und wichtig erscheinen: Kambodscha, die Demokratische Republik Vietnam (Nordvietnam), die Demokratische Volksrepublik Korea (Nordkorea) und die Volksrepublik China. Die spärlichen Nachrichten, die nach dem Einmarsch der Roten Khmer in Pnom Penh im April 1975 ins Ausland gelangten, ließen keine zuverlässigen Schlüsse auf die Entwicklung der Menschenrechtssituation zu. Nach Ansicht von AI gründeten sich einige der Meldungen über Massenexekutionen und andere Vergeltungsmaßnahmen der neuen Machthaber *auf fadenscheinige Beweise und Berichte aus zweiter Hand.*[73] Was Nordkorea anbelangt, so ist *das Klima des Kalten Krieges in den Beziehungen zwischen Nord- und Südkorea ein besonders schweres Hindernis für die Arbeit von Amnesty International.*[74] In Nordvietnam kam es auf die Versuche von Amnesty-Gruppen hin, Auskünfte über adoptierte Gefangene zu erhalten, *zu keinerlei Reaktion von Seiten der Behörden in Hanoi.*[75] Die Volksrepublik China ist für die Ermittlungsabteilung noch immer ein weitgehend unbeschriebenes Blatt. Erste Informationen über politische Gefangenschaft und Umerziehungsmaßnahmen lieferte Gerd Ruge, der China-Korrespondent der *Welt* und Mitbegründer der deutschen Sektion von AI. Zu Adoptionen wird es vermutlich jedoch in absehbarer Zeit noch nicht kommen.

Land	Bedeutsame innenpolitische Ereignisse	Entwicklung hinsichtlich der Menschenrechte	Aktivitäten von Amnesty International	Ermittlungs- und Adoptionsfälle
Bangladesh	1971: Ende des Unabhängigkeitskrieges: ehem. Ostprovinz Pakistans zur Volksrep. Bangladesh ausgerufen; Scheich Mujibur Rahman (ehem. AI-Adopt.) Regierungschef			8 E 10 A (Dez. 1974)
		1973: AI schätzt Zahl der inhaft. Personen, denen Kollaboration mit der pak.Armee im Unabhängigkeitskrieg vorgeworfen wird, auf 37000		
			Juni 1973: AI entsendet R Terlingen zu Ermittlungen nach Vorderindien, u.a. auch nach Bangladesh, wo Gespräche mit Regierungsmitgliedern stattfinden	
		Dez. 1973: Scheich Rahman verkündet Generalamnestie; bis Feb. 1974: sind jedoch nur ca. 12000 pol.Gef. freigelassen	←	

	1974: wachsende innenpol. Unruhen aufgrund wirtschaftl. Schwierigkeiten führen im Dez. 1974: zur Verhängung des Notstandes und zur Einführung der Präsidialherrschaft →	ca. 2000 Personen aufgrund der Notstandsverordnungen inhaftiert →	März 1974: AI drängt auf beschleunigte Entlassung der in Haft verbliebenen pol.Gef.	
	Aug. 1975: Scheich Rahman bei einem Militärputsch getötet		März 1975: GS Ennals zu Gesprächen mit Scheich Rahman und Ministern in Dacca	
Brunei	Dez. 1962: mißglückter Umsturzversuch der *Rakyat* (Volksfront)-Mehrheitspartei	Sept. 1973: AI besitzt Unterlagen über 49 pol.Gef., denen Teilnahme am Umsturzversuch vorgeworfen wird und von denen die meisten seit 11 Jahren ohne Prozeß in Haft sind →		43 A (Dez. 1974)

Land	Bedeutsame innenpolitische Ereignisse	Entwicklung hinsichtlich der Menschenrechte	Aktivitäten von Amnesty International	Ermittlungs- und Adoptionsfälle
noch Brunei			1974: AI appelliert an Sultan Hassan al-Bolhiah Muizzaddin und an die brit. Regierung, die die Verantwortung für die Außenpolitik Bruneis trägt, um Freilassung der pol.Gef. bzw. um eine entsprechende Intervention	
		Nov. 1974: erste pol.Gef. nach Treueeid auf die Regierung freigelassen	←	
Indien	1970/71: heftige Unruhen in Westbengalen, hervorgerufen durch gewaltsame Aktivitäten komm. Organisationen und deren Anhänger führen 1971: zur Ausrufung des Ausnahmezustandes in Westbengalen und damit zum Inkrafttreten von Gesetzen, die Vorbeugehaft ermöglichen →			1 E 3 A (Dez. 1974)
		1973: AI schätzt Zahl der in Vorbeugehaft befindlichen pol.Gef. auf 20000		
	Mai 1974: Generalstreik der Eisenbahner →	vorübergehende Inhaftierung von ca. 30000 Gewerkschaftlern →		
			AI startet Kampagne zur unverzüglichen Freilassung aller Inhaftierten	

			Sept. 1974: AI veröffentlicht Bericht über *Haftbedingungen in Westbengalen*, der Anwendung der Folter, unzureichende medizinische Versorgung, fehlende hygienische Vorkehrungen und Überfüllung der Gefängnisse anprangert; Zahl der pol.Gef. auf 15000 bis 20000 geschätzt; ind. Regierung bestreitet diese Zahl heftig ← (?)	
		1975: AI erhält Berichte über Verringerung der Zahl der pol.Gef. in Westbengalen auf 8000		
	Juni 1975: Gericht in Allahabad verurteilt MP Indira Gandhi wegen korrupter Wahlkampfpraktiken; MP Gandhi verhängt Ausnahmezustand über ganz Indien →	Einführung der Pressezensur, Verbot extrem. Organisationen; Pressekorrespondenten sprechen von über 12000 Verhaftungen in oppositionellen Kreisen		
Indonesien	1965: Armee schlägt Putschversuch junger Offiziere nieder, für den die komm.Partei PKI (rd. 16 Mill. Mitglieder) verantwortlich gemacht wird →	Vergeltungsaktionen gegen PKI fordern vermutlich über 200000 Menschenleben; mehrere hunderttausend Personen inhaftiert		8 E 35 A 175 D (Dez. 1974)

Land	Bedeutsame innenpolitische Ereignisse	Entwicklung hinsichtlich der Menschenrechte	Aktivitäten von Amnesty International	Ermittlungs- und Adoptionsfälle
noch Indonesien	1966: Gen.Suharto löst Präs. Sukarno als Staats- und Regierungschef ab			
		Allgemein: AI schätzt Zahl der pol.Gef. auf 55 000; indon.Regierung unterscheidet drei Kategorien von pol.Gef.: A (direkt in den Putsch verwickelt), B (indirekt in den Putsch verwickelt), C (kaum in den Putsch verwickelt und ehem. Mitglieder der komm. Organisationen); Gef. der Kategorie C (ca. 750 000) größtenteils in Freiheit, werden aber bes. im Berufsleben benachteiligt	1969/70: AI entsendet zwei Missionen	
		1973/74: . . . *keine erkennbare Verbesserung in der Lage der politischen Gefangenen . . ., die alle seit 1965 ohne Anklageerhebung und ohne Prozeß in Haft sind,* vielmehr: *Als Ergebnis des Preisanstieges haben sich die Haftbedingungen erheblich verschlechtert.* (AR 1973/74) und in Militärgarnisonen arbeiten pol.Gef. *als unbezahlte Arbeitskräfte unter Bedingungen, die man nur als Sklaverei bezeichnen*	Mai 1973: AI veröffentlicht Bericht über pol. Gefangenschaft in Indonesien *(Indonesia Special)* in der Folgezeit: verschiedene Vorstöße auf internat. Ebene, um auf die Lage der pol.Gef. in Indonesien aufmerksam zu machen	

		kann (AR 1974/75) Zahl der weibl. pol.Gef. auf 1000 geschätzt; AI urteilt 1975: *Im Internationalen Jahr der Frau zeichnet sich Indonesien als das Land mit der wahrscheinlich höchsten Zahl weiblicher politischer Gefangener aus.* (AR 1974/75) Folter: *AI war es nicht möglich, die Verbreitung von Folterpraktiken zu untersuchen . . . Doch aller Anschein spricht mit an Gewißheit grenzender Wahrscheinlichkeit dafür, daß Folter routinemäßig angewendet wird . . .* (BüdF)	
Republik Korea (Südkorea)	1972: Präs.Park verhängt Kriegsrecht; neue Verfassung ermöglicht Aufhebung von Grundrechten und -freiheiten bei Bedrohung der nat.Sicherheit 1973/74: wachsende Opposition unter Studenten und Intellektueller gegen die neue Verfassung →	repressive Maßnahmen bes. seitens des südkor.Geheimdienstes KCIA; Notstandsverordnungen drohen hohe Gefängnisstrafen bzw. Todesstrafe für Kritik an der Verfassung und *nichtakademische Aktivitäten* an den	5 E 79 A (Dez. 1974)

Land	Bedeutsame innenpolitische Ereignisse	Entwicklung hinsichtlich der Menschenrechte	Aktivitäten von Amnesty International	Ermittlungs- und Adoptionsfälle
noch Republik Korea		Universitäten an; 203 Personen aufgrund dieser Verordnung verhaftet; ehem. Häftlinge erklären, während des Verhörs gefoltert worden zu sein →		
			Juli 1974: AI entsendet amerik. RA William Butler zu Ermittlungen nach Seoul; Butler bestätigt Foltervorwürfe	
		Aug. 1974: Notstandsverordnungen aufgehoben 1974/75: mehrmals Mitglieder der südkor. NS festgenommen (Einzelheiten s.S. 276)		
			März 1975: AI entsendet erneut Mission zur Prüfung von Foltervorwürfen; trotz Einschüchterungsversuchen seitens der südkor. Behörden finden die Delegierten, der brit. RA Brian Wrobel und der dän. Arzt Eric Kalup Petersen, Beweise für eine system. Anwendung der Folter Mai 1975: Wrobel berichtet über die Ergebnisse der Mission vor einem Unterausschuß des US-Repräsentantenhauses	

Malaysia		1974/75: Zahl der pol. Gef. unbekannt; *Es wird jedoch angenommen, daß einige hundert mutmaßliche Kommunisten und kommunistische Sympathisanten gemäß den Bestimmungen des Gesetzes zur inneren Sicherheit in West-Malaysia inhaftiert sind.* (AR 1974/75)		3 E 10 A 4 D (Dez. 1974)
	Dez. 1974: Studentendemonstration in verschiedenen Teilen West-Malaysias →	ca. 1 000 Demonstranten festgenommen und wegen illegaler Versammlung angeklagt		
Nepal		1974: AI besitzt Unterlagen über 206 pol. Gef. →	Okt. 1974: AI leitet Kampagne für eine Generalamnestie anläßlich der Krönung von König Birendra im Febr. 1975 ein; Kampagne bleibt erfolglos	90 E 15 A 1 D (Dez. 1974)
		Dez. 1974: Vors. der nepal. NS vorübergehend festgenommen (Einzelheiten s. S. 277)	März 1975: GS Ennals zu Gesprächen mit Innenminister Shrestra in Nepal	

Land	Bedeutsame innenpolitische Ereignisse	Entwicklung hinsichtlich der Menschenrechte	Aktivitäten von Amnesty International	Ermittlungs- und Adoptionsfälle
Pakistan	1971: Ausnahmezustand bleibt auch nach Beendigung der kriegerischen Auseinandersetzungen mit Indien und der abgefallenen Ostprovinz (Bangladesh) in Kraft →	Ausnahmegesetze ermöglichen in der Folgezeit zahlreiche Inhaftierungen von Oppositionellen		14 E 7 A (Dez. 1974)
	1973/75: verstärkte innenpol. Spannungen durch Autonomiebestrebungen in Belutschistan und in der nordwestl. Grenzprovinz →	Berichte über 7 000 pol. Gef. in diesen beiden Gebieten	März 1975: GS Ennals zu Gesprächen mit MP Bhutto und dem Innenminister in Islamabad	
Philippinen	Sept. 1972: Regierung Marcos verhängt Kriegsrecht als Maßnahme gegen Umtriebe bewaffneter komm. und anderer extrem. Gruppierungen →	über 8 200 Personen inhaftiert → Feb. 1973: Präs. Marcos verkündet Teilamnestie 1973/74: *Fortgesetzte Anwendung des Kriegsrechts bei der Verhaftung politischer Gegner* (AR 1973/74);	erste Adoptionen	3 E 5 A (Dez. 1974)

		Bericht der röm.-kath. Kirche verurteilt physische Folter und Anwendung suchtverursachender Drogen zur Umerziehung von pol. Gef. →	Aug. 1974: GS Ennals bittet Präs. Marcos um Prüfung der Foltervorwürfe	
		Nov. 1974: Erzbischof von Manila äußert Besorgnis über Inhaftierung von pol. Gef. auf unbestimmte Zeit Jan. 1975: Verteidigungsminister Enrile kündigt Untersuchungen über Anwendung der Folter an →	AI drängt auf Unabhängigkeit der Untersuchung	
Sri Lanka	Apr. 1971: gewaltsamer Aufstand unter Führung der radikal-marx. Jugendorganisation *Janatha Vimukthi Peramuna* (JVP) führt zur Ausrufung des Notstandes →	ca. 12 000 Mitglieder und Anhänger der JVP inhaftiert; es kommt zu Mißhandlungen →	Sept. 1971: AI entsendet brit. Abgeordneten Lord Avebury nach Sri Lanka, um die Lage der pol. Gef. zu prüfen; kurz vor Beendigung der Mission wird Lord Avebury ausgewiesen	35 E (Dez. 1974)

Land	Bedeutsame innenpolitische Ereignisse	Entwicklung hinsichtlich der Menschenrechte	Aktivitäten von Amnesty International	Ermittlungs- und Adoptionsfälle
noch Sri Lanka		1972: Einsetzung eines Sondergerichtshofes soll Verfahren gegen Inhaftierte beschleunigen; dennoch sind 1975: noch immer 2 000 pol. Gef. in Haft →	Jan. 1975: AI entsendet brit. RA Blom-Cooper und R Terlingen nach Sri Lanka zu Gesprächen mit dem Justizminister über die prozessuale Lage der pol. Gef.; Delegation besucht Gefängnisse und nimmt an Sitzungen des Sondergerichtshofes teil Mai 1975: AI legt MP Bandaranaike den Untersuchungsbericht der Delegation vor, der die Abschaffung des Sondergerichtshofes und die Aufhebung aller für pol. Gef. diskriminierenden Maßnahmen fordert	
Taiwan		Allgemein: Schätzungen über die Zahl der pol. Gef. reicht bis zu 8 000; AI erhält wiederholt Hinweise auf Folterungen; Haftbedingungen, bes. medizinische Versorgung z.T. äußerst schlecht		72 E 7 A 5 D (Dez. 1974
	Apr. 1975: Präs. Tschiang Kai-chek gestorben →	PM Tschiang Tsching-kuo verkün-		

		det Strafmilderung für alle pol. Gef. →	Mai 1975: AI entsendet amerik. Politologen James Seymour zu Ermittlungen und offiz. Gespräche	
Republik Vietnam (Südvietnam)	Apr. 1975: Kapitulation der Regierung Thieu: Einmarsch der *Vietcong* und nordviet. Verbände in Saigon; Bildung einer *Provisorischen Revolutionsregierung* (PRG) →	PRG kündigt Freilassung aller pol. Gef. an (AI-Schätzung 1973: 100 000; andere Schätzungen reichen bis zu 200 000) →	AI benachrichtigt alle Gruppen mit südviet. Gef., die Fälle als abgeschlossen zu betrachten; Gespräche zwischen PRG und AI in Algier, Paris und London	keine Adoptionen (Mai 1975)
		Mai 1975: PRG kündigt Entlassung von 100 000 in Danang festgehaltenen Kriegsgefangenen an; ca. 6 000 Offiziere bleiben zur pol. Umschulung in Haft		

2.6.7. *Amerika*

(vgl. auch *Amnesty International in der Dritten Welt,* S. 268)

Seit 1972 unterhält AI kooperative Beziehungen zur *Inter-Amerikanischen Kommission für Menschenrechte* (IACHR), einem Ausschuß der *Organisation der amerikanischen Staaten* (OAS). Die OAS, 1948 in Bogota gegründet, ist in erster Linie als Verteidigungsgemeinschaft gedacht und trat vor allem bei der Schlichtung interamerikanischer Konflikte auf. Ihr gehören außer den Bahamas und Kuba alle amerikanischen Staaten einschließlich der USA an. Guyana, Kanada und Japan sind als Beobachter zugelassen. 1969 verabschiedete eine vom *Ständigen Rat* der OAS einberufene Konferenz, an der nahezu alle Mitgliedsstaaten teilnahmen, die *Amerikanische Konvention über die Menschenrechte,* die inhaltlich in etwa der europäischen Menschenrechtskonvention entspricht. Die amerikanische Menschenrechtskonvention soll nach Hinterlegung der elften Ratifikationsurkunde in kraft treten. Bisher haben jedoch nur Costa Rica und Kolumbien das Vertragswerk ratifiziert. AI bezweifelt das Inkrafttreten der Konvention in absehbarer Zukunft, *umso mehr als die größeren Staaten der Hemisphäre eine Ratifizierung zur Zeit nicht beabsichtigen.*[76]

Bis 1972 beschränkte sich die Arbeit von AI im wesentlichen auf vier Staaten: Brasilien, Kuba, Mexiko und Paraguay. Danach wurde die Amerika-Abteilung des Internationalen Sekretariats systematisch erweitert. Damit stieg auch die Zahl der Länder, in denen AI tätig wurde, und die Zahl der betreuten Gewissensgefangenen, die sich im Mai 1975 auf 732 (Ermittlungs- und Adoptionsfälle) belief. Der Schwerpunkt der Arbeit liegt jetzt auf Brasilien, Paraquay und Chile.

Besondere Sorge bereitet AI die steigende Zahl politischer Morde in einigen lateinamerikanischen Ländern. Hunderte von politisch Andersdenkenden sind in den letzten Jahren über Nacht spurlos verschwunden und Tage oder Wochen später erst ermordet aufgefunden worden. Ein großer Teil der Leichen wies Verletzungen auf, die darauf hindeuteten, daß die Opfer, bevor man sie tötete, grausam gefoltert wurden. Entführer und Mörder sind sogenannte Todesschwadronen, *die systematisch arbeiten und von den Behörden nicht gehindert zu werden scheinen.*[77] Folter gehört in Lateinamerika zum politischen Alltag, obwohl *fast jede Verfassung Artikel enthält, die grausame oder entwürdigende Behandlung verurteilen . . . Doch haben in den letzten Jahren nur wenige lateinamerikanische Regierungen mehr als Lippenbekenntnisse zu ihren Verfassungen abgelegt. . .*[78] Unter diesen Umständen verwundert es nicht, daß Costa Rica als *das einzige lateinamerikanische Land, aus dem Amnesty International keine Meldungen über Folterungen erhalten hat,*[79] im *Bericht über die Folter* als lobenswerte Ausnahme ausdrücklich erwähnt ist.

Land	Bedeutsame innenpolitische Ereignisse	Entwicklung hinsichtlich der Menschenrechte	Aktivitäten von Amnesty International	Ermittlungs- und Adoptionsfälle
Argentinien	Mai 1973: Hector Cámpora neuer Präsident	Cámpora verkündet Generalamnestie für pol. Gef.; das arg. Parlament ächtet die Folter, dennoch erhält AI laufend neue Hinweise auf Folterungen in Polizei- und Militärgefängnissen		2 E (Dez. 1974)
	Sept. 1973: Juan Perón neuer Präsident 1973/74: Zahl der Gewaltakte linksgerichteter Guerillas und rechtsgerichteter Todesschwadronen nimmt zu	In der Zeit zwischen Juli 1974 und Jan. 1975 fordern diese Gewaltakte über 400 Todesopfer. AI: *Die Regierung bemüht sich, die linksgerichteten Gewalttäter zur Rechenschaft zu ziehen. Da sie aber gegen die rechtsgerichteten Todesschwadronen nicht einschreitet, entsteht der Eindruck, daß die Behörden deren Aktivitäten gutheißen. Die Beweise mehren sich, daß die Verantwortlichen hierfür in hohen Regierungsstellen zu finden sind.* (AR 1974/75)		
	Juli 1974: Perón stirbt; seine Frau Maria Estella Perón wird Nachfolgerin als Präsident			

Land	Bedeutsame innenpolitische Ereignisse	Entwicklung hinsichtlich der Menschenrechte	Aktivitäten von Amnesty International	Ermittlungs- und Adoptionsfälle
noch Argentinien			Aug. 1974: GS Ennals fordert strenge Kontrolle der Haftbedingungen, um Mißhandlungen und Folterungen zu verhindern, und weist auf die unbefriedigenden Schutzvorkehrungen für pol. Flüchtlinge hin	
	Nov. 1974: Regierung verhängt Ausnahmezustand, um die gewalttätige Opposition unter Kontrolle zu bringen →			
			Jan. 1975: GS Ennals ersucht die arg. Behörden nochmals darum, Maßnahmen zum Schutz pol. Gef. vor Folter und Mißhandlung zu treffen; AI ruft Sofortaktionen ins Leben, *um den ständigen groben Menschenrechtsverletzungen in Argentinien begegnen zu können* . . . (AR 1974/75)	
		März 1975: Zahl der während des Ausnahmezustandes in Schutzhaft genommenen Personen beläuft sich auf über 1 100		
Bolivien	1971: Gen. Hugo Banzer Suarez gelangt durch einen Militärputsch an die Macht 1972: Regierung verhängt Ausnahmezustand			24 E 4 A (Dez. 1974)

	1973: AI schätzt Zahl der pol. Gef. auf über 300 → 1973/74: Amnestien für insges. 195 pol. Gef., aber auch zahlreiche neue Inhaftierungen linksgerichteter Oppositioneller, so daß die Zahl der pol. Gef. unverändert bleibt; AI *sorgt sich wegen völligen Fehlens rechtlichen Schutzes für politische Gefangene* (AR 1973/74) Folter laut AI administrative Praxis; wiederholt Todesfälle nach Mißhandlungen; über 5 000 Personen zur Emigration gezwungen	Beginn der Gefangenenarbeit
		März 1974: AI entsendet schwed. Richter Lennart Aspegren zu Regierungsgesprächen Sept. 1974: AI übersendet Präs. Banzer ein Memorandum mit der Aufforderung, für eine rasche Beendigung willkürlicher Inhaftierungen, Folterungen u.a. Menschenrechtsverletzungen zu sorgen
Nov. 1974: Regierung meldet fehlgeschlagenen Putschversuch und verbietet pol. Aktivitäten in den Gewerkschaften →	zahlreiche Gewerkschaftler inhaftiert →	AI versucht, internat. Arbeiterorganisationen zu Protesten gegen die Inhaftierungen zu veranlassen

Land	Bedeutsame innenpolitische Ereignisse	Entwicklung hinsichtlich der Menschenrechte	Aktivitäten von Amnesty International	Ermittlungs- und Adoptionsfälle
Brasilien		1971: Angaben über Zahl der pol. Gef. schwanken zwischen 500 (offiz. Angaben) und 12 000 (Schätzungen internat. Beobachter); von verschiedenen Seiten wird über systematische Anwendung der Folter berichtet; Regierung lehnt Untersuchung der Foltervorwürfe durch IACHR ab →	AI beginnt, Brasilien-Report vorzubereiten Sept. 1972: AI veröffentlicht *Bericht über angebliche Folterungen in Brasilien* in engl., frz. und port. Sprache mit Namen von 1 081 Personen, die vermutlich gefoltert worden sind; bras. Behörden verhängen daraufhin Zensur: AI-Verlautbarungen über Brasilien dürfen in den Massenmedien nicht mehr publiziert werden Aug. 1973: AI äußert sich in einer Presseerklärung beunruhigt über die große Anzahl ungeklärter Todesfälle in oppositionellen Kreisen	Schwerpunktland 45 E 94 A 67 D (Dez. 1974)

	März 1974: Ernesto Geisel neuer Präsident →		AI startet Kampagne zum 10. Jahrestag der Errichtung der Militärherrschaft Apr. 1974: AI veröffentlicht Liste von 210 „verschollenen" Personen Juli 1974: Neuauflage des Brasilien-Reports Dez. 1974: AI übergibt UNO und OAS eine Dokumentation mit Aussagen Betroffener über die Anwendung der Folter und mit Angaben über „verschollene" Personen	
Chile	Sept. 1973: Streitkräfte stürzen marx. orientierte Regierung von Präs. Salvador Allende, der in seinem Palais ums Leben kommt; Gen. Pinochet neuer Präsident; Militärjunta verhängt Kriegsrecht →	10 000–20 000 Anhänger Allendes im Gefolge des Putsches getötet; ca. 40 000		Schwerpunktland 76 E 127 A 1 D (Dez. 1974)

Land	Bedeutsame innenpolitische Ereignisse	Entwicklung hinsichtlich der Menschenrechte	Aktivitäten von Amnesty International	Ermittlungs- und Adoptionsfälle
noch Chile		Personen inhaftiert, z.T. in provisorischen Internierungszentren (z.B. im Nationalstadion von Santiago de Chile); AI: *Folter während der Vernehmungen politischer Gefangener die übliche Praxis* (BüdF) →		
			Internationaler Rat fordert in Wien sofortige Beendigung der Hinrichtungen und Verhaftungen und beschließt die Entsendung einer Untersuchungskommission	
		Tausende von Flüchtlingen suchen in Argentinien, Mexiko und Peru um pol. Asyl nach		
			Okt. 1973: GS Ennals trifft in New York mit Außenminister Huerta Diaz zusammen, der AI uneingeschränkte Ermittlungsarbeit in Chile garantiert Nov. 1973: AI entsendet dreiköpfige Untersuchungskommission Jan. 1974: AI veröffentlicht Bericht der Untersuchungskommission, die der Militärjunta zahlreiche Menschenrechtsverletzungen (illegale Hinrichtungen, Folter, willkürliche Inhaftierungen, Haft ohne Prozeß, Verstöße gegen	

		faire Prozeßführung) vorwirft; chil. Regierung weist Bericht zurück
	1974: pol. Prozesse gegen Anhänger der gestürzten Regierung Allende →	AI entsendet Prozeßbeobachter (u.a. Horst Woesner, Richter beim Bundesgerichtshof der BRD) NS leiten mit z.T. beträchtlichen finanz. Aufwand Hilfsaktionen für pol. Flüchtlinge ein
	Ermittlung der ICJ, der ILO und der IACHR bestätigen die Ergebnisse der AI-Mission vom Nov. 1973	
Sept. 1974: Gen. Pinochet erklärt Kriegszustand für beendet, verkündet dafür aber *Ausnahmezustand zur inneren Verteidigung* →		Sept. 1974: AI veröffentlicht Bericht über *Chile*, der auf Ermittlungsergebnissen der Untersuchungskommission von Nov. 1973 beruht
	Militärgerichte weiterhin in Funktion, daher keine grundlegende Änderung der bisherigen MR-Situation Nov. 1974: UN-Vollversammlung ruft die chil. Regierung zur *Wiederherstellung der fundamentalen Menschenrechte und grundlegenden Freiheiten* auf	

Land	Bedeutsame innenpolitische Ereignisse	Entwicklung hinsichtlich der Menschenrechte	Aktivitäten von Amnesty International	Ermittlungs- und Adoptionsfälle
noch Chile		Feb. 1975: ECOSOC setzt Arbeitsausschuß zur Prüfung der Lage der MR in Chile ein		
	März 1975: Ausnahmezustand um sechs Monate verlängert			
Cuba (Kuba)		1967: Zahl der pol. Gef. beläuft sich nach Angaben von MP Castro auf ca. 20 000; in der Folgezeit erhält AI Hinweise auf allmähliche Erleichterung des Strafvollzugs	Einzelheiten über pol.Gef. außerordentlich schwer erhältlich	5 E 5 A 4 D (Dez. 1974)
			1974/75: AI nimmt auf Beschluß des IEK ein umfangreiches Ermittlungsprogramm in Angriff; zu diesem Zweck entsendet AI im Mai 1974: R Fahlander zu Regierungsgesprächen und Ermittlungen	
		1975: MP Castro verkündet, daß sich die Zahl der pol. Gef. in den letzten Jahren um 75–80 % vermindert habe		
Dominikanische Republik		1973: oppositionelle Presse schätzt Zahl der pol. Gef. auf 1.000		7 E (Dez. 1974)
			März 1974: Ermittlungsreise	

		Mai 1974: Oppositionsparteien verlangen Generalamnestie vor den bevorstehenden Wahlen →	AI unterstützt telegrafisch die Forderung nach einer Generalamnestie	
	Präs. Belaguer wiedergewählt, gerät aber in den Verdacht der Wahlmanipulation; innenpol. Klima verschlechtert sich →	mehrere hundert willkürliche Inhaftierungen 1975: *Probleme hinsichtlich der Verletzung von Menschenrechten zur Zeit besonders in der Rechtssprechung, bei den Gefängnisbedingungen und bei der Behandlung von inhaftierten und verdächtigen Personen, hauptsächlich in ländlichen Gebieten.* (AR 1974/75)		
Guatemala		AI vermutet die Existenz von Todesschwadronen, *da es ständig Berichte über Personen gibt, die spurlos verschwinden . . . die gefundenen Leichen weisen Merkmale der Folter auf.* (AR 1973/74) →		17 E (Dez. 1974)
			AI übersendet IACHR laufend Material über MR-Verletzungen, insbesondere über Fälle von „spurlosem Verschwinden"	

Land	Bedeutsame innenpolitische Ereignisse	Entwicklung hinsichtlich der Menschenrechte	Aktivitäten von Amnesty International	Ermittlungs- und Adoptionsfälle
noch Guatemala		Okt. 1973: Regierung lehnt Forderung der IACHR ab, eine unabhängige Untersuchungskommission zur Prüfung der Todesfälle ins Land zu lassen	Mai 1975: AI übersendet Präs. Laugerud Liste mit Angaben über 135 Personen, die zwischen Juli 1974 und Jan. 1975 ermordet aufgefunden worden sind	
Haiti		Allgemein: Zahl der pol. Gef. im Vergleich zur Zahl der Inhaftierungen niedrig (1973: nach Aussage ehem. pol. Gef. ca. 400), da äußerst schlechte Haftbedingungen eine hohe Sterblichkeitsrate zur Folge haben; systemat. Folter; willkürliche Hinrichtungen	1973: Beginn der Gefangenenarbeit	48 E 17 A (Dez. 1974)
Mexiko	1972: Luis Echeverria neuer Präsident →	Echeverria verkündet Generalamnestie für pol. Gef. 1973/75: AI erhält laufend Hinweise auf Folterungen von Gefangenen, die der Guerillatätigkeit beschuldigt werden, kurzzeitig inhaftierten Studenten und Intellektuellen und jungen US-Bürgern, die wegen Rauschgiftdelikten festgenommen werden		keine Adoptionen (Dez. 1974)

		1974/75: AI konzentriert sich auf die Aufklärung von Fällen, in denen Personen „spurlos verschwunden" sind März 1975: IEK-Vorsitzender Börner zu offiz. Gesprächen mit der Regierung in Mexico-City		
Paraguay	1954: Gen. Stroessner neuer Präsident; Verhängung des Belagerungszustandes, der seither nicht wieder aufgehoben worden ist		1966: AI veröffentlicht Bericht über *Haftbedingungen in Paraguay;* darin ist von Folter *als üblichem Mittel zur Erlangung von Geständnissen* und *mittelalterlichen Bedingungen,* unter denen pol. Gef. in Haft gehalten werden, die Rede Okt. 1971: AI veröffentlicht neuen Bericht über *Paraguay in den siebziger Jahren;* diesem zufolge ist die Lage der MR unverändert schlecht 1973: AI legt IACHR Material über MR-Verletzungen vor Mai 1974: AI entsendet Horst Woesner (s. Chile) und R. Fahlander zu Ermittlungen und Regierungsgesprächen nach Paraguay	Schwerpunktland 65 A 6 GA (Mai 1975)

Land	Bedeutsame innenpolitische Ereignisse	Entwicklung hinsichtlich der Menschenrechte	Aktivitäten von Amnesty International	Ermittlungs- und Adoptionsfälle
noch Paraguay		1974/75: mehrere hundert Mitglieder der christl. orientierten landwirtschaftl. Genossenschaftsbewegung *Ligas Agrarias* inhaftiert; AI erhält Hinweise auf ernste physische Mißhandlungen, in wenigstens einem Fall mit tödlichem Ausgang		
Uruguay	Wachsende wirtschaftl. Schwierigkeiten führen in 60er Jahren zu soz. Unruhen und fördern die Bildung von Guerillaorganisationen *(Tupamaros)* →	Anwendung der Folter als Mittel zur Bekämpfung der Guerillas 1970: Untersuchungskommission des urug. Senats gelangt zu dem Ergebnis, daß *unmenschliche Behandlung und Folter von verhafteten Personen ein übliches Verfahren ist* (BüdF)		38 E 14 A (Dez. 1974)
	Apr. 1972: Regierung verhängt Ausnahmezustand →	AI spricht von mehreren tausend pol. Gef.		
	Juni 1973: Konfrontation zwischen Regierung und Opposition führt zur Auflö-			

	sung des Parlaments; linksgerichtete Parteien und Organisationen werden verboten →	führende Oppositionelle, Studenten, Gewerkschaftler und Journalisten verhaftet; ihre Haftbedingungen sind laut AI *äußerst unbefriedigend*	Mai 1974: AI und ICJ unternehmen gemeinsame Mission und stellen fest, daß pol. Gef. in Uruguay keinerlei rechtlichen Schutz genießen und systematisch unmittelbar nach ihrer Verhaftung gefoltert werden Jan. 1976: AI startet breitangelegte Kampagne, um auf Folterungen aufmerksam zu machen	
Vereinigte Staaten von Amerika		1974/75: Zahl der inhaft. KDVs sinkt nach Rückzug der US-Streitkräfte aus Indochina, aber laut AI noch immer Tausende von Deserteuren im Exil oder im Untergrund	Ermittlungen und Gefangenenarbeit konzentrieren sich auf KDVs Nov. 1974: AI bittet Präs. Ford um bedingungslose Amnestie für alle KDVs anläßlich des *Thanksgiving Day*	7 G (Mai 1975)

Land	Bedeutsame innenpolitische Ereignisse	Entwicklung hinsichtlich der Menschenrechte	Aktivitäten von Amnesty International	Ermittlungs- und Adoptionsfälle
noch Vereinigte Staaten von Amerika			Ausblick: *In der USA wächst die Zahl der betreuten Häftlinge, die als politische Aktivisten (vor allem Schwarze) Opfer einer Fehljustiz aufgrund falscher krimineller Anklagen werden.* (AR 1973/74); bekanntester Fall in dieser Hinsicht ist der des Farbigen Martin Sostre, der 1968 wegen angeblichen Verkaufs von Rauschgift zu 40 Jahren Gefängnis verurteilt wurde	

3. Organisation – die internationale Ebene

3.1. Allgemeiner Überblick

Im Mai 1975 zählte AI rund 70 000 Mitglieder in 65 Ländern.[1] Das bedeutete einen Mitgliederzuwachs von über 40 Prozent gegenüber Mai 1974. Anscheinend kam diese Entwicklung auch für die Organisation überraschend, denn in ihrem Jahresbericht 1974/75 gab sie zwar die entsprechenden Zahlen bekannt, verzichtete aber auf einen erläuternden Hinweis. Vermutlich liegt des Rätsels Lösung in der raschen Expansion der amerikanischen, französischen und holländischen Sektionen, die in den Jahren 1973 und 1974 gewaltige Anstrengungen unternommen haben, um neue Mitglieder zu werben. Der Erfolg blieb nicht aus. Viele der hinzugewonnenen Interessenten, namentlich in den Vereinigten Staaten, haben sich AI jedoch nicht als aktive, sondern nur als passive Mitglieder[2] angeschlossen und beschränken ihre Mitarbeit auf die Zahlung von Mitgliedsbeiträgen und Spenden.
Die Zahl der Adoptionsgruppen nahm von Mai 1974 bis Mai 1975 nur um rund 7,5 Prozent zu: sie stieg von 1 483 auf 1 592. Auch das vermittelt keinen realistischen Eindruck vom tatsächlichen Wachstum der Organisation, da der Anteil jener Mitglieder, die in einer Adoptionsgruppe mitarbeiten, an der Gesamtzahl der Mitglieder selbst bei optimistischer Schätzung kaum mehr als ein Viertel betragen dürfte.[3] Die übrigen drei Viertel sind Einzelmitglieder – Mitglieder, die keiner Adoptionsgruppe angehören und daher direkt einer Sektion angeschlossen sind; ihre Mitarbeit besteht in der Teilnahme an gruppenunabhängigen Aktionen speziell im Rahmen der Anti-Folter-Kampagne – und passive Mitglieder. Ungeachtet dessen ist AI der Tradition nach organisatorisch ganz auf die Gruppe hin orientiert. Gruppen bilden das Fundament von AI, dort wird die mühsame Kleinarbeit geleistet, von dort aus nimmt die Mobilisierung der Öffentlichkeit im Kampf gegen die Mißachtung der Menschenrechte ihren Anfang. Für Gruppen gibt es ein in allen nationalen Statuten verbrieftes Mitspracherecht, für Einzelmitglieder und passive Mitglieder hingegen oftmals keines.
Entscheidungsprozesse vollziehen sich auf zwei Ebenen, auf der nationalen und auf der internationalen Ebene. Die Adoptionsgruppen entsenden stimmberechtigte Vertreter in die jeweilige „gesetzgebende Versammlung“ der Sektion, die – wobei sie sich an die Richtlinienentscheidungen der überge-

ordneten Instanz, des *Internationalen Rates,* halten muß – für den nationalen Bereich verbindliche Beschlüsse faßt. Zwischen den im allgemeinen jährlich stattfindenden Tagungen des nationalen Legislativvorgang führt ein gewähltes Exekutivkomitee (oder ein anders bezeichnetes Gremium mit derselben Funktion) die Geschäfte der Sektion, manchmal in Verbindung mit einem nationalen Sekretariat, das meist aus mehreren ehrenamtlich beziehungsweise hauptamtlich tätigen Personen besteht.

Die legislative Gewalt auf der internationalen Ebene liegt beim Internationalen Rat. Ein *Internationales Exekutivkomitee* verwirklicht die Beschlüsse des Rates und überwacht die Tätigkeit des *Internationalen Sekretariats,* das von allen Sektionen gemeinsam finanziert wird. Vordringlichste Aufgabe des Sekretariats ist die Ermittlung und zentrale Registrierung von Menschenrechtsverletzungen. Die Leitung des Amnesty-Hauptquartiers liegt in den Händen eines Generalsekretärs, der vom Internationalen Exekutivkomitee ernannt wird. Im Oktober 1975 arbeiteten über 60 Angestellte im Internationalen Sekretariat.

Der Bauplan der Organisation ist in seinen Grundzügen im Internationalen Statut vorgezeichnet, das auf der Stockholmer Tagung des Internationalen Rates, der ersten dieses Gremiums, 1968 verabschiedet wurde. Mit dem Stockholmer Statut erhielt AI eine Verfassung und vollzog damit einen bedeutsamen Schritt auf dem Wege der Entwicklung von der unorganischen, von einzelnen Persönlichkeiten geprägten Bewegung hin zur Institution mit festen Strukturen. Das Stockholmer Statut bedeutete ein nachdrückliches Ja zur Einrichtung der Nationalen Sektionen und einen Versuch, die Autonomie der Gruppen zu beschränken, die sich von da an mehr als vorher den nationalen Führungsgremien zum Zweck einer engeren Zusammenarbeit zu unterwerfen hatten. An direkten Verbindungen zwischen Basis und Spitze der Organisation sind nur die brieflichen, seltener auch persönlichen Kontakte der Gruppen mit dem Internationalen Sekretariat übriggeblieben. Je mehr Mitglieder eine Sektion hat, desto komplizierter wird ihr inneres Gefüge und desto verwinkelter der Gang der Entscheidungen.

Eine Sonderstellung innerhalb der Organisation nehmen die *Internationalen Mitglieder* ein. Das sind Einzelmitglieder in Ländern, in denen es keine Nationale Sektion gibt. Sie sind direkt dem Internationalen Sekretariat angeschlossen. Ihr Einfluß auf die Politik von AI ist außerordentlich gering, da sie über kein Mitbestimmungsrecht verfügen und zahlenmäßig nicht ins Gewicht fallen.

Prominente Persönlichkeiten aus aller Welt, die *Internationalen Schirmherren*, bilden eine Art Ehrenpräsidium, das als solches jedoch nicht institutionalisiert ist, da das Internationale Statut mit keinem Wort auf die Berufung und die Aufgaben der Internationalen Schirmherren eingeht.

Organisationsschema
Internationale Ebene

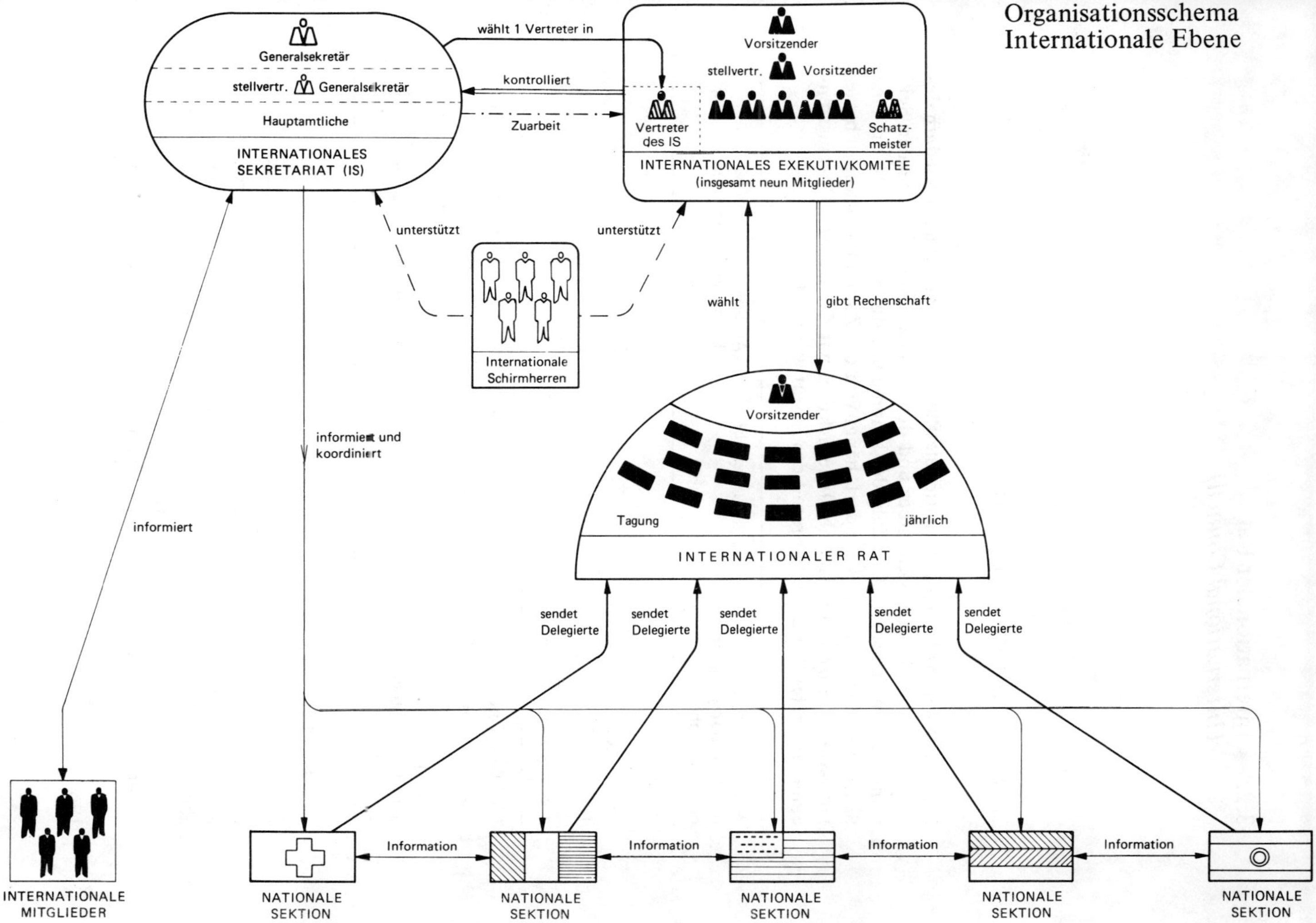

3.2. Internationaler Rat
(International Council)

3.2.1. Zusammensetzung

Parlament von AI ist der Internationale Rat, der sich aus den Mitgliedern des Internationalen Exekutivkomitees und den Delegierten der Nationalen Sektionen zusammensetzt. Die Zahl der stimmberechtigten Vertreter, die eine Sektion für den Rat benennen darf, hängt von der Zahl ihrer Gruppen beziehungsweise Einzelmitglieder ab. Jede Sektion hat das Recht auf wenigstens einen Vertreter. Einzelheiten regelt das Statut wie folgt:

Anzahl der Adoptionsgruppen einer Sektion	ergibt	Anzahl der stimmberechtigten Delegierten
bis zu 9		1
10 bis 49		2
50 bis 99		3
100 bis 199		4
200 bis 399		5
400 und mehr		6

Für Sektionen, die in erster Linie aus Einzelmitgliedern bestehen, existiert wahlweise auch die Möglichkeit, sich wie folgt vertreten zu lassen:

Anzahl der Einzelmitglieder einer Sektion	ergibt	Anzahl der stimmberechtigten Delegierten
bis zu 499		1
500 bis 2499		2
2500 und mehr		3

Diese Regelung benachteiligt Sektionen, die hauptsächlich aus Einzelmitgliedern bestehen. Die Folgen sind ungewöhnlich. Die deutsche Sektion hat über 500 Adoptionsgruppen und darf daher sechs Delegierte in den Internationalen Rat schicken. Die holländische Sektion, die mit rund 18 000 Mitgliedern etwa doppelt so groß ist wie die deutsche (ungefähr 9 000 aktive und passive Mitglieder), ist aufgrund einer weitaus geringeren Anzahl von Adoptionsgruppen (etwa 180) mit nur vier Delegierten vertreten (vgl. Schaubild S. 198).

Ihr Stimmrecht darf eine Sektion nur wahrnehmen, wenn sie ihren Jahresbeitrag entrichtet hat. Der Jahresbeitrag, mit dem die Sektionen gemeinsam das Internationale Sekretariat unterhalten, orientiert sich ebenfalls an der Zahl der Gruppen. Er ist vom Umfang des Budgets abhängig, das vom Internationalen Sekretariat vorgeschlagen wird. Da dessen Beitragsforderungen stets höher liegen, als die Nationalen Sektionen zu zahlen bereit sind, ist der Haushalt auf jeder Ratstagung ein Streitobjekt ersten Ranges. Im Haushaltsjahr 1975/76 beteiligt sich jede Sektion mit £ 205 pro Gruppe am Etat, dessen Gesamtvolumen (einschließlich einiger Zuwendungen von außerhalb der Organisation in geringer Höhe) rund £ 366 000 beträgt. Einige Sektionen, wie zum Beispiel die schwedische, empfinden diese Regelung als ungerecht. Sie stamme aus einer Zeit, hieß es in einer Vorlage zur St. Gallener Ratstagung, in der die Arbeit der Adoptionsgruppen vorherrschend gewesen sei. Inzwischen gebe es jedoch noch andere Formen der Aktivität, und weder die Größe noch die Leistungsfähigkeit einer Sektion werde ausschließlich durch die Zahl der Adoptionsgruppen bestimmt.[4] So befindet man sich nun auf der Suche nach einem neuen Modus. Aufgrund der bisherigen Regelung bestritt jedenfalls die deutsche Sektion in den letzten Jahren nahezu ein Drittel des Etats. Zusammen mit den Sektionen Schwedens, Hollands, Großbritanniens und der Vereinigten Staaten finanziert sie die Arbeit von AI zu mehr als 60 Prozent. Diese Tatsache verschafft den fünf genannten Sektionen beträchtlichen Einfluß innerhalb der Gesamtorganisation, den sie freilich nicht nur gemeinschaftlich, sondern auch rivalisierend geltend zu machen versuchen.
Außer den offiziellen Delegierten nehmen noch andere, nicht stimmberechtigte Vertreter aus verschiedenen Nationalen Sektionen als Beobachter an den Zusammenkünften des Rates teil. Am Rande der Konferenz nützen sie die Gelegenheit zum Meinungs- und Erfahrungsaustausch. Auch ein großer Teil der Mitarbeiter des Internationales Sekretariats, allen voran der Generalsekretär, ist anwesend. Und schließlich verfolgen die Repräsentanten zahlreicher nichtstaatlicher, internationaler Organisationen und einiger überstaatlicher Organisationen, mit denen AI kooperiert, als Gäste den Ablauf der Tagung. Folgende Organisationen waren in den letzten Jahren unter anderen vertreten: das *Rote Kreuz*, die *Internationale Juristenkommission*, die *Internationale Liga für Menschenrechte*, der *Internationale Bund Freier Gewerkschaften*, der *Weltverband der Kriegsteilnehmer*, der *Weltfriedensrat*, der *Weltverband der Arbeitnehmer* und der *Weltkirchenrat*. Die *Menschenrechtskommission* der *Vereinten Nationen*, der *Europarat* und die *Organisation für die Einheit Afrikas* entsandten ebenfalls Beobachter.

Sitzverteilung im Internationalen Rat auf der St. Gallener Ratstagung 1975

	Delegierte						IEK-Mitglieder
Bundesrepublik Deutschland	1	2	3	4	5	6	IEK
Schweden	1	2	3	4	5		IEK
Niederlande	1	2	3	4			IEK
Großbritannien	1	2	3	4			IEK[2]
USA	1	2	3	4			IEK
Frankreich	1	2	3				IEK
Dänemark	1	2	3				
Schweiz	1	2	3				
Österreich	1	2					IEK[3]
Belgien	1	2					
Kanada	1	2					
Norwegen	1	2					
Irland	1						IEK
Finnland	1						
Luxemburg	1						
Italien	1						
Island	1						
Israel	1						
Mexiko	1						
Peru	1						
Sri Lanka	1						
Indien	1						
Japan	1						
Färöer Inseln	1						
Türkei							IEK[4]
Internationales Sekretariat							IEK
Gesamt[1]	52						9
	61						

1 Die mögliche Gesamtzahl der stimmberechtigten Ratsmitglieder liegt höher. Aber von 33 Nationalen Sektionen waren 1975 nur 24 vertreten.

2 Die Amtsperiode des britischen IEK-Mitgliedes lief 1975 ab. Die Wahl um den freigewordenen Sitz gewann ein österreichisches AI-Mitglied.

3 siehe Anm. 2

4 In der Türkei gibt es keine Nationale Sektion. Das türkische IEK-Mitglied Mumtaz Soysal ist Internationales Mitglied.

3.2.2. Aufgaben.

Der Internationale Rat legt den Arbeitsrahmen von AI fest und entscheidet, welchen Aufgaben Priorität einzuräumen ist. Als sein ausführendes Organ fungiert das Internationale Exekutivkomitee. Der Rat wählt aus seinen Reihen alle Mitglieder dieses Gremiums mit einer Ausnahme: den Vertreter des Internationalen Sekretariats, der von dessen hauptamtlichen Mitarbeitern gewählt wird. Zwischen den Tagungen des Rates führt das neunköpfige Exekutivkomitee die Geschäfte der Organisation und überwacht die Tätigkeit des Sekretariats.

Auf jeder Ratstagung legen Exekutivkomitee und Sekretariat einen schriftlichen Jahresbericht vor, der auch außerhalb der Organisation starke Beachtung findet. Er gibt einen Überblick über die Aktivitäten auf dem Gebiet der Gefangenenbetreuung, der Anti-Folter-Kampagne und der Kampagne zur Abschaffung der Todesstrafe. Er legt dar, welche Initiativen zum Schutz der Menschenrechte eingeleitet und unterstützt worden sind. Und unter der Überschrift *Gefangene und Menschenrechte, Land für Land* resümiert die Ermittlungsabteilung des Internationalen Sekretariats die von ihr registrierten Fälle von Folter und politischer Verfolgung.

Weitere Aufgaben des Rates bestehen darin, den Haushalt zu verabschieden, einen Rechnungsprüfer zu bestellen,[5] das Thema der einmal im Jahr stattfindenden internationalen Veranstaltungs-*Woche des Gewissensgefangenen* festzulegen und über Ort und Termin der nächsten Ratstagung zu entscheiden. Überdies ist er allein befugt, das Statut zu ändern.

Der Rat tritt einmal im Jahr zusammen, gewöhnlich im September. Die Organisation der Tagung liegt bei der gastgebenden Sektion, die Vorbereitung der Tagesordnung und die Unterrichtung der Teilnehmer über die anstehenden Entscheidungen beim Internationalen Sekretariat, dessen Generalsekretär und beim Vorsitzenden des Internationalen Exekutivkomitees. Nach Eröffnung der Konferenz wählen die Delegierten einen Vorsitzenden, der die Zusammenkünfte des Plenums leitet. Bisher war das stets der jeweilige Vorsitzende des Internationalen Exekutivkomitees, bis einschließlich 1973 Sean MacBride, seither der Deutsche Dirk Börner. Nachdem die Vollversammlung den Jahres- und den Kassenbericht entgegengenommen und gebilligt hat, teilt sie sich in Arbeitsgruppen auf. Die Themen ergeben sich von Jahr zu Jahr neu. Auf der Ratstagung 1975 in St. Gallen beschäftigten sich die Arbeitsgruppen mit Fragen der Organisationsstruktur, des Ausbaus von AI in der Dritten Welt, der Arbeitsmethode und der Geldbeschaffung. Außerdem filtern sie die von den Nationalen Sektionen eingebrachten Resolutionen. Finden diese in den Arbeitsgruppen Zustimmung, so werden sie dem Plenum zur endgültigen Entscheidung vorgelegt. Resolutionen müssen fünf Wochen vor der Eröffnung der Ratstagung beim Internationalen Sekretariat eingetroffen sein. Ein eigener Ausschuß prüft während der Konferenz die Zulassung von Dringlichkeitsanträgen, etwa von Resolutionen aus aktuellem politischen Anlaß.

3.2.3. Bedeutung.

Mehr und mehr, so war am Rande der St. Gallener Tagung zu vernehmen, werde der Internationale Rat Debattierclub und Schauplatz für ideologische und nationale Fehden; einige wenige Sektionen, die größten nämlich, gäben dabei den Ton an. In der Tat: auf der Ratstagung 1975 spiegelte sich das Übergewicht der mitglieds- und finanzstarken Sektionen Schwedens, Hollands, Großbritanniens und der Bundesrepublik allein schon in der Zahl der eingebrachten Resolutionen wider. Von insgesamt 27 stammten zwölf von der niederländischen, sechs von der deutschen und drei von der schwedischen Sektion. In die übrigen teilten sich Großbritannien, die Vereinigten Staaten, Österreich und das Internationale Exekutivkomitee. Resolutionen sind aber anscheinend nicht nur Ausdruck von Sachengagement, sondern auch eine Angelegenheit des Prestiges. *Die Arbeit leisten ja ohnehin wir,* bemerkte ein leitender Mitarbeiter des Internationalen Sekretariats. *Und diese Entschließungen,* so fuhr er fort, *nehmen auf unsere Tätigkeit wenig Einfluß. Für die Nationalen Sektionen bedeuten sie allerdings eine Art Selbstbestätigung.*[6] Das Vorgehen der Konferenzmatadore aus West- und Nordeuropa geht zulasten der kleineren und noch im Aufbau befindlichen Sektionen. Deren Delegationen waren nach St. Gallen gekommen, weil sie sich Tips und Ratschläge erhofften. Sie wurden enttäuscht. Der Vertreter Israels tadelte: *Man redet sich hier über Verfahrensfragen die Köpfe heiß. Substantielles fällt dabei nicht ab.*[7] Er wie auch seine Kollegen waren weitgehend zum Zuhören verurteilt. In den Plenarsitzungen meldete sich von den anwesenden Delegationen rund die Hälfte kein einziges Mal zu Wort, sondern zeigte nur, wenn es gewünscht wurde, die Stimmkarten. Im Einzelfall mag das daran gelegen haben, daß ihre Abgesandten die Konferenzsprache Englisch nicht fließend beherrschten. Den Ausschlag gab jedoch ein anderer Grund: die Haltung mancher mitglieds- und finanzschwacher Sektionen verriet schlicht Ehrfurcht vor den „Großen“. Ein Delegierter aus Österreich faßte zusammen: *Wir können da nicht mitreden. Wir sind hier, um zu lernen.*[8]
Was AI ist, was sie sein sollte – darüber gibt es innerhalb der Organisation unterschiedliche Auffassungen. Als Gegensätze treten diese auf internationaler Ebene nirgendwo sonst so deutlich zutage wie im Internationalen Rat. Aber unabhängig von der Frage des Selbstverständnisses achtet jede Sektion auf die Wahrung ihrer nationalen Interessen. Initiativen, die eine Verschie-

bung der Kräfte zur Folge haben könnten, werden aufmerksam beobachtet und gegebenenfalls abgeblockt. Selbst gutgemeinte Vorstöße können dieser Rivalität zum Opfer fallen. So erging es in St. Gallen beispielsweise dem Vorschlag der holländischen Sektion, die nach eigenen Angaben die reichste ist, das von Etatkürzungen bedrohte Entwicklungsprogramm zum Ausbau von AI in der Dritten Welt vorwiegend mit von ihr zur Verfügung gestellten Geldmitteln zu finanzieren. Das Angebot fand wenig Gegenliebe. Ein deutsches Delegationsmitglied erklärte: *Der Vorschlag unserer Freunde aus den Niederlanden stellt ein großzügiges Anerbieten dar, aber auch einen großzügigen Versuch, Politik zu machen.*[9] Insbesondere die Schweden leisteten Widerstand. Die Auseinandersetzung endete mit einem Kompromiß, und ein holländischer Delegierter kommentierte verärgert: *Die Schweden hatten nur Angst, daß wir die Organisation übernehmen könnten.*[10]

Rangeleien im Rat kümmern die Basis wenig. Mitglieder deutscher Amnesty-Gruppen gaben an, daß ihre Vorstellungen von der Tätigkeit dieser Einrichtung ziemlich verschwommen seien. Er interessiere sie auch gar nicht sonderlich, da sie den Eindruck hätten, daß seine Entscheidungen ohne großen Einfluß auf ihre Arbeit seien.[11] Offenbar ist es dem Rat bisher nicht gelungen, sich der breiten Masse der Mitglieder als Parlament darzustellen. Verwunderlich ist das nicht, fällt es ihm doch anscheinend selbst schwer, seinen Stellenwert innerhalb der Organisation zu ermitteln. Einerseits will er eine repräsentative Vertretung der internationalen Bewegung sein. Andererseits verlangt die Vielfalt der Meinungen im Nebeneinander der Nationalen Sektionen nach einem Diskussionsforum. Für diese Aufgabe wurde der Rat nicht geschaffen, muß sie aber in Ermangelung eines anderen geeigneten Gremiums wahrnehmen. Vielleicht gelingt es, ihn von dieser zusätzlichen Belastung zu befreien. Regionale Konferenzen, die dem Meinungsaustausch und der gemeinsamen Aktionsplanung dienen, könnten eine Lösung bedeuten. Solche Zusammenkünfte, bei denen sich jeweils nur Vertreter von Sektionen aus einem Erdteil treffen, haben bereits stattgefunden, und zwar in Amsterdam (für die europäischen Sektionen) und in Neu-Dehli, wo Amnesty-Verantwortliche aus Indien, Bangladesh, Nepal, Pakistan und Sri Lanka im März 1975 die Südasien-Regionalkonferenz abhielten (vgl. *Amnesty International in der Dritten Welt*, S. 268 ff.)

3.3. Internationales Exekutivkomitee *(International Executive Committee)*

3.3.1. Wahl der Mitglieder

Das Internationale Exekutivkomitee (IEK) besteht aus neun Personen: dem Schatzmeister, dem Vertreter des ständigen Personals im Internationalen Sekretariat und sieben ordentlichen Mitgliedern aus verschiedenen Nationalen Sektionen. Der Schatzmeister und die ordentlichen Mitglieder werden vom Rat auf zwei Jahre gewählt, wobei *die Mitglieder des Komitees, abgesehen vom Vertreter des ständigen Personals, in gleicher Zahl abwechselnd in verschiedenen Jahren gewählt werden sollen.*[12] Diese Regelung soll eine kontinuierliche Arbeit im Exekutivkomitee gewährleisten. Eine Wiederwahl ist möglich. Die Nominierung eines Kandidaten geschieht formell nicht durch die Sektion, der er angehört, sondern durch eine befreundete Sektion, die die Kandidatur unterstützt. Die Erfahrung der letzten Jahre hat gezeigt, daß die dominierenden Sektionen wie die Niederlande, Schweden, Großbritannien und die Bundesrepublik Deutschland ihre Bewerber im allgemeinen durchbringen. Diese sollen sich allerdings nach ihrer Wahl nicht einseitig als deren Interessenvertreter verstehen, sondern als Repräsentanten der gesamten Organisation.

Das ständige Personal des Internationalen Sekretariats, die haupt- und nebenamtlichen Mitarbeiter des Londoner Hauptquartiers wählen aus ihren Reihen das neunte IEK-Mitglied, das nur jeweils ein Jahr lang im Amt bleibt. Das Internationale Exekutivkomitee kann von sich aus, wenn es das für nötig erachtet, bis zu vier weitere Personen als *kooptierte* (das heißt *hinzugewählte*) Mitglieder in das Gremium berufen. Kooptierte Mitglieder sind nicht stimmberechtigt. Ihre Amtsdauer ist auf ein Jahr beschränkt, erneute Kooptierung ist jedoch möglich. Kooptierte Mitglieder sollen die ordentlichen Mitglieder bei der Arbeit entlasten, in Kommissionen mitwirken oder zeitlich begrenzte Spezialaufgaben wahrnehmen.

3.3.2. *Aufgaben*

Das Internationale Exekutivkomitee führt in der Zeit zwischen den Tagungen des Internationalen Rates in dessen Auftrag die laufenden Geschäfte der Organisation in oberster Verantwortung und gemäß den Richtlinien, die der Rat festgelegt hat. IEK-Vorsitzender Börner berichtete, daß es der Rat dem Exekutivkomitee in der Vergangenheit nicht immer leicht gemacht habe, seine Beschlüsse zu verwirklichen. Manche Entscheidungen seien ohne Rücksicht auf ihre finanziellen Auswirkungen gefällt worden, so daß das Exekutivkomitee sie in Anbetracht der stets nur halbgefüllten Kassen habe unmöglich durchführen können.[13]

Das Exekutivkomitee trifft sich im Laufe eines Jahres wenigstens drei- bis viermal zu Arbeitssitzungen, die sich meist über ein ganzes Wochenende erstrecken. Es entscheidet in allen wichtigen Angelegenheiten wie über die Entsendung von Missionen und Prozeßbeobachtern, über die Veröffentlichung von Reports und den Inhalt von Presseverlautbarungen zu aktuellen politischen Ereignissen, bei denen es auch um die Menschenrechte geht. Mitglieder des Exekutivkomitees verhandeln mit Regierungsvertretern und Diplomaten. In Zusammenwirken mit dem Generalsekretär und dem Justiziar, der hinzugezogen wird, wenn Fragen des internationalen Rechts zur Debatte stehen, bemühen sie sich um die Festigung und den Ausbau von Kontakten zu überstaatlichen und nichtstaatlichen Organisationen. Das Exekutivkomitee überwacht auch die Arbeit des Internationalen Sekretariats, dessen Generalsekretär es ernennt. Das Verhältnis zwischen den beiden Gremien sollte partnerschaftlich sein. Reibereien, so erklärte IEK-Vorsitzender Börner, habe es aber früher durchaus gegeben. Seit 1974 aber habe sich das Klima erheblich verbessert.[14] Börner führte diesen Umstand auf die Verjüngung des Exekutivkomitees zurück. Außerdem trafen Internationales Sekretariat und Internationales Exekutivkomitee 1974 ein internes Abkommen, das die jeweiligen Kompetenzen regelt. Aber auch innerhalb des Exekutivkomitees sind seit 1974 die Zuständigkeiten der einzelnen Mitglieder voneinander abgegrenzt. Die wichtigsten Kompetenzbereiche heißen Öffentlichkeitsarbeit, Ermittlung, Verwaltung, Finanzen, Entwicklung, Beziehungen zu den Nationalen Sektionen, auswärtige Angelegenheiten und Anti-Folter-Kampagne. Die Aufteilung der Zuständigkeiten besorgen die Mitglieder des Exekutivkomitees unter sich, wobei sie sowohl auf fachliche Qualifikationen wie auch auf persönliche Interessen Rücksicht nehmen.

3.4. Internationales Sekretariat
(International Secretariat)

Besucher sind meist enttäuscht, wenn sie unser häßliches Haus zum erstenmal sehen, heißt es im Internationalen Sekretariat. In der Tat: Das enge und düstere Backsteingebäude in der Londoner Theobald's Road kann kaum mit den repräsentativen Zentralen anderer internationaler Organisationen konkurrieren. Das Haus, das AI 1972 für die Dauer von viereinhalb Jahren bezog, ist jedoch nur ein Übergangsquartier. Seit einiger Zeit ist man auf der Suche nach einer neuen Unterkunft, die zwar nicht unbedingt stattlicher, aber wenigstens geräumiger sein sollte, da steigende Mitgliederzahlen und wachsende Anforderungen einen größer werdenden Verwaltungsapparat nötig machen.
Im ersten Stock des Hauses befinden sich die Büros der Presse- und Informationsabteilung, des Generalsekretärs, seines Stellvertreters, des Rechtsberaters und der Verwaltung, wo überall hektische Betriebsamkeit herrscht. Einzige Oase der Ruhe ist die *Prisoner of Conscience Library,* die im Bedarfsfall auch als Konferenzraum zur Verfügung steht. In den beiden oberen Stockwerken liegen die Büros der Koordinationsabteilung, der Abteilung für die *Kampagne zur Abschaffung der Folter* und der Ermittlungsabteilung. Infolge des chronischen Platzmangels müssen Assistenten und Sekretärinnen vor den Türen sitzen. Ihre kleinen Schreibtische drängen sich auf den Korridoren. 68 ständige Mitarbeiter aus sechzehn Nationen, darunter ein beträchtlicher Anteil an Frauen, viele von ihnen in leitender Funktion, und neun freiwillige Hilfskräfte waren 1975 im Internationalen Sekretariat beschäftigt.[15]
Der Mitarbeiterstab besteht überwiegend aus jungen Leuten im Alter zwischen 25 und 35 Jahren. Der Grund für dieses niedrige Durchschnittsalter ist wohl darin zu suchen, daß die Arbeit im Sekretariat Schnelligkeit, Ausdauer und starke psychische Belastbarkeit bei gleichzeitig bescheidenen Gehaltsansprüchen verlangt. Spitzengehälter kann die Organisation nicht zahlen. Zwar verdient der Generalsekretär jährlich immerhin £ 6 600, ein leitender Researcher muß sich jedoch mit durchschnittlich £ 3 800 zufriedengeben, ein Assistent sogar nur mit £ 2 900.[16] Der starke psychische Kräfteverschleiß hat zur Folge, daß nur wenige Mitarbeiter länger als sechs Jahre im Internanionalen Sekretariat bleiben; Researcher verlassen AI oft bereits nach ein bis zwei Jahren wieder. Als gesuchte Auslandsspezialisten haben sie kaum Schwierigkeiten, anderswo einen neuen Arbeitsplatz zu finden. Die Organisation trennt sich jedoch nur ungern von ihren Fachkräften, da die Einarbeitung viel Zeit kostet und den sonst reibungslosen Arbeitsablauf hemmt.
Einstellungen von Experten und Führungskräften als Mitarbeiter nimmt der *Generalsekretär* im Einvernehmen mit dem Vorsitzenden des Internationa-

len Exekutivkomitees vor, vorbehaltlich einer Bestätigung durch das IEK. Der Generalsekretär, der dem IEK unmittelbar untersteht, ist gemäß der Internationalen Satzung *für die Wahrnehmung der Aufgaben von Amnesty International und der damit verbundenen Angelegenheiten und für die Durchführung der Beschlüsse des Internationalen Rates verantwortlich.*[17] Seit 1968 bekleidet der Brite Martin Ennals diesen Posten. *Meine Probleme heißen Raum, Zeit und Geld,*[18] sagt der Generalsekretär. *Die Organisation ist in den vergangenen sieben Jahren ungeheuer rasch gewachsen. Unsere erste Aufgabe war es, die Ermittlungsabteilung aufzubauen, dann die Verwaltung, schließlich die Publikationsabteilung, damit wir das Material, das die Ermittlungsabteilung produziert, verwerten können, und jetzt müssen wir uns um ein Dokumentationszentrum kümmern . . . Amnesty International ist aus dem Stadium der kleinen Amateurorganisation herausgewachsen . . .* Als entscheidend für die Zukunft der Organisation sieht Ennals die Bewältigung des Finanzproblems an: *Wir müssen neue Einkommensquellen anzapfen. Aus den Gruppen kann man nicht noch mehr Geld herausholen, als wir das im Augenblick schon tun. Eine Gruppe, die nur drei Fallberichte im Jahr erhält, soll nicht im gleichen Zeitraum DM 1 000 bis DM 2 000 Beitrag zahlen, das läge außerhalb jeder Verhältnismäßigkeit, wenn man unseren Service in Betracht zieht. Wir haben vielmehr auf die Gesamtfinanzstruktur zu achten. Raum, Zeit und Geld sind immer einschränkende Elemente, wenn man inmitten einer kleinen Organisation sitzt, die ehrgeizige Ziele verfolgt, wobei die Grenzen der Arbeit weit gesteckt sind.*

Stellvertretender Generalsekretär ist seit Ende 1974 der Schwede Hans Ehrenstrale.

Stephanie Grant, die bereits unter Peter Benenson Mitarbeiterin im Internationalen Sekretariat war, leitet die *Ermittlungsabteilung* als *Head of Research.* Im September 1975 unterstanden ihr in dieser Funktion 44 Researcher, Assistentinnen und Sekretärinnen. Ihre Aufgabe ist es, dafür zu sorgen, daß die von AI herausgegebenen Informationen ein Höchstmaß an Genauigkeit und Zuverlässigkeit erreichen und daß die Arbeit in der Ermittlungsabteilung im Sinne der Grundsätze der Organisation und mit politischem Fingerspitzengefühl erledigt wird. Dieser Aufgabe kann sie freilich nur deshalb gerecht werden, weil bereits auf die Auswahl der Mitarbeiter große Sorgfalt verwendet wird. Die Suche nach geeigneten Bewerbern beginnt mit einer Ausschreibung der Stelle im *Amnesty International Newsletter.* Zur gleichen Zeit annonciert AI in führenden Zeitungen wie *Le Monde, Herald Tribune* und *Die Zeit,* aus der das folgende Stellenangebot entnommen ist (*Die Zeit* Nr. 50 vom 5. Dezember 1975 – aus dem Englischen übersetzt):

Amnesty International sucht
Researcher für Ost-Europa

für mindestens ein Jahr. Aufgabengebiet umschließt Ermittlungsarbeit und Tätigkeit in Fällen von politischer Haft und Menschenrechtsverletzungen. Hauptsächliche Voraussetzungen: Hervorragende Englischkenntnisse, fließende Beherrschung der deutschen und mindestens einer slawischen Sprache; Ausbildung in verwandten akademischen Fächern; Erfahrung auf dem Gebiet der Ermittlungsarbeit und in organisatorischen Fragen von Vorteil. Gehalt: £ 3300 p.a.

Die gestellten Anforderungen erfüllt in der Regel nur ein begrenzter Kreis von Bewerbern, die in je einem Einstellungsgespräch mit Stephanie Grant und den Mitgliedern des Internationalen Exekutivkomitees Rede und Antwort stehen müssen. Keine Chance haben Kandidaten, die, wie es die Leiterin der Ermittlungsabteilung ausdrückt, *vielleicht zehn Sprachen beherrschen, selbst in der Haft gelitten haben, demnach über eine starke Motivation für die Arbeit bei AI verfügen, aber durch und durch politische Idioten sind, Leute, denen es an jeglicher Objektivität mangelt, die nicht verstehen, wie AI arbeitet.*[19]

Der Kanadier John Humphreys ist stellvertretender Leiter der Ermittlungsabteilung und einer von vier *Bereichsleitern (Head of Region).* Humphreys ist für die Amnesty-Arbeit in Afrika zuständig, Inger Fahlander betreut Amerika, Huang Wen-hsien Asien und Clayton Yeo Europa. Humphreys hat im Internationalen Sekretariat eine steile Karriere gemacht. Der Kanadier, der afrikanische Geschichte studiert und danach in Afrika gelebt hatte, suchte vor seiner Rückkehr nach den USA oder England nach einem seinen Interessen und Fähigkeiten entsprechenden Job. *Ich hörte dann zufällig von AI und weil das recht interessant klang, bewarb ich mich.*[20] 1970 begann Humphreys in London als ehrenamtlicher Mitarbeiter für Westafrika, wenige Wochen später war er bereits Researcher, dann Bereichsleiter für Afrika und zuguterletzt auch noch stellvertretender Leiter der Ermittlungsabteilung. – Es ist nicht einfach, im Internationalen Sekretariat eine Anstellung zu finden, aber Humphreys rascher Aufstieg beweist, daß ein Mann mit solidem Wissen und der Bereitschaft, länger als nur zwei Jahre in der Organisation zu bleiben, ohne große Schwierigkeiten in eine Spitzenposition aufrücken kann. Auch Stephanie Grant ist, wenngleich in einem längeren Zeitraum, von der Anstellung als freie Mitarbeiterin zur Leiterin der Ermittlungsabteilung aufgerückt. Humphreys hat in seiner Abteilung, die sich mit über vierzig Nationen befaßt, zwei Kollegen: einen Researcher, der für die Länder in Süden des Schwarzen Kontinents zuständig ist und einen weiteren für den französischsprechenden Teil Afrikas. Dieser Kollege arbeitet als einziger Researcher außerhalb des Internationalen Sekretariats und zwar in Paris, weil dort die besten Informationen zur Verfügung stehen. Zwei Sachbearbeiterinnen nehmen mit ihrem Gebiet eine Sonderstellung ein. Beide betreuen Länder des Mittleren Ostens, für den es keinen Bereichsleiter gibt, sowie zusätzlich Vorderasien, einen Teil Südeuropas, Westindien, Kanada und die USA. Fast alle Researcher kennen die Länder, mit denen sie sich befassen, von ausgiebigen Studienreisen oder durch einen längeren Aufenthalt, nahezu alle beherrschen die Verkehrssprache(n) ihres Gebietes und haben dessen Geschichte studiert. Keiner der Researcher darf sich in seiner Arbeit mit seinem Herkunftsland befassen – das wäre ein Verstoß gegen den Grundsatz der Neutralität. Der zweifellos hohe Wissensstand einzelner Researcher täuscht nicht darüber hinweg, daß die Leistungsfähigkeit der Ermittlungsabteilung insgesamt überschätzt wird. Sechzehn Researcher können unmöglich über mehr als nur Grundkenntnisse bei über 140 zu beobachtenden Staaten verfügen, trotz der Tatsache, daß die Assistenten, deren vordringlichste Aufgabe in der Aufrechterhaltung des Briefkontakts zwischen dem Internationalen Sekretariat und den Gruppen besteht, die Researcher zu entlasten versuchen. Dennoch bleibt der Wert der Ermittlungsabteilung unbestritten. Sie zieht ihren größten Nutzen aus Informationsquellen, die sich AI als bedeutendster internationaler Menschenrechtsorganisation bieten. Speziell im Fall totalitärer Staaten, die ausländischen Journalisten die Arbeit erschweren, sie zu Zeitunglesen, nutzlosem Herumreisen und frustrierendem Antichambrieren zwingen, verfügt AI dank ihrer Kontakte zu oppositionellen Kräften im Lande mitunter über weit bessere Informationen und Analysen zur Situation, als sie je ein Journalist oder Diplomat an Ort und Stelle erhalten kann. Die Informationssperre dieser Staaten verschafft indirekt dem Researcher an seinem Schreibtisch in London, der als Anlaufstelle für die berechtigten und unberechtigten Klagen der Verfolgten eines Landes dient, einen Wissensvorsprung.

Das *Archiv* trägt seit der Gründung der Organisation die etwas irreführende Bezeichnung *Prisoner of Conscience Library* (Gewissensgefangenen – Bibliothek). *Wir arbeiten nicht wie eine Leihbibliothek,*[21] erklärt Nancy Brieske, die Leiterin des Archivs. *Was gebraucht wird, leiten wir sofort an die Ermittlungs- beziehungsweise an die Koordinationsabteilung weiter. Wir schreiben keine Karteikarten aus und entwickeln keine Bürokratie. Wir müssen das Maximum an Effektivität aus der Organisation herausholen und dabei ein Minimum an Bürokratie entwickeln.* Das Presseausschnittarchiv des Internationalen Sekretariats dürfte einmalig auf der Welt sein. Jede Woche werden circa 1 000 Artikel, die sich in irgendeiner Weise mit den Menschenrechten beschäftigen, aus Zeitungen aller fünf Kontinente registriert. In dem Maße wie die Organisation gewachsen ist, sind auch die Anforderungen an das Archiv gestiegen. AI plant daher die Gründung eines Informations- und Dokumentationszentrums, in dem alle Daten von Gefangenen abrufbereit vorliegen. Darüber hinaus könnte Material über die Menschenrechte an Interessenten verliehen oder verkauft werden.

Martin Enthoven, der an Dienstjahren älteste Mitarbeiter im Internationalen Sekretariat, trägt den Titel eines *Geschäftsführers*. Enthoven, der 1964 von Benenson als zuverlässige Bürokraft eingestellt wurde, zeichnet für die *Koor-*

dinationsabteilung verantwortlich, in der die Zusammenarbeit der Sektionen und Gruppen koordiniert wird. Zu seinem Aufgabenbereich gehören die Registratur aller Adoptionen und Haftentlassungen. Darüber hinaus organisiert er die Tagungen des Internationalen Rates. Seit kurzem ist er auch für den Aufbau Nationaler Sektionen in jenen Ländern zuständig, in denen AI noch nicht vertreten ist. Zu seiner Abteilung gehören daher die beiden *Entwicklungsbeauftragten.*

Seit Oktober 1972 leitet der amerikanische Journalist Mark Grantham das *Informations- und Veröffentlichungsbüro,* das die Nachrichtenmedien mit Meldungen über AI versorgt, den monatlichen *Amnesty International Newsletter,* sowie die Reports der A.I.P. herausgibt und bei Anfragen an die Organisation als Kontaktstelle zur Verfügung steht. *Mehr und mehr Journalisten werden sich der Tatsache bewußt, daß Amnesty International über Zugang zu Informationskanälen verfügt, die anderen Organisationen und Zeitungen nicht offenstehen. Sie haben erkannt, daß Amnesty-Meldungen sorgfältig überprüft werden und daher verläßlich sind.*[22] Zeitungen wie Regierungen einiger Länder schicken laut Grantham Korrespondenten beziehungsweise Diplomaten, bevor sie einen Posten im Ausland antreten, zur Vorinformation nach London in das Internationale Sekretariat.[23]

In der Bundesrepublik Deutschland gehören so renommierte Blätter wie die *Frankfurter Rundschau* und die *Süddeutsche Zeitung* zu regelmäßigen Abnehmern von Amnesty-Nachrichten. Die rechtsgerichtete Springer-Presse, die nach einer Auskunft des Pressereferenten der deutschen Sektion,[24] Dieter Brumm, alle Mitteilungen der Zentrale übermittelt bekommt, veröffentlicht nur selten eine der Meldungen, und auch dann nur, wenn sie von Menschenrechtsverstößen im Ostblock berichten. Das verzerrte Bild, das viele Leute von AI gewonnen haben, wurde nicht zuletzt durch die Auswahl dieser Pressemeldungen von Zeitungen in aller Welt entscheidend geprägt.

Der *Verwaltungsmanager* untersteht in Fragen der Verwaltung, sowie in Personal- und Gehaltsangelegenheiten dem Generalsekretär. Bei Tagungen des Internationalen Exekutivkomitees, in der Vorbereitung von Berichten und bei Planungs- und Entwicklungsvorhaben steht er dem Chef des Internationalen Sekretariats zur Seite. Der *Justitiar* von AI vertritt die Organisation u.a. bei Regierungsgesprächen, Prozeßbeobachtungen, Tagungen nichtstaatlicher Organisationen, sowie bei Versammlungen internationaler Organisationen.

Seit 1975 existiert im Internationalen Sekretariat ein *Finanzbüro.*

Verteilung der Ausgaben des Internationalen Sekretariats 1975/76

(Quelle: Jahresbericht 1974/75)

Das Budget des Internationalen Sekretariats belief sich im Geschäftsjahr 1975/76 auf £ 366000. Davon wurden ausgegeben für:

Gehälter u.ä.	£ 275800
Bibliothek	£ 2000
Reisen und Missionen	£ 18900
Drucksachen und Schreibwaren	£ 18000
Porti	£ 13000
Telefon, Telex und Telegramme	£ 9500
Miete und Raten	£ 17000
Reinigung, Heizung und Versicherung	£ 4500
Steuerberater, Buchprüfer u.ä.	£ 5500
Sonstiges	£ 7800
Gesamt	£ 372000
abzüglich Ertrag aus dem Verkauf von AI-Publikationen	£ 5200
	£ 366800

Von den Ausgaben entfallen auf:

die Ermittlungsabteilung	ca. 55,5%
das Büro des Generalsekretärs und des Justitiars	ca. 10,5%
die Verwaltung	ca. 10,5%
die CAT-Abteilung	ca. 7,5%
die Informations- und Veröffentlichungsabteilung	ca. 7,0%
die Koordinationsabteilung	ca. 7,0%
die Entwicklungsbeauftragten	ca. 2,0%

Organisationsschema Internationales Sekretariat

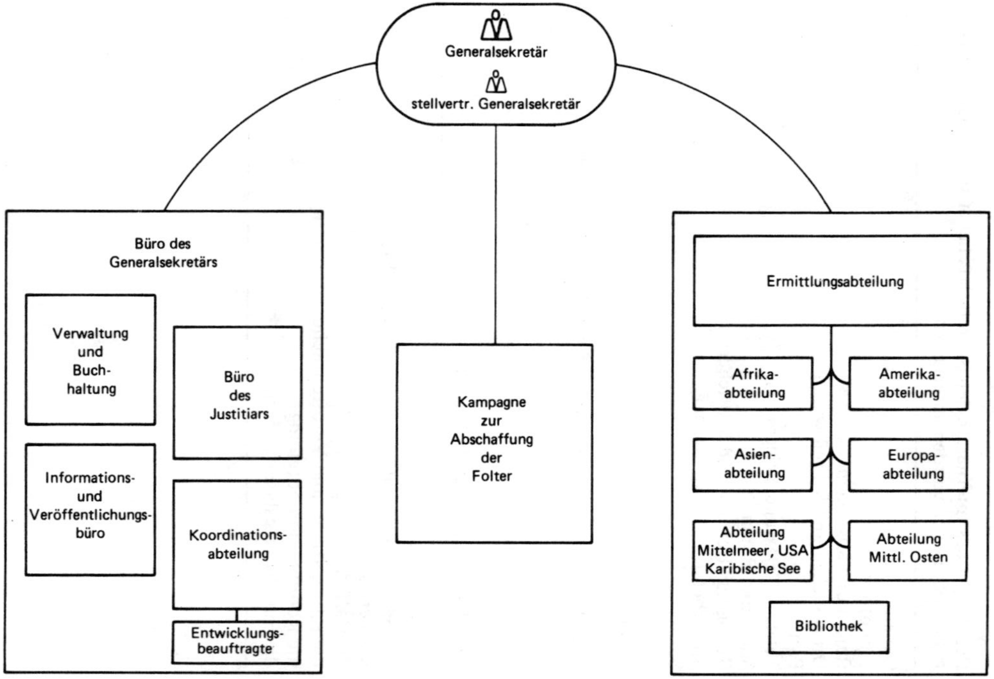

Organisationsschema Ermittlungsabteilung

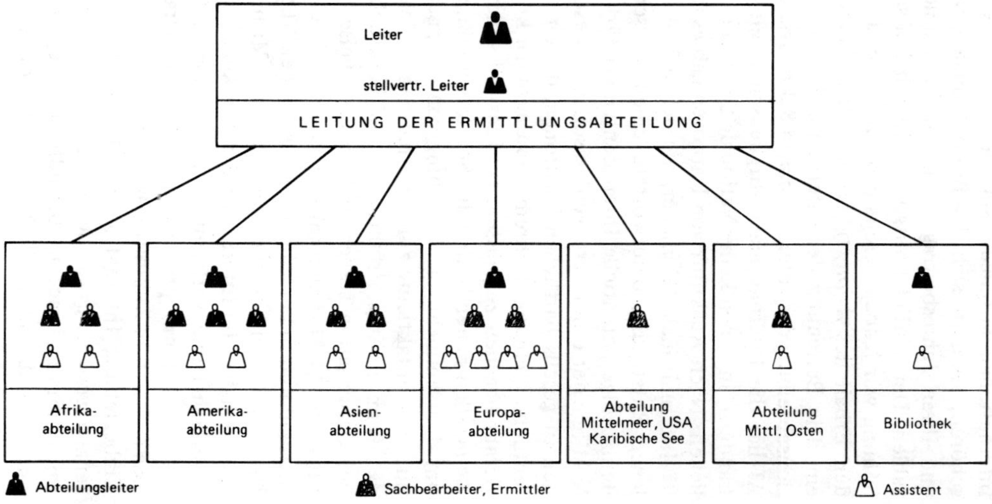

3.5. Internationale Mitglieder *(International Members)*

Internationale Mitglieder sind Mitglieder, die keiner Nationalen Sektion angehören, sondern sich der internationalen Bewegung angeschlossen haben und ihren Jahresbeitrag direkt an das Amnesty-Hauptquartier in London zahlen. Der jährliche Mitgliedsbeitrag belief sich 1975 noch auf £ 3, eine Erhöhung war jedoch bereits geplant.[24] Der Jahresbeitrag schließt den laufenden Erhalt des *Amnesty International Newsletter* und des Jahresberichtes ein. Die Betreuung der Internationalen Mitglieder liegt bei der Koordinationsabteilung des Internationalen Sekretariats, die Martin Enthoven leitet.

AI hat die Internationale Mitgliedschaft eingeführt, um Personen in jenen Ländern, in denen keine Nationale Sektion existiert, die Mitarbeit zu ermöglichen. Nach Auskunft von Enthoven gab es im Oktober 1975 insgesamt nur 97 Internationale Mitglieder, die sich auf 44 Länder verteilen.[25] Die St. Gallener Ratstagung befürwortete einen Vorschlag der Strukturkommission, demzufolge potentielle Interessenten verstärkt zum Beitritt als Internationale Mitglieder ermuntert werden sollen.[26] Besonderen Wert legt AI auf Personen in gesellschaftlichen Positionen, die einen gewissen Einfluß auf die öffentliche Meinung in ihrem Land ausüben können, ohne sich in persönliche Gefahr begeben zu müssen. Im Idealfall sollen Internationale Mitglieder die Keimzellen neuer Nationaler Sektionen sein, sie sollen weitere Interessenten um sich sammeln, die Gründung von Gruppen in die Wege leiten oder auch nur als Kontaktleute zum Internationalen Sekretariat dienen. AI sähe es gerne, wenn sie ihre Erfahrungen und beruflichen Beziehungen in den Dienst der Organisation stellen und beispielsweise bei der Planung und Durchführung von AI-Aktionen (Missionen, Prozeßbeobachtungen etc.) in ihrem Heimatland und in benachbarten Staaten behilflich sein würden.

Ungelöst ist bisher noch die Frage der Mitbestimmung. Internationale Mitglieder haben im Internationalen Rat kein Stimmrecht (lediglich ein passives Wahlrecht) und verfügen daher nur über äußerst begrenzte Möglichkeiten, auf Enscheidungsprozesse innerhalb der Organisation Einfluß zu nehmen. Das soll sich in Zukunft etwas ändern. Die Strukturkommission empfahl die Einbeziehung Internationaler Mitglieder in die Arbeit der Regionalkonferenzen, versagte es sich jedoch, ins Detail zu gehen. Sie stellte den (sich noch im Embryonalstadium befindlichen) regionalen Meinungsbildungsorganen anheim, selbst adäquate Organisationsformen zu entwickeln, die es den Internationalen Mitgliedern erlauben, auf Entscheidungen einzuwirken.[27]

3.6. Internationale Schirmherren *(International Patrons)*

Wie andere Organisationen mit gemeinnützigem Charakter hat sich AI der öffentlichen Unterstützung ihrer Ziele durch Persönlichkeiten von internationalem Rang versichert. Sie bezeichnet sie als Internationale Schirmherren. Da diese nur ein Ehrenamt bekleiden, sind sie mit keinerlei Befugnissen ausgestattet und dienen praktisch nur als Aushängeschild.

Die Internationalen Schirmherren sind:

der Erzbischof von Canterbury,

Roger Baldwin, Präsident der *Internationalen Liga für Menschenrechte*,

Danilo Dolci, italienischer Schriftsteller und Sozialreformer,

Erich Fromm, amerikanischer Psychoanalytiker,

Sir Brian Horrocks, britischer General, während des Zweiten Weltkriegs Befehlshaber der britischen Befreiungsarmee in Griechenland,

Jean-Flavien Lalive, Schweizer Rechtsanwalt, ehemaliger Generalsekretär der *Internationalen Juristenkommission*,

Salvador de Madariaga y Rojo, spanischer Schriftsteller und Diplomat, bedeutender Vertreter der liberalen Bewegung in Westeuropa,

Yehudi Menuhin,

Karl Gunnar Myrdal, schwedischer Nationalökonom und ehemaliger Generalsekretär der *Europäischen Wirtschaftskommission*,

Alan Stewart Paton, südafrikanischer Erzähler und Politiker,

Martin Niemöller, evangelischer Theologe, ehemaliger Präsident des *Weltkirchenrates*,

Sean MacBride,

Giorgio La Pira, ehemaliger Bürgermeister von Florenz,

Julius Stone, australischer Rechtsgelehrter.

4. Die Nationalen Sektionen

4.1. Allgemeiner Überblick

Nationale Sektion lautet die Bezeichnung für eine nationale Zweigorganisation der internationalen Amnesty-Bewegung. Nationale Sektionen können in jedem Land gegründet werden, in dem es wenigstens zwei Amnesty-Gruppen oder zehn Einzelmitglieder gibt. In einem einfachen Anerkennungsverfahren entscheidet das Internationale Exekutivkomitee darüber, ob eine Sektion alle Voraussetzungen für die Aufnahme in die internationale Organisation erfüllt. Zu diesem Zweck prüft es das vorgelegte Statut, das dem Internationalen Statut nicht widersprechen darf. Nationale Sektionen müssen sich mit einem vom Internationalen Rat festgelegten Jahresbeitrag am Etat des Internationalen Sekretariats beteiligen. Sie sind im allgemeinen Vereine und werden meist von einem gewählten Vorstand geleitet. Sie dürfen *keine Initiativen ergreifen, die außerhalb der erklärten Ziele von Amnesty International liegen*[1] und sind an die Beschlüsse der internationalen Gremien gebunden, deren Tätigkeit sie andererseits über den Internationalen Rat kontrollieren.

Die Einrichtung Nationaler Sektionen schon bald nach der Gründung von AI war eine organisatorische Maßnahme, die das rasche Wachstum der Bewegung außerhalb Großbritanniens notwendig machte. Das Internationale Sekretariat wäre mit der Koordinierung der Arbeit von Adoptionsgruppen in verschiedenen Ländern bald überfordert gewesen, und auch die Adoptionsgruppen hätten nicht alle Aufgaben wahrnehmen können, die die Nationalen Sektionen, das heißt ihre Vorstände und Sekretariate, heute erledigen: Pflege von Kontakten zur überregionalen Presse, zu den Rundfunkanstalten und Fernsehsendern, Kooperation mit Gewerkschaften, Kirchen, Parteien und anderen Organisationen, Erschließung langfristiger Geldquellen, Erarbeitung von Aktionsmodellen, Planung und Vorbereitung nationaler Kampagnen, Herstellung von Werbematerial.

1975 gab es 33 Nationale Sektionen, zwei weitere befanden sich im Aufbau (vgl. Übersicht S. 216). Sie unterscheiden sich nicht nur in der Größe, sondern auch in ihrer Organisationsstruktur erheblich voneinander. Das Internationale Statut läßt in dieser Beziehung großen Spielraum, wie es überhaupt den Sektionen weitgehende Autonomie einräumt. Es ist nahezu un-

möglich, eine Sektion mit der anderen zu vergleichen. Und bisher haben sich die Sektionen auch hartnäckig gegen alle Vereinheitlichungstendenzen, gleich von wo sie ausgingen, mit Erfolg gewehrt.
Jede Sektion hat ihre eigenen strukturellen Probleme zu meistern, die eine Folge der unterschiedlichen gesellschaftlichen, politischen, kulturellen und geographischen Verhältnisse in den einzelnen Ländern sind. Lange Zeit war das Wachstum von AI auf West- und Nordeuropa beschränkt gewesen, weil es beispielsweise in Nordamerika und Australien nicht gelungen war, die mitunter weit verstreuten Adoptionsgruppen und Einzelmitglieder organisatorisch unter ein Dach zu bekommen. In den Vereinigten Staaten hatten Benenson und seine Freunde zwar überall Menschen gefunden, die ihren Ideen aufgeschlossen gegenübergestanden hatten, die Gruppen aber, die sich gebildet hatten, waren zum Teil bald wieder auseinandergebrochen. Schuld daran waren die oft beträchtlichen Entfernungen zwischen den Gruppen und die infolgedessen hohen Porto- und Telefonkosten gewesen, die eine enge Zusammenarbeit oder auch nur einen Erfahrungsaustausch verhindert hatten. Die Errichtung von Regionalbüros hat geholfen, diese Schwierigkeiten weitgehend zu beseitigen. Mit rund 25 000 Mitgliedern war die amerikanische Sektion 1975 die größte nationale AI-Organisation. In vielen Ländern bildeten sich zwar bereits kurz nach der Gründung von AI Adoptionsgruppen, nicht überall gründeten diese aber sofort eine Nationale Sektion. In Kanada dauerte es bis 1973. Auch hier verhinderte die Weite des Landes eine frühere Kooperation zwischen den Gruppen. In Australien läßt die Errichtung einer Nationalen Sektion aus demselben Grund noch immer auf sich warten.
In Asien, Afrika und Lateinamerika stellte sich die Situation bis 1974 geradezu trostlos dar. Die wenigen Sektionen in diesen Teilen der Welt litten stark unter ihrer dezentralen Lage. Zum Amnesty-Hauptquartier in London hatten sie wenig Kontakt. Infolge unzuverlässiger Postverbindungen waren sie über vieles, was in der Organisation vorging, nur oberflächlich informiert. Man fällte Entscheidungen, ohne sie zu konsultieren, was weniger auf bösen Willen, als auf Kommunikationsschwierigkeiten zurückzuführen war. Kurzum, sie fühlten sich auf verlorenem Posten, als fünftes Rad am Wagen. Das beginnt sich zu ändern, seit AI ein Entwicklungsprogramm in die Wege leitet, das den Ausbau der Organisation in der Dritten Welt fördern soll.
Dem Wachstums- und Entwicklungsstand nach kann man zwischen drei Kategorien von Nationalen Sektionen unterscheiden, wobei die eindeutige Zuordnung einer Sektion im Einzelfall nicht immer möglich ist:
(1) etablierte Sektionen mit einem eigenen Sekretariat und Angestellten, gut funktionierendem Führungs- und Verwaltungsapparat, verhältnismäßig dichtem Kommunikationsnetz, eigenem Rundbrief und engem Kontakt zum Internationalen Sekretariat;
(2) gefestigte, aber meist kleinere Sektionen, die fast ausschließlich von frei-

willigen Hilfskräften funktionstüchtig gehalten werden;
(3) im Aufbau befindliche Sektionen ohne feste Organisationsstruktur.

Nationale Sektionen nach dem Stand vom Herbst 1975

(Zahl der Adoptionsgruppen nach Angaben der Nationalen Sektionen und des Internationalen Sekretariats)

Nationale Sektion	Anzahl der Adoptionsgruppen
Bundesrepublik Deutschland	512
Schweden	250
Niederlande	180
Frankreich	150
Großbritannien	150
USA	100
Schweiz	56
Dänemark	50
Österreich	40
Australien	35
Belgien	34
Norwegen	33
Kanada	27
Neuseeland	15
Japan	9
Luxemburg	9
Irland	8
Finnland	5
Italien	4
Färöer-Inseln	2
Indien	2
Island	2
Bangladesh	1
Gambia	1
Israel	1
Mexiko	1
Nepal	1
Nigeria	1
Sri Lanka	1
Südkorea	1
Ghana	nur Einzelmitglieder
Libanon	nur Einzelmitglieder
Peru	nur Einzelmitglieder
Griechenland	im Aufbau
Pakistan	im Aufbau

4.2. Amnesty International in der Bundesrepublik Deutschland

4.2.1. Gründung und Entwicklung der deutschen Sektion

Die Geburtsstunde der deutschen AI schlug im Juni 1961 im Kölner Stadtteil Marienburg anläßlich eines Sommerfestes der rheinischen Kulturprominenz. Unter den Geladenen befanden sich Verleger, Schriftsteller, Künstler und Journalisten. *Gegen 23 Uhr war es wohl,* erinnert sich Carola Stern, damals Lektorin bei einem großen Verlag, seit 1970 Redakteurin beim Westdeutschen Rundfunk, *als es an der Tür klingelte. Gerd Ruge* (seinerzeit Redakteur beim Westdeutschen Rundfunk, seit 1974 Korrespondent der Tageszeitung *Die Welt* in Peking, d. Vf.) *und ich standen ihr am nächsten, und wir öffneten.*[2] Vor ihnen stand Eric Baker und bat um Einlaß. Er habe ein Anliegen, das vielleicht einige der Anwesenden interessieren werde. Baker berichtete von der Kampagne *Appeal for Amnesty,* die eben ins Leben gerufen worden sei und an der sich Menschen aus verschiedenen westeuropäischen Staaten beteiligten, und schlug die Gründung von Adoptionsgruppen auch in der Bundesrepublik vor. Manche der Gäste zeigten Interesse für ein solches Vorhaben, andere machten skeptische Gesichter: *Da werden doch nur die alten Nazis kommen und verlangen, daß die in der Zitadelle Spandau inhaftierten Kriegsverbrecher auf freien Fuß gesetzt werden,*[3] hieß es. Die *alten Nazis* kamen nicht. Stattdessen nahm Gerd Ruge *die Sache in die Hand.*[4] Er und Sabine Brandt, ebenfalls Journalistin, reisten im Juli 1961 zur ersten internationalen Konferenz von AI nach Luxemburg, während Carola Stern in Köln die erste deutsche Adoptionsgruppe gründete. London teilte der Gruppe einen sowjetischen Lyriker, einen kommunistischen Schriftsteller aus Südafrika und einen spanischen Zeugen Jehovas zur Betreuung zu. Eine weitere Gruppe entstand bald darauf in Hamburg, das neben Köln in den ersten Jahren nach der Gründung der deutschen Sektion Zentrum der deutschen Amnesty-Arbeit war.

Gerd Ruge bekleidete bis 1966 das Amt des 1. Vorsitzenden der Sektion. In dieser Funktion organisierte er 1963 die bisher einzige Tagung eines legislativen Organs von AI auf deutschem Boden: die *Amnesty International Conference,* die zwischen 20. und 22. September in Königswinter in der Nähe der Bundeshauptstadt Bonn stattfand. Von deutscher Seite nahmen daran unter anderem der Bundestagsabgeordnete Wolfram Dorn, Vertreter des *Verbandes Deutscher Studentenschaften*, ein Abgesandter des niedersächsischen Justizministeriums, Rechtsanwälte und Journalisten teil. *Viele ältere Leute waren bei dieser Tagung dabei. Und die Atmosphäre war ganz merkwürdig. Irgendjemand hatte eine riesige Kerze gestiftet, die mit Stacheldraht umflochten war – was ja das Sinnbild von AI ist. Diese Kerze brannte während der gesamten Konferenz und gab der Zusammenkunft eine sektiererhafte Note. Alles roch ein wenig nach Quäkertum.*[5]

1966 übernahm Carola Stern, die bis 1951 als Lehrerin in der DDR gelebt, danach an der Freien Universität in Westberlin studiert und als wissenschaftliche Assistentin am dortigen Institut für politische Wissenschaften gearbeitet hatte, den Vorsitz der Sektion, den sie bis zu ihrem Eintritt in die Hauptabteilung Politik des Westdeutschen Rundfunks im Jahre 1970 innehielt. Anschließend repräsentierte sie bis 1972 die deutschsprachigen Sektionen im Internationalen Exekutivkomitee, dem auch Gerd Ruge zeitweise als kooptiertes Mitglied angehörte. 1975 wurde Carola Stern – inzwischen für ihre Verdienste um die Menschenrechte durch die Verleihung der *Carl-von-Ossietzky-Medaille* der *Internationalen Liga für Menschenrechte* (1972) geehrt – in den Beirat der deutschen Sektion berufen.

1964 existierten in der Bundesrepublik nicht mehr als 16 Adoptionsgruppen.[6] Bis 1968 schritt das Wachstum der Sektion außerordentlich langsam voran. Das änderte sich, als die Zeit der Stundentenunruhen anbrach und die Notstandsgesetze die Gemüter erhitzten. Paradoxerweise waren es zuerst nicht die Studenten, die sich der Organisation anschlossen, sondern *die verunsicherten liberalen und christlichen Eltern. Die Studenten kamen erst später.*[7] Und mit ihnen kam frischer Wind in die Sektion. Sie stellten zunächst einmal alles in Frage, was den altgedienten Amnesty-Mitgliedern gut und heilig schien. Auf der Jahresversammlung 1970 in München forderten die Jungen unter Führung der Marburger Gruppen – freilich erfolglos – die Abschaffung der Gewaltklausel für Fälle, in denen alle friedlichen Mittel zur Veränderung einer Gesellschaft versagt haben und Gewalt einem Oppositionellen als einzig gangbarer Weg zur Verwirklichung seiner Ziele offensteht. Die Unterdrückung der schwarzen Bevölkerung in Südafrika und Rhodesien, der aussichtslos scheinende Kampf südamerikanischer Guerillas gegen rechtsgerichtete Militärdiktaturen und insbesondere die erschütternden Berichte von Folterungen und Mißhandlungen politischer Widerstandskämpfer in griechischen Gefängnissen lieferten den Gegnern der Gewaltklausel die Argumente in dieser leidenschaftlich geführten Diskussion, die – wie bereits erwähnt – bis heute weder auf nationaler noch auf internationaler Ebene einen Abschluß gefunden hat. In den folgenden Jahren rückten andere Diskussionsthemen in den Vordergrund: die Foltervorwürfe inhaftierter Mitglieder der „kriminellen Vereinigung Baader-Meinhof" beispielsweise und der Radikalenerlaß.

1969 überflügelte die deutsche Sektion die in der Zahl der Adoptionsgruppen bis dahin führende britische Sektion. Der Jahresbericht 1968/69 des Internationalen Sekretariats sprach von 134 Adoptionsgruppen.[8] Binnen eines Jahres verdoppelte sich die Zahl auf 267.[9] Sie lag 1972 bereits bei über 400,[10] das halbe Tausend hatte sie schließlich 1974 erreicht. Seither ist das Wachstum ins Stocken geraten.

4.2.2. *Organisation der deutschen Sektion*

Die bundesdeutsche Sektion ist unter der Bezeichnung *Amnesty International, Sektion der Bundesrepublik Deutschland e. V.* im Vereinsregister eingetragen. Der Sitz des Vereins ist Köln, die Geschäftsstelle – das Sekretariat – befindet sich in Hamburg.

4.2.2.1. Mitgliedschaft

Die deutsche Sektion kennt zwei Formen der Mitgliedschaft: die *ordentliche* und die *außerordentliche Mitgliedschaft.* Ordentliche Mitglieder *übernehmen es, in einer Amnesty-Gruppe aktiv mitzuarbeiten. Sie sollen zugleich in Abstimmung mit dem Vorstand in festen Arbeitskreisen regelmäßig besondere Sachaufgaben bearbeiten und/oder in einer Aktion für die Gefangenen des Monats regelmäßig Petitionen schreiben.*[11] Außerordentliche Mitglieder (Förderer) *übernehmen es, einen Beitrag an die Sektion der Bundesrepublik Deutschland e. V. zu leisten. Er beträgt mindestens DM 60,– pro Jahr.*[12] Die Zahl der ordentlichen Mitglieder betrug nach Auskunft des deutschen AI-Sekretariats im Oktober 1975 etwa 6550.[13] Hierbei handelt es sich um eine grobe Schätzung, die sich an der Auflagenhöhe der *amnesty international information,* des offiziellen Rundbriefes der deutschen Sektion, orientiert. Genaues weiß man deshalb nicht, weil die *Frage der Mitgliedschaft in der deutschen Sektion bisher sehr großzügig – um nicht zu sagen: nachlässig – behandelt worden ist.*[14] Zwar hätte jedes Mitglied dem Vorstand gegenüber seinen Eintritt und seinen Austritt schriftlich anzeigen müssen. Viele Amnesty-Mitglieder hatten sich jedoch gegen diesen ihrer Ansicht nach unnötigen bürokratischen Aufwand gewehrt, und Vorstand und Sekretariat, ohnehin mit Arbeit mehr als reichlich ausgelastet, hatten lange Zeit keine Möglichkeit gesehen, die entsprechenden Vorschriften des Statuts in Anwendung zu bringen. Im Mai 1975 verhieß der maßgebende Referent im Vorstand, Walter Hirsch, eine straffere Handhabung der Bestimmungen.[15] Das würde möglich, weil der Hamburger Geschäftsstelle inzwischen eine Datenverarbeitungsanlage zur Verfügung stehe, die alle Bewegungen innerhalb der Mitgliedschaft registrieren könne. Im November 1975 wurden zusammen mit der *amnesty international information* Anmeldeformulare verschickt, die von allen Mitgliedern und solchen, die es werden wollten, ausgefüllt zurückgesandt werden sollten. Die Aktion sollte im Laufe des Jahres 1976 beendet sein. Die Zahl der außerordentlichen Mitglieder betrug im Oktober 1975 rund 2 400.[16] Etwa 500 Personen – ordentliche und außerordentliche Mitglieder – nahmen an der *Aktion für die Gefangenen des Monats* (vgl. S. 67) teil. Trotz der Neuregelung der Mitgliedschaft wird es auch in Zukunft eine Reihe von Leuten geben, die AI unterstützen, ohne ihr offiziell anzugehören. Viele Gruppen haben eine Kartei mit Namen von Fachleuten parat, die sie bei Bedarf zurate ziehen können: Personen mit Spezialwissen über bestimmte Länder, wie zum Beispiel ehemalige Entwicklungshelfer, Ingenieure, Geologen und andere Experten mit Auslandserfahrung oder auch nur weitgereiste Abenteurer. Großen Wert legen die Gruppen auch auf die Mitarbeit von Personen mit etwas ausgefalleneren Sprachkenntnissen, die gelegentlich ein paar Stunden opfern, um Bittgesuche und Briefe zu übersetzen, gegebenenfalls sogar längere Berichte für das Internationale Sekretariat. Sie sind auch immer wieder froh, wenn sich Leute finden, die ihnen allzu zeitraubende Schreibarbeiten abnehmen.

Auf der Jahresversammlung 1975 der deutschen Sektion wurden die Bezirke gebeten, *sich intensiv um die Bildung besonderer berufsbezogener Arbeitskreise zu bemühen, die durch Sachkenntnis und persönliche Beziehungen besondere Aufgaben im Rahmen der durch unsere Satzung abgegrenzten Zielsetzung übernehmen.*[17] In dem Beschluß hieß es weiter: *Derartige Arbeitskreise sollen aus Mitgliedern und Freunden unserer Arbeit bestehen. Sie sollten von erfahrenen Amnesty-Mitgliedern geleitet oder zumindest beraten werden. Sie sind keine Gruppen im Sinne unserer Satzung.*

Die so gebildeten Arbeitskreise, bestehend beispielsweise aus Juristen, Ärzten, Lehrern, Pastoren, Gewerkschaftlern, Polizeiangehörigen etc., sollten insbesondere ad hoc:

– *spezifische Aufgaben im Rahmen der Kampagne zur Abschaffung der Folter, wie sie beispielsweise im Bericht über die Pariser Konferenz im Dezember 1973 niedergelegt sind* (vgl. S. 117), *verwirklichen,*

– *sogenannte Urgent Action Campaigns mit besonderem Nachdruck verfolgen,*

– *ihre besonderen Beziehungen im In- und Ausland für Häftlinge ihrer Berufsgruppe und für allgemeine Werbung zur Unterstützung unserer Arbeit einsetzen,*

– *fachlich qualifizierte Kandidaten für die Durchführung von Missionen nominieren,*

– *im Rahmen ihrer Berufsgruppe zur Beschaffung von Finanzmitteln sowohl ungebunden wie auch gebunden für ihren besonderen Bereich beitragen,*

– *andere Aufgaben übernehmen.*

Die Mitgliedschaft in den Arbeitskreisen soll nicht an eine persönliche oder Gruppenmitgliedschaft bei Amnesty International gebunden sein, jedoch ist eine grundsätzliche Unterstützung unserer Ziele Voraussetzung für die Mitarbeit.[18]

Die *berufsbezogenen Arbeitskreise* befinden sich noch im Versuchsstadium. Ob und inwiefern sie wirkungsvoll arbeiten, kann erst später beurteilt werden.

Die erste Begegnung mit AI findet meist zufällig statt, in der Fußgängerzone einer Großstadt etwa, wo Mitglieder einer Gruppe einen Informationsstand aufgebaut haben, im Gemeindesaal einer Pfarrei, wo Amnesty-Mitarbeiter ein politisches Nachtgebet halten, oder im örtlichen Gewerkschaftshaus, wo sie eine Ausstellung mit Dokumenten über die Anwendung der Folter veranstalten. Vielleicht erinnert man sich dann, den Namen *Amnesty International* schon einmal in der Zeitung gelesen zu haben, selten hat man jedoch eine klare Vorstellung von der Tätigkeit der Organisation. Wer sich näher informieren will, erhält dazu Gelegenheit. Die Gruppen der deutschen Sektion sind auf regionaler Ebene zu Bezirken zusammengeschlossen. Manche Bezirke unterhalten Büros, in denen Amnesty-Mitarbeiter an bestimmten Wochentagen während der Nachmittags- oder Abendstunden Rede und Antwort stehen. Für Interessenten bieten sie die Möglichkeit einer ersten unverbindlichen Kontaktaufnahme. In der meisten Bezirken fällt einem leitenden Funktionsträger die Aufgabe zu, bestehende Gruppen und deren Mitglieder zu betreuen. Im allgemeinen ist er zugleich Anlaufstelle und Auskunftei für solche, die sich AI anschließen wollen. Er organisiert auch Informationsabende, zu denen er all jene, die ihr Interesse an einer Mitarbeit bekundet haben, einlädt. Die Informationsabende finden gewöhnlich zweimonatlich oder monatlich statt. Sie bestehen im allgemeinen aus einem kurzen Einführungsreferat, das Aufbau und Arbeitsweise der Organisation erläutern soll, und einer „Fragestunde". Letztere entwickelt sich oft zu einer Grundsatzdiskussion über Ziele und Aufgaben, über Methoden und Erfolgsaussichten. Die meisten Fragen beziehen sich jedoch auf die praktische Arbeit: Wie funktionieren die Gruppen? Wo und wie lernt man, Briefe an Staatshäupter und Regierungschefs richtig zu formulieren? Werden die Briefe beantwortet? Was tut man, wenn sie nicht beantwortet werden? Auf welche Weise tritt man mit den Familienangehörigen der Gefangenen in Verbindung? Welche Schleichwege gibt es, um ihnen Geld zukommen zu lassen? Solche Fragen an einem einzigen Abend umfassend zu beantworten, ist unmöglich, und die wenigsten Interessenten geben sich daher auch mit diesem ersten knappen Überblick zufrieden. Als *Hospitanten* können sie die Organisation näher kennenlernen. Man teilt sie auf verschiedene Gruppen innerhalb des Bezirks auf, wo sie, ohne selbst aktiv werden zu müssen, erst einmal als Beobachter an deren Zusammenkünften und Aktionen teilnehmen. Während der Probezeit,

deren Dauer jeder selbst bestimmen soll, können sich die Hospitanten mit der Alltagsarbeit vertraut machen. In manchen Gruppen hat es sich eingebürgert, ihnen erfahrene Mitglieder als Betreuer an die Seite zu stellen.
Die Bezirke wollen der Integration neuer Mitarbeiter in Zukunft mehr Beachtung schenken als bisher. Sie planen Schulungsabende und -wochenenden. Diese Veranstaltungen werden für die einen Anfängerkurs, für die anderen Nachhilfeunterricht sein, denn auch altgedienten Mitgliedern unterlaufen bei der Arbeit immer wieder Fehler und Unsicherheiten, die sich fatal auswirken können. Jede Maßnahme zugunsten eines betreuten Häftlings muß durchdacht, auf mögliche positive wie negative Folgen untersucht und ohne Panne durchgeführt sein. Ein einmal angerichteter Schaden ist nicht wieder gutzumachen, und es ist kein falsches Pathos, davon zu sprechen, daß manchmal Menschenleben auf dem Spiel stehen.
Von den 20 bis 30 großenteils jungen Leuten, die an einem Informationsabend teilnehmen, entscheidet sich durchschnittlich ein Drittel für die Hospitantenschaft. Einige haben nie die Absicht gehabt, AI beizutreten. Sie wollen sich lediglich informieren, aus allgemeinem zeitpolitischem Interesse oder weil sie gerade nichts Besseres zu tun haben. Manchen vergällen Warnungen wie *Amnesty-Arbeit, darüber müssen Sie sich im klaren sein, ist ein wunderbares Feld, um Frustrationen anzuhäufen,*[19] die Mitgliedschaft. Die Veranstalter der Informationsabende beschwören absichtlich düstere Aussichten herauf, um all jene abzuschrecken, die in ständiger Erwartung leicht erzielter Erfolgserlebnisse nur zu einem halbherzigen Engagement fähig sind.
Auf die Frage, warum sie sich AI angeschlossen haben, gaben uns deutsche Amnesty-Mitglieder so unterschiedliche Antworten, daß wir zu dem Schluß gelangten: den typischen Amnesty-Mitarbeiter gibt es nicht. In vielen Fällen haben jedoch offenbar persönliche Erlebnisse eine große Rolle gespielt. IEK-Vorsitzender Dirk Börner erzählte, bei ihm habe das Gefühl der Ohnmacht, das er empfunden habe, wenn er beobachten mußte, wie einige seiner Freunde in der DDR unter politischer Verfolgung zu leiden hatten, den Ausschlag für seinen Beitritt gegeben. Ihm habe es nicht gereicht, über die Mißachtung der Freiheit des Individuums zu klagen, wie es andere getan hätten, er habe sich nicht nur verbal engagieren, sondern auch handfeste Arbeit leisten wollen. So habe er sich einer Hamburger Adoptionsgruppe angeschlossen.[20]
Ein Maschinenbauingenieur aus München berichtete, daß er erstmals an einem Informationsstand von AI gehört habe. Er sei dann zu einem Informationsabend gegangen und habe sich schließlich einer Gruppe angeschlossen. Er habe den Weg in die Organisation rein zufällig gefunden. Er meinte, daß ihn dieser Zufall auch in irgendeine andere Hilfsorganisation hätte führen können.[21]
Oft ist der Beitritt zu AI kein Zufall. Vielmehr steckt, wie es auch Börner andeutete, häufig der Wunsch nach praktischer Betätigung dahinter und ist

daher das Resultat einer geistigen Auseinandersetzung mit der gesellschaftlichen Umwelt und tagespolitischen Ereignissen, die einen nicht gleichgültig lassen. Ein evangelischer Religionslehrer erklärte, daß er sich lange vor seinem Beitritt intensiv mit den Schriften des protestantischen Theologen Dietrich Bonhoeffer zur Frage des politischen Widerstandes auseinandergesetzt habe. Die Christen in der Dritten Welt, so habe er erkannt, befänden sich oft in keiner anderen Situation als Bonhoeffer, den die Verantwortung vor Gott angesichts des seelenlosen Terrors im nationalsozialistischen Deutschland zum aktiven Widerstand verpflichtet habe. Er habe Verständnis für die Männer und Frauen in Lateinamerika, Asien und Afrika, die sich gegen Unterdrückung, Ungerechtigkeit und wirtschaftliche Not auflehnten. Den Preis, den sie für ihren Mut zahlen müßten, sei hoch: Verfolgung, Angst um Leben und Gesundheit, Angst um die Familie, Haft, Hinrichtung. Bonhoeffers Beispiel zu folgen, das könne für jemanden, der in einer relativ freien Gesellschaft lebe, nur heißen, andere im Kampf gegen die Unfreiheit zu unterstützen, was ein zutiefst christliches Anliegen sei.[22] 1973 gründete der Geistliche zusammen mit seiner Frau eine Amnesty-Gruppe in Süddeutschland.

Ein Doktorand der Chemie, seit einem Jahr bei AI, erzählte, er habe sich – enttäuscht von der fruchtlosen Theoriediskussion an den Universitäten – nach einer Aufgabe umgeschaut, die praktische Arbeit erfordere. Auf AI sei er durch Zeitungsartikel gestoßen. Er habe Glück gehabt: Gleich nach seinem Beitritt habe man ihm innerhalb seiner Gruppe den Fall eines rhodesischen Lehrers zur Betreuung übertragen, mit dem er brieflichen Kontakt halte. Der Mann sei aus dem Gefängnis entlassen worden und stehe nun unter Hausarrest. Er habe den Wunsch geäußert, Rhodesien zu verlassen. Die Gruppe habe ihm einen Studienplatz in England verschafft und Geld gesammelt, um ihm den Flug dorthin zu ermöglichen. Das greifbare Gefühl, helfen zu können, das sich in diesem Fall gerade durch den persönlichen Briefwechsel mit dem Betreuten eingestellt habe, schilderte der junge Naturwissenschaftler als *stark motivierend.*[23] *Die Arbeit für AI ist meine Haupt-Nebenbeschäftigung geworden. Ich investiere viel Zeit,* sagte er, *weil ich glaube, daß der Einsatz für die Menschenrechte automatisch ein Einsatz gegen Faschismus, Diktatur und Unterdrückung ist.*[24]

Ein Kölner Amnesty-Mitglied deutete seine Motive so: . . . *Meine politische, pazifistische Überzeugung sollte sich nicht in Worten erschöpfen, sondern praktischen Nutzen für jemanden haben. Dabei fühlte ich mich zu AI hingezogen, weil diese Organisation sich für politisch Verfolgte grundsätzlich ohne Rücksicht auf deren politische Anschauung einsetzt. Ist doch jeder politische Standpunkt mit guten Argumenten anzuzweifeln.*[25]

Und ein junger Diplom-Physiker, der 1969 aus der CSSR in den Westen geflohen war, berichtete, daß er in seiner Heimat politisch aktiv gewesen sei und einer Studentenorganisation angehört habe. Nach seiner Flucht habe er in München über einen Studienkollegen, dessen Onkel, ein königstreuer griechischer Offizier, nach dem Staatsstreich 1967 inhaftiert und gefoltert worden sei, erstmals von AI gehört. 1972 habe er eine Adoptionsgruppe gegründet, deren Gruppensekretär er geworden sei.

Über die soziologische Struktur der deutschen Sektion liegen bisher keine Untersuchungen vor. Zwei statistische Erhebungen von allerdings nur begrenztem Umfang in den Bezirken 50 (Köln) und 80 (München) haben die folgenden, keineswegs überraschenden Ergebnisse zutagegefördert:[26]
(1) Die deutsche AI ist eine junge, aber nicht allzu junge Organisation. Das Durchschnittsalter der Mitglieder bewegt sich um 28 Jahre. Junge Leute bis 25 sind stark vertreten; in dieser Altersgruppe ist jedoch eine hohe Fluktuation zu verzeichnen. Besonders Studenten bleiben oft nicht lange bei AI: Studienplatzwechsel, Examen und Mitarbeit in Studentenorganisationen sind hierfür die häufigsten Ursachen. Einigermaßen stabil sind nur die Altersgruppen ab 35.
(2) Der Anteil der weiblichen Mitglieder in der deutschen Sektion ist hoch; an der Basis dürfte er annähernd 50 Prozent betragen. Auch als Funktionsträger sind Frauen anzutreffen, wenn auch seltener. Immerhin stellten sie 1975 beispielsweise rund 40 Prozent der Bezirksfinanzreferenten und 33 Prozent der Bezirkssprecher.
(3) Mitglieder mit akademischer Ausbildung oder wenigstens höherem Schulabschluß überwiegen. Damit ist AI – und nicht nur in der Bundesrepublik Deutschland – auch im 15. Jahr ihres Bestehens, was sie von Anfang an war: eine Organisation, deren Mitgliedschaft sich hauptsächlich aus den intellektuellen Kreisen der bürgerlichen Mittel- und Oberschicht rekrutiert. Der breiten Masse der Bevölkerung, insbesondere den Werktätigen, bleibt der Zugang zu AI weitgehend versperrt. Das wird sich erst ändern, wenn es der Organisation gelingt, nicht nur den politisch interessierten und gebildeten Bürger für die Menschenrechte und deren Verwirklichung zu interessieren, sondern auch den „Mann auf der Straße". Die Hilfe für die Opfer von politischer Verfolgung und Folter sollte so selbstverständlich werden wie die für die Leidtragenden einer Flutkatastrophe, eines Erdbebens oder eines Wirbelsturms, für die Hungernden in den Entwicklungsländern oder für die behinderten Kinder im eigenen Land.
Auf die Frage nach ihrer Parteizugehörigkeit wollten die Mitglieder der Kölner Gruppen keine Auskunft erteilen. *Es könnte sich herausstellen, daß eine Partei überproportional vertreten ist. Dies könnte bei einer oberflächlichen Betrachtung zu dem sicherlich falschem Schluß führen, Amnesty International wäre – wenn auch nur indirekt – an eine Partei angelehnt oder würde die eine oder andere Partei moralisch höher einstufen.*[27] Die Weigerung der Kölner Amnesty-Mitarbeiter ist begreiflich. Sie sind überzeugt davon, daß der Anspruch der Organisation, parteipolitisch ungebunden zu sein, ein sol-

ches Verhalten verlange. Allerdings hat die deutsche Sektion wenig zu verbergen. Es ist kein Geheimnis, daß die Mehrzahl jener Amnesty-Mitglieder, die ein Parteibuch in der Tasche tragen, der *Sozialdemokratischen Partei Deutschlands* angehören. Auf die Frage, ob es stimme, daß AI „links" sei, antwortete der Gruppenreferent des Münchener Bezirks kurz und bündig: *Wir haben Mitglieder aller großen Parteien in unseren Reihen: aus der SPD, der CDU, der FDP und auch aus der CSU. Aber auf ein CDU-Mitglied kommen eben zehn SPD-Mitglieder.*[28]

Noch bevor Peter Benenson 1961 die Kampagne *Appeal for Amnesty* ins Leben rief, suchte er das Gespräch mit den politischen Kräften des Landes und bat um Unterstützung. Konservative, Liberale und seine Freunde aus der *Labour-Party* zögerten nicht, diesem Wunsch zu folgen. Die Initiatoren der deutschen Sektion gingen denselben Weg. Sie gewannen Erik Blumenfeld (CDU), Werner Maihofer (FDP) und Hans Matthöfer (SPD) für eine Mitgliedschaft im Ehrenpräsidium. Mit Blumenfeld gab es im Herbst 1973 erhebliche Meinungsverschiedenheiten. In einem Interview mit der Tageszeitung *Die Welt* hatte der CDU-Politiker am 14. Dezember 1973 erklärt: *In der Praxis der vergangenen Jahre war die Organisation einseitig geworden und stark ins linksideologische Fahrwasser abgeglitten. . .*[29] IEK-Mitglied Börner und der damalige Vorsitzende der deutschen Sektion, Jörn-Erik Gutheil, antworteten in einem offenen Brief, daß für den Verbleib Blumenfelds im Ehrenpräsidium *keine Grundlage mehr gegeben sei.*[30] Trotz regelmäßiger Einladungen habe Blumenfeld seit 1966 an keiner Jahresversammlung der Sektion mehr teilgenommen. Auch in keinem anderen Gremium habe er Kritik an der Arbeit der Organisation geübt, sondern habe es vorgezogen, seine Kritik außerhalb der Gremien in die öffentliche Diskussion zu tragen. Außerdem habe er – abgesehen von der Intervention in einem einzigen Fall im Jahre 1968 – die ihm gegebenen politischen Möglichkeiten zur Unterstützung der Ziele von AI nicht genützt. Im Mai 1975 wurde das Ehrenpräsidium durch einen Beirat ersetzt, dem wiederum Politiker aller großen Parteien angehören (vgl. S. 247).

Trotz des schon stereotypen Hinweises auf ihre parteipolitische Neutralität haftet der Organisation in der Bundesrepublik Deutschland der Geruch der Linkslastigkeit an. *Für viele Leute*, meinte der Gruppenreferent des Bezirks München auf einem Imformationsabend, *ist eben jeder, der auf der Straße für oder gegen etwas demonstriert, ein Linker oder noch Schlimmeres. Stellen Sie sich also darauf ein, daß Sie bei öffentlichen Aktionen unserer Organisation auch einmal ordentlich beschimpft werden.*[31]

Der Vorwurf der Linkslastigkeit kommt nicht von ungefähr. AI trägt oft aktivistische, ja kämpferische Züge. Nach Kampf, Veränderung und Aufklärertum klingen die Schlagworte, die sie mit Vorliebe verwendet: Freiheit und Unterdrückung, Recht und Unrecht, Ächtung und Achtung. Von *Kampagnen* ist die Rede, von der *Forderung* nach Verwirklichung der Menschenrechte und davon, daß man im Angesicht der zahllosen Verbrechen gegen die Menschlichkeit nicht schweigen dürfe. In ihren Flugblättern zitiert AI immer wieder Ausschnitte aus der *Allgemeinen Erklärung der Menschenrechte*, in der so kompromißlose Gebote wie *Niemand darf der Folter . . . unterworfen werden* und *Jeder Mensch hat das Recht auf freie Meinungsäußerung . . .* und *Alle Menschen sind frei und gleich an Würde und Rechten geboren . . .* enthalten sind, Postulate, die an die Parole der Französischen Revolution „Freiheit, Gleichheit, Brüderlichkeit" erinnern und daher Aufbegehren und Unruhe signalisieren.

Die *Brasilien-Rundschau*, eine Zeitschrift der deutschen Brasilien-Koordinationsgruppe von AI, veröffentlichte in ihrer zweiten Nummer 1975 einen Artikel mit dem Titel *VW do Brasil – ein Beitrag zur Entwicklung*, in dem der Autor dem VW-Konzern indirekt vorwirft, der Unterdrückung der Meinungsfreiheit und den brutalen Foltermethoden der Sicherheitsorgane in dem südamerikanischen Land Vorschub zu leisten.[32] Die Herausgeber beabsichtigten mit der Veröffentlichung des Beitrages offenbar, dem verwöhnten Bürger einer westlichen Industrienation vor Augen zu führen, daß sein Wohlstand nicht nur mit harter Währung, sondern auch mit dem Blut politisch Verfolgter erkauft ist. Wer aber gegen gewinnbringende Investitionen und wirtschaftliches Wachstum polemisiert, selbst wenn er die Moral auf seiner Seite hat, gerät rasch in den Verdacht, zum Gefolge linker Systemveränderer zu gehören.

Das Internationale Statut und die Satzung der deutschen Sektionen verlangen, das AI ihre Arbeit *ohne Rücksicht auf politische Erwägungen* leistet. Anscheinend gibt es jedoch hin und wieder Meinungsverschiedenheiten über die Auslegung dieses Grundsatzes. Insbesondere die gelegentliche Zusammenarbeit einzelner Gruppen oder Bezirke mit politisch einseitig orientierten Organisationen – namentlich Exilorganisationen – hat in der Sektion schon zu heftigen Kontroversen geführt. So fühlte sich Dietrich Böttcher, Sprecher des Vorstandes der Sektion, durch Vorkommnisse im Herbst 1975 (AI habe auf der Frankfurter Buchmesse einen Tisch mit einer chilenischen und einer iranischen oppositionellen Studentenorganisation geteilt; in Berlin sei bei einer AI-Veranstaltung entgegen dem Beschluß des Vorstandes ein Film über die Palästinenser-Frage mit antiisraelischer Tendenz gezeigt worden; der Kölner Bezirk habe spanischen Oppositionsgruppen die Organisation einer Demonstration gegen die im September 1975 über einige spanische Untergrundkämpfer verhängten Todesurteile überlassen) zu der eindringlichen Mahnung veranlaßt, man möge sich im Interesse des Ansehens von AI als überparteilicher Organisation doch endlich an die entsprechenden Beschlüsse der zuständigen legislativen Organe halten. Der Vorstand lasse in Zukunft den etwaigen Einwand gutgläubigen Handelns nicht mehr gelten.[33] Böttcher bezog sich insbesondere auf einen Beschluß des Internationalen Rates vom September 1971, der wie folgt lautet:

Der Internationale Rat betont die Wichtigkeit, daß Amnesty International eine wirklich unabhängige und unparteiische Organisation ist.
In diesem Zusammenhang sollten Gruppen, Bezirke und Sektionen keinerlei Öffentlichkeitsaktionen, z.B. Pressekonferenzen, Demonstrationen und öffentliche Veranstaltungen, gemeinsam mit Exil-, Flüchtlings- oder anderen politischen Organisationen durchführen, die in Opposition zur Regierung des betreffenden Landes stehen, ohne daß der Vorstand der jeweiligen Sektion zuvor seine Zustimmung erklärt hat.
Des weiteren wird empfohlen, daß Gruppen oder Bezirke Presseerklärungen über die grundsätzliche Einstellung von Amnesty International zu bestimmten Problemen von überörtlicher Bedeutung nur nach vorheriger Konsultation ihrer Sektion oder des Internationalen Sekretariats herausgeben.
Exil-, Flüchtlings- und anderen politischen Organisationen gegenüber sollte betont werden, daß die Weigerung von Amnesty International, mit ihnen in der Öffentlichkeit zusammenzuarbeiten, der Erhaltung der Ausgewogenheit von Amnesty International dient und nichts mit der Billigung oder Mißbilligung der Ziele und Ansichten einer solchen Organisation zu tun hat.[34]
Davon abgesehen, daß betroffene Gruppen und Bezirke die Darstellung Böttchers als teilweise nicht den Tatsachen entsprechend zurückwiesen, waren aus den Reihen der Mitglieder Stimmen zu hören, die dem Vorstand Überängstlichkeit hinsichtlich des Ansehens der Organisation und versuchte Bevormundung der Gruppen durch kleinliche Prinzipienreiterei vorwarfen.
1974 kam die deutsche AI in Zusammenhang mit einem besonders heißen Thema ins Gerede. Inhaftierte Angehörige der Baader-Meinhof-Gruppe erhoben schwere Vorwürfe gegen die Justizvollstreckungsbehörden: Man unterwerfe sie durch die Isolationshaft einer subtilen Form der psychischen Folter. Die Anschuldigungen veranlaßten die Jahresversammlung, das höchste beschlußfassende Organ der deutschen Sektion, das Internationale Exekutivkomitee um die Entsendung einer Mission *in die BRD zur Untersuchung der Verhältnisse in den Haftanstalten*[35] zu bitten. AI sollte prüfen, ob die außerordentlichen Sicherheitsvorkehrungen für die Häftlinge – Unterbringung in isolierten Einzelzellen, kaum Sprechkontakt, Abschirmung gegen die gewohnten Umweltgeräusche – und das Vorgehen des medizinischen Personals bei der Zwangsernährung nicht den Tatbestand der Folter erfüllten. Zur Vorbereitung dieser Mission wurde eine Kommission aus Mitgliedern der deutschen Sektion gebildet, die Material sammeln, sichten und dem Internationalen Exekutivkomitee als Entscheidungshilfe zukommen lassen sollte. In einem Zwischenbericht erklärte die Kommission, daß *die gegenwärtige Situation, die durch den Hungerstreik einer größeren Gefangenengruppe gekennzeichnet ist, eine internationale Überprüfung der im Lande umstrittenen Vorwürfe als dringend geraten erscheinen läßt.*[36] Das Exekutivkomitee zögerte. Da kam es am 30. Oktober 1974 in der Geschäftsstelle der deutschen Sektion in Hamburg zu einem unerwarteten Zwischenfall. Das Vor-

standsmitglied Walter Hirsch berichtete später: *An jenem Mittwoch klingelt mein Telefon etwa um Viertel vor Elf. Dieter Brumm* (Pressesprecher der Sektion, d.Vf.) *teilt mir mit, daß das Sekretariat vor einer Viertelstunde von – nach seiner Schätzung – gut 20 jungen Leuten besetzt worden ist, die sich als Mitglieder des Komitees gegen Folter an politischen Gefangenen in der BRD ausgeben. Er liest mir ein Flugblatt vor, das mit den Worten schließt: „Wir fordern von Amnesty International: Sofortige öffentliche Aufforderung an die verantwortlichen Justizminister, Richter, Staats- und Bundesanwälte, die Forderung der Hungerstreikenden nach Aufhebung der Sonderbehandlung, der Vernichtungshaft zu erfüllen. – Eher werden wir die deutsche Zentrale von Amnesty International nicht verlassen.“*[37] Nun steht es zwar jeder Nationalen Sektion von AI frei, intern über innenpolitische Vorgänge zu diskutieren und gegebenenfalls auch entsprechende Anregungen und Wünsche an das Internationale Exekutivkomitee und das Internationale Sekretariat heranzutragen, eine verbindliche Stellungnahme wie die geforderte abzugeben, liegt jedoch weit außerhalb ihrer Kompetenz. Das ist allein Sache der internationalen Gremien. Die deutsche Sektionsleitung lehnte daher entschieden ab, dem Begehren der Besetzer zu entsprechen. Sie erklärte, daß *öffentliche Proteste gegen Folter nur von der Gesamtorganisation, also vom Internationalen Exekutivkomitee oder dem Internationalen Sekretariat, nicht aber von der Sektion kommen könnten*[38] und überhaupt erst untersucht werden müsse, ob solche Proteste im Fall Baader-Meinhof gerechtfertigt seien.

Die Mitglieder des *Komitees gegen Folter an politischen Gefangenen in der BRD* waren für die deutsche AI keine Unbekannten mehr. Einige von ihnen waren wenige Tage vor der Hausbesetzung, am 26. und 27. Oktober 1974, auf der Bezirkssprecherkonferenz in Köln erschienen und hatten sich dort, so berichtete ein Teilnehmer, durch *einen wenig informativen und sehr einseitigen Vortrag* und *unqualifizierte Zwischenrufe*[39] hervorgetan. Unter dem Druck des Hausherrn, der mit fristloser Kündigung drohte, ließ der Vorstand das Sekretariat von der Polizei räumen, was ihm von seiten vieler Amnesty-Mitarbeiter Kritik einbrachte, *vorsichtige, fragende, aber auch wütende. Ebenso ist Zustimmung geäußert worden . . .*[40] Walter Hirsch urteilte einige Tage später: *Im Nachhinein meine ich, daß wir richtig gehandelt haben, weil wir nichts anderes tun konnten, wenn wir unsere Arbeit nicht aufs Spiel setzen wollten. Die Tatsache, daß wir die Polizei gerufen haben, bleibt ein Stachel im Fleisch.*[41] Trotz (oder gerade wegen) dieses Vorfalls entschied das Internationale Exekutivkomitee, in Sachen Baader-Meinhof nichts Offizielles zu unternehmen. Der Vorsitzende der britischen Sektion, Reverend Paul Oestreicher, hielt sich jedoch im November und Dezember 1974 mehrmals privat in der Bundesrepublik auf und suchte in seiner Eigenschaft als Geistlicher das Gespräch mit den Gefangenen (unter anderem besuchte er Andreas Baader und Ulrike Meinhof im Gefängnis), deren Angehörigen und Anwälten, mit dem Bundesjustizminister, Richtern, Staatsanwälten und Anstaltsleitern. Seine Nachforschungen konnten die von den Häftlingen erhobenen Vorwürfe nicht erhärten.[42]

Allein die Tatsache, daß man den Namen AI in einem Atemzug mit der „kriminellen Vereinigung Baader-Meinhof" nannte, weckte in manchen Mitbürgern die Vorstellung einer geistigen Verwandtschaft. Ein solcher Vorwurf, pauschal erhoben, entbehrt jeder Grundlage: *Amnesty International distanziert sich eindeutig von den Gewaltmethoden der Baader-Meinhof-Gruppe,* versicherte 1974 die *antifolter-zeitung,* die von der deutschen Sektion einmal jährlich herausgegeben wird. Unvernunft gibt es freilich überall, warum nicht auch bei AI? Gemeint ist nicht das gelegentliche Übers-Ziel-Hinausschießen, das von der ernsten Sorge um die Menschenrechte herrührt. Gemeint ist jener unselige, modische, irrationale Geist, der Gewalt als angeblich immer und überall einziges Mittel zur Überwindung verhärteter gesellschaftlicher Strukturen befürwortet und damit wieder Gewalt produziert. Vor Materialisationen dieses Geistes ist auch AI nicht gefeit. Ein Mitglied des Bezirks Hannover nannte es paradox, daß auf der bereits erwähnten Bezirkssprecherkonferenz im Oktober 1974 *einige Bezirkssprecher zusammen mit dem Komitee gegen Folter an politischen Gefangenen in der BRD . . . Beifall klatschten, als ein Zitat der Baader-Meinhof-Gruppe verlesen wurde, daß man das imperialistische System nur durch Gewalt besiegen könne.*[43]

4.2.2.2. Adoptionsgruppen

Gemessen an der Zahl der Adoptionsgruppen liegt die bundesdeutsche Sektion unter allen Nationalen Sektionen bei weitem an der Spitze: Im August 1975 wies das Gruppenverzeichnis des deutschen AI-Sekretariats 512 Adoptionsgruppen in zahlreichen Städten und Gemeinden nach, von Helgoland bis Bad Reichenhall (vgl. Übersicht S. 238). Das starke Wachstum, das die Sektion in den Jahren nach 1968 registrieren konnte, hat neuerdings nachgelassen. 1974 gab es vergleichsweise weniger Gruppengründungen als in anderen Sektionen. Die Zahl der Gruppenschließungen entsprach in etwa dem Durchschnitt der Gesamtorganisation.[44]
Die Gründung einer Amnesty-Gruppe ist heute in den etablierten Sektionen wie der deutschen anders als in den Pioniertagen der Organisation ein Vorgang, der nach festen Regeln abläuft. Es genügt nicht mehr nur, einen Kreis von Freunden und Gleichgesinnten um sich zu scharen, vom Internationalen Sekretariat die Zuteilung von drei Gewissensgefangenen zu erbitten und alles weitere nach dem Motto „Wir werden schon sehen" der Zukunft zu überlassen. In der deutschen Sektion muß eine neue Gruppe folgende formale Bedingungen erfüllen:[45]

(1) Sie muß aus mindestens fünf Personen bestehen. Die Zahl der Mitglieder soll 20 nicht überschreiten.
(2) Zwei ihrer Mitglieder müssen wenigstens ein halbes Jahr lang bereits in einer Adoptionsgruppe mitgearbeitet haben.
(3) Mindestens ein Mitglied muß über aureichende Englischkenntnisse verfügen, damit die Gruppe die Korrespondenz mit dem Internationalen Sekretariat angemessen bewältigen kann.
(4) Sie muß den Jahresbeitrag von DM 1 000,- aufbringen können.[46] (In begründeten Ausnahmefällen gibt es allerdings Ermäßigungen.)
(5) Die Gruppe wählt eines ihrer Mitglieder zum *Gruppensekretär*.
Der Gruppensekretär fungiert als Postverteilerstelle; er leitet Informationen des Internationalen Sekretariats, des deutschen AI-Sekretariats und anderer Einrichtungen an die übrigen Gruppenmitglieder weiter und sorgt dafür, daß die Gruppe ihrerseits Informationen an die übergeordneten Gruppen weitergibt. Er soll sich nicht als Oberhaupt der Gruppe verstehen, sondern als Koordinator. In Wirklichkeit ist er oft nicht nur der Motor der Gruppe, sondern er leistet auch die meiste Arbeit. Seine Persönlichkeit und die Intensität seines Einsatzes entscheiden vielfach über Erfolg oder Mißerfolg, Auflösung oder Weiterführung der Gruppe.
Gewöhnlich sind alle Gruppenmitglieder mit verschiedenen Aufgaben betraut. So teilen sie sich beispielsweise in die Betreuung der Gefangenen; ein Mitglied übernimmt es, in der CAT-Gruppe des Bezirks mitzuarbeiten, ein anderes hält zu den Förderern, den Geldgebern der Gruppe, Kontakt. *Aber diese Arbeitsteilung,* mahnt das *Handbuch für die Gruppenarbeit* der deutschen Sektion, *darf nicht als eine prinzipielle Ämterverteilung mißverstanden werden, so als hätte jeder die Verantwortung nur für sein spezielles Aufgabengebiet und alles andere ginge ihn nichts an. Prinzipiell ist jeder einzelne verantwortlich für alles, was in und durch die Gruppe geschieht.*[47]
Adoptionsgruppen haben, wie ihr Name verrät, vorrangig die Aufgabe, Gewissensgefangene ideell und materiell zu betreuen. Das Gruppenverzeichnis der deutschen Sektion wies im August 1975 über 1 300 Fälle von Häftlingen aus 70 verschiedenen Ländern nach, die von deutschen Amnesty-Gruppen betreut wurden (vgl. Übersicht S. 232). Rund 16 Prozent aller Häftlinge stammten aus der Sowjetunion.
Gefangenenbetreuung ist aber nur ein Aspekt der Gruppenarbeit. In der deutschen AI spricht man von einem *Ersten* und einem *Zweiten Programm.* Unter dem *Ersten Programm* versteht man die traditionellen Aufgaben einer Adoptionsgruppe: Gefangenenarbeit, Öffentlichkeitsarbeit und Geldbeschaffung. Die Beschaffung der für die Betreuung von Gewissensgefangenen und ihren Familienangehörigen nötigen finanziellen Mittel nimmt den größten Teil der Zeit in Anspruch. Es gibt zwei Methoden, um die Gruppenkasse aufzufüllen: Die eine ist die Durchführung von Aktionen, die andere ist die Werbung von Förderern. Das *Handbuch für die Gruppenarbeit* schlägt eine Rei-

he von Aktionen vor, die sowohl finanziell einträglich wie auch werbewirksam sein können, sofern sie richtig organisiert sind, zum Beispiel Bücherstände, Bazare, Filmvorführungen, Musikabende und Tombolas. Andere Aktionen, deren Durchführung das Handbuch bis ins Detail schildert, dienen in erster Linie der Information der Öffentlichkeit speziell über die von der Gruppe betreuten Fälle: Straßentheater, Vorträge, Seminare, Plakat- und Flugblattaktionen, Informationsstände und Demonstrationen. Auch Hungerstreiks sind als mögliche Aktionsform erwähnt.
Aktionen werden von jugendlichen Amnesty-Mitgliedern bevorzugt. Für Gruppen, die hauptsächlich aus Schülern und Studenten bestehen, aus Personen, die sich noch in der Ausbildung befinden und kein regelmäßiges Einkommen beziehen, sind sie oft der einzige Weg, an Geld zu gelangen. Ältere Amnesty-Mitglieder scheuen nicht selten die Unbequemlichkeiten, die mit der Durchführung von öffentlichen Aktionen verbunden sind: das Ansprechen von manchmal abweisenden, ja feindseligen Passanten, die langwierigen Behördengänge, das Betteln um Spenden. Den Berufstätigen fehlt es meist auch ganz einfach an Zeit für Planung und Vorbereitung. Förderer erleichtern die Geldbeschaffung. Jede Gruppe sollte sich um wenigstens zwei, besser mehr Personen bemühen, die regelmäßig einen möglichst gleichbleibenden Betrag auf das Konto der Gruppe einzahlen. Als Gegenleistung soll die Gruppe ihre Förderer über ihre Arbeit, insbesondere über Maßnahmen zugunsten der betreuten Häftlinge, auf dem laufenden halten. Die Förderer können auf diese Weise unmittelbar verfolgen, was mit ihrem Geld geschieht. Die Gruppen im Bezirk 80 (München) erhalten von ihren über 70 Förderern alljährlich insgesamt zwischen DM 7 000,– und DM 10000,–.
Die Einführung des *Zweiten Programms,* die noch in vollem Gange ist, erweitert den Aufgabenbereich der Adoptionsgruppen. Das *Zweite Programm* umfaßt einmal die Beteiligung an übergreifenden Aktionen, das heißt an Aktionen, die allgemein auf politische Verfolgung, auf Menschenrechtsverletzungen in einem bestimmten Land, auf das Problem der Folter und die Frage der Todesstrafe aufmerksam machen wollen. Es verlangt von allen Adoptionsgruppen die Übernahme von Aufgaben, die bisher von den gewählten Gremien geleistet wurden, beispielsweise Fördererwerbung (nicht nur für die eigene Gruppe), Pflege von Kontakten zu Organisationen, zur Presse und zu Privatleuten, deren berufliche Kenntnisse AI nützen könnten, und Mitarbeit in Arbeitskreisen und Schulungsseminaren. Zum *Zweiten Programm* gehört es schließlich auch, die gebotenen Möglichkeiten der Mitbestimmung, insbesondere auf Bezirksebene, zu nützen. Eigentlich sollte das selbstverständlich sein, aber es gibt eine ganze Reihe von Gruppen, die es in vornehmer Zurückhaltung ablehnen, auf Entscheidungsprozesse innerhalb der Sektion einwirken zu wollen. In welchem Maße es gelingen wird, das *Zweite Programm* populär zu machen, muß daher abgewartet werden. Immerhin sind erste Erfolge im Bereich der Anti-Folter-Kampagne zu verzeich-

nen. Für das Thema Folter besteht offenbar bei vielen Amnesty-Mitgliedern ein starkes Interesse, so daß sie bereit sind, zusätzliche Pflichten – parallel zur Gefangenenarbeit – auf sich zu nehmen und bei entsprechenden Aktionen mitzuwirken.

Von deutschen Amnesty International-Gruppen betreute Ermittlungs- und Adoptionsfälle nach dem Stand vom August 1975[48]

(Quelle: Gruppenverzeichnis der deutschen Sektion)

Land	Fälle	Land	Fälle
UdSSR	222	Bangladesh, Bolivien, Mauretanien	10
Spanien	120	Argentinien, Bulgarien, Cuba, Südvietnam	9
Indonesien	100	Ägypten, Peru, Somalia, Malaysia, USA	7
Chile	92	Ecuador, Frankreich, Namibia, Rumänien	6
Rhodesien	66	Nordirland	5
Marokko	63	Nordjemen, Sri Lanka	4
Brasilien	56	Dominikanische Republik, Malawi	3
Südafrika	46	Bahrein, Gabun, Kamerun, Philippinen, Türkei, Ungarn, Zentralafrikan.Republik	2
Paraguay	35	Burundi, Elfenbeinküste, Indien, Italien, Kenia, Kurdistan, Nigeria, Nordvietnam, Polen, Portugal, Schweden, Südjemen, Togo, Tschad	1
Jugoslawien	34		
Taiwan	31		
Griechenland	30		
Uruguay	29		
Lesotho	26		
Iran	25		
Nepal	21		
Tansania	20		
Guatemala, Haiti, Südkorea	16		
Brunei, Syrien	15		
Saudi Arabien, Tunesien	13		
Mali, Pakistan, Singapur	12		
CSSR	11		
Gesamt		70	1342

4.2.2.3. Koordinationsgruppen und andere Spezialgruppen

Es gibt Amnesty-Gruppen, deren arbeitsmäßiger Schwerpunkt nicht auf der Betreuung von Gewissensgefangenen, sondern auf einem anderen Gebiet liegt; es gibt sogar Gruppen, die sich ausschließlich Spezialaufgaben widmen (vgl. Übersicht S. 234). Allerdings findet man sie normalerweise nur in den größeren Sektionen. Die wohl wichtigsten Spezialgruppen sind die *Koordinationsgruppen,* die neben der Einzelfallbetreuung gezielte, länderspezifische Arbeit leisten. In Holland sind Koordinationsgruppen für ganze Erdregionen zuständig, etwa für Nordafrika, Ostasien, Lateinamerika; in der Bundesrepublik Deutschland erstreckt sich ihre Zuständigkeit nur auf einzelne Länder. Nichtsdestoweniger besitzen sie hier wie dort dieselben zentralen Aufgaben:

(1) Sie beraten Adoptionsgruppen bei der Betreuung von Gefangenen, die aus jenem Erdteil oder Land stammen, auf das sie spezialisiert sind. Dazu heißt es im *Arbeitsrahmen für Koordinationsgruppen der deutschen Sektion* vom Oktober 1974: *Die Koordinationsgruppe . . . steht in kontinuierlichem und engem Kontakt mit den Gruppen, die Gefangene in dem von ihr bearbeiteten Land haben. Sie vermittelt diesen Gruppen Hintergrundwissen, Anleitung zur Fallbetreuung und Öffentlichkeitsarbeit . . . Sie informiert die Gruppen über alle wichtigen Entwicklungen, die Einfluß auf die Amnesty-Arbeit in dem bearbeiteten Land haben können (Staatsbesuche, Wirtschaftsbesuche, diplomatische Beziehungen, Zugehörigkeit zu internationalen Organisationen u.ä.) . . .*[49]

(2) Sie bereiten überregionale Aktionen vor und koordinieren auf nationaler Ebene die Öffentlichkeitsarbeit für ihr Spezialland.

(3) Sie unterstützen das Internationale Sekretariat bei der Ermittlungsarbeit. Auch darüber gibt der *Arbeitsrahmen für Koordinationsgruppen* nähere Auskunft: *Die Koordinationsgruppe . . . baut Kontakte zu wissenschaftlichen Instituten auf, die ihr Spezialland bearbeiten. Sie wertet deutsche, internationale und Zeitungen des Speziallandes aus . . . Sie stellt eine Liste mit möglichen Amnesty-Delegierten auf, nachdem sie sich vorher der Bereitschaft der Betreffenden, für AI Missionen durchzuführen, versichert hat . . . Sie tritt mit möglichst vielen Personen, Gruppen, Organisationen und Institutionen in Kontakt, die in irgendeiner Weise bei der Arbeit behilflich sein könnten (ehemalige Entwicklungshelfer, Besucher des Landes, Parteien, Wirtschaftler, Regionalwissenschaftler u.v.a.m.) . . .*[50]

Koordinationsgruppen sind keine Gruppenneugründungen, sondern entstehen aus bereits existierenden Adoptionsgruppen, und zwar nach einem im *Arbeitsrahmen für Koordinationsgruppen* festgelegten Schema:[51]

(1) Die betroffenen (Adoptions-) Gruppen in der Sektion werden von der Koordinationsgruppe um ihre Ansicht zur Gründung der Koordinationsgruppe befragt; dies geschieht in Absprache mit dem Referenten für Koordinationsgruppen (im Sektionsvorstand).

Amnesty-Gruppen mit spezieller Aufgabenstellung

Bezeichnung	zentrale Aufgabe(n)	Einrichtung
Gefängnisgruppe *prison group*	Kampagnen zur Verbesserung der Haftbedingungen in Gefängnissen und Lagern, in denen politische Gefangene festgehalten werden, gemäß den Richtlinien der *Mindestgrundsätze für die Behandlung von Gefangenen;* Gefängnisgruppen sollen zusätzlich möglichst keine Einzelfallbetreuung leisten	vom Internationalen Rat 1974 empfohlen und seit 1975 geplant; Bildung nur aus erfahrenen AI-Mitarbeitern
(Länder-)Koordinationsgruppe *coordination group*	– Koordinierung der Gefangenenarbeit innerhalb einer Sektion hinsichtlich eines bestimmten Landes; – Planung und Vorbereitung überregionaler Aktionen zugunsten von Gewissensgefangenen aus einem bestimmten Land; – Unterstützung der Ermittlungsabteilung des Internationalen Sekretariats bei der Beschaffung von Informationen hinsichtlich eines bestimmten Landes: Koordinationsgruppen leisten auch Einzelfallbetreuung	unter der Bezeichnung *specialist group* bereits seit 1970; die Bezeichnung *coordination group* wurde erst später eingeführt Koordinationsgruppen gibt es in fast allen größeren Nationalen Sektionen (u.a. in Schweden, Dänemark, Großbritannien, Österreich und der BRD)
CAT-Gruppe *CAT-group*	Koordinierung aller Aktivitäten innerhalb einer Sektion für die *Kampagne zur Abschaffung der Folter (Campaign for the Abolition of Torture – CAT);* CAT-Gruppen leisten keine Einzelfallbetreuung	im Aufbau befindlich Soll: eine CAT-Gruppe pro Sektion (wenn möglich, mit mehreren Untergruppen, die Teilaufgaben wahrnehmen)
Aktionsgruppe *action group*	– Öffentlichkeitsarbeit – Geldbeschaffung – Kontakte zu anderen Organisationen, Parteien, zu bestimmten Berufsgruppen und anderen gesellschaftlich relevanten Gruppen (Studenten, Frauen etc.)	Die Aktionsgruppe ist eine „Erfindung“ der holländischen Sektion, wo sie der Adoptionsgruppe an Bedeutung gleichkommt. In anderen Sektionen befindet sich diese Einrichtung in der Experimentalphase
Berufsfachgruppe *professional group*	(besteht nur aus Angehörigen eines bestimmten Berufes, z.B. aus Lehrern, Ärzten, Juristen, Parlamentariern) Herstellung und Pflege von Kontakten zu einzelnen Berufskollegen und entsprechenden Berufsverbänden mit dem Ziel, deren Unterstützung speziell für inhaftierte und gefolterte Berufskollegen zu gewinnen.	von der Strukturkommission 1975 empfohlen; Mitglieder müssen nicht unbedingt AI-Mitglieder sein, nur die Leitung muß in Händen eines ordentlichen AI-Mitgliedes liegen

(2) Es findet ein Gespräch zwischen der Koordinationsgruppe und dem Referenten für Koordinationsgruppen statt.
(3) Die Koordinationsgruppe legt eine Arbeitsgrundlage vor, die die Aufgabenverteilung in der Gruppe, ihre kurz- und mittelfristigen Zielsetzungen und die Durchführungsvorstellungen hierzu umfaßt.
(4) Im Gründungsvorgang soll parallel zur Kontaktaufnahme mit den deutschen Gruppen der Sachbearbeiter im Internationalen Sekretariat angeschrieben werden; ein vorheriger Besuch im Internationalen Sekretariat ist wünschenswert, aber nicht notwendig.
(5) Die Koordinationsgruppe wird dem Vorstand der Sektion zur Anerkennung vorgeschlagen.
Bei den Mitgliedern einer Koordinationsgruppe soll es sich um besonders erfahrene Amnesty-Mitarbeiter handeln, da die fachlichen Anforderungen erheblich höher sind als bei einfachen Adoptionsgruppen. So wird auch verlangt, daß wenigstens drei Mitglieder einer Koordinationsgruppe überdurchschnittliche Englischkenntnisse besitzen und zwei die Sprache des Speziallandes beherrschen. Mehr noch als in einer Adoptionsgruppe erfordert die Arbeit in der Koordinationsgruppe Verantwortungsbewußtsein. Zuverlässigkeit, Sachlichkeit und Bemühen um Aktualität sind unabdingbare Voraussetzungen einer vertrauensvollen Kooperation mit den Adoptionsgruppen und dem Internationalen Sekretariat.

Im August 1975 gab es in der deutschen Sektion 26 Koordinationsgruppen für die folgenden Länder:

Brasilien	Iran	Paraquay	Taiwan
Bolivien	Korea	Portugal	Tschad
Chile	Kurden	Rhodesien	Türkei
CSSR	Malawi	Rumänien	Uruquay
Griechenland	Marokko	Spanien	UdSSR
Guatemala	Mexiko	Südafrika	
Indonesien	Nepal	Südvietnam	

Im Aufbau befanden sich Koordinationsgruppen für Tansania und die Vereinigten Staaten von Amerika.[52]
Viele Koordinationsgruppen verschicken regelmäßig Rundbriefe an die Adoptionsgruppen, um sie über innenpolitische Veränderungen in ihrem Spezialland auf dem laufenden zu halten. Die Brasilien-Koordinationsgruppe veröffentlicht jährlich einmal die *Brasilien-Rundschau,* ein Informationsblatt in Tageszeitungsformat mit Kommentaren und Hintergrundsberichten über die politische Lage in Brasilien und auf dem gesamten südamerikanischen Kontinent.
Die nachstehenden Auszüge aus dem Rechenschaftsbericht 1974/75 der Marokko-Koordinationsgruppe vermitteln einen Eindruck von der Tätigkeit einer solchen Spezialgruppe:

. . . Der Kontakt zur holländischen Koordinationsgruppe wurde weiter ausgebaut . . . Im Januar 1975 wurde ein – zunächst loser – Briefkontakt zur schwedischen Koordinationsgruppe geknüpft. Die Koordinationsgruppen aus Großbritannien und Belgien trafen wir beim Koordinationstreffen in Amsterdam am 1. Februar. Dort wurde mit dem Internationalen Sekretariat eine gemeinsame Marokko-Kampagne für 1975 geplant und die Strategie festgelegt . . . Die Zusammenarbeit mit dem Internationalen Sekretariat klappt, vor allem dank persönlicher Kontakte, vorzüglich. Gerson Konu, Afrika-Researcher des Internationalen Sekretariats in Paris, besuchte die Koordinationsgruppe im Juni 1974 . . . Ein Mitglied der Koordinationsgruppe besuchte das Sekretariat im September 1974. Die Kartei der Koordinationsgruppe wurde mit den im Internationalen Sekretariat vorhandenen Gefangenendaten und Gruppenunterlagen verglichen; in ausführlichen Gesprächen mit John Humphreys, Leiter des Afrika-Departments in der Ermittlungsabteilung, und Sarah Bisset-Johnson, seiner Assistentin, wurden die für eine gezielte Marokko-Aktion nötigen Schritte erörtert . . . Die vorhandenen Kontakte zu Exilgruppen, sowie zum Comité contre la Répression au Maroc wurden fortgesetzt, doch zeigte sich immer wieder, daß es fast unmöglich ist, auf schriftlichem Wege schnell zu Informationen zu kommen. Eine Mitarbeiterin der Koordinationsgruppe hatte bei mehreren Besuchen in Paris persönlichen Kontakt mit den Exilgruppen, was sich als viel ergiebiger erwies . . .
Leider gab es seit etwa einem Jahr keinerlei Möglichkeit mehr, den Gefangenen Geldsendungen zukommen zu lassen. Auch die Versuche des Internationalen Sekretariats, eine neue Kontaktperson zu finden, hatten keinen Erfolg. Wir haben jetzt eine neue Kontaktperson gefunden und wollen die Verbindung zunächst mit einer kleinen Summe testen. Sowie der Transfer funktioniert, werden die Gruppen benachrichtigt . . .
Nach der Jahresversammlung in Duisburg wurde eine Petition für Omar Benjelloun durchgeführt, der sich in Lebensgefahr befand. Die Aktion wurde von zahlreichen Persönlichkeiten in der BRD unterstützt, die König Hassan II. Briefe zum Geburtstag schrieben und um die Freilassung von Omar Benjelloun baten. Omar Benjelloun wurde Ende August auf freien Fuß gesetzt.
Im Oktober 1974 druckte die Koordinationsgruppe Flugblätter, auf denen die Freilassung von Mokhtar Mansouri gefordert wurde, der infolge der Folterungen schwer erkrankt war und seit August 1973 weder einen Prozeß bekam noch aufgrund seines Gesundheitszustandes Haftverschonung erhielt. Dieses Flugblatt wurde auch während einer Mahnwache am 18. Oktober vor der marokkanischen Botschaft in Bonn verteilt. Das Ergebnis war die Einladung des Botschafters zu einem erneuten Gespräch, das eine Woche später in der Botschaft stattfand [53] *. . . Dem Botschafter wurde eine Liste aller von BRD-Gruppen betreuten marokkanischen Gefangenen überreicht. Außerdem wurde er ganz besonders auf die besorgniserregenden Fälle hingewiesen. Er*

versprach eine Stellungnahme, die bis heute nicht eintraf. Zum Tag der Menschenrechte am 10. Dezember wurde ein Telegramm an König Hassan abgesandt mit der Bitte um eine Generalamnestie; ähnliche Aktionen wurden von der holländischen, der Schweizer und der österreichischen Sektion unternommen.
Im Rahmen der in Amsterdam geplanten Marokko-Kampagne versuchten wir:
– die Presse mit einer Meldung über die letzten Verhaftungen und den zu Tode gefolterten Bekkali zu interessieren. Erfolg gleich null . . . Es gelang lediglich, einen Leserbrief in die Frankfurter Rundschau zu bringen.
– Nachdem Martin Ennals die europäischen Parlamentarier über die Lage der politischen Gefangenen in Marokko informiert hatte, schrieb die Koordinationsgruppe ihrerseits an alle deutschen Mitglieder des Europarates. Außerdem wurde der Pressesprecher des Europarates ausführlich informiert. Die Parlamentarier sollen im Rahmen ihrer Möglichkeiten auf die Verhandlungen Marokkos mit der Europäischen Gemeinschaft – es ging um die Verlängerung des Assoziierungsabkommens – einwirken . . . Etwa 60 Persönlichkeiten des öffentlichen Lebens, die unsere früheren Petitionen unterstützt hatten, bekamen einen Bericht über die Entwicklung in Marokko, sowie das genannte Flugblatt zugesandt, mit der Bitte, uns in unseren Bemühungen um eine Generalamnestie zu unterstützen und nochmals an König Hassan zu schreiben . . .[54]

4.2.2.4. Bezirke

Bezirke bilden die mittlere, die regionale Ebene der deutschen Sektion. Sie verfügen über ein eigenes beschlußfassendes Organ, die Bezirksversammlung, und ein gewähltes Leitungsteam, das aus einem oder mehreren Bezirkssprechern und verschiedenen Referenten besteht.
Im August 1975 gab es 42 Bezirke (vgl. Übersicht S. 238). Ihre Zahl schwankt von Jahr zu Jahr geringfügig. Gruppenneugründungen und -auflösungen führen gelegentlich dazu, daß einzelne Bezirke zusammengelegt, andere geteilt werden.

4.2.2.5. Bezirksversammlung

Die Bezirksversammlung ist das beschlußfassende Organ des Bezirks. Sie setzt sich aus den Vertretern der dem Bezirk zugehörigen Adoptionsgruppen zusammen. Die Zahl der stimmberechtigten Vertreter pro Gruppe differiert von Bezirk zu Bezirk. Es gibt keine Satzung, die solche und andere Fragen der Geschäftsordnung sektionseinheitlich regelt, nur einen Arbeitsrahmen. Demnach soll die Bezirksversammlung zweimal im Jahr zusammentreten. In einigen Bezirken tagt sie in Abständen von vier Wochen, in ande-

ren vierteljährlich, da und dort auch gar nicht.[56] Die Bezirksversammlung entscheidet über die Durchführung von gemeinschaftlichen Aktionen, über die Verteilung von Geldern aus der Bezirkskasse und über inhaltliche Fragen der Bezirksarbeit. Sie wählt aus ihren Reihen einen Bezirkssprecher und Referenten für verschiedene Aufgabengebiete für die Dauer eines Jahres.
Die Beteiligung der Gruppen an der Bezirksversammlung ist unterschiedlich. In weniger aktiven Bezirken sind die Bezirkssprecher froh, wenn sie wenigstens ein Dutzend Personen für diese Zusammenkünfte interessieren können. In anderen Bezirken sind die Bezirksversammlungen so gut besucht, daß es manchmal schwierig ist, genügend große Räumlichkeiten zu finden.[57] Oft schwankt der Besuch auch. Der Grad der Beteiligung ist sehr stark abhängig vom Tagungsort: Gelegentlich sind die Anfahrtswege für einzelne Gruppen bis zu 130 Kilometer lang.

Bezirke und Adoptionsgruppen in der Bundesrepublik Deutschland nach dem Stand vom August 1975

(Quelle: Gruppenverzeichnis der deutschen Sektion)

Bezirk	Gruppen	Bezirk	Gruppen
10 Berlin	21	53 Bonn	11
20 Hamburg	33	54 Koblenz	11
23 Kiel	5	56 Wuppertal	15
239 Flensburg	5	58 Hagen	14
24 Lübeck	5	59 Siegen	1
28 Bremen/Ostfriesland	17	60 Frankfurt	19
30 Hannover	16	61 Darmstadt	4
33 Braunschweig	5	62 Wiesbaden	6
35 Kassel	7	623 Höchst	4
355 Marburg	11	66 Saarbrücken	16
40 Düsseldorf	14	67 Ludwigshafen	9
41 Duisburg	18	68 Mannheim	14
415 Krefeld	8	70 Stuttgart	42
419 Niederrhein	5	75 Karlsruhe	22
44 Münster	8	77 Bodensee	9
45 Osnabrück	5	78 Freiburg	15
46 Dortmund	7	80 München	31
469 Herne	10	83 Passau/Regensburg	5
48 Bielefeld	16	85 Nürnberg	3
50 Köln	21	87 Würzburg	4
51 Aachen	15	89 Augsburg	5
Gesamt		42	512

4.2.2.6. Bezirksvorstand

Der Bezirksvorstand besteht aus dem Bezirkssprecher und Referenten, deren Zahl sich nach der Größe des Bezirks und den lokalen Erfordernissen richtet. Der *Bezirkssprecher* (in größeren Bezirken wie in Berlin, Hannover und Hamburg auch das *Bezirkssprecherteam*) vertritt den Bezirk nach außen und gegenüber der Sektionsleitung. Er führt Gespräche mit anderen Organisationen und wird bei Behörden und ausländischen Vertretungen vorstellig. Er nimmt Anfragen entgegen und gibt sie zur Beantwortung an die zuständigen Referenten weiter. Er sollte über alle Aktivitäten innerhalb seines Bezirkes informiert sein, wissen, welche Gruppen welche Gefangenen betreuen und über Vorgänge im Bezirk an die Sektion berichten können. Er vertritt den Bezirk in der Bezirkssprecherkonferenz.

Der *Gruppenreferent* (oft ist das auch ein Mitglied des Bezirkssprecherteams) hält Verbindung zu den Adoptionsgruppen, berät sie in organisatorischen Fragen und ermuntert sie zu neuen Aktivitäten. Er hält Informationsabende für Personen, die an einer Mitarbeit bei AI interessiert sind, überwacht die Gründung neuer Gruppen und versucht, die Auflösung bestehender Gruppen zu verhindern. Er kennt alle Mitglieder, weiß über ihre besonderen Fähigkeiten (Sprachkenntnisse, Erfahrungen durch Auslandsaufenthalte) Bescheid und vermittelt Kontakte unter den Gruppen, sofern sie nicht ausreichend bei der Bezirksversammlung zustandekommen. Von seiner persönlichen Ausstrahlung und dem Grad seiner Bemühungen hängt die Aktionsfähigkeit eines ganzen Bezirks ab. Oft genug muß er allzu autonomistisch eingestellte Gruppen (die nach dem Motto „Laß die da oben nur machen! Wir kümmern uns um unsere Gefangenen allein!" arbeiten) aus der Reserve lokken und zu einer konstruktiven Mitarbeit im Bezirk überreden.

Alle Bezirke haben ein Bezirkskonto. Wie die Gruppenkonten werden auch die Bezirkskonten zentral vom deutschen AI-Sekretariat verwaltet. Um die Geldbeschaffung im Bezirk kümmert sich der *Finanzreferent*. Der Bezirk 80 (München) beispielsweise verzeichnete im Geschäftsjahr 1974 Einnahmen in Höhe von rund DM 18 000,–. Über DM 5 500,– stammten aus der Brieftasche regelmäßig spendender Förderer. Einige Male veranstalteten Mitglieder des Bezirks Straßensammlungen, die insgesamt DM 15 000,– erbrachten, wovon ein Drittel dem Bezirk und zwei Drittel den Gruppen zuflossen. Im August 1975 mieteten Münchener Gruppen einen Tombolawagen und stellten ihn auf der Schwabinger Leopoldstraße auf. Vier Wochen lang opferten sie freie Zeit, um Lose an die Passanten zu verkaufen. Der Reinerlös dieser Aktion belief sich auf über DM 3 000,-. Mit den eingenommenen Geldern bestreiten die Bezirke laufende Ausgaben wie Porto, Reisespesen und Informationsmaterial. Außerdem erhalten finanzschwache Gruppen gelegentlich Zuschüsse für Lebensmittel- und Kleiderspenden, für Geldüberweisungen und andere Formen materieller Hilfe für die Familien der von ihnen betreuten

Gewissensgefangenen. Schließlich benötigen die Bezirke Mittel für besondere Zwecke, für Notfälle und außerordentliche Aktionen. So beantragte eine Münchner Gruppe im Mai 1974 einen Zuschuß in Höhe von DM 1890,–, um der Verlobten eines chilenischen Flüchtlings, der in der Bundesrepublik Asyl gesucht hatte, die Ausreise aus Chile und den Flug nach Europa zu ermöglichen.[58] Im Januar 1975 erklärte sich der Bezirk 80 bereit – nach Rücksprache mit dem Internationalen Sekretariat –, die Kosten für die Entsendung eines Prozeßbeobachters nach Madagaskar zu übernehmen.[59]

Der *Pressereferent* besorgt die laufenden Kontakte mit der örtlichen Presse, gegebenenfalls auch mit Rundfunk- und Fernsehanstalten. Er verständigt sie über geplante Aktionen, lädt Reporter und Journalisten zu Veranstaltungen ein und sendet ihnen Informationsmaterial zu, das entweder vom Sekretariat in Hamburg ausgearbeitet oder vom Bezirk selbst hergestellt worden ist.

Der *Aktionsreferent* ist für die Planung und Durchführung von öffentlichen Aktionen verantwortlich. Seine Tätigkeit reicht von der Anmeldung einzelner Veranstaltungen beim Gewerbeamt und der örtlichen Polizei bis hin zur Beschaffung von Material und Werkzeug für den Bau von Plakatwänden und Informationsständen. Da diese Arbeiten viel Zeitaufwand erfordern, werden sie oft von einem Team erledigt. Einmal im Jahr haben die Aktionsreferenten Hochbetrieb: Anläßlich der *Woche des politischen Gefangenen*, (Bezeichnung der deutschen AI für die internationale *Woche des Gewissensgefangenen.*) die von allen Nationalen Sektionen zur selben Zeit durchgeführt wird, reiht sich in allen Bezirken Veranstaltung an Veranstaltung.

Teamarbeit hat sich – wie bei den Aktionsreferenten – auch bei den *Ausländerrechtsreferenten* bewährt. Die Ausländerrechtsstellen von AI sind für viele politische Flüchtlinge und Asylsuchende ein letzter Rettungsanker. Sie werden meist erst dann um Hilfe gebeten, wenn die Bemühungen von Exilorganisationen und anderer Ausländervereinigungen bei der Beschaffung von Einreisevisa und Aufenthaltsgenehmigungen erfolglos geblieben sind. Illegal eingereisten Flüchtlingen droht die Abschiebung in ihre Heimat. Dort erwarten sie oft Haft und Folter, in krassen Fällen sogar die Todesstrafe. Die Bearbeitung der Anträge auf Gewährung von Asyl dauert manchmal Monate. In Fällen, in denen ein Antragsteller politische Verfolgung als Begründung seines Antrages glaubhaft machen kann und obendrein mittellos ist, übernimmt es der Bezirk, einen sachkundigen Rechtsanwalt zu vermitteln und gegebenenfalls für die Prozeßkosten aufzukommen.

Chile-Flüchtlinge, die nach dem Militärputsch 1973 in der Bundesrepublik Deutschland Aufnahme gefunden hatten, konnten in allen Bezirken mit großzügiger Hilfe rechnen. Amnesty-Mitglieder erledigten Behördengänge, schalteten sich in die Wohnungssuche ein und verwendeten sich für ihre Schützlinge, wenn ein Arbeitgeber um Referenzen bat. Für Interventionen auf höherer Ebene, etwa bei den Innenministerien der Länder, sind *Länderkoordinatoren* zuständig.

Der *CAT-Referent* organisiert Aktionen, die auf die weltweite Verbreitung der Folter aufmerksam machen. Dafür besitzt er die Unterstützung eines Arbeitskreises, in den jede Adoptionsgruppe eines Bezirks wenigstens ein Mitglied entsenden sollte. Er wirbt, auch außerhalb von AI, für die Teilnahme an *Urgent Action Campaigns* und am *Telegrammbaum* für Gefangene, die gerade gefoltert werden oder denen die baldige Hinrichtung droht (vgl. S. 118 ff.) Bezirkssprecher und Bezirksreferenten sind, wie alle übrigen Funktionäre der deutschen Sektion, ehrenamtlich tätig und arbeiten regulär in einer Adoptionsgruppe mit.

Einnahmen und Ausgaben der Gruppen und Bezirke 1974

(Quelle: Kassenbericht per 31. Dezember 1974)

Die Gruppen und Bezirke der deutschen Sektion verzeichneten im Jahr 1974 Einnahmen in Höhe von rund DM 1,30 Millionen. Davon entfielen unter anderem auf (alle Beträge auf volle Tausender auf- bzw. abgerundet):

Fördererbeiträge	DM 116000
Ungebundene Spenden	DM 507000
Gebundene Spenden	DM 111000
Verkauf von Werbematerial	DM 169000
Sammlungen	DM 177000

Die Ausgaben beliefen sich im selben Jahr auf rund DM 1,18 Millionen.
Sie betrafen:

Weiterleitung gebundener Spenden	DM 68000
Finanzielle Zuwendungen an Gefangene und deren Familien	DM 273000
Sachzuwendungen an Gefangene und deren Familien	DM 34000
Jahresbeiträge 1974 der Gruppen an das deutsche AI-Sekretariat	DM 325000
Zuschüsse	DM 201000
Teilnahme an weltweiten Aktionen	DM 10000
Ausgaben für Werbematerial	DM 71000
Unkostenerstattung für Material	DM 57000
Reisekosten	DM 12000
Behördengebühren	DM 2000
Zeitschriftenabonnement	DM 3000
Büromaterial	DM 16000
Porti und Telefongebühren	DM 69000
Bankspesen	DM 4000
Sonstige Ausgaben	DM 34000

4.2.2.7. Bezirkssprecherkonferenz

Vier- bis fünfmal im Jahr treffen sich die Bezirkssprecher zur Bezirkssprecherkonferenz. Diese stellt in erster Linie ein Meinungsbildungsforum dar. Sie kann zwar Beschlüsse fassen, und der Vorstand ist aufgerufen, diese Beschlüsse bei seinen eigenen Entscheidungen zu berücksichtigen, verpflichtet ist er dazu jedoch nicht unbedingt. Immerhin hat die Bezirkssprecherkonferenz das Recht, jedes Vorstandsmitglied zur Berichterstattung vorzuladen. Ihre formalen Aufgaben beschreibt der *Arbeitsrahmen* der deutschen Sektion: *Die Bezirkssprecherkonferenz soll zusammen mit dem Vorstand an langfristiger Planung, Koordination und Ausführung zentraler Aktionen der Sektion zusammenarbeiten, sowie Initiativen einbringen, die nach Meinung der Mehrheit der Bezirke bei der Arbeit von Amnesty International berücksichtigt werden müssen.*[60] Zur Wahrnehmung dieser Aufgaben wählt die Bezirkssprecherkonferenz drei Vertreter, die an den Vorstandssitzungen als Berater und Beobachter teilnehmen.

Der eigentliche Wert der Bezirkssprecherkonferenz liegt darin, daß sie als einziges Organ der Sektion ausreichend Raum für Grundsatzdiskussionen läßt. Sie steht weder unter starkem Entscheidungsdruck wie der Sektionsvorstand noch erstickt sie im Wust der Anträge wie die Jahresversammlung. Die Teilnehmer an der Bezirkssprecherkonferenz können sich die Zeit nehmen, über den Tag hinaus zu denken, über Strategien zu reflektieren, Anstöße zur Diskussion zu liefern, wozu sie auch den besten Willen mitbringen. Für die Tagungen 1975/76 sind beispielsweise Gespräche über die Themen *Zielgruppen der Fördererwerbung, Motivation der Gruppenmitglieder* und *Konzept einer Mitarbeiterschulung* geplant.[61]

4.2.2.8. Jahresversammlung

Die Jahresversammlung ist das oberste beschlußfassende Organ der deutschen Sektion. Sie tritt einmal im Jahr zusammen. Sie *beschließt über die einzelnen Anträge der Mitglieder, sowie über Berufung und Entlastung der einzelnen Vorstandsmitglieder, ferner über Satzungsänderungen, die Höhe der Beiträge und über Maßnahmen zur Förderung der Vereinszwecke.*[62]

Jede Adoptionsgruppe darf einen stimmberechtigten Delegierten benennen, der sie auf der Jahresversammlung vertritt. *Mein Eindruck war,* schildert ein Teilnehmer an der Jahresversammlung 1975, *daß viele Gruppen ihre jüngsten Mitglieder hingeschickt haben. Diese sind am ehesten bereit, Unbequemlichkeiten auf sich zu nehmen und zum Beispiel nur mit einer Luftmatratze ausgerüstet in einem Saal, den eine katholische oder evangelische Gemeinde zur Verfügung gestellt hat, zu übernachten.*[63]

Die Jahresversammlung dauert zwei bis drei Tage, was eine viel zu kurze Zeit zur Bewältigung der gewöhnlich in großer Zahl vorliegenden Anträge darstellt. *Selbst durch die Bildung von Kommissionen kann man das nicht schaffen,* war zu hören. Viele Delegierte halten die Jahresversammlung daher für eine Einrichtung, die nur schlecht funktioniert und dringend der Reform bedarf. Einen positiven Aspekt können ihr jedoch fast alle Teilnehmer abgewinnen: die Länderarbeitskreise. Diese praxisorientierten Diskussionsrunden nehmen einen ganzen Tag in Anspruch. Sie dienen dem Erfahrungsaustausch auf dem Gebiet der Gefangenenarbeit. Die Anwesenheit von Mitarbeitern aus der Ermittlungsabteilung des Internationalen Sekretariats, die stets in großer Zahl zur Jahresversammlung angereist kommen, bietet die Gewähr dafür, daß die Delegierten mit aktuellen Informationen aus erster Hand versorgt werden.

4.2.2.9. Sektionsvorstand

Der Vorstand der deutschen Sektion besteht aus acht Personen: dem Sprecher des Vorstands, dem Stellvertretenden Sprecher, dem Kassenwart, sowie den Referenten für Finanzbeschaffung, Öffentlichkeitsarbeit und Aktionen, Länderarbeit und Koordinationsgruppen, innere Struktur und Ausländerrecht. Alle Mitglieder des Vorstandes werden durch die Jahresversammlung auf ein Jahr gewählt. Der Vorstand tritt regelmäßig zusammen, wenigstens fünfmal im Jahr. Zu seinen Sitzungen können Gäste geladen werden. Der *Arbeitsrahmen* der Sektion empfiehlt die Teilnahme des hauptamtlichen Geschäftsführers, des Pressesprechers, der Delegierten der Bezirkssprecherkonferenz, des deutschen Vertreters im IEK und anderer Personen, deren Anwesenheit aufgrund anstehender Sachprobleme erforderlich ist.[64]
Alle Mitglieder des Vorstandes sind ehrenamtlich tätig.
Der *Sprecher des Vorstands* vertritt die Sektion nach außen. Er ist verantwortlich für Kontakte auf höchster Ebene: mit Bundesministerien, Landesregierungen und Parlamenten. In seinem Rechenschaftsbericht 1974/75 gab der Vorstand an: *Insbesondere mit dem Auswärtigen Amt sind zahlreiche Gespräche geführt worden (z.B. über Hilfsmöglichkeiten in Chile und Indonesien). Andere Aktionen galten dem Wirtschaftsministerium (so bezüglich der Rhodesien-Politik) und dem Ministerium für wirtschaftliche Zusammenarbeit. Abgeordnete der im Bundestag vertretenen Parteien wurden im Hinblick auf Länderaktionen eingeschaltet (z.B. für Spanien und Paraguay).*[65]
Bei Organisationen und Verbänden fand die deutsche AI bisher noch nicht in dem Maße Unterstützung, wie es sich die Sektionsvorstände in den letzten Jahren immer wieder erhofft hatten. Gewerkschaften, Kirchen und Parteien halten die Ziele von AI zwar für durchaus förderungswürdig, beschränken ihre Hilfeleistung jedoch auf die Teilnahme an Einzelaktionen. Auf Bezirksebene kommt eine Zusammenarbeit vielfach leichter zustande als auf Bundesebene. Aber auch dort ist sie meist nur punktuell und von kurzer Dauer. Die Vorstandschaft sucht die Ursache für die Flüchtigkeit und Oberflächlich-

keit vieler Kontakte darin, daß ehrenamtliche Mitarbeiter die Vielzahl von Verbindungen kaum bewältigen können.[66]

Einnahmen und Ausgaben der deutschen Sektion 1974

(Quelle: Kassenbericht per 31. Dezember 1974)

Die deutsche Sektion verzeichnete im Jahr 1974 Einnahmen in Höhe von rund DM 1,36 Millionen (1973: DM 1,22 Millionen). Davon entfielen unter anderem auf (alle Beträge auf volle Tausender auf- bzw. abgerundet):

Gruppenbeiträge (einschließlich überfälliger Beiträge aus dem Vorjahr)	DM 379000
Fördererbeiträge	DM 195000
Ungebundene Spenden	DM 377000
Gebundene Spenden	DM 91000

Die Ausgaben beliefen sich im selben Jahr auf rund DM 1,58 Millionen (1973: DM 1,33 Millionen). Sie betrafen:

Jahresbeitrag der Sektion zur Unterhaltung des Internationalen Sekretariats	DM 386000
Jahresbeitrag der Sektion zur Unterhaltung der CAT-Abteilung im Internationalen Sekretariat	DM 66000
Jahresbeitrag der Sektion zur Unterhaltung des Presse- und Veröffentlichungsbüros im Internationalen Sekretariat	DM 15000
Finanzierung von Missionen u.ä.	DM 34000
Materielle Unterstützung von Gefangenen und deren Familien (nicht eingeschlossen jene Gelder, die von Gruppen und Bezirken direkt an Gefangene und deren Angehörige gezahlt werden)	DM 72000
Zuschüsse an finanzschwache Gruppen und Bezirke	DM 54000
Weitergeleitete gebundene Spenden	DM 217000
Material für Öffentlichkeitsarbeit	DM 180000
Büromaterial	DM 37000
Porti und Telefongebühren	DM 91000
Mieten u.ä.	DM 16000
Reisekosten	DM 37000
Personalkosten	DM 200000
Steuern	DM 37000
Bankspesen	DM 8000
Wartung der Büromaschinen und der Computeranlage	DM 7000
Erweiterung der Computeranlage	DM 15000
Büroeinrichtungen	DM 12000
Versicherungen	DM 6000
Sonstige Ausgaben	DM 86000

Dem Sprecher des Vorstands obliegt es auch, mit anderen Nationalen Sektionen zu kooperieren und den Kontakt zu den internationalen Gremien von AI zu pflegen. Er nimmt an Tagungen des Internationalen Rates teil und berät die Delegierten der Sektion. Gegebenenfalls arbeitet er in Kommissionen mit, die von den internationalen Gremien einberufen worden sind.
Der *Stellvertretende Sprecher des Vorstands* vertritt den Sprecher, wenn dieser verhindert ist, in allen Angelegenheiten. Im übrigen ist er für die Koordinierung sämtlicher Aktivitäten innerhalb der Sektion in bezug auf innenpolitische Fragen verantwortlich. Diese Aufgabenstellung ist neu. Sie wurde auf der Jahresversammlung 1975 mit Rücksicht auf die Erfahrungen des Vorstandes in Zusammenhang mit der Diskussion um die Foltervorwürfe von Mitgliedern der Baader-Meinhof-Gruppe eingeführt.[67]

Der *Kassenwart* verwaltet die Gelder, die der Sektion aus verschiedenen Quellen zufließen. Er kontrolliert das gesamte Kassenwesen, das seit April 1973 auf zentrale Buchhaltung (in der Geschäftsstelle der deutschen Sektion in Hamburg befindet sich ein Buchungsautomat) umgestellt ist. Alle Konten der Bezirke und Gruppen werden dort geführt. Die Umstellung wurde mit Rücksicht auf das Finanzamt vorgenommen, dem die Organisation jederzeit Einblick in ihre Bücher gewähren muß. Beim Entwurf des Haushaltsplanes durch den Kassenwart hat der *Referent für Finanzbeschaffung* ein Mitspracherecht. Um seine Hauptaufgabe, neue Geldquellen zu erschließen und bundesweit die Fördererwerbung zu koordinieren, ist er angesichts der rückläufigen Konjunktur nicht zu beneiden. Der *Referent für Öffentlichkeitsarbeit und Aktionen* unterstützt die Arbeit der Gruppen und Bezirke durch die Bereitstellung von Werbematerial. Er koordiniert bundesweite Aktionen, wie etwa während der *Woche des politischen Gefangenen.* Der *Referent für Länderarbeit und Koordinationsgruppen* berät die *bestehenden Koordinationsgruppen hinsichtlich ihrer länderspezifischen Arbeit, Aktionsplanung und strategischem Vorgehen.*[68] Die ständige Verbesserung des Informationsflusses zwischen allen zuständigen nationalen und internationalen Gremien liegt ihm besonders am Herzen. Die Arbeit des *Referenten für innere Struktur* konzentriert sich auf folgende Schwerpunkte: Intensivierung der Gruppenarbeit, Steigerung der Effektivität der Gruppenarbeit, Verringerung der Fluktuation und Verbesserung der inhaltlichen Arbeit der Gruppen. Darüber hinaus beaufsichtigt er die Tätigkeit des Sekretariats und die Redaktion der *amnesty international information.* Der *Referent für Ausländerrecht* informiert die zuständigen Referenten der Bezirke über neue Entwicklungen auf dem Gebiet des Asylrechtes und der entsprechenden Rechtspraxis und berät sie in Einzelfällen. Fernziel seiner Arbeit ist eine Reform des Asylrechtes in der Bundesrepublick Deutschland, wobei folgende Forderungen im Vordergrund stehen:

1. gesetzliches Verbot der Abschiebung bei laufenden Asylverfahren;

2. gesetzliches Verbot der Abschiebung politisch verfolgter Ausländer in ein Verfolgerland;
3. gesetzliches Verbot der Entfernung eines Ausländers aus dem Bundesgebiet ohne vorherige richterliche Kontrolle dieser Maßnahme;
4. Beschränkung der Abschiebehaft bei laufendem Asylverfahren;
5. Verkürzung der Dauer der Abschiebehaft – insgesamt auf drei, höchstens aber sechs Monate;
6. Rechtsmittelbelehrung zu ausländerrechtlichen Verfügungen, insbesondere zu ablehnenden Asylbescheiden, Ausweisungs- oder Abschiebungsverfügungen in einer dem Betroffenen verständlichen Sprache;
7. Einsatz der Bundesregierung bei den Vereinten Nationen zur Verabschiedung einer internationalen Konvention über territoriales Asyl;
8. Initiative der Bundesregierung zu einem internationalen Abkommen, das auch Kriegsdienstverweigerer aus Gewissensgründen unter die Asylberechtigten aufnimmt, wenn ihnen in ihrer Heimat Inhaftierung droht.[69]

4.2.2.10. Sekretariat

Im Gegensatz zum Internationalen Sekretariat hat das Sekretariat der deutschen Sektion nichts mit der Ermittlung von Gefangenenschicksalen und Menschenrechtsverletzungen zu tun, sondern erfüllt ausschließlich organisatorische Aufgaben. Es versorgt Gruppen und Bezirke mit Werbe- und Informationsmaterial, beantwortet Anfragen von Interessenten, betreibt zentral die routinemäßige Öffentlichkeits- und Pressearbeit und erledigt die Kontoführung der Sektion, sowie aller Bezirke und Gruppen. 1975 war das Sekretariat mit neun Personen besetzt. Seine Leitung liegt in den Händen von Helga Wandschneider, der Geschäftsführerin, die diesen Posten seit dem 1. Januar 1970 innehat. Pressesprecher der deutschen Sektion ist seit 1. Oktober 1974 Dieter Brumm, ein ehemaliger Redakteur des Nachrichtenmagazins *Der Spiegel*. Marlies Piontek ist Sachbearbeiterin für Angelegenheiten der Bezirke, Gruppen und Koordinationsgruppen. Das Personal versollständigen drei Buchhalterinnen, eine Sekretärin und zwei Zivildienstleistende. die hauptsächlich für Adressenkarteien und Materialversand zuständig sind.
Bis Mitte 1975 war das Sekretariat in einem vierstöckigen Wohnhaus in der Hamburger Beselerstraße untergebracht. Nach dessen Besetzung im Oktober 1974 durch Angehörige des *Komitees gegen Folter an politischen Gefangenen in der BRD* legte der Hausbesitzer der Sektionsleitung nahe, sich nach anderen Räumlichkeiten unzusehen. Am 1. Juni 1975 bezog das Sekretariat ein Büro in der Stückenstraße.

4.2.2.11. Beirat

Die Mitglieder des Beirats, die vom Vorstand für jeweils drei Jahre berufen werden, sind das deutsche Pendant zu den Internationalen Schirmherren. Wie jene besitzen sie keinerlei Befugnisse, sondern allenfalls eine beratende Funktion. Der Beirat besteht als Einrichtung erst seit dem 1. Mai 1975. Er löste das *Ehrenpräsidium* ab, nachdem es zwischen einem Mitglied dieses Gremiums, dem Hamburger CDU-Bundestagsabgeordneten Erik Blumenfeld, und dem Vorstand der Sektion zu Differenzen gekommen war. Blumenfeld hatte der deutschen AI *Linkslastigkeit* vorgeworfen.

Dem Beirat gehören zehn Personen an:
der SPD-Bundestagsabgeordnete und ehemalige Minister für wirtschaftliche Zusammenarbeit Erhard Eppler,
der CDU-Bundestagsabgeordnete Norbert Blüm,
die FDP-Bundestagsabgeordnete Helga Schuchardt,
der Gewerkschaftler Eugen Loderer,
der Forscher Carl Friedrich von Weizsäcker,
der katholische Bischof von Münster Heinrich Tenhumberg,
der Maler HAP Grieshaber,
Hilda Heinemann,
Heinrich Böll
und die Mitbegründerin von AI in Deutschland, Carola Stern.

4.3. Amnesty International in Österreich

Bei der Gründung der österreichischen Sektion von AI leisteten zwei Mitglieder des damaligen Vorstands der deutschen Sektion, Carola Stern und Dirk Börner, Geburtshilfe. Zusammen mit Günther Nenning, dem Herausgeber und Chefredakteur der in Wien erscheinenden Monatszeitschrift *Neues Forum – Internationale Zeitschrift engagierter Christen und Sozialisten* hatten sie seit Herbst 1969 mit verschiedenen Persönlichkeiten Fühlung aufgenommen und für den Amnesty-Gedanken zu gewinnen versucht. Ihre Bemühungen hatten Erfolg. Die konstituierende Sitzung der österreichischen Sektion fand am 4. Mai 1970 im *Albert-Schweitzer-Haus* in Wien statt. Der Vorstand, dem neben Günther Nenning unter anderem auch Rudolf Machacek, der Generalsekretär der *Österreichischen Juristenkommission,* angehörte, stellte sich am selben Tag im Rahmen einer Pressekonferenz im Presseclub *Concordia* der Öffentlichkeit vor.

Im Herbst 1970 übernahm Irmgard Hutter, eine Kunsthistorikerin aus Düsseldorf, die 1957 die österreichische Staatsbürgerschaft angenommen hatte, die Leitung der Sektion. Ihrem unermüdlichen Einsatz war es zu verdanken, daß die Zahl der Mitglieder rapide zunahm. Als sie auf der Generalversammlung im Mai 1975 aus beruflichen und familiären Gründen von ihrem Posten als Sprecherin des Vorstandes zurücktrat, sprach man innerhalb der österreichischen AI davon, daß eine Ära zuendegegangen sei. Der Internationale Rat wählte Irmgard Hutter im September 1975 in das Internationale Exekutivkomitee.

Im August 1975 umfaßte die österreichische Sektion rund 600 ordentliche Mitglieder in 40 Adoptionsgruppen.[70] Die Zahl der außerordentlichen Mitglieder betrug rund 2 500.[71] Mehr als 700 Personen beteiligten sich an der *Aktion für die Gefangenen des Monats.* Über die alters- und bildungsmäßige Zusammensetzung wurde bisher, wie überall, noch keine genaue Untersuchung angestellt. Nach einer groben Schätzung sind 60 Prozent der Mitglieder zwischen 18 und 30 Jahre alt. Die meisten Mitglieder stammen aus den bürgerlichen Schichten der Bevölkerung. Viele studieren oder haben eine abgeschlossene akademische Ausbildung aufzuweisen. Einige Mitglieder sind katholische beziehungsweise evangelische Geistliche, einige Juristen. Im Österreichischen Rundfunk (ORF) arbeitet eine Aktionsgruppe, die ausschließlich aus Journalisten besteht. An einigen Schulen und Internaten gibt es Schülergruppen, die außerordentlich fleißig sind. Mittelpunkt der österreichischen Amnesty-Arbeit ist Wien. Dort befinden sich das Sekretariat der Sektion und rund ein Drittel aller österreichischen Adoptionsgruppen, die im Mai 1975 über 120 Gewissensgefangene aus 36 Staaten betreuten (vgl. Übersicht S. 250). Die Koordinationsgruppen gab es 1975 für Indonesien, Spanien, die UdSSR und Rhodesien, sowie für Jugoslawien[72] und kurdische Häftlinge. Der Verein *Amnesty International – Österreichische Sektion* mit Sitz in Wien wird von einem gewählten, ehrenamtlichen Vorstand geleitet, der aus einem Vorstandssprecher und mehreren Fachreferenten für verschiedene Aufgabenbereiche besteht und *über Aufnahme und Ausschluß von Mitgliedern, Bestätigung und Auflösung von Gruppen und Länder-Koordinationsgruppen, sowie alle Angelegenheiten des Vereins, die nicht ausdrücklich anderen Vereinsorganen vorbehalten sind . . .* [73] entscheidet. Oberstes beschlußfassendes Organ ist die Generalversammlung, in der die Mitglieder des Vorstands und die Gruppen, die durch jeweils drei Mitglieder vertreten werden, das aktive Stimm- und Wahlrecht besitzen. Die Generalversammlung findet normalerweise einmal jährlich statt. Sie *beschließt über Anträge der ordentlichen und der übrigen stimmberechtigten Mitglieder, über Wahl und Entlastung des Vorstands, Wahl der Rechnungsprüfer, Satzungsänderungen, Höhe der Beiträge, grundsätzliche Maßnahmen zur Förderung der Vereinsziele, sowie allfällige freiwillige Auflösung des Vereins. Die Generalversammlung bestätigt die Ehrenmitglieder.* [74]

Die Ehrenmitglieder bilden das Ehrenkuratorium. Ihm gehörten im Herbst 1975 zwanzig Persönlichkeiten des öffentlichen Lebens an, darunter der evangelische Theologe Kurt Lüthi, der katholische Theologe Ferdinand

Klostermann, die Historikerin Erika Weinzierl, der Politologe Friedrich Heer, der Völkerrechtler Felix Ermacora (er ist Mitglied der *UN-Kommission für Menschenrechte)*, die Burgschauspieler Judith Holzmeister und Bruno Dallansky und der Grazer Bischof Johann Weber.

Am 5. Mai 1975 feierte die österreichische Sektion ihr fünfjähriges Bestehen. In einem Rechenschaftsbericht zog der amtierende Vorstand ein vorläufiges Resumee:

Wir begannen mit nichts als der Überzeugung: Wer schweigt, wird mitschuldig![75] *Wir mußten alles lernen – internationales Recht und internationale Politik; die politischen, ideologischen, sozio-ökonomischen, rechtspolitischen Strukturen von rund 50 Ländern, in denen wir Gefangene adoptiert haben. Wir mußten lernen, unsere Briefe, Petitionen und Appelle so korrekt zu formulieren, daß sie überzeugen können, die empfänglichsten Adressaten ausfindig zu machen, den günstigsten Moment für eine Großaktion, eine massive Druckwelle zu nutzen. Wir mußten lernen, die Bevölkerung in unserem eigenen Land von der Notwendigkeit und Dringlichkeit ihrer Unterstützung für sie zu überzeugen. Wir mußten lernen, dank der Überzeugungskraft und Verläßlichkeit unserer Argumente Verbündete zu finden, in Regierung und Ministerien, in politischen Parteien und Interessenvertretungen, in Kirchen und Schulen, in jedem Bereich unserer Gesellschaft. Wir mußten lernen, der Gleichgültigkeit und dem Übelwollen geduldig zu begegnen, und auch der Ungläubigkeit eines in parteipolitischen Kategorien denkenden Landes, daß wir tatsächlich unabhängig, unparteiisch und weder rechts noch links einzuordnen sind ...*[76]

Wir mußten lernen ..., dieser Satz trifft nicht nur für österreichische Amnesty-Mitglieder zu. In einer Hinsicht allerdings mußten diese mehr und härtere Erfahrungen sammeln als ihre Kolleginnen und Kollegen in anderen Sektionen:

Wir mußten lernen, Geldquellen zu erschließen allein durch unseren persönlichen Einsatz und unsere Überzeugungskraft, in einem Land, in dem öffentliche Unterstützung fast völlig fehlte, in dem Spenden nicht von der Steuer abgesetzt werden können, in dem öffentliche Sammeltätigkeit verboten oder stark behindert ist. Wir mußten lernen, nicht selten unter persönlichen Opfern, mit finanziellen Schwierigkeiten fertigzuwerden, wie sie keine einzige andere Amnesty-Sektion kennt.[77]

Aber auch mit diesen Schwierigkeiten sei man im großen und ganzen, wenigstens bisher, fertiggeworden, stellte der Rechenschaftsbericht befriedigt fest. *Weit entfernt von Perfektion, weit entfernt, ihre Ziele erreicht zu haben, ist die österreichische Amnesty-Sektion doch heute eine solide, konsolidierte Organisation, ein erfahrenes, bewährtes Präzisionsinstrument, genießt sie heute in Österreich Ansehen, Anerkennung und Beachtung.*[78] Ansehen, Anerkennung und Beachtung genießen – was bedeutet das in der Praxis? Franz Schneider, Nachfolger Irmgard Hutters als Sprecher des Vorstands erklärte,

AI habe in Österreich Zugang zu fast allen Medien: Im Hörfunk gebe es häufig Sendungen, die sich mit der Arbeit der Organisation befaßten, in rund 20 Zeitschriften erschienen oft einschlägige Artikel, in fünf Tageszeitungen würden regelmäßig die *Gefangenen des Monats* vorgestellt. Die Gruppen unterhielten enge Kontakte mit den Lokalblättern. Anläßlich des österreichischen Nationalfeiertages am 26. Oktober werde – dies sei durch einen ministeriellen Erlaß geregelt – in den Schulen alljährlich auf die Tätigkeit von AI hingewiesen.[79]
Die Zusammenarbeit mit Parteien, Gewerkschaften und Kirchen klappt nach Darstellung des Vorstandssprechers im allgemeinen gut, könnte aber noch intensiver sein. SPÖ und ÖVP stünden AI wohlwollend gegenüber und der Gewerkschaftsbund unterstütze sie in jeder Hinsicht, was sich auch finanziell positiv auswirke. Dennoch bleibt Geld das Hauptproblem der Österreicher. *Die derzeitige finanzielle Situation der Sektion,* stand im Rechenschaftsbericht 1974/75 zu lesen, *bewegt sich am Rande des Existenzminimums. . .*[80]
An dieser prekären Lage ändern auch gelegentliche großzügige Einzelspenden[81] nicht viel, *wenn nicht doch die Anstrengungen aller unserer Mitglieder, mehr Unterstützung zu gewinnen, von Erfolg gekrönt sind.*[82]

Von österreichischen Amnesty International-Gruppen betreute Ermittlungs- und Adoptionsfälle nach dem Stand vom Mai 1975

(Quelle: Jahresbericht 1974/75 der österreichischen Sektion)

Land	Fälle	Land	Fälle
UdSSR	21	Brunei, Bulgarien,	
Chile	13	ČSSR, Jugoslawien,	
Spanien	11	Marokko, Südafrika,	
Indonesien	10	Südjemen, Uruguay	2
Rhodesien	7	Cuba, Indien, Lesotho,	
DDR	6	Malawi, Mali, Mauretanien, Nordirland,	
Iran	5	Saudi Arabien, Sri Lanka,	
Nepal	4	Südkorea, Syrien, Taiwan, Tschad, Tunesien,	
Brasilien, Griechenland, Haiti, Südvietnam, Tansania	3	Venezuela	1
Gesamt		36	123

4.4. Amnesty International in der Schweiz

Die gesamtschweizerische Sektion wurde offiziell am 25. Oktober 1970 in Zürich gegründet. Im Welschland, dem französischsprechenden Teil der Schweiz, hatten einzelne Amnesty-Gruppen bereits vor diesem Zeitpunkt eifrig für Gewissensgefangene in aller Welt gearbeitet.[83] Ihr Zentrum war Genf gewesen, jene Stadt, die sich als Sitz zahlreicher internationaler Organisationen wie der *Weltgesundheitsbehörde*, der *Liga der Rotkreuzverbände* und der europäischen Vertretung der *Vereinten Nationen*, und als Schauplatz wichtiger politischer Konferenzen einen Namen gemacht hat.
Die Sektion führte 1975 noch keine zentrale Mitgliederliste, schätzte aber die Zahl ihrer aktiven Mitglieder auf etwa 1 000.[84] Die Zahl der passiven Mitglieder lag mindestens ebenso hoch. Es gab 56 Adoptionsgruppen; 40 davon arbeiteten in der deutschsprachigen Schweiz, hauptsächlich in größeren Städten wie Basel, Zürich, St. Gallen, Winterthur und Solothurn, eine Gruppe war im italienischsprachigen Tessin tätig, alle übrigen im Welschland. Im April 1975 betreuten die Gruppen 163 Gewissensgefangene aus 40 verschiedenen Ländern (vgl. Übersicht S. 253).
Amnesty International – Schweizer Sektion ist ein Verein im Sinne des schweizerischen Zivilgesetzbuches. Sein Sitz ist Bern. Geleitet wird er von einem ehrenamtlichen Vorstand. Dieser vollzieht – laut Statut – die *Beschlüsse der Delegiertenversammlung, erledigt die laufenden Geschäfte und vertritt den Verein nach außen.*[85] Er besteht aus dem Präsidenten, dem Vizepräsidenten, den Referenten für Finanzen, Presse und Koordinationsgruppen, vier Regionalvertretern und einem Sekretär. Oberstes Organ der Sektion ist die Delegiertenversammlung. Sie findet einmal jährlich statt, genehmigt den Jahres- und den Kassenbericht, sowie den Bericht der Revisoren. Sie setzt die Mitglieder- und Gruppenbeiträge fest und wählt den Vorstand. Jede Gruppe ist mit zwei Stimmen in der Delegiertenversammlung vertreten, Gruppen können jederzeit mit Genehmigung des Vorstandes gegründet und aufgelöst werden. Das Statut macht es ihnen zur Pflicht, sich an die allgemeinen Grundsätze von AI zu halten.

Die Schweizer Sektion hat sich auf die *Kampagne zur Abschaffung der Folter* spezialisiert. Entsprechende Aktionen fanden überall starke Beachtung. Sie führten seit 1973 zu einem beträchtlichen Mitgliederzuwachs und bewirkten nach Meinung der Vizepräsidentin Marta Fotsch, *daß Amnesty International in der Schweiz zu einem Begriff wurde.*[86] Sie werden von einer Anti-Folter-Kommission geplant und durchgeführt. Am 7. Juni 1975 eröffnete der Berner Stadtratspräsident einen Informationsbus, der den ganzen Sommer über durch die Kantone fuhr und die Bevölkerung über die Folterung politischer Gefangener in aller Welt aufklären sollte. Im Junirundbrief der Setkion wurde das Unternehmen als großer Erfolg gewertet: *Die Besucher-*

zahlen überstiegen unsere Erwartungen, registrierten wir doch am Abendverkauf gegen 700 Besucher! Viele Interessenten nehmen sich die Zeit, die ganze Ausstellung und Tonbildschau anzusehen und spenden bereits im Bus größere Beträge für Amnesty.[87] Auf das Stichwort Folter hin erhalten die schweizerischen Amnesty-Mitglieder von vielen Seiten Unterstützung. So versprach der Gewerkschaftsbund, künftig an einschlägigen Aktionen teilzunehmen.[88] Ein Geistlicher half bei der Ausarbeitung von Vorschlägen, die seinen Amtsbrüdern zeigen sollen, wie man das Thema im Rahmen einer Sonntagspredigt behandelt. Auch Lehrer und Schüler beteiligten sich an Anti-Folter-Kundgebungen. Am Gründonnerstag 1975 veranstaltete die Kantonschule Sursee eine „Manifestation", zu der eine Ausstellung, eine szenische Lesung und eine Filmvorführung gehörten. Der Aprilrundbrief der Sektion berichtete darüber: *Der Eingang zur Schule war mit Stacheldrahtverhau gesperrt, und nur durch eine schmale Öffnung konnte man in das Haus gelangen. In den Gängen wurden Nachbildungen von Folterinstrumenten, Fotos und Textdokumente über Folterungen der Vergangenheit und der Gegenwart gezeigt . . . In der szenischen Lesung traten Diktatoren, Folterkechte, Opfer, Mitläufer, Philosophen und Fragesteller aus dem Volk auf. Die Texte bestanden fast ausschließlich aus authentischen Zitaten . . . An den Vorbereitungen beteiligten sich rund 200 Schüler . . .*[89]

Die Schweizer Sektion hofft, daß Veranstaltungen dieser Art beispielgebend sind. Aufklärung über die Menschenrechte und deren häufige Mißachtung, über politische Verfolgung und die Anwendung der Folter auch in Staaten, die als „zivilisiert" gelten, sollte ihrer Meinung nach einen festen Platz im Lehrplan der Schulen erhalten. Sie sucht daher den Kontakt zu Lehrern und Erziehern. Das geschieht nicht ohne Erfolg. Die Angehörigen pädagogischer Berufe sind unter den aktiven Mitgliedern überproportional vertreten.

Die Arbeit der Sektion beschränkt sich aber nicht nur auf die Anti-Folter-Kampagne. Schweizer Amnesty-Gruppen setzten sich, oft in gemeinschaftlichen Aktionen, für sowjetische Dissidenten ein, die in psychiatrischen Spezialkliniken zwangsbehandelt werden, für Gefangene in den westafrikanischen Ländern, im Iran, der CSSR und Spanien und besonders für chilenische Flüchtlinge, die in der Schweiz um politisches Asyl nachsuchten. Die Sektionsleitung hat 1974 damit begonnen, verstärkt die Bildung von Länder-Koordinationsgruppen zu fördern, mit deren Hilfe sich qualifiziertere Gefangenenarbeit als bisher leisten läßt. Koordinationsgruppen gab es 1975 unter anderem für die UdSSR, Indonesien, Chile, Brasilien, Rhodesien und Haiti.

Die schweizerische Öffentlichkeit verfolgt das Wirken von AI mit wachem Interesse. Allerdings *scheint der Ruf von Amnesty International zur Zeit nicht besonders gut zu sein,* klagte 1975 ein Mitglied aus Winterthur in einem Leserbrief an die Redaktion des Monatsrundbriefes der eidgenössischen Sektion, *sonst müßte man nicht stundenlang mit den Behörden disku-*

tieren, um klarzustellen, daß wir kein subversiver, kommunistischer Verein sind . . .[90] Und Marta Fotsch stellte mit sanfter Ironie fest: *Daß wir den einen zu „links", den anderen zu „rechts" sind, können auch wir in der Schweiz nicht verhindern . . .*[91] Was den Vorwurf der Linkslastigkeit angeht, so taucht er immer dann auf, wenn die Sektion heiße innenpolitische Eisen anpackt. Militärjustiz und Wehrdienstverweigerung sind Themen, an denen man sich in der Schweiz die Finger verbrennen kann.

Von Schweizer Amnesty International-Gruppen betreute Ermittlungs- und Adoptionsfälle nach dem Stand vom April 1975
(Quelle: Jahresbericht 1974/75 der Schweizer Sektion)

Land	Fälle	Land	Fälle
UdSSR	31	Bangladesh, Brunei,	
Indonesien	19	Elfenbeinküste, Griechen-	
Südvietnam	9	land, Israel, Lesotho,	
Chile, Haiti, Rhodesien		Malawi, Mali, Maureta-	
Spanien	8	nien, Rumänien,	
Iran	7	Südafrika, Südjemen	2
Brasilien, DDR, Marokko	4	Guatemala, Kamerun, Malaysia,	
Ägypten, CSSR, Jugoslawien,		Nepal, Pakistan, Paraguay,	
Südkorea, Taiwan,		Philippinen, Sri Lanka, Syrien,	
Tansania	3	Tschad, Uruguay	1
Gesamt		40	163

4.5. Amnesty International in den Beneluxländern

4.5.1. Belgien[92]

Die Zweisprachigkeit im Königreich Belgien stellt die dortige Sektion von AI vor eine große Schwierigkeit: Gemäß dem Statut der belgischen Sektion existiert nur ein nationales Komitee, dessen Vorsitz im Zwei-Jahres-Turnus zwischen Flamen und Wallonen wechselt, wie auch die Besetzung für die Posten des Geschäftsführers und des Schatzmeisters. Stammt der Vorsitzende aus dem französisch-sprachigen Teil Belgiens wie im Jahre 1975, als Victor Solé dieses Amt innehatte, übernehmen zwei Flamen aus dem niederländisch-sprechenden Teil des Königreichs die beiden anderen Ämter. Doch damit erschöpfen sich infolge der Sprachbarrieren bereits alle Gemeinsamkeiten. Beide Zweige der Sektion verfügen über ein eigenes Büro und arbeiten unabhängig voneinander.

Der wallonische Teil der Sektion wurde 1970/71 in Brüssel ins Leben gerufen. Zu den ersten Mitgliedern zählten ein Minister, zwei Parlamentarier und einige Universitätsprofessoren. Ein Artikel über AI, der 1973 in der Zeitung *Le Soir* veröffentlicht wurde, und die von der Bevölkerung stark beachtete *Kampagne zur Abschaffung der Folter* führten zu einer beträchtlichen Erhöhung der Mitgliederzahl. Die Wallonen stellen zwar nur knapp ein Drittel der belgischen Bevölkerung, lagen aber 1975 mit 650 Amnesty-Mitgliedern und 27 Gruppen klar vor den Flamen , die in ihrem Teil der Sektion 450 Mitglieder und sieben Gruppen verzeichneten. Die flämische AI nahm ihre Arbeit 1972 ebenfalls in Brüssel auf. Gründer waren Anneke Veryloeg und der Holländer Rie van Praag. Nach Auskunft der Flamen ist ihrer Tätigkeit in der Presse kein so gutes Echo beschieden wie den Wallonen. *Wesensfremde Ausdrucksweise* gibt man als einen der Gründe hierfür an. Der flämische Zweig der Sektion könne die Gründung durch einen Holländer und die enge Zusammenarbeit mit der großen Nachbarsektion der Niederlande – beide vertreiben beispielsweise den gleichen monatlichen Rundbrief – nicht leugnen. Weitaus ungünstiger wirkt sich jedoch die fatale Namensgleichheit mit einer rechtsextremen Vereinigung aus, mit der die belgische AI oftmals verwechselt wird. Ehemalige flämische Kollaborateure, die während der deutschen Besetzung mit den Nationalsozialisten zusammenarbeiteten und deshalb nach dem Krieg ihr Bürgerrecht verloren, kämpfen heute unter dem Namen *Amnestie* für eine Wiedergutmachung.

Trotz aller Hemmnisse setzen sich die Vertreter beider Zweige der Sektion eifrig für die Ziele von AI ein. Bescheiden ist vorläufig noch die Beteiligung am Budget des Internationalen Sekretariats. Die Wallonen zahlten 1975 knapp unter DM 8 000 die Flamen *weniger als das Internationale Sekretariat verlangt hat.*

4.5.2. Niederlande[93]

Obwohl die Amnesty-Idee auch in den Niederlanden schon bald nach dem Beginn der Kampagne *Appeal for Amnesty* Anhänger gefunden hatte, wurde sie jedoch ähnlich wie in der Bundesrepublik Deutschland erst Anfang der siebziger Jahre wirklich populär. Von 1970 bis 1972 stieg die Zahl der Einzelmitglieder in der holländischen Sektion von 200 auf 5 000. Zum Jahreswechsel 1974/75 gab es über 15 000 Gruppen- und Einzelmitglieder. Die Zahl der Adoptionsgruppen war mit 180 vergleichsweise gering.
Eine organisatorische Besonderheit der holländischen Sektion sind die Aktionsgruppen (vgl. Übersicht S. 234). Aktionsgruppen nehmen Aufgaben wahr, die über die Einzelfallbetreuung hinausgehen: Öffentlichkeitsarbeit, Geldbeschaffung, Planung und Durchführung lokaler und regionaler Aktionen. Wie die deutsche Sektion ist die Sektion der Niederlande in Bezirke untergliedert. In jedem Bezirk arbeitet eine Aktionsgruppe, die bis zu 50 Mitarbeiter umfassen kann.
Das holländische AI-Sekretariat befindet sich in Amsterdam. Zwei Festangestellte (eine Vollzeit- und eine Teilzeitkraft) sorgen für einen geregelten Bürobetrieb. Bemerkenswert sind die vielen freiwilligen Mitarbeiter, von denen jeweils rund ein Dutzend ständig in der Zentrale anzutreffen ist. Zusammen mit den zuständigen Vorstandsmitgliedern bilden sie für einzelne Arbeitsbereiche kleine Teams zur Koordinierung der entsprechenden Aktivitäten in der gesamten Sektion.
Besonders aktiv ist die holländische Sektion auf dem Gebiet der *Kampagne zur Abschaffung der Folter.* 1974 veranstaltete sie zusammen mit den Kirchen und der *Humanistischen Union* eine breitangelegte Aufklärungsaktion gegen die Folter. Unter anderem wurde eine Schrift mit dem Titel *Folter-nicht zu glauben* verteilt, die allerdings in der Öffentlichkeit erst dann erhoffte Beachtung fand, als man in der Presse entdeckte, daß auf dem Einbanddeckel ein Polizist der Königlich-Niederländischen Militärpolizei abgebildet war, der auf jemanden einschlug. Die holländische AI berichtete, es habe sehr viel Zeit und Kraft gekostet, Behörden und Presse davon zu überzeugen, daß es nicht beabsichtigt gewesen war, die Militärpolizei der Anwendung der Folter zu beschuldigen. Andere Aktivitäten im Rahmen der *Kampagne zur Abschaffung der Folter* bestanden in der Errichtung eines *Telegrammbaums* in Amsterdam, für den bis August 1975 rund 125 Teilnehmer gewonnen werden konnten, der Pflege von Kontakten zu holländischen Parlamentariern in Hinblick auf die Anwendung einer Anti-Folter-Resolution der *Interparlamentarischen Union* vom Oktober 1974, und öffentlichen Vorträgen, Seminaren und Diskussionen, unter anderem über den Haftvollzug an Mitgliedern der Baader-Meinhof-Gruppe.

4.5.3. Luxemburg[94]

Amnesty International Luxembourg wurde im Februar 1970 von einer elfköpfigen Gruppe gegründet, die aus Beamten, Lehrern, Anwälten und Künstlern bestand. Heute wie damals bietet die Sektion des zwischen Eifel und Ardennen gelegenen Großherzogtums ein Bild harmonischer Zusammenarbeit zwischen Europäern. Engländer, Belgier, Holländer, Franzosen und Deutsche, Angehörige verschiedener im Land ansässiger, übernationaler Institutionen haben sich der luxemburgischen AI angeschlossen. Deren Vorsitzender und Motor ist seit Gründung der Sektion der Sprachlehrer und Schriftsteller Nic Klecker, der 1975 in die *Europäische Kommission für Menschenrechte* berufen wurde. In Luxemburg arbeiten neun Adoptionsgruppen. Die Zahl der aktiven und passiven Mitglieder beträgt rund 1 000, wovon ein hoher Prozentsatz Lehrer und Schüler sind. Regierung, Presse und Öffentlichkeit stehen der Arbeit von AI sehr aufgeschlossen gegenüber. Die Stadt Luxemburg hat der Sektion großzügigerweise drei Räume zur unentgeltlichen Benützung zur Verfügung gestellt. Sie dienen als Sekretariat. Außerdem sind darin eine Druckerei und eine kleine Leihbibliothek mit Büchern über Gewalt, Folter und politische Verfolgung untergebracht. Einmal im Jahr startet *Amnesty International Luxembourg* eine breitangelegte Kampagne, deren Ziel es ist, die Bevölkerung über die Anliegen der Organisation aufzuklären und Förderer zu werben. Im Dezember 1974 beteiligten sich sogar Spitzenpolitiker verschiedener Parteien an dieser Aktion. Sie mischten sich auf den Straßen der Hauptstadt unter die Passanten und boten Weihnachtspostkarten zum Verkauf an. Alles in allem spendeten die Luxemburger im Verlauf dieser Kampagne über DM 100 00,–. Presse, Rundfunk und Fernsehen berichteten darüber ausführlich, und die Veranstalter sprachen von einem bemerkenswerten Publikumserfolg. Sie hatten durchaus Anlaß zur Freude: die Weihnachtskampagne 1974 der luxemburgischen Sektion war die erfolgreichste Aktion des Jahres innerhalb der gesamten AI, übrigens nicht nur in finanzieller Hinsicht. Auf einen Schlag wurden 200 neue Mitglieder gewonnen. Schon einmal hatte die Sektion solch einen Zulauf verzeichnen können. Das war 1971 gewesen, als der Internationale Rat und die Internationale Versammlung zur Feier des zehnjährigen Gründungsjubiläums der Organisation in Luxemburg getagt hatten.

4.6. Amnesty International in Skandinavien

4.6.1. Dänemark

1962 erschien in Kopenhagen eine dänische Ausgabe von Peter Benensons Taschenbuch *Persecution 1961*. Im August 1962 fiel sie dem damals 27jährigen Lehrer Bent Østergård in die Hände.[95] Dieser blätterte darin, fand Interesse und kaufte den schmalen Band. Er las ihn aufmerksam durch und beschloß, an das Londoner Amnesty-Büro am Mitre-Court zu schreiben. Rund acht Wochen später besuchte Neville Vincent, Mitinitiator der Kampagne *Appeal for Amnesty*, die dänische Hauptstadt, wo er der angesehenen liberalen Tageszeitung *Politiken* ein Interview über die Ziele und Absichten der Amnesty-Bewegung gab. Außerdem setzte er sich telefonisch mit Bent Østergård in Verbindung und besprach mit ihm das weitere Vorgehen, insbesondere die Bildung von Adoptionsgruppen. Am 12. Januar 1963 konstituierte sich auf Betreiben Østergårds die erste dänische „Dreier-Gruppe", die hauptsächlich aus Lehrern bestand, die an derselben Schule wie Østergård unterrichteten. Ein Zeitungsartikel über das Wirken der Gruppe hatte ein unerwartetes Echo. Viele neue Interessenten meldeten sich und bekundeten ihre Bereitschaft mitzuarbeiten. Binnen kurzem konnten drei weitere Adoptionsgruppen gegründet werden. Ein Besuch Peter Benensons in Kopenhagen, der im darauffolgenden Juni stattfand, sorgte neuerlich für Publizität. Im Frühjahr 1964 – inzwischen gab es ein Dutzend Gruppen – wurde die dänische Sektion gegründet. Von Anfang an verzichtete man darauf, einen Vorsitzenden zu wählen; die dänischen Amnesty-Gruppen übertrugen die Leitung der Sektion vielmehr einem Kollektiv, das alle Geschäfte in gemeinsamer Verantwortung führen sollte. Dieses System hat sich bis heute bestens bewährt. 1966 mietete die Sektion in der Kopenhagener Gyldenlovesgade ein eigenes Büro; später zog sie in die Frederiksborggade um, wo drei ständige Mitarbeiter beschäftigt sind.[96] Seit 1969 gibt sie eine Vierteljahreszeitschrift mit dem Titel *Amnesty Nyt* heraus, die inzwischen eine Auflage von 3 500 Exemplaren erreicht hat. Im Juli 1975 zählte die dänische Sektion rund 3 000 Mitglieder, was eine Steigerung von 20 Prozent gegenüber 1974 bedeutete. 350 Personen nahmen an der *Aktion für die Gefangenen des Monats* teil. 50 Adoptionsgruppen arbeiteten für 145 Gefangene aus 39 Ländern. Koordinationsgruppen bestanden für Lateinamerika und Indonesien.[97]

Über mangelnde Resonanz in der breiten Öffentlichkeit brauchen sich die dänischen Amnesty-Mitglieder nicht zu beklagen, und auch dänische Politiker haben für ihre Anliegen im allgemeinen ein offenes Ohr. Im April 1975 sandte die Sektion an 25 Mitglieder des *Folketing*, des dänischen Parlaments,

Hintergrundmaterial über 21 brasilianische Staatsbürger, die von ihren Verwandten als „spurlos verschwunden" gemeldet worden waren. Sie bat die Abgeordneten, zwei Briefe an Präsident Ernesto Geisel und dessen Justizminister Falcao zu unterzeichnen, in denen um eine Aufklärung der mysteriösen Vorfälle ersucht wurde. Die angesprochenen Parlamentarier zögerten nicht, dem Wunsch zu folgen. Im Mai desselben Jahres setzten sie ebenso bereitwillig ihre Unterschrift unter eine Petition an den Generalsekretär der KPdSU, Leonid Breschniew, in der um die Freilassung der verhafteten Mitglieder der Moskauer Amnesty-Gruppe gebeten wurde.[98]

4.6.2. Färöer-Inseln[99]

Die Färöer-Inseln sind eine kleine, auf halbem Wege zwischen Schottland und Island gelegene, felsige Inselgruppe im Atlantischen Ozean. Sie gehören zwar zur dänischen Krone, verwalten sich jedoch autonom. Die dortige Amnesty-Sektion wurde im September 1965 in Tórshavn, der Hauptstadt, ins Leben gerufen. Ein Schuldirektor, eine Lehrerin, ein Ingenieur, ein Schauspieler und ein Buchprüfer bildeten den ersten Vorstand. 1970 stieß Anette Wang, eine in Dänemark geborene Apothekerin, zu ihnen. Sie hatte sich, angeregt durch die politische Tätigkeit ihres Mannes, eines Parlamentariers und bekannten Publizisten, schon immer für das aktuelle Weltgeschehen interessiert. Für die beiden Adoptionsgruppen auf den Färöer-Inseln bedeutete sie ohne Zweifel einen großen Gewinn: Sie brachte nicht nur neue Ideen mit, sondern – dank ihres Gatten – auch gute Beziehungen zu den Massenmedien. Im August 1973 übernahm Anette Wang den Vorsitz der Sektion.

4.6.3. Finnland[100]

Die finnische Sektion wurde im Januar 1966 von einer etwa zwanzigköpfigen Gruppe Intellektueller gegründet. Seither ist die Zahl der Mitglieder auf 170 angestiegen. Im Vergleich zu anderen skandinavischen Sektionen nimmt sich dieses Wachstum recht bescheiden aus. Fehlende Kenntnis der englischen Sprache sind für manchen potentiellen Interessenten ein Grund nicht beizutreten. Andere schreckt eher der Geruch des Akademikertums ab, der der Sektion seit ihrer Gründung anhaftet. Im Vorstand sind seit 1974 drei Personen für Öffentlichkeitsarbeit zuständig, ein Zeichen dafür, daß die Sektion vermehrte Anstrengungen machen will, um Menschen aus allen Schichten der Bevölkerung für die Ziele von AI und für eine Mitgliedschaft in der Organisation zu gewinnen. Im August 1975 arbeiteten in Finnland fünf Adoptionsgruppen, und zwar alle in Helsinki. Kommunikations- und Koordinationsprobleme gibt es daher keine. Einmal im Jahr treffen sich die Vertreter der Gruppen und alle Einzelmitglieder zur Jahresversammlung. Unterstützung findet die Sektion ausschließlich bei Privatpersonen, wobei ihre Mitglieder bei der Suche nach neuen Förderern das Gefühl nicht loswerden, daß es *etlichen Leuten widerstrebt, unsere Arbeit aktiv und öffentlich zu unterstützen.*[101] So bleibt ihnen nichts anderes übrig, als die Öffentlichkeit verstärkt über die Existenz von AI aufzuklären. Die Zukunftspläne der finnischen Sektion faßte ein Vorstandsmitglied daher schlicht in die Worte: *Mehr Information über Amnesty International – mehr Mitglieder, mehr Gruppen . . .*[102]

4.6.4. *Island*[103]

Im Sommer 1974 verbrachten zwei Mitglieder der holländischen Sektion ihren Urlaub auf Island. Sie ergriffen diese Gelegenheit, um durch Zeitungsannoncen für eine Mitarbeit bei AI zu werben. Etwa 15 Interessenten meldeten sich und gründeten am 15. September 1974 in Reykjavik die isländische Sektion. Binnen eines Jahres steig die Zahl der Mitglieder – in erster Linie sind es Ärzte, Juristen, Journalisten und Studenten – auf 170. Nur knapp 30 davon arbeiteten jedoch aktiv in einer der beiden Adoptionsgruppen mit. Unter den Förderern befinden sich einige prominente Persönlichkeiten: Künstler, Universitätsdozenten und ein Bischof. Mit dem Echo, daß ihre Arbeit bisher in den Massenmedien hervorgerufen hat, ist die Sektion zufrieden. Presse, Rundfunk und Fernsehen kommentierten alle größeren internationalen Initiativen von AI, an denen isländische Gruppen teilgenommen haben. Im Sommer 1975 berichteten isländische Amnesty-Mitglieder in einer Halbstundensendung des Hörfunks über ihre Tätigkeit.

4.6.5. *Norwegen*[104]

Die norwegische Sektion wurde am 10. Dezember, am *Tag der Menschenrechte* des Jahres 1964 gegründet. Zwei Geschäftsleute und ein Rechtsanwalt waren die Initiatoren. Mit Arne Haaland, einem Chemiker, und Kari Poppe, einer Zahnärztin, waren die Norweger fünf Jahre lang im Internationalen Exekutivkomitee vertreten. Im September 1975 zählte die Sektion 33 Adoptionsgruppen mit durchschnittlich sieben Mitgliedern; viele hatten bis zu einhundert Förderer. Darüber hinaus beteiligten sich etwa 250 Personen an der *Aktion für die Gefangenen des Monats*. In Oslo unterhält die Sektion ein eigenes Büro, wo ein Ersatzdienstleistender den Posten eines ständigen „Sekretärs" bekleidet. Vorsitzender ist seit 1974 Sverre Dahl, ein junger Forschungsstipendiat auf dem Gebiet der deutschen Literatur.

AI genießt in der norwegischen Öffentlichkeit großes Ansehen. Fast jede

Woche erscheint in einer der führenden Tageszeitungen wie *Aftenposten* und *Dagbladet* ein Artikel, der die Arbeit der Organisation oder einer der Gruppen betrifft. Kirchen und Gewerkschaften sind immer wieder zu ideeller Hilfe bereit. Die Regierung leistet großzügige finanzielle Hilfe. Lokale Behörden stellen kleinere Summen zur Verfügung. Einige hundert Privatleute senden regelmäßig Geld. Dieses im großen und ganzen erfreuliche Echo verdankt die Sektion ihrer fleißigen Öffentlichkeitsarbeit und der traditionellen Aufgeschlossenheit der Norweger für humanitäre Anliegen.

4.6.6. Schweden[105]

Die schwedische Sektion, deren erste Gruppe im Mai 1962 in Göteborg ihre Arbeit aufgenommen hatte, wurde am 24. Oktober 1964 in Stockholm gegründet.[106] Die Geschichte dieser nach der Zahl der Gruppen zweitgrößten Sektion läßt sich in drei Abschnitte gliedern: Die erste Phase unter dem Vorsitz des Rechtsanwalts und Mitglieds der Sozialdemokratischen Partei, Hans Göran Franck, war durch rege Öffentlichkeitsarbeit gekennzeichnet. Franck verstand es, künstlerische Prominenz und damit Presse, Funk und Fernsehen für die Bewegung zu interessieren. Mit großem Erfolg lief lange Zeit in der schwedischen Hauptstadt das Bühnenstück *Oh, what a lovely peace,* das Pendant zu der bekannten musikalischen Revue *Oh, what a lovely war.* Die Autoren stellten die Tantiemen der Sektion zur Verfügung und verhalfen ihr damit zu einer beachtlichen Einnahmequelle mit einem Gewinn von bisher circa DM 250 000,–. Die scheinbar prächtige Idee, Prominenz für die Organisation zu werben, hatte einen unerwünschten Nebeneffekt. *Was soll ich Mann von der Straße unter all den berühmten Leuten bei Amnesty International?* charakterisiert Generalsekretär Malcolm Tigerschiold das damalige Problem. 1970 begann unter dem Vorsitz des jungen Journalisten Thomas Hammarberg die zweite Phase, geprägt von Hammarbergs erfolgreichem Bemühen, die Sektion zu konsolidieren und ihre Arbeit glaubwürdig dazustellen. In der dritten Phase unter dem Vorsitz von Bo Lindblom öffnet sich die, vormals überwiegend mit linksliberalen Intellektuellen durchsetzte Sektion allen Bürgern.

Im Herbst 1975 zählte die schwedische Sektion rund 250 Gruppen und 9 000 Mitglieder. Seit dem Beginn der *Kampagne zur Abschaffung der Folter,* für die erstmals alle Mitglieder der Sektion auf die Straßen gingen und 200 000 Unterschriften sammelten, und einer gut vorbereiteten Chile-Kampagne wächst die Sektion um fünf neue Mitglieder pro Tag.

Nach Ansicht des Generalsekretärs der schwedischen AI, Tigerschiold, stoßen die Ziele der Organisation in Schweden auf großes Verständnis, was die Sektion aber nicht zur Förderung hemmungslosen Wachstums veranlaßt. Im

Gegenteil: Interessenten, die eine Gruppe gründen wollen, wird erklärt, daß die Arbeit für Gefangene oft entmutigend ist und nicht immer Früchte trägt. Negative Erfahrungen aus der Vergangenheit, haben die Verantwortlichen gelehrt, Gruppen auf ihre Aufgaben gründlich vorzubereiten und naive Vorstellungen auszuräumen. Die traditionellen Adoptionsgruppen werden in Schweden durch Förderer erweitert, so daß die Aktivität der Gruppen gesteigert und die finanzielle Basis verbessert werden kann. Eine Stockholmer Gruppe beispielsweise, der siebzig Förderer angehören, ist dadurch in der Lage, einige hundert Briefe pro Woche zu schreiben und ihren adoptierten Gefangenen größere Summen Geldes zur Verfügung zu stellen.
Die schwedische Sektion erfreut sich in der Presse der Großstädte, wie bereits erwähnt, größter Aufmerksamkeit. In den konservativen Orten auf dem Lande dauerte es hingegen Jahre, bis Meldungen über AI Aufnahme in die Spalten der Lokalzeitungen fanden, heute stehen Amnesty-Nachrichten sogar auf den Titelseiten. Der Staat fördert AI wie alle anderen schwedischen Friedensorganisationen mit rund DM 13000,– jährlich. Ferner beteiligen sich der Dachverband der Gewerkschaften und die Angestellten-Vereinigung mit etwa DM 5000,– an bestimmten Aktionen.

4.7. Amnesty International in englischsprachigen Ländern

4.7.1. Großbritannien.

Die Geschichte der Organisation begann mit der Gründung der britischen Sektion, Trägerin der Bewegung in den ersten zwei Jahren, durch Peter Benenson 1961. Aber die goldenen Zeiten, da die britische Sektion das Rückgrat der Amnesty-Bewegung war, sind vorbei. Nach einem unerwartet guten Start, der die Gruppenzahl binnen drei Jahren auf 350 ansteigen ließ, ist nach der internen Krise im Internationalen Sekretariat 1967, der Veröffentlichung des Aden- und des Nordirland-Berichts ein Rückgang der Gruppen auf 150 bei circa 3000 Mitgliedern im Jahre 1975 erfolgt. Auch auf finanziellem Gebiet spielen die Briten nicht mehr die führende Rolle wie in der Vergangenheit, als sie das Budget der gesamten Organisation nahezu allein bestritten. Ihr Beitrag lag 1975 bei rund DM 150000,–. Reverend Paul Oestreicher, Vorsitzender der Sektion, erwartet in der Zukunft keinen neuen Mitglieder-Boom. Die Londoner *Times* und der *Guardian*, wichtige Abnehmer von Amnesty-Meldungen, das Radioprogramm der BBC und die Fernsehreihe *Man alive*, eine Sendung über Folterungen in verschiedenen Län-

dern, vermögen die von Oestreicher als zu *vornehm-zurückhaltend* charakterisierten Briten nicht zu einer Mitarbeit bei AI zu bewegen. Dennoch lassen die Verantwortlichen der britischen Sektion nichts unversucht, um neue Mitglieder zu werben. Zur Zeit hofft man auf Unterstützung von Seiten der religiösen Bevölkerung. Eine Amnesty-Kirchengruppe befindet sich im Aufbaustadium.
Ein Zweig der britischen Sektion existiert in Schottland mit Büro in Glasgow. Die Schotten planen in absehbarer Zeit, wie einer ihrer Delegierten auf der Ratstagung in Sankt Gallen mitteilte, die Errichtung einer eigenen Nationalen Sektion.

4.7.2. Irland[108]

Im Oktober 1975 zählte die irische Sektion, die 1961 von Sean MacBride und Karin O'Donovan, der Frau eines bekannten irischen Journalisten, in Dublin gegründet wurde, 440 Mitglieder. Ein Teil von ihnen arbeitete in einer der acht bestehenden Adoptionsgruppen mit, rund 40 Personen beteiligten sich an der *Aktion für die Gefangenen des Monats*. Etwa ein Fünftel der Mitglieder waren Studenten, von denen die meisten entweder am *Trinity College* oder am *University College* in Dublin studierten. Im übrigen gehören die meisten irischen Amnesty-Mitglieder wie auch anderswo der gehobenen Mittelschicht an.
Vorsitzender der Sektion ist Sean MacBride. Als Stellvertretende Vorsitzende fungieren Kevin White, Internationaler Schatzmeister von AI und Hon. T.C. Kingsmill Moore, ein früheres Mitglied des irischen Senats und des Obersten Gerichtshofes. Der Vorstand besteht aus 15 Personen. Er besorgt alle laufenden Geschäfte, da die Sektion sich keine Angestellten leisten kann. Die Arbeit von AI findet im allgemeinen starke Beachtung in der irischen Presse. Jedes Jahr veröffentlichen mehrere Zeitungen eine Liste mit rund einem Dutzend Namen von Gewissensgefangenen, die von irischen Gruppen betreut werden. Die Leser werden gebeten, sichtbaren Anteil am Schicksal der Häftlinge zu nehmen, indem sie ihnen Grußkarten zum Weihnachtsfest schicken. Sean MacBride und andere Mitglieder des Vorstandes erhalten bisweilen Gelegenheit, im Rundfunk und im Fernsehen über einzelne Anliegen von AI zu sprechen. Angehörige des Kabinetts sind von Fall zu Fall bereit, entsprechende Initiativen auf diplomatischer Ebene einzuleiten, wenn auch nicht in offizieller Mission. Die Gewerkschaften leisten Hilfe, wenn es darum geht, Gewerkschaftler in anderen Ländern vor der Willkür ihrer Regierungen zu schützen. Die Kontakte zu den Kirchen sind bisher noch kaum ausgebaut.

4.7.3. *Vereinigte Staaten von Amerika*[109]

Die Sektion der Vereinigten Staaten von Amerika wurde im April 1966 in New York unter anderem von Ivan Morris, dem Vorsitzenden der Sektion im Jahre 1975, und Mark Benenson, einem Cousin von Peter Benenson, gegründet.[110] Die Größe des Landes zwang die Verantwortlichen, neben dem Hauptquartier in New York ein regionales Büro in San Francisco zu errichten und zusätzlich zwei regionale Koordinatoren, die in Texas und Los Angeles ihren Sitz haben, anzustellen. Die 24 000 Einzelmitglieder und die über 100 Gruppen mit ungefähr 1 000 Mitgliedern verteilen sich überwiegend auf die bevölkerungsdichten Gebiete an der Ost- und an der Westküste des Landes. Überregionale Zusammenkünfte der festangestellten Sekretariatsmitarbeiter und des Vorstands kommen die Sektion wegen der anfallenden Flugkosten teuer zu stehen.

Nicht zuletzt dank des Einsatzes der amerikanischen Folk-Sängerin Joan Baez, die für AI Konzerte gab, blickt die Sektion der USA in Kalifornien auf eine erfolgreiche Öffentlichkeitsarbeit zurück. In den anderen Bundesstaaten mangelt es trotz zum Teil ausführlicher Presseberichterstattung an Resonanz in der Bevölkerung. AI ist nur wenigen amerikanischen Bürgern wirklich ein Begriff. Als besonders erfreulich werten die Verantwortlichen der Sektion, daß nach der Beendigung des Vietnam-Krieges die Bereitschaft der Jugendlichen wächst, bei AI mitzuarbeiten. Viele von ihnen hatten sich während der Kriegsjahre der Bürgerrechtsbewegung und anderen Vereinigungen, die gegen das Engagement der USA in Südostasien protestierten, angeschlossen.

1975 veranstaltete die amerikanische AI eine Briefaktion, deren Ziel es war, Mitglieder zu werben. Auf 1 500 000 Briefe, die an einen Personenkreis verschickt wurden, von dem man annehmen konnte, daß er sich für die Organisation interessieren werde, erhielt die Sektion 25 000 Antworten. Ob es den meisten Einsendern mit der Absicht mitzuarbeiten ernst ist, muß sich erst noch zeigen.

Die Sektion der Vereinigten Staaten von Amerika, die kleine finanzielle Zuwendungen von der Episkopalkirche, den Methodisten und den Quäkern erhält, steuert zum Budget des Internationalen Sekretariats rund DM 150000,– bei.

4.7.4. *Kanada*[111]

Die konstituierende Sitzung der kanadischen Sektion fand im Mai 1973 in Montreal statt. Unter den Teilnehmern waren Vertreter der damals bestehenden sechs Adoptionsgruppen, Richard Reoch vom Internationalen Sekretariat und der Rechtsgelehrte John Peter Humphrey, der zum Präsidenten der Sektion gewählt wurde. Humphrey war 20 Jahre lang Direktor der *Abteilung für Menschenrechte* bei den *Vereinten Nationen* gewesen und ist Mitglied der *Internationalen Liga für Menschenrechte* und der *Internationalen Juristenkommission.* Vorsitzender des Exekutivkomitees wurde der ehemalige Herausgeber der *Enzeclopaedia Canadiana* und scheidende kanadische Botschafter beim Heiligen Stuhl John E. Robbins, der ein Jahr später durch Mary Beattie, eine ehemalige Mitarbeiterin der *Weltgesundheitsbehörde* abgelöst wurde. Im Mai 1975 wählte der Nationale Rat, das Legislativorgan der Sektion, Leslie R. Gue, einen Universitätsdozenten aus Edmonton zum Vorsitzenden des Exekutivkomitees.

Bedeutendstes Ereignis des Jahres 1973 in der damals noch jungen Geschichte der kanadischen Sektion war eine Konferenz zur Abschaffung der Folter, die im November 1973 in Ottawa unter reger Beteiligung der Bevölkerung und prominenter Vertreter verschiedener Organisationen abgehalten wurde. Unter anderem wurden Filme über Folterungen in Südvietnam und Brasilien vorgeführt. Zwei Wochen später wurde im Gebäude der Unitariergemeinde in Ottawa das Sektionsbüro eröffnet. Sue Nichols übernahm das Amt eines *National Coordinator,* dessen Hauptaufgaben in der Verteilung des vom Internationalen Sekretariats herausgegebenen Materials und der Redaktion des *Canada Bulletin,* des monatlichen Rundbriefes der Sektion, bestehen.

Im September 1975 zählte die kanadische Sektion über 1300 Mitglieder. Ein Großteil der 27 bestehenden Adoptionsgruppen setzte sich hauptsächlich aus Studenten und Hochschuldozenten zusammen. Seit Februar 1975 gibt es eine Parlamentariergruppe, in der Abgeordnete und Senatoren der vier großen politischen Parteien des Landes vertreten sind. Enge Kontakte bestehen auch zu den Gewerkschaften. Der Präsident des *Canadian Labour Congress* ist seit längerem ein führendes AI-Mitglied, ebenso der Präsident der Papierarbeitergewerkschaft.

Größtes Problem der kanadischen AI ist die Zweisprachigkeit des Landes. Die weitaus meisten Mitglieder stammen aus den englischsprachigen Provinzen Kanadas. Es fehlt an Zeit und Möglichkeiten, um das überwiegend englischsprachige AI-Material ins Französische zu übersetzen. Das wäre jedoch die Voraussetzung dafür, daß auch Frankokanadier in größerer Anzahl als bisher für eine Mitarbeit in der Organisation interessiert werden könnten. Gewisse Schwierigkeiten bereitet im übrigen auch die Tatsache, daß Kanada ein geradezu unermeßlich großes Land ist. Überregionale Zusammenkünfte sind daher meist mit enormem finanziellen Aufwand verbunden, da die Teilnehmer mitunter weit voneinander entfernt leben. Das trifft besonders für die Mitglieder des Nationalen Exekutivkomitees zu, von denen einige über 1000 Kilometer zurücklegen müssen, um nach Ottawa zu gelangen, wo die Sitzungen des Exekutivkomitees gewöhnlich stattfinden.

4.7.5. *Australien*[112]

In Australien gibt es keine Nationale Sektion, sondern sechs regionale Zweigsektionen *(branches)*, die weitgehend unabhängig voneinander arbeiten, wozu sie die geographischen Gegebenheiten zwingen. Es sind jedoch Bestrebungen im Gange, wenigstens ein gemeinsames Koordinationsbüro zu schaffen. Amnesty-Gruppen existieren in Australien bereits seit 1961. Die Zweigsektionen Neusüdwales, Tasmanien und Viktoria entstanden noch zu Zeiten der Kampagne *Appeal for Amnesty* in den Jahren 1961/62. Die Zweigsektion Südaustralien wurde im Juli 1963 in Adelaide von Mitgliedern der dortigen Universität gegründet. Die Zweigsektion Westaustralien entstand 1964 ebenfalls an einer Universität. Jüngste Zweigsektion ist Queensland: sie wurde 1972 ins Leben gerufen. Im Herbst 1975 gab es in Australien insgesamt 35 Adoptionsgruppen und mehrere hundert Amnesty-Mitglieder, die sich wie folgt verteilten:

Bundesstaat	Adoptionsgruppen	Mitglieder
Viktoria	16	370
Neusüdwales	10	?
Südaustralien	4	125
Tasmanien	1	20
Westaustralien	3	?
Queensland	1	110

Die Zahl der Mitglieder wächst trotz reger Bemühungen um Publizität nur langsam. *Es scheint, als seien die Australier an den Fragen, die AI aufwirft, nicht recht interessiert*, erklärt eine Amnesty-Mitarbeiterin aus Südaustralien. Immerhin gibt es aber in Australien zwei Parlamentariergruppen, die sich speziell für inhaftierte Kollegen und Regierungsmitglieder einsetzen.

4.7.6. *Neuseeland*[113]

Die neuseeländische Sektion wurde 1966 in Wellington gegründet. Im Herbst 1975 waren 15 Adoptionsgruppen tätig. Über 300 Einzelmitglieder erhielten den vierteljährlich erscheinenden Rundbrief. Erwähnenswert ist, daß es der neuseeländischen Sektion gelungen ist, rund ein Dutzend Organisationen, darunter Gewerkschaften, für eine korporative Mitgliedschaft zu gewinnen.

4.8. Amnesty International in der übrigen westlichen Welt

4.8.1. Frankreich[114]

In Frankreich bildeten sich zwar bereits im Juni 1961 die ersten Adoptionsgruppen, doch folgte diesem Anfangserfolg nach Jahren der Stagnation die Ernüchterung: Die am 24. November 1964 in Paris gegründete Sektion stellte 1967/68 ihre Arbeit ein, die Gruppen lösten sich auf.[115] Als Gründungsdatum der neuen französischen Sektion gibt Generalsekreätr Michel Odier das Jahr 1971 an. Zu den Gründern gehörten unter anderem Marie-José Protais, Daniel Marchand und Jean-Pierre Darmon. Eine Wiederholung des Fiaskos der Sechziger-Jahre bleibt der Sektion sicher erspart, denn 1975 zählte sie 150 Gruppen, 1600 Mitglieder und einige hundert private Geldgeber.
Wie in fast allen Sektionen schränkt auch in Frankreich das Finanzproblem die Arbeitsmöglichkeiten ein. Speziell die Öffentlichkeitsarbeit kann nur punktuell betrieben werden. Not macht jedoch zuweilen erfinderisch: die französische Sektion stellt Journalisten politische Informationen aus dem Ausland zur Verfügung, die der Presse durch eigene Kanäle nur schwer zugänglich wären. Die Journalisten revanchieren sich für diesen Service, indem sie dem Artikel in ihrer Zeitung die Adresse der französischen Sektion beifügen, um Interessenten Gelegenheit zu geben, zusätzliches Material im Sekretariat anzufordern. Zu Werbezwecken stellt die Sektion ihren Gruppen Fernsehfilme der *Granada-TV* zur Verfügung. Diese private britische Fernsehproduktionsgesellschaft, die über einen guten Kontakt zu AI in London verfügt, hat sich international eine hervorragenden Ruf als Spezialistin für heiße politische Eisen erworben. Ihre Reportagen über Folter und Menschrechtsverletzungen liefen in vielen Ländern der westlichen Welt. Der französischen Sektion kommt eine wichtige Rolle als Empfängerin von Informationen zu, da Paris als Nachrichtenzentrum für Meldungen aus dem frankophonen Afrika gilt und zugleich von Asyl suchenden Flüchtlingen aus dem Ostblock wie auch aus Südamerika als neue Heimat bevorzugt wird.
Die Sektion, die rund DM 60 000,– an das Internationale Sekretariat abführt, finanziert sich nur aus Mitgliedsbeiträgen. *Wäre das anders,* erklärt Generalsekretar Odier, *würde man uns in Afrika als neokolonialistische Organisation ansehen.*

4.8.2. Italien[116]

Die Nationale Sektion Italiens, gegründet 1963 in Genua, gehört zwar zu den ältesten Sektionen, zu den größten zählte sie jedoch nie. Die Sorgen des Italieners gehören seiner von innenpolitischen Krisen heimgesuchten Nation. *Er möchte sich nicht auch noch mit den Problemen anderer Länder befassen,* meint Lydia Mazzotti, Sekretärin der Sektion. Zudem habe der Menschenrechtsgedanke, klammert man die Kirche aus, keine Tradition in Italien, in dem AI 1975 auf nur vier Gruppen und etwa 180 Mitglieder verweisen konnte.

4.8.3. Israel[117]

Die schwierige politische Situation Israels spiegelt sich in einigen Besonderheiten der israelischen Sektion wider, deren Geschichte in zwei Abschnitte gegliedert werden muß.

Die erste Nationale Sektion wurde am 13. April 1964 gegründet, bestand aber nur aus einer Gruppe, deren Mitglieder in Jerusalem, Tel Aviv und Haifa lebten.[118] Noch im gleichen Jahr teilte sich die Sektion in die Zweige Haifa und Jerusalem. Insgesamt existierten zu diesem Zeitpunkt bereits zehn Gruppen. Ein von AI 1970 herausgegebener Bericht über Haftbedingungen arabischer Gefangener in Israel wurde in der israelischen Öffentlichkeit heftig kritisiert. Die Amnesty-Mitglieder, die mit dem Report ebenfalls nicht einverstanden waren, sich in ihrem Nationalstolz verletzt fühlten und überdies von aufgebrachten Mitbürgern telefonisch unter Druck gesetzt wurden, lösten die Sektion auf und traten aus der Organisation aus.

Nach einem Besuch von Generalsekretär Ennals 1973 in Israel nahm eine neue Sektion in Tel Aviv mit zehn Mitgliedern die Arbeit wieder auf. Yoram Dinstein, Professor für Menschenrechte an der Universität von Tel Aviv, leitet als Vorsitzender die Sektion, die 1975 aus zwei Gruppen mit insgesamt fünfzehn Mitgliedern bestand. *Die öffentliche Meinung ist stark gegen Amnesty International eingestellt. Die Leute glauben, daß die Organisation, um eine künstliche Balance herzustellen, die Israelis zu hart, die Araber zu milde kritisiere,* erklärt Dinstein. *Die Sektion wird ständig herausgefordert, das Prestige von Amnesty International zu verteidigen. Das ist einer der Gründe, warum die Gruppen klein bleiben und einfache Bürger uns nicht beitreten.* Die für die Arbeit der Sektion erforderlichen *pflichtbewußten Menschen,* die sich ihr nach Aussage Dinsteins nur aufgrund einer Empfehlung durch andere Amnesty-Mitglieder anschließen dürfen, stammen alle aus der intellektuellen Oberschicht der Bevölkerung. Unter den Mitgliedern befinden sich Universitätsprofessoren, Rechtsanwälte, Richter, Ärzte und zwei Journalisten, die für eine bescheidene Propaganda sorgen, denn Aktionen mit Flugblättern und Unterschriftensammlungen, wie sie in anderen Ländern durchgeführt werden, stoßen in Israel auf Ablehnung.

4.8.4. Japan[119]

Die japanische Sektion wurde 1970 von dem Richter und vormaligen Abgeordneten im japanischen Reichstag Komo Inomata in Tokio gegründet. Inomata gilt als einer der Vorkämpfer für die Anerkennung der Menschenrechte in seinem Land. 1975 umfaßte die Sektion etwa 600 aktive und passive Mitglieder. Die Zahl der Adoptionsgruppen betrug neun, wobei sieben Gruppen in Tokio und je eine in Osaka und auf Okinawa arbeiteten.
Das Grundrezept der Amnesty-Arbeit in Japan erläuterte Komo Inomata 1974 vor den Delegierten der Nationalen Sektionen auf der Internationalen Ratstagung in Askov: *Eine Amnesty-Bewegung in Japan muß damit beginnen, den Japanern die Idee der Menschenrechte begreiflich zu machen. Um dieses Ziel zu erreichen, empfiehlt es sich, Fälle aus unseren Nachbarländern aufzugreifen, wo Verstöße gegen die Menschenrechte stattfinden, um unser Volk für die Menschenrechte und für die Idee der wahren Demokratie zu sensibilisieren. „Der Schmerz des asiatischen Volkes ist unser Schmerz" – das ist es, was wir betonen. Wenn wir sowohl die augenblicklichen Verhältnisse in Asien betrachten und die Zukunft Japans für den Fall, daß die Todesstrafe dort wiedereingeführt wird, befällt uns unvermeidlich die Furcht: die Gewissensgefangenen in Asien, so wie es sich heute darstellt, werden wir morgen selbst sein. Das ist, so glauben wir, der Angelpunkt, um die Amnesty-Bewegung in Japan populär zu machen.*[120]

4.9. Amnesty International in der Dritten Welt

4.9.1. Die Situation

AI ist in erster Linie in der westlichen Welt zuhause, in den hochindustrialisierten Staaten Westeuropas und Nordamerikas, in Australien und Neuseeland, Japan und Israel. Zwei Drittel aller Nationalen Sektionen befinden sich in diesen Teilen der Erde. Von den rund 1600 Gruppen, die 1975 im Internationalen Sekretariat gemeldet waren, existierte nicht einmal ein Dutzend in Staaten der Dritten Welt. In seinem Artikel *Die vergessenen Gefangenen* hatte Peter Benenson 1961 betont, daß eine Bewegung zur Verteidigung der Meinungs- und Gewissensfreiheit, wenn sie weltweit Erfolg haben wolle, auf einer breiten Basis stehen, international sein müsse. Viele Amnesty-Mitglieder fürchten, daß die geographische Unausgewogenheit dem Image der Organisation schadet, sie fürchten um die Glaubwürdigkeit von AI. Entsprechende Erfahrungen zeigen, daß ihre Sorgen nicht unberechtigt sind. In vielen Entwicklungsländern wird AI immer wieder mit den ehemaligen Kolonialmächten identifiziert, die es offenbar nicht sein lassen können, andere zu bevormunden. Die Beschwörung von Humanität und Menschenrechten, so heißt es dort oft, diene doch nur als Vorwand für neokolonialistische Gelüste.[121] Anläßlich einer außereuropäischen Amnesty-Konferenz nahm IEK-Mitglied Mumtaz Soysal indirekt zu diesem Thema Stellung. Er forderte: *Wenn Amnesty-International universal für die Menschenrechte arbeiten und die Macht der Weltöffentlichkeit repräsentieren soll, muß sie kulturell vielseitiger werden und die Unausgewogenheit ihrer augenblicklichen Mitgliedschaft durch ein größeres Wachstum der Organisation außerhalb Europas und Nordamerikas korrigieren.*[122] Diese beiden Ziele – kulturelle Vielfalt und Wachstum außerhalb der traditionellen Amnesty-Gebiete – peilt AI auf der Basis eines Entwicklungsprogrammes an, dessen Grundzüge sich seit 1972 Stück für Stück herausgebildet haben.

4.9.2. Das Entwicklungsprogramm

Im Jahr 1972 wandten sich einige Mitglieder der indischen Sektion an das Internationale Sekretariat mit der Bitte, London möge ihnen für ein paar Monate einen Mitarbeiter zur Verfügung stellen. Dieser solle die regionalen Probleme der Amnesty-Arbeit studieren und dann Verbesserungsvorschläge machen. Seine Tätigkeit komme sicher allen Sektionen im asiatischen Raum zugute und könne schließlich auch zur Gründung neuer Gruppen und Sektionen führen. Im Hauptquartier von AI griff man die Anregung der Inder bereitwillig auf und begann zu überlegen, ob man aus dieser einen Idee nicht mehr machen könnte. So entstand Zug um Zug das Amnesty-Entwicklungsprogramm. In seinem Mittelpunkt steht die Entsendung von Entwicklungsbeauftragten in Gebiete, in denen AI kaum oder gar nicht vertreten ist. Entwicklungsbeauftragte sollen potentielle Interessenten für die Bildung neuer Nationaler Sektionen und Amnesty-Gruppen aufspüren und sie in die Techniken der Amnesty-Arbeit einweihen. Neugegründete Sektionen sollen sie mit Rat und Tat unterstützen, bis diese gelernt haben, auf eigenen Füßen zu stehen.

Im Internationalen Sekretariat war man sich darüber einig, daß das Entwicklungsprogramm eine gute Sache sei. Würde der Internationale Rat genauso denken? Die Wiener Ratstagung 1973 war die erste, auf der man sich ernsthaft mit der Frage eines gezielten Ausbaus der Organisation in der Dritten Welt beschäftigte. Die Vertreter betroffener Sektionen wie der Gambias, Indiens und Südkoreas versuchten mit Nachdruck, die übrigen Delegierten von der Wichtigkeit des Entwicklungsprogrammes zu überzeugen. Gleichzeitig betonten sie, daß AI den Unterschieden in den politischen, kulturellen, sozialen und wirtschaftlichen Gegebenheiten zwischen den Ländern Westeuropas und den Ländern Asiens, Afrikas und Lateinamerikas Rechnung tragen müsse, wenn sie in der Dritten Welt verstärkt Fuß fassen wolle. Die zuständige Arbeitsgruppe auf der Wiener Ratstagung formulierte zu diesem Thema: *. . . das Wachstum der Amnesty-Arbeit in der Dritten Welt hängt von der Bedeutung dieser Arbeit für die dortigen sozialen und politischen Verhältnisse ab. Erwartungen und Strukturen, die auf Erfahrungen in Westeuropa beruhen, dürfen nicht automatisch auf die Amnesty-Mitgliedschaft in der Dritten Welt übertragen werden.*[123] Der Internationale Rat ließ sich überzeugen und empfahl dem Internationalen Exekutivkomitee, sich näher mit dem ganzen Fragenkomplex „Entwicklung" auseinanderzusetzen, was dieser anläßlich einer Tagung im Januar 1974 auch tat. Das Protokoll spricht davon, daß *eine umfassende Diskussion über Wachstum, Koordination und Entwicklung stattgefunden habe,*[124] und vermerkt, daß das Exekutivkomitee eine Reihe von Entscheidungen getroffen habe. Zwei Beschlüsse waren für die Verwirklichung des Entwicklungsprogramms von besonderer Wichtigkeit:

(1) Im Internationalen Sekretariat wird eine Koordinationsabteilung (vgl. S. 207 f.) eingerichtet, die alle Nationalen Sektionen in organisatorischen und arbeitsmethodischen Fragen beraten und den Ausbau von AI außerhalb Europas und Nordamerikas in die Wege leiten und überwachen soll.

(2) Für Südasien und Südamerika wird je ein Entwicklungsbeauftragter ernannt, der in seinem Gebiet als verlängerter Arm der Koordinationsabteilung fungiert.

Im Januar 1974 nahm die Koordinationsabteilung unter Leitung Martin Enthovens ihre Tätigkeit auf. Im Februar desselben Jahres reiste der erste Entwicklungsbeauftragte Richard Reoch, für sechs Monate nach Vorderindien. Über die Beobachtungen, die er dort anstellen konnte, berichtete er vor Kollegen im Internationalen Sekretariat: *Besonders in Asien ist die Amnesty-Mitgliedschaft auf einen Kreis von Personen beschränkt, die als Angehörige der oberen Klasse wie ein Relikt aus der Kolonialzeit scheinen.*[125] Andere Leute, die schon wegen ihrer beruflichen Tätigkeit oder ihres sozialen Engagements für eine Mitgliedschaft in Frage kämen, mißtrauten AI, *weil sie uns für eine möglicherweise im Kern neokolonialistische Organisation halten.*[126] Das bedeutet, daß AI hauptsächlich wegen eines falschen Images schwer Fuß fassen kann und nicht etwa, weil man in den asiatischen Ländern von Menschenrechten nichts wissen will. Reoch fand es erstaunlich, daß ihm nirgendwo das Argument, erst der Reis und dann das Recht, begegnet sei: *Unser erster Schritt muß sein, die Sympathie all jener Unzufriedenen unter der Elite zu erwerben, die wenigstens versuchen, Kontakt zur großen Masse der Bevölkerung herzustellen. Diese Leute sind tatsächlich an den Menschenrechten interessiert.*[127] Allerdings seien viele der Anschauung, so fuhr Reoch fort, daß AI mit den verkehrten Methoden arbeite, mit Methoden, die nur wiederum Menschen zugute kommen, die der Elite angehören, Gewissensgefangenen, die aus den höheren Schichten der Bevölkerung stammen. Wichtig wäre es jedoch, wenn es auch in den Dörfern, wo willkürliche Polizeiaktionen an der Tagesordnung seien, Grundkenntnisse über den Rechtsschutz gäbe.

Im Dezember 1974 verließ der Kolumbianer Eduardo Marino, ein weiterer Entwicklungsbeauftragter, London, nachdem er seine Mission über einen längeren Zeitraum hinweg im Internationalen Sekretariat vorbereitet hatte. Er flog nach Lateinamerika und besuchte die Staaten Kolumbien, Venezuela, Ecuador, Peru, Mexiko, Costa Rica und Panama. Marino war angewiesen, Kontakte zu Personen und Organisationen herzustellen, die möglicherweise an der Arbeit von AI interessiert sind. Er sollte untersuchen, inwiefern die bereits bestehenden Kontakte ausgebaut und für ein weiteres Wachstum der Organisation ausgenützt werden könnten, und schließlich das Internationale Sekretariat bei der Planung weiterer Schritte beraten.[128] Gleich nach der Ankunft entfaltete Marino eine rege Aktivität. Er unterhielt sich mit Richtern und Ärzten und fragte sie, ob sie bereit seien, an Amnesty-Missionen teilzunehmen; er diskutierte mit Angehörigen sympathisierender Organisationen über die Lage der Menschenrechte auf dem lateinamerikanischen Kontinent und erkundigte sich bei Verlagshäusern, ob sie gewillt seien, Amnesty-Publikationen wie den Folterreport in spanischer Sprache zu veröffentlichen. Marinos Eindrücke unterschieden sich von denen seines Kollegen. Er schilderte sie so: *Die Probleme meiner Arbeit waren nicht dieselben wie jene, mit denen Richard Reoch konfrontiert wurde. Das war schon deswegen so, weil der Entwicklungsbeauftragte in Lateinamerika eben selbst ein Lateinamerikaner war. Im Gegensatz zu Reoch war ich, auch wenn ich eine ausländische Organisation vertrat, doch wenigstens ein Einheimischer.*[129] Auch werde, so fuhr er fort, London, der Sitz von AI, nicht mit Kolonialismus identifiziert. Wenn sich das Internationale Sekretariat in Washington befände, hätte er erheblich mehr Schwierigkeiten gehabt. Die Lateinamerikaner hätten im Laufe der Geschichte schon so viele ausländische Einflüsse auf sich wirken lassen müssen, daß es ihnen auf einen mehr oder weniger nicht ankomme. Das Hauptproblem in Lateinamerika sei die Sprache. Selbst in den gebildeten Schichten sei Englisch nicht sehr verbreitet, und wenn, dann in erster Linie als Sprache der Techniker und Ingenieure, nicht aber als Sprache der Politiker. Marino vertrat die Meinung, daß man in Lateinamerika Kontakt zu Leuten aufnehmen müsse, die nicht nur Spanisch und Portugiesisch beherrschten, sondern auch den einen oder anderen indianischen Dialekt. Man könne den Menschen auf dem Lande und den Eingeborenen nur dann wirksam helfen, wenn man ihre Sprache spreche. Außerdem sei es schwer, erklärte Marino, Menschen zu finden, die bereit seien, auch für die Rechte ihrer politischen Gegner einzutreten, was die Arbeit für AI jedoch erfordere: *In einer Gesellschaft, die so polarisiert ist wie in Lateinamerika, werden nur Zyniker für beide Fronten eintreten wollen. In einer Atmosphäre, die so gespannt ist, ist es unmöglich, über den Parteien zu stehen.*[130] Der Entwicklungsbeauftragte erinnerte an die heftigen Debatten, die im Gefolge des blutigen Staatsstreiches in Chile stattgefunden hätten. Familien seien auseinandergebrochen, Brüder und Schwestern hätten sich entzweit, Eheleute lebten seither getrennt.

Auf der Ratstagung in Askov im September 1974 befaßte sich, wie bereits in Wien, eine eigene Arbeitsgruppe mit dem Thema Entwicklung.[131] In vielen Ländern der Dritten Welt, stellten einige betroffene Delegierte fest, sei es nicht ungefährlich, Mitglied von AI zu sein. Die Organisation dürfe ihr Wachstum in diesen Gegenden nur mit großer Vorsicht vorantreiben. Übergriffe von seiten überängstlicher und überempfindlicher Regierungen könne man jedoch verhindern. Man brauche in einem Land nur möglichst viele bekannte Persönlichkeiten zu finden, die sich offen zu den Zielen von AI bekennen. Das Ansehen solcher Leute bedeute für alle Mitglieder in diesem Land einen gewissen Schutz vor Willkürmaßnahmen. Die Arbeitsgruppe schlug vor, Amnesty-Publikationen ins Arabische und Japanische, in Suaheli und weitverbreitete Hindu-Dialekte zu übersetzen, regionale Amnesty-Büros in Südamerika, in Afrika und im Fernen Osten einzurichten und regionale Konferenzen zu veranstalten, deren erste bereits wenige Monate später in Neu-Dehli abgehalten wurde. Dort trafen sich im März 1975 Delegierte aus Indien, Nepal, Bangladesh, Pakistan und Sri Lanka zur *Südasien-Regionalkonferenz*, an der auch Generalsekretär Ennals und Entwicklungsbeauftragter Reoch als Vertreter des Internationalen Sekretariats und Mumtaz Soysal als Abgesandter des Internationalen Exekutivkomitees teilnahmen. Die Tatsache, daß diese Zusammenkunft die erste ihrer Art war, rechtfertigt es, auf Einzelheiten einzugehen. Folgende Grundsätze stellten die Teilnehmer als besonders wichtig heraus:[132]

(1) AI fällt in der Dritten Welt eine erzieherische Aufgabe zu. Sie soll *die Achtung vor den Menschenrechten fördern helfen und die Leute darauf aufmerksam machen, daß man die Opfer von Menschenrechtsverletzungen schützen und verteidigen kann und muß.* Wirtschaftliche Not, Armut, Hunger, Arbeitslosigkeit, Analphabetentum und Fehlen von Kommunikationsmitteln tragen ein Gutteil Schuld daran, daß die Grundrechte in vielen Entwicklungsländern kaum oder gar nicht garantiert sind. Ansatzpunkte für eine pädagogische Arbeit gibt es genug: Schulen, Universitäten, Jugendorganisationen, Berufsverbände, Ausbildungsstätten für Polizisten und Gefängnisper-

sonal. Pädagogische Arbeit muß damit beginnen, daß man besonders die jungen Bürger eines Landes über die *Allgemeine Erklärung der Menschenrechte* und die *Mindestgrundsätze für die Behandlung von Gefangenen* informiert. In Zusammenwirken mit Organisationen wie der UNESCO und der *Weltgesundheitsbehörde* könnte man regelrechte Erziehungsprogramme erarbeiten.
(2) AI muß ihr oftmals ungünstiges Image korrigieren. Die Übersetzung von Amnesty-Materialien in die Landessprache kann helfen, ebenso persönliche Kontakte zu anderen Organisationen, zu Verbänden und Behörden, sowie der freundschaftliche Dialog mit der eigenen Regierung. Internationale Aktionen zugunsten von politischen Gefangenen sollten sich nicht nur an christlichen Feiertagen orientieren, wie etwa die Grußkartenaktion an Weihnachten, sondern auch an den Festen nichtchristlicher Religionen.
(3) AI darf in der Dritten Welt keine ausgesprochen elitäre Organisation werden. Zwar läßt es sich nicht verhindern, daß die Gründer einer Sektion meist Männer und Frauen sind, die im Ausland studiert haben und wegen ihrer Bildung und ihrer wirtschaftlichen Situation zu den gehobenen Schichten der Bevölkerung gehören. Aber der Nachwuchs braucht von Anfang an eine Chance. Junge Leute bringen den nötigen Elan mit, um eine Sektion vor der Versteinerung zu bewahren.
(4) Nationale Sektionen in der Dritten Welt sollen sich besonders auf die Durchführung von Aktionen konzentrieren, die die Abschaffung der Folter und bessere Haftbedingungen zum Ziel haben. Menschen in Entwicklungsländern sind für die Beschäftigung mit solchen praktischen Fragen empfänglicher als für die Erörterung abstrakter Angelegenheiten wie Meinungs- und Gewissensfreiheit, Begriffe, die für sie wenig Aussagekraft besitzen.
(5) Die Entsendung eines Entwicklungsbeauftragten nach Asien war ein voller Erfolg. Richard Reoch soll seine Arbeit fortsetzen und in regelmäßigen Abständen alle ihm anvertrauten Sektionen besuchen. Seine Präsenz ermöglicht eine verbesserte Kommunikation zum Internationalen Sekretariat und dem Internationalen Exekutivkomitee.
Die Teilnehmer der Südasien-Regionalkonferenz ahnten nicht, daß die von ihnen überdies erhoffte und im Internationalen Sekretariat bereits projektierte Erweiterung des Entwicklungsprogramms für die Jahre 1976 bis 1978 nur wenige Monate später schon in Frage gestellt sein würde. Auf der Internationalen Ratstagung von St. Gallen im September 1975 erwies sich das für das Haushaltsjahr 1976/77 veranschlagte Budget als zu hoch. Der Etat wurde gekürzt. Die Auswirkungen dieser Maßnahme auf das Entwicklungsprogramm lassen sich noch nicht übersehen. Immerhin können die Entwicklungsbeauftragten ihre Arbeit vorerst fortsetzen. Diesen Beschluß fällte der Internationale Rat einmütig mit Rücksicht darauf, daß der Ausbau von AI außerhalb Europas und Nordamerikas *ein lebenswichtiger Faktor für die Glaubwürdigkeit ihrer Ziele*[133] ist. Auch andere Vorhaben im Rahmen des Entwicklungsprogramms scheinen wenigstens zunächst nicht gefährdet.

Ein Zwei-Jahres-Plan des Internationalen Sekretariats für 1976 bis 1978 sieht neben der Fortsetzung der Tätigkeit der beiden Entwicklungsbeauftragten folgende Schwerpunkte vor:[134]

(1) Erarbeitung eines Entwicklungsprogramms für Afrika und den Mittleren Osten;

(2) Errichtung von regionalen Verteilersystemen für Amnesty-Rundbriefe und Material der Ermittlungs- und der CAT-Abteilung in Südasien und Lateinamerika;

(3) Hilfeleistung bei der Erarbeitung von Material für lokale Projekte (z.B. Schulprogramme zum Thema Menschenrechte);

(4) Einstellung eines Assistenten für Entwicklungsfragen in der Koordinationsabteilung.

Im Laufe des Jahres 1976 findet überdies eine Pan-Asiatische Konferenz statt, an der Vertreter Japans, Südkoreas, Indiens, Bangladeshs, Pakistans und Sri Lankas, sowie Beobachter aus Australien, Neuseeland, den Vereinigten Staaten von Amerika und interessierten europäischen Sektionen teilnehmen werden. Ob es nach 1978 noch ein Entwicklungsprogramm geben wird, weiß heute niemand. Weltpolitische Veränderungen werden darüber ebenso entscheiden, wie das finanzielle Gedeihen der Organisation. Im Internationalen Sekretariat wünscht man sich, daß 1981, wenn man das 20jährige Gründungsjubiläum von AI feiern wird, Entwicklungsbeauftragte sowohl in Lateinamerika und Asien, wie auch in Afrika und im Mittleren Osten stationiert sein werden und daß es in mehreren Erdteilen eigene Amnesty-Informationszentren und Veröffentlichungsbüros geben wird.[135] AI muß noch einige Anstrengungen unternehmen, damit sie den Nachnamen „International" an ihrem 20. Geburtstag im Jahre 1981 mit mehr Recht trägt als heute.

4.9.3. Bestehende Nationale Sektionen[136]

4.9.3.1. Amnesty International in Afrika

In den westafrikanischen Staaten *Gambia, Ghana* und *Nigeria* existieren die einzigen Nationalen Sektionen auf afrikanischem Boden. Die Sektion Gambias wurde 1970 in Banjul gegründet, die Sektion Ghanas 1971 in Accra und die Sektion Nigerias, ebenfalls 1971, in Lagos. In Gambia und Nigeria arbeitet je eine Adoptionsgruppe, in Ghana gibt es eine allerdings nur geringe Zahl von Einzelmitgliedern. Mit allen drei Sektionen hatte das Internationale Sekretariat in den Jahren 1974 und 1975 kaum Kontakt. Martin Enthoven von der Koordinationsabteilung, die für die Betreuung der Nationalen Sektionen zuständig ist, urteilte über diese Tatsache: *Ich habe das Gefühl, daß sich die Sektion Gambias aufgelöst hat, die Sektions Ghanas wahrscheinlich nur noch aus ein paar wenigen Mitgliedern besteht und die Sektion Nigerias eine Reihe von internen Schwierigkeiten zu bewältigen hatte . . .*[137] Welche Konsequenzen zieht das Hauptquartier aus diesen Beobachtungen? Martin Enthoven erklärte dazu im Oktober 1975: *Wir haben jetzt an diese drei Sektionen geschrieben und einen Bericht über ihre Tätigkeit angefordert. Wenn wir keine befriedigende Antwort erhalten, werden wir das IEK bitten, eine Empfehlung in Erwägung zu ziehen, wonach die Sektionen aufgelöst und neue eingerichtet werden.*[138]

Alle Expansionsbestrebungen der Organisation auf dem afrikanischen Kontinent haben bisher nicht zu dem gewünschten Erfolg geführt. Eine Informationsreise von Generalsekretär Ennals im Mai 1973 durch die sechs westafrikanischen Staaten Gambia, Ghana, Nigeria, Mali, Liberia und die Elfenbeinküste hatte Anlaß zu gewissen Hoffnungen gegeben. Sie hatte zwar keine unmittelbaren konkreten Ergebnisse gebracht, aber immerhin für eine weite Publizität von AI gesorgt. Das nigerianische Fernsehen hatte ein Interview mit Martin Ennals ausgestrahlt, das liberianische eine halbstündige Informationssendung über AI. Die ghanaische Presse hatte auf den Besuch des Generalsekretärs mit lebhaften Kommentaren reagiert, wobei einige Zeitungen ausgesprochen feindselig über die Arbeit der Organisation berichtet hatten: AI hatte sich für die Freilassung politischer Gefangener, die seit dem Militärputsch im Januar 1972 ohne Prozeß in Haft gehalten worden waren, eingesetzt, was man als Einmischung in die inneren Angelegenheiten Ghanas betrachtet hatte. Andererseits war der Start der *Kampagne zur Abschaffung der Folter* in Ghana wie auch in den übrigen westafrikanischen Ländern auf Interesse und Zustimmung gestoßen. In Liberia und der Elfenbeinküste hatte Ennals Kontaktgespräche über die Bildung Nationaler Sektionen geführt. Die Hoffnungen, die man im Internationalen Sekretariat mit diesen Gesprächen verknüpft hatte, erfüllten sich jedoch nicht.

4.9.3.2. Amnesty International in Asien

Die erste Nationale Sektion auf asiatischem Boden – einzelne Adoptionsgruppen gab es bereits früher – wurde 1969 in *Sri Lanka* gegründet. Bis 1974 existierte sie im Grunde nur auf dem Papier. Sie selbst schilderte ihren Zustand schlicht mit den Worten *im Tiefschlaf versunken.*[139] Die Südasien-Regionalkonferenz im März 1975 und ein Besuch des Entwicklungsbeauftragten haben jedoch Wunder bewirkt. Richard Reoch ist es nicht nur gelungen, den kleinen Kern treuer ceylonesischer Amnesty-Mitglieder neu zu motivieren, sondern er hat auch bei zahlreichen Personen und Gruppen in offenen Gesprächen alte Vorurteile über AI aus der Welt räumen können. Das Ergebnis seiner Bemühungen bestand darin, *daß er am Ende seines Besuches imstande war, der Sektion Sri Lankas Namen und Adressen einer großen Anzahl von Gruppen und Personen zu geben, die ihm ihre Unterstützung für die internationale Arbeit von Amnesty International zugesagt haben und die es insbesondere übernommen haben, sich an den Appellen, die im Newsletter angekündigt werden, zu beteiligen . . .*[140] Dieser Erfolg ist umso erstaunlicher, als es sich bei den angesprochenen Personen und Gruppen oftmals um solche handelt, die sich aufgrund ihrer politischen Anschauungen untereinander aufs heftigste befehden. Die widerstreitenden Parteien vor einen gemeinsamen Karren zu spannen, konnte nur jemand erreichen, der selbst nicht in die Auseinandersetzungen verwickelt war. Richard Reoch erfüllte diese Voraussetzung. Seine Arbeit trug bald Früchte. Viele Mitglieder der Sektion – inzwischen rund 50 an der Zahl – und Sympathisanten schreiben nun regelmäßig Bittgesuche. Ein gewisser Trevor Fernando aus Kandy, so wurde auf der Internationalen Ratstagung in St. Gallen berichtet, hat 1975 an allen Brief- und Postkartenaktionen teilgenommen, zu denen der *Amnesty International Newsletter* allmonatlich aufgefordert hatte. Solch großer Fleiß verdient eine Erwähnung, zumal Trevor Fernando alle Briefe mit der Hand schreibt. Darüber hinaus hat er eine Gruppe von Mitbürgern um sich gesammelt, denen er den *Amnesty International Newsletter* in ihre Heimatsprache, den Sinhala-Dialekt, übersetzt und sie ermutigt, ebenfalls Briefe zu schreiben. Da diese in Sinhala abgefaßt sind, fügt Fernando jeweils eine englische Übersetzung bei.

Die Sektion *Indiens* konstituierte sich 1970 in Neudehli.[141] Vorsitzende ist Lakshimi Menon, die zugleich an der Spitze einer großen nationalen Frauenbewegung steht. Auf der Internationalen Ratstagung in St. Gallen leitete sie die Arbeitsgruppe „Entwicklung“. Am Rande der Konferenz äußerte sie sich besorgt über die Tatsache, daß einige der rund 100 Mitglieder der indischen Sektion im Zuge der Notstandsmaßnahmen von Ministerpräsidentin Indira Gandhi inhaftiert worden sind.

Die rund 150 Mitglieder der Sektion *Südkoreas*, die 1971 in Seoul gegründet wurde, müssen ständig mit Repressalien von seiten des Regimes Park rechnen. AI berichtete im Jahresreport 1973/74, daß Pastor Un Myung-ki, ein Vorstandsmitglied der Sektion, im November 1973 wegen *Verbreitung unzutreffender Gerüchte* zu acht Monaten Gefängnis verurteilt worden sei.[142] Die Strafe sei allerdings zur Bewährung ausgesetzt worden. Vier weitere Vorstandsmitglieder seien mehrmals durch den südkoreanischen Geheimdienst KCIA festgenommen und verhört worden. Im August 1974 wurde einer der Ehrenpräsidenten der Sektion, der katholische Bischof von Wonju, Tji Hak-sun zu 15 Jahren Gefängnis verurteilt. Tji Hak-sun gilt als scharfer Kritiker des Regimes. Die Anklage hatte ihm vorgeworfen, er habe einen Oppositionellen, den Dichter Kim Chi-ha, der ebenfalls verhaftet worden war, finanziell unterstützt. AI adoptierte beide. Anfang des Jahres 1975 kam dem Internationalen Sekretariat zu Ohren, daß der Bischof während der Haft eine Lähmung eines Armes erlitten habe: *Amnesty International hat widersprüchliche Nachrichten über die Ursache der Lähmung erhalten; zuletzt hieß es, daß sie auf die scharfe Kälte im Gefängnis und dadurch entstandene Frost-*

beulen zurückzuführen sein soll. Mitglieder der römisch-katholischen Bischofskirche in Wonju hätten ihm Decken gebracht, aber Bischof Tji soll darauf bestanden haben, sie an Mitgefangene weiterzugeben.[143] Am 17. Februar 1975 wurde der Bischof aufgrund einer von Staatspräsident Park verkündeten bedingten Amnestie entlassen. Der Schriftsteller Kim Chi-ha, der ebenfalls auf freien Fuß gesetzt worden war, wurde wenig später erneut verhaftet. Am 25. März 1975 wurde auch wieder ein südkoreanisches Amnesty-Mitglied festgenommen, der Rechtsanwalt Han Seung-Hon, und im darauffolgenden Mai vor Gericht gestellt.[144]
Auch die Sektion *Nepals*, die 1973 in Kathmandu ins Leben gerufen wurde und eine Adoptionsgruppe und rund 25 Einzelmitglieder umfaßt, gehört zu den Sorgenkindern von AI. Am 30. September 1974 wurde ihr leitender Direktor in Zusammenhang mit der Gründung einer inzwischen wieder aufgelösten Wohlfahrtsorganisation, die den Behörden suspekt erschien, kurzerhand verhaftet und zum Verhör geschleppt. Zehn Wochen später wiederfuhr dem Vorsitzenden der Sektion, dem ehemaligen Außenminister und UN-Beauftragten Rishikesh Shala dasselbe Schicksal. Beide wurden nach kurzer Haft und Protesten von Amnesty-Generalsekretär Ennals wieder freigelassen. Sechs weitere nepalesische Amnesty-Mitglieder warteten im September 1975 jedoch noch immer auf den Tag, an dem sich vor ihnen die Gefängnistore öffnen. Die Sektion *Bangladesh* ging 1972 aus der Sektion Ostpakistan hervor, die ihre Arbeit während des Bürgerkriegs zwischen Pakistan und seiner abgefallenen Ostprovinz, die als Volksrepublik Bangladesh im Dezember 1971 die Unabhängigkeit erlangte, eingestellt hatte. Die Sektion besteht aus einer Adoptionsgruppe und etwa 50 Mitgliedern. Ihr Hauptanliegen ist die Gewinnung neuer Mitarbeiter und die Aufklärung der Öffentlichkeit über Fragen der Menschenrechte. Die instabile innenpolitische Situation bietet hierfür jedoch nur geringen Spielraum. Eine Sektion *Pakistan* befindet sich seit 1974 in Karatschi im Aufbau. Eine offizielle Anerkennung durch das Internationale Exekutivkomitee stand im Dezember 1975 noch aus.

4.9.3.3. Amnesty International in Lateinamerika

Die 1970 in Mexiko City gegründete *mexikanische Sektion* ist die ältere der beiden lateinamerikanischen Sektionen. Sie besteht aus einer Adoptionsgruppe und etwa 50 Einzelmitgliedern.[145] Die Leitung liegt ganz in Händen von Frauen: Alicia Zama, Mitgründerin der Sektion, bekleidet den Posten einer Präsidentin und Magda Acosta den eines Schatzmeisters; Brigida Alexander, die Generalsekretärin, vertrat die Mexikaner auf der St. Gallener Ratstagung. Eine wichtige Rolle spielte die Sektion nach dem Militärputsch in Chile, als sie sich nach Kräften um die Aufnahme politscher Flüchtlinge in Mexiko bemühte. Die Rechtsanwältin Laura Caller gründete 1971 in Lima die *peruanische Sektion*, die nach Angaben des Internationalen Sekretariats nur sehr wenige Mitglieder hat. Laura Caller hat sich unter peruanischen Landarbeitern wegen ihres mutigen Auftretens als Verteidigerin einen Namen gemacht.

4.10 Amnesty International in der Sowjetunion

Im Sommer 1974 hielten sich IEK-Vorsitzender Börner, sein Stellvertreter Hammarberg und Generalsekretär Martin Ennals für kurze Zeit in Moskau auf. Sie führten dort Gespräche mit einigen Mitgliedern der sowjetischen *Bewegung zur Verteidigung der Menschenrechte,* die den Wunsch geäußert hatten, sich AI anzuschließen und eine Adoptionsgruppe zu bilden, wobei sie versprachen, sich streng an die Grundsätze der Organisation zu halten und sich im Rahmen der Amnesty-Arbeit jeglichen innenpolitschen Engagements zu enthalten. Im September 1974 erkannte das Internationale Exekutivkomitee die Moskauer Gruppe formell an. Zum ersten Mal in ihrer Geschichte war AI damit offiziell im Ostblock vertreten. Vorsitzender der Gruppe ist der Physiker und Mathematiker Valentin Turchin, Sekretär der 35jährige Physiker Andrej Tverdokhlebov; weiter gehören ihr an: der 56jährige, auch im Ausland weithin bekannte Schriftsteller Mikola Rudenko, der Biologe Sergej Kovalyov, der Physiker Jurij Orlow, der Mathematiker Vladimir Albrecht sowie die Gattin des Friedensnobelpreisträgers Andrej Sacharov, Helena Sacharova.

Das Internationale Sekretariat übertrug der Gruppe drei Fälle von Gewissensgefangenen aus Spanien, Sri Lanka und Jugoslawien zur Betreuung und sandte ihr entsprechendes Arbeitsmaterial zu, unter anderem die Fallberichte der Häftlinge. Die Unterlagen kamen nie an. Am 16. Januar 1975 erklärte Valentin Turchin, daß ihn seit November kein Brief mehr aus London erreicht habe. Er beschuldigte die Behörden, die Post aufgehalten und beschlagnahmt zu haben.[146] Dieser Erklärung, die Turchin ausländischen Journalisten gegenüber machte, war ein schwerwiegender Vorfall vorausgegangen. Am 28. Dezember 1974 war ein Mitglied der Gruppe, Sergej Kovalyov, *ein gesetzestreuer Sowjetbürger, dessen Sorge um die Menschenrechte ihn zu AI und der Arbeit für politsche Gefangene in aller Welt geführt hat,*[147] verhaftet worden. Außerdem hatte der KGB, der sowjetische Geheimdienst, bereits zweimal die Wohnung Andrej Tverdokhlebovs durchsucht und schon vorhandenes Amnesty-Material sichergestellt. Am 18. April 1975 nahmen Beamte des KGB Tverdokhlebov fest. Der Gruppensekretär, ein Mann, von dem Andrej Sacharov sagt, er sei bekannt wegen seiner hohen Prinzipien, seines großen Verstandes und seiner geistigen Qualitäten, ein Mann, der schon sehr viel zur Verteidigung der Menschenrechte geleistet habe,[148] befand sich gerade auf dem Weg zur Arbeit. Am selben Tag widerfuhr Mikola Rudenko in Kiew das gleiche Schicksal. Er wurde aber im Gegensatz zu Tverdokhlebov, der im Dezember 1975 noch immer hinter Gittern saß, nach zwei Tagen wieder auf freien Fuß gesetzt, allerdings nur, weil er sich verpflichtet hatte, Kiew nicht zu verlassen. Am 27. Mai 1975 wurde Rudenko aus dem ukrainischen Schriftstellerverband ausgeschlossen. In der Begründung hieß es, er sei Mitglied einer *bourgeoisen Organisation*.[149] Rudenko drohte ein Gerichtsverfahren. Man warf ihm vor, Material, das den sowjetischen Staat diffamiere, verbreitet zu haben. Im Juli erfuhr AI, daß man die Anklage fallengelassen hatte. Sergej Kowalyov hingegen wurde im Dezember 1975 zu sieben Jahren Gefängnis verurteilt.[150]

Im Internationalen Sekretariat will man keinen direkten Zusammenhang zwischen der Verhaftung der drei sowjetischen Dissidenten und ihrer Tätigkeit für AI herstellen. Es ist jedoch nicht völlig ausgeschlossen, daß die sowjetischen Behörden AI unter Druck setzen wollten, möglicherweise in der Absicht, die Veröffentlichung sowohl der *Chronik der laufenden Ereignisse*, wie auch des UdSSR-Reports zu verhindern.

5. Samariter oder Schutzmacht?

Versuch einer Bilanz

5.1. Die Frage nach dem Erfolg

Ai will, wie das Statut festlegt, in der ganzen Welt die Einhaltung der *Allgemeinen Erklärung der Menschenrechte* erreichen. Angesichts der in vielen Ländern eher zu- als abnehmenden Zahl von Menschenrechtsverletzungen muß man jedoch fragen, ob eine private Organisation wie AI, die zudem unter chronischem Geldmangel leidet, genügend Einfluß besitzt, um die Rolle der unabhängigen und unparteilichen Schutzmacht der Menschenrechte glaubhaft und wirkungsvoll zu spielen, und ob es überhaupt jemals gelingen wird, der Menschenrechtsidee zum vollen Durchbruch zu verhelfen.
Diese Frage nach dem Erfolg bringt AI-Mitarbeiter immer wieder in Verlegenheit, denn Voraussetzung für eine fundierte Antwort wäre die Meßbarkeit des Erfolges. Für diesen gibt es jedoch keinen zuverlässigen Maßstab. Dieser Mangel hat nicht nur manchen davon abgehalten, AI beizutreten, sondern auch bereits aktive Mitglieder irritiert. Nicht wenige haben sich, nachdem die erste Begeisterung über die neue Aufgabe verflogen war, enttäuscht wieder aus der Organisation zurückgezogen, weil sie zu der Überzeugung gelangt waren, daß alles Bemühen um mehr Freiheit und mehr Achtung vor den Menschenrechten in der Welt nur sinnloser Kräfteverschleiß sei. Aber ist der Kampf, den AI seit nunmehr fünfzehn Jahren führt, tatsächlich aussichtslos? Oder gibt es Anzeichen dafür, daß er wenigstens da und dort Spuren des Erfolgs hinterläßt?
Bevor wir diese Frage beantworten, gilt es eine wichtige Unterscheidung zu treffen. Im Abschnitt 2 war vom Programm der Organisation die Rede. Wir stellten fest, daß es drei Programmschwerpunkte gebe: Gefangenenarbeit, Bekämpfung der Folter und Bekämpfung der Todesstrafe. Der Weg zur Verwirklichung des Gesamtprogramms wie auch einzelner Programmteile ist ein zweifacher. Unter Zuhilfenahme zweier Begriffe aus der Medizin könnte man ihn mit *Therapie* und *Prophylaxe* beschreiben. Der *therapeutische* Weg ist der der *karitativen Hilfeleistung,* der gezielten ideellen und materiellen Betreuung einzelner Opfer von Menschenrechtsverletzungen mit dem Ziel, akute Not zu lindern. Der *prophylaktische* Weg, der Menschenrechtsverletzungen von vorneherein verhindern soll, ist ein *politischer* Weg: AI erhebt den Anspruch, Hüterin der Menschenrechte und speziell bestimmter Grund-

freiheiten wie Meinungs- und Gewissensfreiheit zu sein. Dieser Anspruch ist ohne Zweifel ein politischer, da er politisches Handeln verlangt: Einflußnahme auf Regierungen, die die Verletzung von Menschenrechten zu verantworten haben, Einflußnahme auf die wenigen, zum Großteil ineffektiven überstaatlichen Einrichtungen, denen von Rechts wegen die Wahrung der Menschenrechte anvertraut ist, und Einflußnahme auf Staaten, die bereit sein könnten, mit staatlicher Macht für die Menschenrechte einzutreten.

5.2. Im Leiden nicht allein . . . Karitative Hilfeleistung

Es ist mir nicht möglich, meine Gefühle in diesem Augenblick zu beschreiben. Ich bin nur dazu fähig zu erkennen, daß ich in diesem Leiden nicht allein bin. Ich übermittle allen Freunden, die für mich kämpfen, meinen tiefempfundenen Dank. Mögen ihre Bemühungen dazu beitragen, eine Lösung für unsere Probleme zu finden, damit wir zu unseren Familien zurückkehren können. Noch einmal: ich danke Ihnen. Möge Gott Ihnen Ihre Güte vergelten![1] Diese Zeilen schrieb ein indonesischer Gefangener an die ihn betreuende Amnesty-Gruppe in der Bundesrepublik Deutschland, nachdem er von ihr ein kleines Geschenk zugeschickt bekommen hatte.
Ein marokkanischer Häftling schrieb: *Ich habe Ihren Brief erhalten und bin sehr gerührt von Ihrer Anteilnahme . . . Man fühlt sich moralisch gestärkt, wenn man Unterstützung und Solidarität selbst von außerhalb unseres Landes erfährt . . . Alle Freunde, die unter schlimmen Haftbedingungen leiden, bedürfen dieser moralischen Unterstützung. Ich danke Ihnen von ganzem Herzen.*[2] Und eine bolivianische Gefangene erklärte nach ihrer Freilassung in einem Brief: *Ihre Worte und Ihr Schutz, den Sie mir anboten, gaben mir gerade im richtigen Augenblick den Mut, den ich so sehr benötigte . . .*[3] Solche Briefe, wie sie fast täglich im Internationalen Sekretariat und bei den betreuenden Adoptionsgruppen eintreffen, zeigen die Unangemessenheit des Wortes „Erfolg". Leidenden Menschen zu helfen, ist ein Akt der Humanität. Der Dank, den man dafür erntet, sollte als Ermutigung verstanden werden, in den Bemühungen um eine Linderung menschlicher Not nicht nachzulassen.

Die karitativen Aktivitäten von AI lassen sich grob in vier Kategorien einteilen:
(1) Aktivitäten, die den Opfern politischer Verfolgung unmittelbar zugutekommen und insbesondere deren physische und psychische Widerstands-

kraft stärken sollen, speziell während der Haft; allgemeine Beispiele für solche Aktivitäten sind: Grußpostkarten, Briefverkehr mit persönlichem Gedankenaustausch, Paketsendungen mit Medikamenten, Kleidung, Büchern etc. ins Gefängnis, persönliche Besuche in der Haft, Vermittlung einer Stellung nach der Freilassung;

(2) Aktivitäten, die den Angehörigen und Familien von Opfern politischer Verfolgung unmittelbar zugutekommen, ihre materielle Not lindern und ihnen moralischen Beistand in Zeiten starker psychischer Belastung sein sollen; dazu zählen unter anderem Paketsendungen mit Lebensmitteln, Kleidern und Gegenständen des täglichen Bedarfs, Überweisung von Geld für Miete, Essen und Ausbildung der Kinder, Vermittlung von Familienzusammenführungen, persönliche Kontakte.

(3) Aktivitäten, durch die – je nach Fall – eine Verbesserung der Haftbedingungen und der medizinischen Versorgung, das Ende von Folterungen, die Freilassung aus der Haft beziehungsweise die Aufhebung anderer Freiheitsbeschränkungen (wie Verbannung und Hausarrest) oder – nach Verhängung eines Todesurteils – die Begnadigung erreicht werden sollen; zu solchen Aktivitäten gehören regelmäßige Briefe und Bittgesuche an die verantwortlichen Behörden, Brief- und Postkartenkampagnen, persönliche Vorsprache bei Botschaftern und Generalkonsuln und Telegrammaktionen;

(4) Aktivitäten, die interessierte und sympathisierende Einzelpersonen, Gruppen und Organisationen zu einer Unterstützung der vorgenannten Aktivitäten von AI beziehungsweise zu eigenen Aktivitäten ähnlicher Art ermuntern sollen.

Es würde den Rahmen dieser Darstellung sprengen, auf all diese Aktivitäten und ihre möglichen und tatsächlichen Erfolge im Detail einzugehen. Aber auch summarisch lassen sich die karitativen Leistungen von AI nur schwer einschätzen, da sie vorrangig im psychischen Bereich wirksam werden. Moralischer Beistand, wie ihn AI zu gewähren vermag, hat bereits Hunderte von politischen Gefangenen vor der Resignation, der totalen Verzweiflung, dem Verlust der Persönlichkeit gerettet. Damit leistet die Organisation zugleich einen wesentlichen Beitrag dazu, daß in einem Land der Geist des Widerstandes gegen Gewalt und Unterdrückung nicht erlischt.

Statistiken können das freilich nicht belegen. Die Tatsache, daß die Ermittlungsabteilung von AI in den Jahren 1972 bis 1975 Fallberichte über mehr als 6 000 politische Häftlinge erstellte, vermittelt vielleicht am ehesten einen Eindruck von den Größenordnungen, in denen sich die Hilfe von AI bewegt. Die Zahl der Freilassungen hingegen, die im Internationalen Sekretariat sorgfältig registriert werden, ist nur ein vager Anhaltspunkt, da es, wie Stephanie Grant, die Leiterin der Ermittlungsabteilung, im Jahresbericht 1974/75 schrieb, *in der Mehrzahl der Fälle weder richtig noch zu verantworten wäre, einen direkten Zusammenhang zwischen Amnesty-Arbeit und Entlassungen festzustellen.* Dennoch schildert jeder Jahresbericht *eine Anzahl von Fällen,*

in denen die Entlassung eines Gefangenen oder die Verbesserung der Haftbedingungen die unmittelbare Folge einer Betreuung durch Amnesty International, einer Mission oder von Veröffentlichungen waren.[4]
Im Zeitraum von 1972 bis 1975 wurden über 3 000 betreute Häftlinge auf freien Fuß gesetzt. Regierungen in 19 Ländern verkündeten 1972/73 Amnestien für politische Häftlinge und Zivilgefangene. In ebenso vielen Staaten wurden auch 1973/74 Haftentlassungen vorgenommen. Viele dieser Maßnahmen waren das Ergebnis innenpolitischer Kräfteverschiebungen, auf die AI keinen Einfluß gehabt hatte, manche jedoch eine Antwort auf den Druck der internationalen öffentlichen Meinung, an deren Mobilisierung auch AI beteiligt gewesen war. Die öffentliche Meinung ist freilich nur noch bedingt ein Werkzeug karitativen Helfens, sie gehört vielmehr bereits weitgehend zum Instrumentarium politischen Handelns, wovon im folgenden die Rede sein soll.

5.3. Amnesty International als Schutzmacht der Menschenrechte? – Politisches Handeln

Politisches Handeln setzt, wenn es Wirkung erzielen soll, zweierlei voraus: den Besitz entsprechender Machtmittel und den Willen, diese für bestimmte Ziele einzusetzen. Dies gilt auch für den politischen Schutz der Menschenrechte. Im bestehenden internationalen politischen System scheint es zunächst einmal nur zwei Einrichtungen zu geben, die als Schutzmächte der Menschenrechte in Frage kommen könnten: Staaten und überstaatliche Institutionen.
Internationale Politik wird noch immer in erster Linie von Staaten gemacht. Sie allein verfügen auch über die nötigen Machtmittel, um die Menschenrechte – nicht nur innerhalb der eigenen Grenzen – zu garantieren und zu schützen. Nicht alle Regierungen respektieren jedoch die Menschenrechte, und kaum eine Regierung ist bereit, Menschenrechtsverletzungen in anderen Staaten grundsätzlich, ohne politische oder ökonomische Rücksichten auch nur zu verurteilen, und wenn doch, so ist vom verbalen Protest bis zur Einleitung weiterreichender Maßnahmen noch immer ein großer Schritt.
Es gibt Stimmen, die sagen, daß die Menschenrechte nur durch internationale, völkerrechtlich verbindliche Abkommen geschützt werden können. Es wäre jedoch blinder Optimismus anzunehmen, daß etwa das *Internationale Abkommen über bürgerliche und politische Rechte* geeignet wäre, Menschenrechtsverletzungen weitgehend zu verhindern. Das könnte nur dann geschehen, wenn die Instanz, die über die Einhaltung der im Vertragswerk nie-

dergelegten Bestimmungen wachen soll, berechtigt und fähig ist, als Vergeltung für eventuelle Rechtsbrüche Sanktionen zu verhängen. Der *Ausschuß für Menschenrechte*, jene Kontrollinstanz, deren Errichtung im *Internationalen Abkommen über bürgerliche und politische Rechte* vorgesehen ist, muß sich jedoch darauf beschränken, vorgebrachte Beschwerden über Menschenrechtsverletzungen zu prüfen und zu versuchen, eine gütliche Einigung zwischen den Parteien zustandezubringen. Von Sanktionen kann nicht die Rede sein.

Ein wirksamer supranationaler Schutz der Menschenrechte ist nur dort möglich, wo Staaten auf einen Teil ihrer souveränen Macht verzichten und diesen an eine übergeordnete Instanz übertragen, deren Schiedsspruch sie sich freiwillig unterwerfen. Bisher haben das nur Mitgliedsstaaten des *Europarates* durch die europäische *Konvention zum Schutz der Menschenrechte und Grundfreiheiten* getan. Als Kontrollorgane und Schiedsstellen fungieren mit einigem Erfolg die *Europäische Kommission für Menschenrechte*, das *Ministerkomitee* und der *Europäische Gerichtshof für Menschenrechte*. Die *Interamerikanische Kommission für Menschenrechte* der *Organisation der amerikanischen Staaten* und die *Menschenrechtskommission* der *Vereinten Nationen*, die einzigen vergleichbaren Einrichtungen, sind weitgehend zur Bedeutungslosigkeit verurteilt und können auf Menschenrechtsverletzungen innerhalb ihres Kompetenzbereiches im vollen Wissen um ihre Ohnmacht nur mit papierenen Protesten reagieren. Und da die internationalen Organisationen praktisch gezwungen sind, mancherlei Rücksichten auf ihre Mitgliedsländer zu nehmen, können solche Proteste oft genug nicht einmal wirksam an die Öffentlichkeit gebracht werden. Staaten besitzen zwar die Möglichkeit, jedoch selten den Willen und überstaatliche Institutionen zwar oft den Willen, jedoch, da sie vom Wohlwollen der Staaten abhängig sind, nur selten die Möglichkeit, die Menschenrechte zu schützen. Offensichtlich besteht hier eine Lücke. Selbst in einem relativ gut funktionierenden Rechtsschutzsystem wie dem des *Europarates* bedarf es einer von außen wirkenden Kraft – etwa einer Art öffentlichen Anklägers –, um den Mechanismus des Systems in Gang zu setzen. Das hat der Fall Griechenland (vgl. S. 61 ff.) gezeigt, in dem der *Europarat* im Grunde erst auf Veranlassung von AI und anderen unabhängigen Organisationen aktiv wurde. Zwar konnte nicht erreicht werden, daß das Militärregime in Athen mit der permanenten Mißachtung der Menschenrechte aufhörte. Das Vorgehen des *Europarates* und die unermüdliche, öffentliche Anprangerung von Folter und anderen Unterdrückungsmethoden vor allem durch AI führten jedoch zum Rückzug Griechenlands aus der Gemeinschaft der westeuropäischen Staaten und damit letzten Endes zur Isolation der herrschenden Militärs, die im April 1974 die Zügel der Macht aus der Hand geben mußten.

Gerade die Vorgänge um Griechenland haben viele Amnesty-Mitarbeiter in dem Glauben bestärkt, daß AI nicht nur verpflichtet, sondern unter be-

stimmten Voraussetzungen durchaus auch fähig ist, die Menschenrechte zu schützen. Auf den ersten Blick hin sieht das nach Selbstüberschätzung aus. Im Grunde fehlt AI nämlich all das, was im internationalen System Macht und Einfluß begründet: Herrschaft, wirtschaftliche Ressourcen, militärisches Potential und Legitimität. Allein die Tatsache, daß AI mit rund 70000 Mitgliedern eine nach internationalen Maßstäben ausgesprochen kleine Organisation ist (zum Vergleich: das Rote Kreuz zählte 1975 mehr als 200 Millionen ehrenamtliche und einige Zehntausend hauptamtliche Mitarbeiter in aller Welt) müßte zur Bescheidenheit mahnen. Geld war von Anfang an knapp, so daß wichtige Pläne, gute Ideen immer wieder als vorerst unrealisierbar auf Eis gelegt wurden. Daß sich AI außerhalb Westeuropas und Nordamerikas nur langsam ausbreitet, liegt sicher nicht am fehlenden Willen der Verantwortlichen im Internationalen Sekretariat und im Internationalen Exekutivkomitee, sondern daran, daß die zur Verfügung stehenden Finanzmittel keine starke Expansion erlauben.
Unter all diesen Voraussetzungen scheint es zweifelhaft, ob AI jemals mehr als nur punktuell politisch wirksam zum Schutz der Menschenrechte wird beitragen können. Wird sich die Organisation also auch weiterhin in erster Linie auf die Hilfe in Einzelfällen beschränken müssen? Wie wird es in Zukunft weitergehen?

5.4. Die Zukunft von Amnesty International

AI hat sich die Verwirklichung eines umfangreichen Programms zum Ziele gesetzt. Gefangenenarbeit, Bekämpfung der Folter und Bekämpfung der Todesstrafe – das Feld der Aufgaben ist so weit, daß man sich fragen muß, ob AI den Anforderungen im Rahmen des überhaupt Möglichen gewachsen ist, zumal diese Anforderungen insbesondere durch die erschreckende Brutalisierung des politischen Lebens von Jahr zu Jahr größer werden. *Das entsetzlichste Merkmal unserer Zeit,* schrieb Sean MacBride im Vorwort zum AI-Jahresbericht 1971/72, *ist das ständige Anwachsen von Gewalt und Brutalität in dieser Welt. Brutalität wirkt immer ansteckend und führt unvermeidlich zu Gegenbrutalität.*[5] Gewalt erzeugt Gegengewalt. Daraus entwikkeln sich, wie wir in den letzten Jahren oft genug gesehen haben, selbst in bis dahin friedlichen und humanen Ländern Gewaltspiralen, denen sich auch die jeweils Herrschenden scheinbar nicht entziehen können. Die meisten Regierungen rechtfertigen repressive Maßnahmen mit dem Argument, daß sie sich im Interesse des Staates und der Bürger gegen zerstörerische, anarchistische Kräfte zur Wehr setzen hätten. Vielerorts wird ihnen diese Behauptung leicht gemacht, da es immer wieder oppositionelle Gruppen gibt, die, um ihre Ziele zu erreichen, zur Waffe greifen; und als Antwort auf massive staatliche Vergeltungsschläge, auf ein Mehr an Unterdrückung, vergrößert sich ihre Zahl ständig. Der amerikanische Terrorismus-Experte Brian Michael Jenkins sieht darin eine große Gefahr: *Für die Regierungen könnte die Versuchung unwiderstehlich werden, ihre Bürger durch nackte Unterdrückung gegen Angriffe einer kleinen Minderheit zu schützen und die innere und die internationale Ordnung mittels Repression zu wahren. Selbst demokratische Regierungen könnten sich gezwungen sehen, harte Sicherheitsmaßnahmen zu Lasten der Bürgerrechte zu ergreifen.*[6] Was kann AI tun, damit solche Visionen nicht verhängnisvolle Realität werden und die grundlegenden Freiheiten und Rechte des Menschen erhalten bleiben? Welche Mittel stehen ihr dafür zur Verfügung?

Das einzige, allerdings politisch sehr wirksame Machtmittel in der Hand von AI ist die *öffentliche Meinung.* Durch Publikation von Berichten, durch Verlautbarungen, durch die Abgabe von Erklärungen gegenüber Presse, Rundfunk und Fernsehen und durch den ständigen Kontakt mit Personen, deren Stimme in der Öffentlichkeit gehört wird, versuchen die internationalen und nationalen Führungsgremien von AI, über die Verletzung von Menschenrechten zu informieren und Kräfte zu mobilisieren, die solche Verstöße in aller Öffentlichkeit anprangern. Aktionen auf internationaler Ebene werden durch Aktionen im lokalen Bereich flankiert. Die Öffentlichkeitsarbeit an der Basis, die von den Gruppen und Einzelmitgliedern geleistet wird, soll in einem möglichst großen Teil der Bevölkerung eines Landes das Bewußtsein wecken, daß in diesem oder jenem Staat hinsichtlich der Menschenrechte manches nicht in Ordnung ist. Regierungen, die die Menschenrechte mißachten, fürchten die öffentliche Meinung. Ein schlechtes Image kann für ein Land ungünstige Auswirkungen haben: Möglicherweise bleiben die Touristen aus und damit wichtige Devisen, das Ansehen der Regierung und ihrer Vertreter auf dem internationalen diplomatischen Parkett sinkt, Verbündete distanzieren sich und nicht immer ist es auszuschließen, daß sogar der Handel von Restriktionen seitens anderer Staaten betroffen wird. Staaten, die wirtschaftlich stark vom Ausland abhängen, sind in dieser Hinsicht natürlich besonders empfindlich. Bedeutsamer als die möglichen außenpolitischen Folgen sind vielleicht die innenpolitischen. Verfolgung, Inhaftierung und Folter politisch Andersdenkender sind stets ein Zeichen von Schwäche. Keine Regierung möchte jedoch den Eindruck erwecken, als könne sie nicht jederzeit mit legalen Mitteln Herr der Lage sein. Das könnte die Gegner zu verstärkter Opposition ermuntern, was wiederum die Regierungen zur Anwendung härterer Unterdrückungsmaßnahmen herausfordert.

Aus einem solchen Wechselspiel von Ursache und Wirkung kann sich manchmal unvermutet eine lebensbedrohliche Krise entwickeln, die eine Regierung um jeden Preis verhindern möchte. Es ist daher keineswegs verwunderlich, daß Regierungen im allgemeinen die Existenz politischer Gefangener und die

Anwendung der Folter strikt leugnen. Das unbestreitbare Verdienst und die eigentlich politische Bedeutung von AI besteht darin, das öffentliche Gewissen wachzuhalten und die für Menschenrechtsverletzungen verantwortlichen Regierungen zu zwingen, ihre Handlungsweise vor aller Welt zu rechtfertigen.
In den ersten fünfzehn Jahren ihres Bestehens hatte AI ausreichend Gelegenheit, den Umgang mit dem Machtmittel öffentliche Meinung zu erlernen. Das ist ihr auch weitgehend gelungen. Gewiß, das bisher Erreichte gibt kaum Anlaß zu übertriebenen Hoffnungen. Pessimismus ist jedoch ebenfalls fehl am Platze – vorausgesetzt, daß sich AI auch in Zukunft um Glaubwürdigkeit bemüht. Nicht immer und nicht überall ist es AI in der Vergangenheit gelungen, jeden Zweifel an ihrer Glaubwürdigkeit auszuräumen. Das liegt nicht nur an ihren Gegnern, die sie vorzugsweise in die linke Ecke abzuschieben versuchen, sondern zum Teil auch an ihr selbst, das heißt an der Unvernunft mancher Mitglieder, die den globalen Kampf für die Freiheit von Meinung, Glaube und Gewissen mit dem Kampf gegen ganz bestimmte Regierungen oder politische Systeme verwechseln. Glaubwürdigkeit will, wenn sie nicht langsam zur hohlen Schale werden soll, tagtäglich aufs neue unter Beweis gestellt werden. Damit dies gelingt, muß AI in Zukunft mehr denn je bestrebt sein, sich ihre *Handlungsfähigkeit* und *Unabhängigkeit* zu bewahren.
Das schafft freilich auch Probleme. Was die Handlungsfähigkeit betrifft, so entstehen sie dadurch, daß die wachsenden Anforderungen infolge der steigenden Zahl von Menschenrechtsverletzungen AI dazu zwingen, sich verstärkt um eine bessere und effektivere Organisation zu bemühen. Damit gerät sie aber in die gefährliche Nähe von Bürokratie und Mittelmäßigkeit. In der Tat werden die organisatorischen Strukturen von AI, namentlich in den großen Nationalen Sektionen, immer komplizierter und nicht nur für den Außenstehenden allmählich unüberschaubar. Längerwerdende Kommunikationswege von der Basis zur Spitze der Organisation verlangsamen zunehmend Meinungsbildungs- und Entscheidungsprozesse.
AI ist schwerfälliger geworden. So begrüßenswert es ist, daß AI Stück für Stück von jener Amateurhaftigkeit ablegt, die sie anfänglich sicher um manche gute Chance im Kampf um die Menschenrechte gebracht hat, so bedauerlich ist es, daß mit dem wachsenden Professionalismus im Laufe der Jahre vieles von der ursprünglichen Lebendigkeit, die sie zweifellos dem wachen, phantasiereichen Verstand des Gründers Peter Benenson verdankte, verlorengegangen ist. Die überragenden, die prägenden Persönlichkeiten verschwinden nach und nach aus den verantwortlichen Positionen. Immer häufiger begegnet man an ihrer Stelle den Funktionären. Es ist jedoch wichtig, daß AI ein menschliches Gesicht behält. Das verhilft ihr in der Öffentlichkeit zu Sympathien, die sie braucht, um gehört zu werden.
AI legt zunehmend Gewicht auf die Spezialisierung ihrer Mitarbeiter. Gruppen mit spezieller Aufgabenstellung gewinnen allgemein an Bedeutung. Ar-

beitsteilung führt dazu, daß selbst innerhalb der Adoptionsgruppen vielfach noch kaum jemand einen genauen Überblick über alle Aktivitäten der Gruppe, geschweige denn der übergeordneten Gremien besitzt. Das wird, sofern es nicht schon geschehen ist, früher oder später Maßnahmen nötig machen, die es den Sektionsvorständen, Sekretariaten und Bezirksleitungen ermöglichen, die Tätigkeit der Amnesty-Mitarbeiter in stärkerem Umfang zu kontrollieren. Als gewichtiges Argument führen Befürworter solcher Maßnahmen ins Feld, daß das Image von AI mit wachsendem internationalen Ansehen verletzlicher werde und daher sorgfältiger vor unbedachten Handlungen der Mitglieder geschützt werden müsse.
Was allerdings das Programm von AI anbelangt, so kann von Spezialisierung weniger die Rede sein, eher vom Gegenteil: Die Zuständigkeit der Organisation wurde im Laufe der Jahre Zug um Zug erweitert. In dem verständlichen Bestreben, auf möglichst viele Menschenrechtsverletzungen in möglichst vielen Teilen der Welt zu reagieren, läuft AI heute manchmal Gefahr, ihre Kräfte zu verzetteln. Vieles läuft – unnötigerweise – nebeneinander her, häufiger noch als bisher könnten alle verfügbaren Kräfte auf ein Ziel hin ausgerichtet werden. Anstatt Schwerpunkte zu setzen und sich mit ihren Aktivitäten auf Wesentliches zu konzentrieren, befindet sich die Organisation ständig auf der Suche nach neuen Betätigungsfeldern, wofür dann erst wieder neue, adäquate Arbeitstechniken gefunden werden müssen. Fehlschläge lassen sich bei einem solchen Vorgehen nicht vermeiden. Sie stellen die Daseinsberechtigung der Organisation nicht in Frage. Durch den planmäßigen Einsatz aller Kräfte erzielte Erfolge könnten jedoch zur Hebung des internationalen Ansehens von AI eher beitragen als ein noch so lebhaftes Agieren und Reagieren, das auf manchen den Eindruck macht, AI liefere sich im Übereifer einem blinden Aktionismus aus. Die Verantwortlichen tun gut daran, dem Verlangen nach einer über das Bisherige hinausgehenden Erweiterung des Programms entschieden entgegenzutreten. Eine Überschreitung ihrer Kapazität könnte die Organisation in ihrer Substanz bedrohen.
Die Wahrung ihrer Unabhängigkeit ist die zweite wichtige Voraussetzung dafür, daß AI glaubwürdig bleibt. Ein großer Vorzug der Organisation ist es, daß sie, anders als beispielsweise Staaten, keine eigennützigen Interessen verfolgt, sondern die Rechte anderer verteidigt. An die Stelle des Eigennutzes als Triebkraft des gemeinschaftlichen Engagements tritt beim AI-Mitarbeiter die Überzeugung, handeln zu müssen. Man kann das nennen, wie man will: missionarischen Eifer, Idealismus, soziales Gewissen, politisches Bewußtsein – eine Bezeichnung, die das gesamte Spektrum möglicher Beweggründe für eine Mitarbeit bei AI umfaßt, gibt es nicht. Die Tatsache, daß alle dasselbe Ziel vor Augen haben – die Verwirklichung der Menschenrechte und die Verteidigung der Feiheit, sagen zu dürfen, was man meint – schafft jene Einigkeit, die stark macht. Freilich: auch eine noch so tief empfundene Solidarität kann fehlende Finanzmittel nur unzureichend ersetzen. Die perma-

nente Geldknappheit ist für AI ein ernstzunehmendes Handicap, das umso schwerer wiegt, je größer die Organisation und damit der Verwaltungsapparat wird. Ein Mehr an Verwaltung macht eine Erweiterung des Personalbestandes erforderlich. Das wiederum schafft stärkere finanzielle Abhängigkeiten – der hauptamtlichen Mitarbeiter von ihrem Arbeitgeber AI, aber auch der Organisation von ihren Geldgebern. AI wird zwar in Zukunft nicht umhin können, sich immer wieder nach neuen Finanzquellen umzuschauen, sorgfältiger denn je wird sie jedoch auf deren Ausgewogenheit achten müssen, um nicht etwa in den Verdacht der Bestechlichkeit zu geraten.

Die Glaubwürdigkeit und damit die Erfolgsaussichten von AI hängen – das sei abschließend gesagt – freilich nicht nur von ihrer Handlungsfähigkeit und der Beherzigung ihrer Grundsätze ab, sondern auch von einem klugen und geschickten Auftreten in der Öffentlichkeit. AI als Hüterin der Menschenrechte kann es unmöglich allen recht machen. Sie darf sich aber auch nicht nur an den Meinungen weniger orientieren. Nur zu leicht könnte sie sonst besonders in der Dritten Welt in den Ruf kommen, Stimme einer elitären Minderheit westlicher Staaten zu sein, die mit ihrer Hilfe der übrigen Welt Lektionen in Moral und Demokratie erteilen wollen. AI muß allen ein unbequemer Mahner sein, auch jenen Regierungen, die mit ihren Zielen sympathisieren, wenngleich das zur Folge haben mag, daß sie in manchen Staaten aus Gründen der Ausgewogenheit Menschenrechtsverletzungen gleichsam mit der Lupe suchen muß und dort dafür mitunter als kleinlicher, linkslastiger Unruhestifter mißverstanden wird.

15 Jahre reichen kaum, um endgültig darüber befinden zu können, ob AI ihrer schweren Aufgabe, die grundlegenden Rechte und Freiheiten des Menschen weltweit vor dem Zugriff staatlicher Willkür zu schützen, auf Dauer gewachsen sein wird. Wünschen möchte man es ihr jedenfalls.

Nachtrag zur zweiten Auflage

Die Aktivitäten von AI wurden 1975/76 noch mehr beachtet als in den Jahren zuvor. Das 15-jährige Gründungsjubiläum am 28. Mai 1976 und spektakuläre gesellschaftliche Ereignisse wie das Benefizkonzert Leonard Bernsteins im September 1976 in München trugen dazu bei. Wichtiger aber war die intensive Arbeit von AI selbst.

Das bewies unter anderem eine Kampagne, die auf die Folter in Uruguay aufmerksam machte: Am 16. Juni 1976 übergab AI dem ständigen Gesandten Uruguays bei den Vereinten Nationen eine Petition, in der die Regierung aufgefordert wurde, einer *unabhängigen internationalen Untersuchung der Foltervorwürfe* zuzustimmen. Die Petition, unterstützt von zahlreichen nationalen und internationalen Organisationen, war von 350000 Menschen aus 70 Ländern unterschrieben worden.

Einen Erfolg erzielte im Juni 1976 die *Abteilung zur Abschaffung der Folter.* Die *UN-Kommission zur Verhütung und Kontrolle von Verbrechen* entwarf Richtlinien für das Verhalten von Polizei- und anderen Vollzugsbeamten und griff dabei Vorschläge von AI auf. Der Gesetzentwurf wendet sich gegen die Anwendung *irgendeiner Art von Folter oder anderer grausamer unmenschlicher oder erniedrigender Behandlung oder Bestrafung.* An ihm hatten neben einer Expertengruppe auch der Rechtsberater von AI, Nigel S. Rodley, und der AI-UNO-Vertreter Margo Picken mitgearbeitet. Der Gesetzentwurf soll der *32. UN-Vollversammlung* im Herbst 1977 vorgelegt werden.

Auf der Pazifik-Regionalkonferenz im Juni 1976 in Tanzanso (Japan) wurde der Gedankenaustausch fortgesetzt, der in Neu Dehli im März 1975 anläßlich der Südasien-Regionalkonferenz, der ersten Delegiertenversammlung der AI auf asiatischem Boden, begonnen hatte. Neben Vertretern aus Japan, Australien, Neuseeland und Südkorea besuchten auch Amnesty-Mitglieder und -Förderer aus Indonesien, Malaysia, Thailand, Singapur, Hongkong und von den Philippinen das Treffen. Das bedeutete einen Schritt zur weiteren Verbreitung des Amnesty-Gedankens im asiatischen Raum.

Sowohl Richard Reoch wie auch Eduardo Marino haben ihre Tätigkeit als Entwicklungsbeauftragte auf Beschluß des Internationalen Rates von St. Gallen 1975 inzwischen fortgesetzt. Marino reiste im Mai 1976 über Spanien, wo sich eine neue Amnesty-Sektion im Aufbau befindet, nach

Venezuela, Costa Rica, Panama und Ecuador. Er vertiefte dort die Kontakte, die er bei seinem ersten Aufenthalt geknüpft hatte.
Die neunte Internationale Ratsversammlung von AI fand Ende September 1976 im Gebäude des *Europarats* in Straßburg statt. (Die zehnte Internationale Ratsversammlung von AI wird 1978 in Bad Honnef in der Bundesrepublik Deutschland stattfinden.) 220 Delegierte und Beobachter aus 30 Ländern und von 31 internationalen Organisationen nahmen an der viertägigen Veranstaltung teil. Der Internationale Rat nahm zu Menschenrechtsverletzungen in Argentinien, Chile, Brasilien, Uruguay und der Türkei Stellung. Er beschloß, das Jahr 1977 zum *Jahr des politischen Gefangenen* zu erklären, eine große Kampagne gegen die Todesstrafe mit einer Konferenz am 10. Dezember 1977 in Stockholm einzuleiten und Vorschläge für eine verstärkte internationale Zusammenarbeit auf dem Gebiet der Entwicklung pädagogischer Programme zur Menschenrechtserziehung zu erarbeiten.
Der ebenfalls Ende September veröffentlichte Jahresbericht 1975/76, 220 Seiten stark, nennt die Aufnahme von 1880 neuen Fällen und die Freilassung von 1599 betreuten Gefangenen. Das Internationale Sekretariat vergab 80 000 Pfund als Unterstützung für Gefangene und deren Familien.
Der mit 460 000 Pfund angesetzte und von der Ratstagung bestätigte Haushalt des Internationalen Sekretariats wurde für 1977/78 auf 750 000 Pfund erhöht. Diese Erhöhung soll dazu dienen, die Arbeit für Gefangene auszuweiten, das Entwicklungsprogramm zu intensivieren, die finanzielle Unterstützung für Gefangene und ihre Familienangehörigen zu verbessern und schließlich die Zahl unabhängiger Prozeßbeobachter zu vermehren. Das im Sommer 1977 bezogene neue Hauptquartier bietet bessere räumliche Möglichkeiten für das erweiterte Arbeitsprogramm.
Nach dem Stand vom Februar 1977 gibt es 1874 AI-Gruppen in 33 Nationalen Sektionen. Curaçao, Venezuela und die UdSSR haben je eine Adoptionsgruppe. Die Sektionen in Gambia und im Libanon haben sich mittlerweile aufgelöst, neue Sektionen sind in Griechenland und Pakistan entstanden.
Neu im Internationalen Exekutivkomitee ist seit September 1976 Dick Oosting als Vertreter der Angestellten des Internationalen Sekretariats. Auf einem Treffen des IEK im November 1976 in London wurde Thomas Hammarberg zum neuen Vorsitzenden und Mumtaz Soysal zum stellvertretenden Vorsitzenden gewählt.
Am 19. Juli 1976 starben Eric Baker, Ehrenpräsident von AI, und Professor Ivan Morris, Vorsitzender der Nationalen Sektion der USA. AI verlor damit zwei ihrer profiliertesten Pioniere aus den Gründungstagen der Organisation.
Am 17. September überreichte Prinz Bernhard der Niederlande Dirk Börner als Vertreter von AI den *Erasmus-Preis.* Diese bedeutende holländische

Ehrung wird alljährlich für ein von der Stiftung ausgewähltes Thema vergeben – 1976 an AI, als Anerkennung für die Arbeit zur Verteidigung der Menschenrechte und an den französischen Professor René David für hervorragende Leistungen auf dem Gebiet der Rechtswissenschaft. Der Preis ist mit einer Geldsumme von 100000 Gulden verbunden.
Vom 5. bis 7. Juli 1976 tagte in Berlin die Jahreshauptversammlung der Nationalen Sektion der Bundesrepublik Deutschland. Dietrich Böttcher wurde als Sprecher des Vorstands wiedergewählt. Eines der wichtigsten Ergebnisse war die Einrichtung einer *Clearing-Stelle,* deren Aufgabe es sein soll, Informationen über Haftbedingungen, politische Verfahren und den politisch begründeten Ausschluß vom öffentlichen Dienst in der Bundesrepublik zu sammeln und die Ergebnisse nach London an das Internationale Sekretariat weiterzuleiten. Die Jahresversammlung forderte die Politiker auf *sicherzustellen, daß allein das Bundesverfassungsgericht die verantwortliche Entscheidung über die Verfassungswidrigkeit behalte.*
Mitte des Jahres 1977 wird das Sekretariat der nationalen deutschen Sektion sein Quartier von Hamburg nach Bonn verlegen, um den Repräsentanten ausländischer Botschaften näher zu sein und den Kontakt zu den Parteien, dem Parlament und den Ministerien besser pflegen zu können. Helga Wandschneider, Geschäftsführerin der deutschen Sektion, schied Ende des Jahres 1976 aus dem Sekretariat aus und nahm eine neue Tätigkeit im *Promotion Department* von AI in Luxemburg auf. Ihr Nachfolger ist Bruno Thiesbrummel. Barbara Geier löste Dieter Brumm in der Funktion des Pressesprechers ab. Wegen der stetigen Vergrößerung der Sektion wurde die Position eines *Generalsekretärs* geschaffen. Aus über 100 Bewerbern wurde der evangelische Pfarrer Helmut Frenz, ehemals Bischof in Chile, zum Generalsekretär gewählt. Frenz, Jahrgang 1933, nach einem Auslandsaufenthalt von der chilenischen Regierung wegen seines energischen Eintretens für die Menschenrechte mit Einreiseverbot belegt, trat sein neues Amt am 1. November 1976 an. Der Kritik an der Einstellung eines Generalsekretärs und der Kritik einiger Mitglieder an seiner Person begegnete Frenz mit einem offenen Brief in der deutschen Ausgabe der *ai information* im November 1976: . . . *Meine Motivation für den Einsatz um Menschenrechte und Menschenwürde habe ich niemals aus irgendeiner Ideologie bezogen, sondern einzig und allein aus meinem christlichen Glauben. So setzte ich mich in Chile nicht für verfolgte Marxisten ein, sondern für leidende und unterdrückte, gefolterte und ausgebeutete Menschenbrüder . . . Ich kann Ihnen jedoch versichern, daß ich mich nicht habe zum Generalsekretär von amnesty international, Sektion der Bundesrepublik Deutschland, wählen lassen, um auf diese Weise irgendwelchen ideologischen oder politischen Privatvorstellungen meinerseits zum Durchbruch zu verhelfen. Ich stelle mich amnesty international zur Verfügung, weil ich aus eigener Anschauung in Lateinamerika erlebt habe, wie groß die Leiden der Menschenbrüder in der Welt sind.*

Wer dieses selbst mit eigenen Augen gesehen hat, kann nicht anders, als sich ganz der Sache des leidenden Menschenbruders zur Verfügung zu stellen.
1977, das *Jahr des politischen Gefangenen,* ist Anlaß für eine umfangreiche internationale Werbekampagne von AI, die am *Tag der Menschenrechte,* dem 10. Dezember 1976, eröffnet wurde. Ein neu eingerichtetes Büro der Kampagne *(Promotion Department)* mit Sitz in Luxemburg wird von Guy Binsfeld geleitet und hat zum Ziel, AI weltweit bekannt zu machen. Im Laufe des Jahres sollen die AI-Gruppen in aller Welt möglichst viele Unterschriften sammeln, um sie im Herbst 1977 in einer Petition der Vollversammlung der *Vereinten Nationen* vorzulegen. Darin werden alle Regierungen aufgefordert, politische Gefangene sofort freizulassen. Die ersten Unterzeichner dieser Petition waren der frühere Premierminister von Rhodesien, Garfield Todd, Lord Avebury und die ehemaligen politischen Gefangenen Martin Sostre (USA), Vadim Delaunay (UdSSR), Angela Seixas (Brasilien) und Didymus Mutasa (Rhodesien). Zwei Millionen Unterschriften sollen bis zum Herbst unter der Petition stehen. Die Worte des ehemaligen politischen Gefangenen in der Sowjetunion, Leonid Pljuschtsch, werben für die Unterstützung der Arbeit von AI: *Der Kampf für die Menschenrechte ist der Kampf für das Überleben unserer Zivilisation.*

Anhang

Internationales Statut von Amnesty International

nach dem Stand vom September 1975

Zielsetzung

(1) Eingedenk des Rechtes eines jeden Menschen, seine Überzeugungen frei zu äußern und an ihnen festzuhalten, sowie eingedenk der Verpflichtung, die gleiche Freiheit auch für andere zu gewährleisten, ist es die Aufgabe von Amnesty International, in der ganzen Welt die Einhaltung der Allgemeinen Erklärung der Menschenrechte auf folgende Weise zu erreichen:

(a) durch Arbeit ohne Rücksicht auf politische Erwägungen für die Freilassung und für die Unterstützung von Menschen, die unter Mißachtung der vorgenannten Schutzbestimmungen verhaftet, gefangen, auf andere Weise physischem Zwang ausgesetzt oder Freiheitsbeschränkungen unterworfen sind

und zwar aufgrund ihrer politischen, religiösen oder anderen geistigen Überzeugung, aufgrund ihrer ethnischen Abstammung, ihrer Hautfarbe oder ihrer Sprache – vorausgesetzt, daß sie Gewalt nicht angewendet und sich für die Anwendung von Gewalt auch nicht eingesetzt haben (im weiteren Gewissensgefangene genannt);

(b) durch das Eintreten mit allen geeigneten Mitteln gegen die Inhaftierung von Gewissensgefangenen oder politischen Gefangenen ohne Prozeß innerhalb angemessener Zeit, sowie bei solchen Gefangenen gegen alle Prozeßverfahren, die den anerkannten Regeln eines fairen Prozesses nicht entsprechen.

(c) durch das Eintreten mit allen geeigneten Mitteln gegen die Verhängung und Vollstreckung von Todesurteilen, sowie gegen die Folterung und andere grausame, unmenschliche oder erniedrigende Strafen und Behandlungen von Gefangenen und anderen Menschen, die in Haft gehalten oder verfolgt werden, unabhängig davon, ob sie Gewalt angewendet haben oder sich für die Anwendung von Gewalt eingesetzt haben.

Aufgaben

(2) Um diese Ziele zu erreichen, soll Amnesty International

a) stets bestrebt sein, ihrer Arbeit ein Gleichgewicht zwischen allen Län-

dern der Erde ohne Rücksicht auf deren Zugehörigkeit zu den verschiedenen politischen Ideologien und Blöcken zu wahren;
b) in geeignet erscheinender Weise die Verabschiedung von Verfassungen, Konventionen und Verträgen, sowie andere Maßnahmen fördern, wenn diese Rechte, auf die in Artikel (1) dieser Satzung hingewiesen wird, garantieren;
c) die Tätigkeit internationaler Organisationen und Behörden, die für die Verwirklichung dieser Bestimmungen arbeiten, unterstützen und die Öffentlichkeit mit ihren Aufgaben vertraut machen;
d) alle notwendigen Schritte unternehmen, um eine arbeitsfähige Organisation mit Nationalen Sektionen, Amnesty-Gruppen und Einzelmitgliedern zu schaffen;
e) die Betreuung einzelner Gewissensgefangener durch Amnesty-Gruppen oder Förderer von Amnesty International sicherzustellen, oder solchen Gruppen andere Aufgaben zur Erreichung der im Artikel (1) dargelegten Zielsetzungen zu übertragen;
f) für finanzielle und sonstige Unterstützung von Gewissensgefangenen und ihren Angehörigen sorgen, ebenso von Personen und ihren Angehörigen, die noch vor kurzem Gewissensgefangene waren oder es vermutlich wären, wenn sie in ihr Heimatland zurückkehren müßten;
g) Rechtshilfe ermöglichen für Gewissensgefangene und solche Personen, die im Falle einer Verurteilung voraussichtlich als Gewissensgefangene angesehen werden müssen, wo dies notwendig und möglich ist, sowie falls es wünschenswert erscheint, Beobachter zu den Prozessen solcher Personen zu entsenden;
h) für die Verbesserung der Haftbedingungen von Gewissensgefangenen und politischen Gefangenen wirken;
i) die Fälle von Gewissensgefangenen oder Personen, die in anderer Form unter Verletzung der vorgenannten Bestimmungen in ihrer Freiheit eingeschränkt wurden, publizieren;
j) wo dieses angebracht erscheint, Beauftragte zu einer Untersuchung entsenden, wenn der Verdacht besteht, daß die Rechte von Einzelpersonen unter den oben genannten Bestimmungen verletzt oder bedroht sind;
k) bei internationalen Organisationen und Regierungen vorstellig werden, wann immer es den Anschein hat, daß die betreffenden Personen als Gewissensgefangene angesehen werden müssen oder in anderer Form unter Verletzung der oben genannten Bestimmungen in ihrer Freiheit beschränkt werden;
l) die Gewährung allgemeiner Amnestien befürworten und unterstützen, die auch Gewissensgefangenen zugute kommen würden;
m) alle geeignet erscheinenden Schritte unternehmen, die zur Erreichung der Ziele dieser Organisation führen können.

Organisation
(3) Amnesty International soll aus Nationalen Sektionen, angeschlossenen Gruppen, Einzelmitgliedern und korporativen Mitgliedern bestehen.

(4) Die Direktivgewalt für die Geschäftsführung von Amnesty International liegt beim Internationalen Rat.
(5) Für die Zeit zwischen den Zusammenkünften des Internationalen Rates ist das Internationale Exekutivkomitee für die Geschäftsführung von Amnesty International und die Durchführung von Entschließungen des Internationalen Rates verantwortlich.
(6) Die täglichen Aufgaben von Amnesty International werden vom Internationalen Sekretariat und dessen Generalsekretär an der Spitze wahrgenommen, die der Leitung des Internationalen Exekutivkomitees unterstehen.
(7) Das Büro des Internationalen Sekretariats soll in London oder einem anderen vom Internationalen Exekutivkomitee vorgesehenen Ort sein, dem mindestens die Hälfte aller Nationalen Sektionen zugestimmt haben müssen.

Nationale Sektionen

(8) Eine Nationale Sektion von Amnesty International kann mit Billigung des Internationalen Exekutivkomitees in jedem Land und auf jedem Staatsgebiet gegründet werden. Um als solche anerkannt zu werden, muß eine Nationale Sektion
a) mindestens zwei Gruppen oder zehn Mitglieder umfassen,
b) ihre Satzung dem Internationalen Exekutivkomitee zur Genehmigung vorlegen,
c) einen jährlichen Beitrag leisten, dessen Höhe vom Internationalen Rat festgelegt werden kann,
d) beim Internationalen Sekretariat auf Beschluß des Internationalen Exekutivkomitees registriert werden.
Nationale Sektionen dürfen keine Initiativen ergreifen, die außerhalb der erklärten Ziele von Amnesty International liegen. Das Internationale Sekretariat hat eine Liste aller Nationalen Sektionen zu führen.
(9) Gruppen mit mindestens drei Mitgliedern oder Helfern, die Gewissensgefangene adoptieren wollen, können bei Zahlung eines jährlichen, vom Internationalen Rat festgelegten Beitrages an Amnesty International oder eine ihrer Nationalen Sektionen angeschlossen werden. Streitigkeiten darüber, ob eine Gruppe aufgenommen werden soll oder bleibt, werden vom Internationalen Exekutivkomitee entschieden. Eine angeschlossene Adoptionsgruppe darf für den Zeitraum ihrer Zugehörigkeit zu Amnesty International nur solche Gefangenen adoptieren, die ihr von Zeit zu Zeit vom Internationalen Sekretariat zugewiesen werden. Keiner Gruppe darf ein Gewissensgefangener des eigenen Landes zugewiesen werden. Das Internationale Sekretariat hat alle angeschlossenen Gruppen zu registrieren. Gruppen dürfen keine Initiativen ergreifen, die außerhalb der erklärten Ziele von Amnesty International liegen.

Einzelmitgliedschaft

(10) Einzelpersonen in Ländern, in denen keine Nationale Sektion besteht, können nach Zahlung eines vom Internationalen Exekutivkomitees festgesetzten Jahresbeitrages Mitglieder von Amnesty International werden. Einzelpersonen in Ländern, in denen eine Nationale Sektion besteht, können nur mit Zustimmung der jeweiligen Nationalen Sektion Einzelmitglied von Amnesty International werden. Das Internationale Sekretariat führt eine Liste der Einzelmitglieder von Amnesty International.

Korporative Mitgliedschaft

(11) Organisationen können nach Willen des Internationalen Exekutivkomitees und der Zahlung eines Jahresbeitrages, dessen Höhe vom Internationalen Exekutivkomitee festgesetzt wird, die Mitgliedschaft von Amnesty International erwerben. Das Internationale Sekretariat hat diese korporativen Mitglieder zu registrieren.

Der Internationale Rat

(12) Der Internationale Rat soll sich aus Mitgliedern des Internationalen Exekutivkomitees und Vertretern der Nationalen Sektionen zusammensetzen und tritt im Abstand von etwa einem Jahr, höchstens aber von zwei Jahren an einem vom Internationalen Exekutivkomitee bestimmten Zeitpunkt zusammen. Stimmberechtigte Mitglieder des Internationalen Rates sind die Delegierten der Nationalen Sektionen und die vom Internationalen Rat gewählten Mitglieder des Internationalen Exekutivkomitees.

(13) Alle Nationalen Sektionen können einen Vertreter zum Internationalen Rat entsenden und zusätzlich wie folgt Vertreter benennen:

10 – 49	*Gruppen*	*– 1 Vertreter*
50 – 99	*Gruppen*	*– 2 Vertreter*
100 – 199	*Gruppen*	*– 3 Vertreter*
200 – 399	*Gruppen*	*– 4 Vertreter*
400 – oder mehr	*Gruppen*	*– 5 Vertreter*

Nationale Sektionen, die hauptsächlich aus Einzelmitgliedern bestehen, haben die Möglichkeit, sich wie folgt vertreten zu lassen:

10 – 499	*Mitglieder*	*– 1 Vertreter*
500 – 2499	*Mitglieder*	*– 2 Vertreter*
2500 – oder mehr	*Mitglieder*	*– 3 Vertreter*

Nur Sektionen, die ihren Jahresbeitrag für das vorangegangene Geschäftsjahr (Finanzjahr) gezahlt haben, können im Internationalen Rat vertreten sein. Die Forderung kann vom Internationalen Exekutivkomitee ganz oder teilweise aufgehoben werden.

(14) Delegierte von Gruppen, die nicht zu einer Nationalen Sektion gehören,

können mit Zustimmung des Generalsekretärs an den Versammlungen des Internationalen Rates als nicht stimmberechtigte Beobachter teilnehmen.

(15) Für den Fall, daß eine Nationale Sektion keinen Delegierten zu einer Versammlung des Internationalen Rates entsenden kann, ist sie berechtigt, einen oder mehrere Stellvertreter zu ernennen und diesen ihr Stimmrecht zu übertragen. Ferner kann eine Nationale Sektion, die durch weniger als ihr gemäß Artikel (13) dieser Satzung zustehende Delegierte vertreten ist, ihren oder ihre Delegierten ermächtigen, maximal soviele Stimmen abzugeben, wie der Sektion nach Artikel (13) der Satzung zustehen.

(16) Die Anzahl der an einer Sitzung des Internationalen Rates teilnehmenden Delegierten oder eventuell ernannter Stellvertreter ist dem Internationalen Sekretariat bis spätestens einen Monat vor Tagungsbeginn mitzuteilen. Diese Forderung kann vom Internationalen Exekutivkomitee aufgehoben werden.

(17) Der Internationale Rat ist beschlußfähig, wenn mindestens ein Viertel der teilnahmeberechtigten Sektionen durch ihre Delegierten oder deren Stellvertreter vertreten sind.

(18) Der Vorsitzende des Internationalen Exekutivkomitees oder eine vom Internationalen Exekutivkomitee ernannte andere Person eröffnet die Versammlung des Internationalen Rates, der zunächst seinen Vorsitzenden wählt. Der gewählte Vorsitzende oder eine andere von ihm ernannte Person führt bei den Sitzungen des Internationalen Rates den Vorsitz.

(19) Soweit diese Satzung nichts anderes vorsieht, bedürfen Beschlüsse des Internationalen Rates der einfachen Mehrheit der abgegebenen Stimmen. Bei Stimmengleichheit entscheidet die Stimme des Vorsitzenden des Internationalen Rates.

(20) Der Internationale Rat wird durch das Internationale Sekretariat einberufen, das die Nationalen Sektionen und angeschlossenen Gruppen spätestens 90 Tage vor Zusammentreten des Internationalen Rates über den vorgesehenen Termin unterrichtet.

(21) Außerordentliche Versammlungen des Internationalen Rates können durch den Vorsitzenden des Internationalen Exekutivkomitees auf Antrag des Komitees oder von mindestens 1/3 der Nationalen Sektionen einberufen werden, wobei mindestens 21 Tage zwischen der schriftlichen Benachrichtigung der Nationalen Sektion durch den Vorsitzenden des Internationalen Exekutivkomitees und Versammlungsbeginn verstreichen müssen.

(22) Der Internationale Rat wählt seinen Schatzmeister aus den Reihen der Mitglieder des Internationalen Exekutivkomitees.

(23) Der Internationale Rat ist berechtigt, einen oder mehrere Ehrenpräsidenten von Amnesty International auf maximal 3 Jahre zu wählen.

(24) Die Tagesordnung für Zusammenkünfte des Internationalen Rates wird vom Internationalen Sekretariat unter der Leitung des Vorsitzenden des Internationalen Exekutivkomitees aufgestellt.

Das Internationale Exekutivkomitee

(25) a) Das Internationale Exekutivkomitee besteht aus dem Schatzmeister, einem Vertreter des ständigen Personals im Internationalen Sekretariat und 7 ordentlichen Mitgliedern, d.h. Mitgliedern von Amnesty International, einer Nationalen Sektion oder einer angeschlossenen Gruppe, die vom Internationalen Rat nach dem Verhältniswahlsystem nach dem Verfahren der einzeln übertragbaren Stimme und gemäß den Bestimmungen der Electoral Reform Society gewählt werden. Jeweils ein Mitglied einer Nationalen Sektion oder angeschlossenen Gruppe kann als ordentliches Mitglied in das Internationale Exekutivkomitee gewählt werden. Hat bereits ein Mitglied einer Nationalen Sektion oder angeschlossenen Gruppe die zur Wahl in das Internationale Exekutivkomitee erforderliche Stimmenanzahl auf sich vereinigt, so bleiben alle für ein anderes Mitglied dieser Nationalen Sektion oder angeschlossenen Gruppe abgegebenen Stimmen unberücksichtigt.

b) Das gegen Entgelt oder ehrenamtlich für Amnesty International tätige ständige Personal ist berechtigt, aus den seit mindestens 2 Jahren für Amnesty International tätigen ständigen Mitarbeitern einen stimmberechtigten Vertreter in das Internationale Exekutivkomitee zu wählen. Die Amtszeit dieses Vertreters dauert ein Jahr und kann durch Wiederwahl verlängert werden. Der von den ständigen Mitarbeitern vorgeschlagene Wahlmodus bedarf der Zustimmung des Internationalen Exekutivkomitees.

(26) Das Internationale Exekutivkomitee tritt mindestens zweimal im Jahr an einem von ihm gewählten Ort zusammen.

(27) Mitglieder des Internationalen Exekutivkomitees außer dem Vertreter des ständigen Personals werden für zwei Jahre gewählt, nach deren Ablauf eine Wiederwahl zulässig ist. Außer bei Nachwahlen für einen vorzeitig frei gewordenen Sitz, sollen die Mitglieder des Komitees abgesehen vom Vertreter des ständigen Personals in gleicher Zahl abwechselnd in verschiedenen Jahren gewählt werden.

(28) Das Internationale Exekutivkomitee kann bis zu vier zusätzliche Mitglieder auf ein Jahr in das Internationale Exekutivkomitee hinzuwählen (kooptieren); ihre erneute Kooptierung ist möglich. Kooptierte Mitglieder sind nicht stimmberechtigt.

(29) Bei vorzeitigem Ausscheiden eines Mitgliedes des Internationalen Exekutivkomitees kann das Internationale Exekutivkomitee ein weiteres Mitglied als Ersatz für das ausgeschiedene bis zur nächsten Sitzung des Internationalen Rates hinzuwählen, der dann die erforderliche Anzahl ordentlicher Mitglieder neu in das Internationale Exekutivkomitee wählt.

(30) Ist ein Mitglied des Internationalen Exekutivkomitees verhindert, an einer Sitzung des Internationalen Exekutivkomitees teilzunehmen, so kann es einen Stellvertreter für diese Sitzung benennen.

(31) Das Internationale Exekutivkomitee wählt seinen Vorsitzenden für jeweils ein Jahr aus den Reihen seiner Mitglieder.

(32) Sitzungen des Internationalen Exekutivkomitees werden vom Vorsitzenden nach dessen eigenem Ermessen oder auf Antrag der Mehrheit der Mitglieder des Komitees einberufen.
(33) Das Internationale Exekutivkomitee ist beschlußfähig, wenn mindestens drei Mitglieder des Komitees oder deren bestellte Stellvertreter anwesend sind.
(34) Die Tagesordnung für Sitzungen des Komitees wird vom Internationalen Sekretariat unter der Leitung des Vorsitzenden erarbeitet.
(35) Das Internationale Exekutivkomitee ist berechtigt, Vorschriften im Hinblick auf die Wahrnehmung der Aufgaben von Amnesty International und auf Verfahrensfragen im Internationalen Rat zu erlassen.

Das Internationale Sekretariat

(36) Das Internationale Exekutivkomitee kann einen Generalsekretär ernennen, der unter seiner (des IEK) Leitung für die Wahrnehmung der Aufgaben vom Amnesty International und der damit verbundenen Angelegenheiten und für die Durchführung der Beschlüsse des Internationalen Rates verantwortlich ist.
(37) Der Generalsekretär kann im Einvernehmen mit dem Vorsitzenden des Internationalen Exekutivkomitees und vorbehaltlich der Bestätigung durch das Internationale Exekutivkomitee Führungskräfte und Experten als Mitarbeiter einsetzen, die nach seinem Dafürhalten zur Wahrnehmung der Aufgaben von Amnesty International erforderlich sind, ferner auch anderes Personal, das nach seinem Ermessen zur Erledigung der laufenden Angelegenheiten benötigt wird.
(38) Bei Abwesenheit oder Erkrankung oder bei vorzeitigem Ausscheiden des Generalsekretärs wird vom Vorsitzenden des Internationalen Exekutivkomitees nach Rücksprache mit den Mitgliedern des Komitees ein Stellvertretender Generalsekretär ernannt, der bis zur nächsten Sitzung des Komitees die Aufgaben des Generalsekretärs wahrnimmt.
(39) Der Generalsekretär oder Stellvertretende Generalsekretär oder andere Mitglieder, deren Anwesenheit der Vorsitzende des Internationalen Exekutivkomitees für erforderlich hält, können vom Vorsitzenden des Internationalen Exekutivkomitees als nicht stimmberechtigte Berater zu Sitzungen des Internationalen Exekutivkomitees hinzugezogen werden.

Beendigung der Mitgliedschaft

(40) Die Aufkündigung der Mitgliedschaft in Amnesty International kann jederzeit durch schriftliche Benachrichtigung erfolgen.
(41) Der Internationale Rat kann auf Antrag des Internationalen Exekutivkomitees oder einer Nationalen Sektion durch einen von drei Viertel der abgegebenen Stimmen getragenen Beschluß eine Nationale Sektion, eine angeschlossene Gruppe oder einzelne Mitglieder von der Mitgliedschaft in Amnesty International ausschließen, wenn er der Ansicht ist, daß die betreffen-

de Nationale Sektion, die angeschlossene Gruppe oder das Mitglied nicht im Sinne der in Artikel (1) und (2) dieser Satzung erklärten Ziele handelt oder den in dieser Satzung niedergelegten Regeln zuwiderhandelt. Vor Inkrafttreten des Ausschlusses sind alle Nationalen Sektionen hiervon zu unterrichten, und der Generalsekretär ist gehalten, der betreffenden Nationalen Sektion, der angeschlossenen Gruppe oder dem Mitglied die Gründe dieses Ausschlußvorschlages mitzuteilen, wobei den Betreffenden Gelegenheit gegeben werden muß, ihren Fall vor dem Internationalen Rat zu vertreten.

(42) Eine Nationale Sektion, angeschlossene Gruppe oder Mitglieder, die ihrer Verpflichtung zur Zahlung des gemäß dieser Satzung festgesetzten Beitrages nicht bis nach Ablauf von 6 Monaten nach Beendigung eines Rechnungsjahres nachgekommen sind, werden von der Mitgliedschaft ausgeschlossen, es sei denn, daß das Internationale Exekutivkomitee anders entscheidet.

(43) Kein Teil des Einkommens oder Vermögens von Amnesty International darf direkt oder indirekt an eines seiner Mitglieder bezahlt oder übertragen werden, und zwar als Dividende, Geschenk, Verteilung, Bonus oder in einer anderen Form der Gewinnverteilung – es sei denn aus begründetem und ausreichendem Anlaß.

(44) Die Buchprüfung erfolgt einmal jährlich durch einen vom Internationalen Rat bestellten Rechnungsprüfer. Die Erstellung der Jahresabschlußrechnung obliegt dem Internationalen Sekretariat, das sie dem Internationalen Exekutivkomitee und dem Internationalen Rat vorlegt.

Änderung der Satzung

(45) Änderungen dieser Satzung können vom Internationalen Rat mit Zweidrittelmehrheit der abgegebenen Stimmen beschlossen werden. Vorschläge zur Änderung der Satzung können vom Internationalen Exekutivkomitee oder einer Nationalen Sektion eingebracht werden. Änderungsvorschläge müssen spätestens zwei Monate vor Beginn einer Sitzung des Internationalen Rates beim Internationalen Sekretariat eingegangen sein, und müssen bei der Vorlage an den Internationalen Rat selbst schriftlich von mindestens fünf Nationalen Sektionen unterstützt werden. Änderungsvorschläge werden vom Internationalen Sekretariat an alle Nationalen Sektionen und die Mitglieder des Internationalen Exekutivkomitees weitergeleitet.

Zusammensetzung des Internationalen Exekutivkommitees (IEK) 1977

Name/ Nationalität	Geburtsjahr/ Beruf	Laufbahn bei AI	Zuständigkeit im IEK
Thomas Hammarberg Schweden	* 1942 Journalist	1970-74 Vorsitzender der schwedischen Sektion; seit 1971 Mitglied des IEK; seit 1976 dessen Vorsitzender	Auswärtige Angelegenheiten, Kampagne zur Abschaffung der Folter, Information, Kriegsdienstverweigerer
Mumtaz Soysal Türkei	* 1929 Jurist, Journalist	Internationales Mitglied (ehem. AI-Adoptierter), seit 1976 stellvertretender Vorsitzender des IEK	Entwicklung, Kampagne zur Abschaffung der Folter, Unterstützung (release)
Andrew Blane USA	* 1929 Dozent für russ. Geschichte	seit 1974 Vorstandsmitglied der amerikan. Sektion, seit 1974 Mitglied des IEK	Kampagne zur Abschaffung der Folter
Dirk Börner Bundesrepublik Deutschland	* 1933 Speditionskaufmann	1971-73 Vorsitzender der dt. Sektion; seit 1972 Mitglied des IEK; 1974-76 dessen Vorsitzender	Verwaltung, Öffentlichkeitsarbeit (Promotion Campaign), Rolle des Internat. Rats
Alfred Heijder Niederlande	* 1934 Jurist	Vorstandsmitglied der holl. Sektion; seit 1974 Mitglied des IEK	Forschung, Dokumentationszentrum, Kriegsdienstverweigerer, Kampagne zur Abschaffung der Todesstrafe
Irmgard Hutter Österreich	* 1933 Kunsthistorikerin	1971-75 Sprecherin des Vorstandes der österr. Sektion; seit 1975 Mitglied des IEK	Beziehungen zu nationalen Sektionen, Kampagne zur Abschaffung der Folter, Rolle des internat. Rats
Dick Oosting Niederlande		Vorstandsmitglied der holl. Sektion; Mitarbeiter des Internationalen Sekretariats; seit 1976 Mitglied des IEK	Vertreter des ständigen Personals im Internat. Sekretariat, Kampagne zur Abschaffung der Folter, Unterstützung

Marie-José Protais Frankreich	* 1934 Journalistin	seit 1971 Vorstandsmitglied der frz. Sektion; seit 1973 Mitglied des IEK	Publikation und Information, Öffentlichkeitsarbeit (Promotion Campaign)
Kevin White Irland	* 1915 Steueranwalt	seit 1973 stellvertretender Vorsitzender der irischen Sektion; seit 1974 Mitglied des IEK	Finanzen, Öffentlichkeitsarbeit. Unterstützung (release), Verwaltung/allg.

Anschriften

International:

Amnesty International
International Secretariat
55, Russel Square
London WC 1
England

Wer an einer Mitarbeit bei AI oder auch nur an weiterführenden Informationen interessiert ist, wende sich unter Hinweis auf dieses Buch zuerst an das Sekretariat der für ihn zuständigen Sektion:

Bundesrepublik Deutschland:

Amnesty International
Sektion der Bundesrepublik Deutschland e.V.
Venusbergweg 48
D– 5300 Bonn

Österreich:

Amnesty International
Österreichische Sektion
Franz-Hochedlinger-Gasse 6/22
A– 1020 Wien

Schweiz:

Amnesty International
Schweizer Sektion
Postfach 1051
CH– 3001 Bern

Luxemburg

Amnesty International Luxembourg
Case Postale 1914
L– Luxembourg-Gare

RStructComm *Report of the Structure Committee.* – Bericht der Strukturkommission vorgelegt auf der Internationalen Ratstagung 1975.

SummOrg *Summary of the Organization.* – Überblick über Organisation und Tätigkeit der Nationalen Sektionen, vorbereitet vom Internationalen Sekretariat für die Südasien-Regionalkonferenz 1975.

1. Gründung und Wachstum

1. Gespr. Benenson, 22. Juli 1975. **2.** Ebenda. **3.** Ebenda. **4.** Wortlaut der Artikel 18 und 19 siehe S. 19. **5.** Gespr. Benenson. **6.** Gespr. Blom-Cooper, 23. Juli 1975. **7.** Gespr. Benenson. **8.** Ebenda. **9.** Ebenda. **10.** Ebenda. **11.** *Beccaria-Medaille 1974,* Deutsche Kriminologische Gesellschaft, Kriminologische Aktualität IX, Hamburg 1975, S. 18. **12.** Gespr. Baker, 23. Juli 1975. **13.** AMN 2/61, S. 4 (MRC). **14.** AMN 3/61, S. 7 (MRC). **15.** Aus: Sean MacBride, *Work to be done.* AMN 4/61, S. 5 f. (MRC). **16.** Ebenda S. 7. **17.** Der Tag der Menschenrechte wird zur Erinnerung an die Deklaration der *Allgemeinen Erklärung der Menschenrechte* jedes Jahr am 10. Dezember gefeiert. **18.** *This is our Christmas Card.* AMN 8/61, S. 3 (MRC). **19.** u.a.: *Kein Buch ist so schlecht, als daß es nicht auch etwas Gutes enthielte* – Miguel de Cervantes Saavedra; *Die ganze Menschheit hat nicht das Recht, einen einzigen Andersdenkenden zum Schweigen zu bringen* – John Stuart Mill; *Wir sind gewöhnt, daß die Menschen verhöhnen, was sie nicht verstehen* – Johann Wolfgang von Goethe. **20.** Gespr. Benenson. **21.** Ebenda. **22.** *Questionnaire on the Boundaries of Freedom.* AMN 6/61, S. 4 ff. (MRC). **23.** AMN 11/61, S. 4 f. (MRC). **24.** AR 1961/62, S. 8 f. (MRC). **25.** Munzinger-Archiv/Internat. Biograph. Archiv: Beran. **26.** *Die Welt,* 17. Januar 1959: *Josef Beran – der vergessene Kirchenfürst im Zwangsasyl.* **27.** Munzinger-Archiv, ebenda. **28.** Ebenda. **29.** *Where is the Archbishop of Prague?.* AMN 4/61, S. 4 (MRC). **30.** *The Mystery of Archbishop Beran.* AMN 12/61, S. 6 (MRC). **31.** Ebenda. **32.** *The Archbishop is Busy Writing.* AJ 1/62, S. 4 (MRC). **33.** *Irish Independent,* 26. Februar 1965. Zit. n. *The pen their weapon.* **34.** Munzinger-Archiv, ebenda. **35.** AR 1961/62, S. 2 f. (MRC). **36.** Aus: Benenson, *The First Phase.* AMN 14/62, S. 2 und 8. (MRC). **37.** Ebenda. **38.** AR 1961/62, S. 14 (MRC). **39.** Ebenda, S. 5. **40.** AMN 14/62, S. 5. **41.** Aus: Benenson, *Amnesty's First Year.* AJ 2/62, S. 4 (MRC). **42.** Ebenda. **43.** Ebenda. **44.** AR 1961/62, S. 7. **45.** Gespr. Blom-Cooper. **46.** Aus: Baker, *Amnesty as an international movement.* AJ 3/62, S. 6 f. (MRC). **47.** Anlage zum Rundbrief der deutschen Sektion, Mai 71, S. 2. **48.** AR 1962/63, S. 7 f. (MRC). **49.** Ebenda S. 8. **50.** Ebenda S. 16. **51.** *News Sheet For Threes Groups,* Mai 64, S. 2 (MRC). **52.** Ebenda. **53.** AR 1963/64, S. 6 (MRC). **54.** Ebenda, S. 6 f. **55.** Gespr. Benenson. **56.** Ebenda. **57.** *Eustomy* 4/64, S. 1 (MRC). **58.** Gespr. Benenson. **59.** Gespr. mit einem Mitarbeiter Benensons aus dem Internationalen Sekretariat, der zu diesen Angaben nur unter der Voraussetzung bereit war, daß sein Name ungenannt bleibt, 23. Juli 1975. **60.** Gespr. Benenson. **61.** Bf Benenson, 19. Dezember 1975. **62.** AR 1963/64, S. 1 (MRC). **63.** Ebenda, S. 3. **64.** Ebenda, S. 7. **65.** AR 1964/65, S. 3 (MRC). **66.** AIB (British Section) 11/65. (MRC). **67.** *Eustomy* 3/64, S. 2 (MRC). **68.** Aus: *Starting the Fourth Year. Eustomy,* 4/64, S. 1 (MRC). **69.** Anlage zum Rundbrief der deutschen Sektion, Mai 71, S. 3. **70.** AR 1964/65, S. 9 (MRC). **71.** Ebenda, S. 11. **72.** AR 1965/66, S. 8 (MRC). **73.** Anlage zum Rundbrief der deutschen Sektion, Mai 71, S. 3. **74.** Gespr. Benenson. **75.**

S. 3. **14.** Ebenda, S. 11f. **15.** AR 1968/69, S. 3 (MRC). **16.** *Chile.* Ein Bericht von Amnesty International. London (AIP): September 1974, S. V. **17.** Es mag durchaus sein, daß die fehlende Ausgewogenheit im Einzelfall andere Ursachen als die genannten hat. Die Auflösung und Zusammenlegung von Gruppen führt beispielsweise auch gelegentlich dazu, daß eine Gruppe mehr als drei Häftlinge betreut. Außerdem sollte man sich darüber im klaren sein, daß Ausgewogenheit Grenzen hat. So wäre es wenig sinnvoll, die Betreuung von Häftlingen der einen Seite nur deswegen zurückzustellen, weil man nicht über ausreichend Informationen über genau dieselbe Anzahl von Häftlingen der anderen Seite besitzt. **18.** AR 1968/69, S. 3 (MRC). **19.** Anm. zur Resolution 22, vorgelegt von der schwed. Sektion auf dem ICM 1975. **20.** AR (dt. Fssg.) 1973/74, S. 61. **21.** AR (dt. Fssg.) 1974/75, S. 141. **22.** Gespr. Dirk Börner (Vorsitzender des IEK), 8. Juli 1975. **23.** *Large-Scale Fundraising.* An Examination of Aims and Methods. Prepared by IS (International Secretariat) staff. Vorgelegt auf dem ICM 1975, S. 8. **24.** Ebenda, S. 7ff. **25.** Gespr. Börner. **26.**FinR ICM-1975, S. 17 (MRC). **27.** FinR IAss-1964, Dok. 1 (MRC). **28.** FinR ICM-1972, App. VII. *Policy Guidelines Relating to Conscientious Objection* (MRC). **29.** HfdG, A I 2.6. **30.** AR (dt. Fssg.) 1974/75, S. 154. **31.** *Amnesty International and the Use of Violence.* An Explanatory Note. London (AIP): 1975. **32.** FinR IAss-1964, Dok. 1 (MRC). **33.** AR (dt. Fssg.) 1975/75, S. 91. **34.** Der Fall Agostinho Neto wurde veröffentlicht in: Peter Benenson, *Persecution 1961.* Harmondsworth (Penguin Books): 1961, S. 51-61. **35.** Gespr. Benenson. **36.** HfdG, B II 1.2. Blatt 1. **37.** HfdG, B II 1.2. Blatt 2-3. **38.** HfdG, B II 1.5. Blatt 1. **39.** AII 1/76, S. 18. **40.** Ebenda. **41.** Ebenda, S. 21. **42.** HfdG B II 1.6. Blatt 1-2. **43.** HfdG, B II 2.1. Blatt 1-2. **44.** HfdG, B II 2.3. Blatt 1-2. **45.** HfdG, B II 2.4. Blatt 1-2. **46.** HfdG, B II 2.6. Blatt 1-2. **47.** HfdG, B II 2.10. **48.** BüdF, S. 34. **49.** Brockhaus Enzyklopädie, Wiesbaden 1968, Band VI, S. 399. **50.** BüdF, S. 34. (vgl. auch: Folter. Stellungnahmen, Analysen, Vorschläge zur Abschaffung. (Amnesty International Publications) Baden-Baden: Nomos 1976) **51.** BüdF, S. 36. **52.** BüdF, S. 248-249. **53.** *Folter in Brasilien,* Hrsg. Amnesty International, Sektion der BRD e.V., Hamburg, S. 24. **54.** BüdF, S. 12-13. **55.** BüdF, S. 70, **56.** BüdF, S. 8. **57.** AR (dt. Fssg.) 1973/74, S. 24f. **58.** AR (dt. Fssg.) 1974/75, S. 36. **59.** AR (dt. Fssg.) 1974/75, S. 26. **60.** FinR ICM-1974, S. 12f (MRC). **61.** FinR ICM-1975, S. 11f (MRC). **62.** *Studie über die Ergebnisse, die aufgrund der europäischen Menschenrechtskonvention von 1953 bis Oktober 1974 erzielt wurden.* Pressekommuniqué des Europarates B (74) 87, Straßburg: Oktober 1974, S. 62ff. **63.** *The Declaration of the Hague.* Newsheet 125, London (AI-CAT-Department): July 1975. **64.** AR 1970/71, S. 70 (MRC). **65.** BüdF, S. 192. **66.** FinR ICM-1972, S. 11 (MRC). **67.** Gespr. John Humphreys (Stellvertretender Leiter der Ermittlungsabteilung, Leiter der Afrika-Abteilung im Internationalen Sekretariat), 22. Juli 1975. **68.** Ebenda. **69.** AR (dt. Fssg.) 1974/75, S. 30. **70.** BüdF, S. 122. **71.** AR (dt. Fssg.) 1974/75, S. 38. **72.** BüdF, S. 232. **73.** AR (dt. Fssg.) 1974/75, S. 100. **74.** AR (dt. Fssg.) 1974/75, S. 101. **75.** AR (dt. Fssg.) 1974/75, S. 112. **76.** BüdF, S. 79. **77.** AR (dt. Fssg.) 1974/75, S. 62. **78.** BüdF, S. 198. **79** BüdF, S. 215.

3. Organisation: Die Internationale Ebene

1. AR (dt. Fssg.) 1974/75, S. 154. **2.** Passive Mitglieder werden, das wechselt von Sektion zu Sektion, auch *außerordentliche Mitglieder* oder *Förderer* genannt. **3.** Diese Schätzung geht davon aus, daß eine Adoptionsgruppe durchschnittlich aus zehn Mitgliedern besteht, was möglicherweise aber etwas zu hoch gegriffen ist. 1 600 ergäben demnach 16 000 Gruppenmitglieder. – Eine zuverlässige Schätzung über den Anteil der tatsächlich aktiven Mitglieder (Gruppenmitglieder und aktive Einzelmitglieder) an der Gesamtzahl der Mitglieder zu geben, ist nahezu unmöglich. Die meisten Nationalen Sektionen machten uns gegenüber nur pauschale Angaben über die Zahl ihrer Mitglieder, die eine Aufschlüsselung nach aktiven und passiven Mitgliedern nicht zuließen. In den wenigen Fällen, in denen eine Aufschlüsselung vorgenommen wurde, ergaben die Zahlen kein einheitliches Bild: In der deutschen Sektion betrug der Anteil der passiven Mitglieder 1975 rund 35 Prozent, in der österreichischen Sektion rund das Vierfache der in einer Adoptionsgruppe organisierten Mitglieder, und in der Schweizer Sektion lag ihr Anteil etwa ebenso hoch wie der der aktiven Mitglieder. **4.** *Explanatory note for Swedish resolution re: annual fees.* Vorgelegt auf dem ICM 1975. **5.** Rechnungsprüfer ist eine unabhängige Londoner Firma. **6.** Pers. Prot. ICM-1975, WP A, 12. September 1975. **7.** Ebenda. **8.** Pers. Prot. ICM-1975, WP B, 12. September 1975. **9.** Ebenda, 13. September 1975. **10.** Ebenda. **11.** Gespr. Gruppen 253, 298 und 464 der deutschen Sektion, 17. September 1975. **12.** Internationales Statut, Art. 28. **13.** Gespr. Börner, 8. Juli 1975. **14.** Ebenda. **15.** Bf Caroline Reeson (Admin. Assistant), 23. Oktober 1975. **16.** ICM-1975, Amnesty International Authorized Posts as at 1 September 1975. **17.** Internationales Statut, Art. 36. **18.** Gespr. Ennals. **19.** Gespr. Stephanie Grant, 18. Juli 1975. **20.** Gespr. Humphreys. **21.** Gespr. Brieske, 23. Juli 1975. **22.** Gespr. Grantham, 12. Juni 1975. **23.** Ebenda. **24.** Bf Enthoven, 15. Oktober 1975. **25.** Ebenda, **26.** RStructComm, S. 4, 14ff., 26. **27.** Ebenda. – Das Internationale Statut sieht noch eine weitere Form der Mitgliedschaft vor: die korporative Mitgliedschaft für Organisationen, die die Ziele von AI unterstützen (vgl. Internationales Statut, Art. 11). Allerdings hat sich nach Auskunft von Martin Enthoven noch keine Organisation um die Korporative Mitgliedschaft beworben.

4. Die Nationalen Sektionen

1. Internationales Statut, Art. 8. **2.** Gespr. Stern, 14. August 1975. **3.** Ebenda. **4.** Ebenda. **5.** Ebenda. **6.** AR 1963/64, S. 15 (MRC). **7.** Gespr. Stern. **8.** AR 1968/69, S. 6 (MRC). **9.** AR 1969/70, S. 22 (MRC). **10.** AR (dt. Fssg.) 1971/72, S. 7. **11.** *Arbeitsrahmen der Sektion der Bundesrepublik Deutschland* (Stand: September 1975), § 1. **12.** Ebenda. **13.** Bf Dieter Brumm (Pressesprecher der deutschen Sektion), 16. Oktober 1975. **14.** AII 5/75, S. 9. **15.** Ebenda. **16.** Bf Brumm. **17.** Prot. 19. Jahresversammlung 17.-19. Mai 1975 in Saarbrücken, S. 4. **18.** Ebenda, S. 4f. **19.** Pers. Prot. Informationsabend des Bezirks 80 (München), 8. Oktober 1975. **20.** Gespr. Börner, 8. Juli 1975. **21.** Gespr. Gruppen 253, 298 und 464 der deutschen Sektion, 17. September 1975. **22.** Ebenda. **23.** Ebenda. **24.** Ebenda. **25.** Bf eines Kölner AI-Mitgliedes, 17. September 1975. **26.** Die Resultate basieren auf einer Analyse von Angaben, die neun Gruppen aus dem Kölner Bezirk mit insgesamt 95 Mitgliedern und zehn Gruppen aus dem Münchener Bezirk mit insgesamt 79 Mitgliedern (Summe: 174) im Herbst 1975 gemacht haben. **27.** Bf Erwin Wittenberg (Bezirkssprecher des Bezirks 50, Köln), 26. September 1975. **28.** Pers. Prot. Informationsabend. **29.** *Die Welt*, 14. Dezember 1973. Zit. n. *Kommentare.* Reaktionen auf die Arbeit von Amnesty International in der deutschen Presse, S. 17. **30.** *Kieler Nachrichten*, 15. Dezember 1973. Zit. n. *Kommentare* . . . (siehe **29**), S. 17. **31.** Pers. Prot. Informationsabend. **32.** *Brasilien-Rundschau Nr. 2.* Zeitung für Menschenrechte. Hrsg. von Amnesty International, Sektion der BRD – Brasilien-Koordinationsgruppe. Köln: 1975. **33.** AII 1/76, S. 11f. **34.** Ebenda, S. 12. **35.** AII 4/75, S. 12. **36.** Aus: Walter Hirsch, *Die Besetzung des*

Sekretariats am 30,10,1974. Erlebnisbericht und Versuch einer Analyse. AII 11-12/74, S. 17. **37.** Ebenda. **38.** Ebenda. **39.** AII 11-12/74, S. 13. **40.** Hirsch, a.a.O., S. 19. **41.** Ebenda. **42.** AII 1/75, S. 10ff. **43.** AII 11-12/74, S. 13. **44.** 100 Gruppenneugründungen standen 49 Gruppenschließungen gegenüber. Vgl. *Group Development during 1974.* Hrsg. vom Internationalen Sekretariat 1975. **45.** HfdG, B I.2 Blatt 1. **46.** Eine Erhöhung des Beitrages ist geplant. **47.** HfdG, B I.2 Blatt 1. **48.** Die Angaben im Gruppenverzeichnis lassen keine Rückschlüsse darauf zu, ob es sich jeweils um Adoptions- oder Ermittlungsfälle handelt. Auch Gruppenadoptionen sind nicht immer ausdrücklich erwähnt. Die Zahl der betreuten Häftlinge unterliegt ständigen Schwankungen. Viele Gruppen betreuten zum Zeitpunkt der Fertigstellung des Verzeichnisses nur zwei oder gar nur einen Gefangenen und warteten auf die Zuteilung neuer Fälle. Andere arbeiteten für mehr als drei Gefangene. Das kommt vor, wenn zwei oder mehrere Gruppen fusionieren. **49.** *Arbeitsrahmen für Koordinationsgruppen der deutschen Sektion von AI* vom 2. Oktober 1974, S. 1f. **50.** Ebenda. **51.** Ebenda. **52.** Neben den Koordinationsgruppen gab es im August 1975 auch zwei *Informationsgruppen* für Haiti und den Mittleren Osten. Die Bildung von Informationgruppen geht auf einen Beschluß des Vorstands der deutschen Sektion auf dessen Sitzung am 5. Juli 1975 zurück. Die Aufgaben einer Informationsgruppe erläuterte Wolfgang Heinz, der Referent für Länderarbeit und Koordinationsgruppen im Vorstand der deutschen Sektion: (Eine Informationsgruppe) *dient schlicht und einfach als Anlaufstelle für Informationen über ein bestimmtes Land/eine bestimmte Region (z.B. Mittlerer Osten), die sie dann in bestimmten Zeitabständen an die betroffenen Gruppen versendet. Sie ist bewußt gedacht für Amnesty-Mitarbeiter, die den Arbeitsaufwand einer Koordinationsgruppe (Gruppenkoordination, Ermittlungsarbeit und Öffentlichkeitsarbeit) zeitlich nicht leisten können, aber trotzdem daran interessiert sind, über das Land oder eine Region Informationen auszutauschen* . . . In: AII 8/75, S. 15. **53.** Bereits am 5. März 1974 hatte ein Gespräch mit dem marokkanischen Botschafter anläßlich der Überreichung einer Petition an König Hassan II. stattgefunden, in der *die Abschaffung der Folter, die Wiederherstellung der Menschenrechte und eine großzügige Amnestie für politische Gefangene* gefordert worden waren. Die Petition war von zahlreichen Persönlichkeiten in der Bundesrepublik unterzeichnet worden. **54.** Rechenschaftsbericht 1974/75 der Marokko-Koordinationsgruppe der deutschen Sektion. *Marokko-Info* 4/75, (Freiburg i. Br.) 25. Juli 1975. **55.** Die Zahlen, mit denen die Bezirke gekennzeichnet sind, entsprechen den Postleitzahlen der Stadt, nach der jeweils der Bezirk benannt ist. **56.** Prot. Bezirkssprecherkonferenz Stuttgart 5.-6. Juli 1975, S. 9. **57.** Ebenda. **58.** Prot. Bezirksversammlung des Bezirks 80 (München), 11. Mai 1974, S. 8. **59.** Prot. Bezirksversammlung desselben Bezirks, 29. Januar 1975, S. 4. **60.** *Arbeitsrahmen der Sektion der Bundesrepublik Deutschland,* § 3c. **61.** AII 8/75, S. 20. **62.** *Satzung der Sektion der Bundesrepublik Deutschland* (Stand: September 1975), § 8. **63.** Gespr. Jan Mühlstein (Bezirkssprecher des Bezirks 80, München), 1. Oktober 1975. **64.** *Arbeitsrahmen der Sektion der Bundesrepublik Deutschland,* § 4. **65.** Rechenschaftsbericht des Vorstands der deutschen Sektion 1974/75, S. 6. **66.** Ebenda, S. 7. **67.** Im Rechenschaftsbericht des Vorstands 1974/75 hieß es in diesem Zusammenhang: *Verschiedentlich sah sich der Vorstand mit der Tatsache konfrontiert, daß einzelne Mitglieder oder Funktionsträger ohne Kenntnis des jeweiligen Vorstandsreferenten Kontakte mit Vertretern anderer Sektionen, Anwälten oder dem Internationalen Sekretariat aufnahmen. Ein eindeutiges Vorgehen war dadurch nicht mehr gewährleistet* . . . (S. 2). **68.** *Aufgabenbeschreibung der Vorstandsreferate: Wolfgang Heinz* (Referent für Länderarbeit und Koordinationsgruppen) *1974/75.* **69.** AII 1/1976, S. 15. **70.** Bf Franz Schneider (Sprecher des Vorstands der österreichischen Sektion), 7. August 1975. **71.** Ebenda. – Schneider fügte erklärend hinzu: *Die Mitgliedschaft der außerordentlichen Mitglieder ist nicht in allen Fällen ausdrücklich erklärt, aber durch regelmäßige Zahlungen und Bezug der Informationen faktisch gege-*

ben. **72.** Die Jugoslawien-Koordinationsgruppe mußte, wie AII im Januar 1976 meldete, ihre Arbeit einstellen. **73.** Satzung der österreichischen Sektion, beschlossen von der Generalversammlung am 31. März 1974, § 10. **74.** Ebenda, § 9. **75.** Unter das Motto *Wer schweigt, wird mitschuldig* stellte Carola Stern ihre Festrede anläßlich der Verleihung der Carl-von-Ossietzky-Medaille am 10. Dezember 1972. **76.** AII-AU 4a/75, S. 3. **77.** Ebenda. **78.** Ebenda. **79.** Bf Schneider. **80.** AII-AU 4a/75, S. 10. **81.** Der Kassenbericht des Vorstands für das Geschäftsjahr 1974 vermerkte namentlich eine Spende des Schriftstellers Georg Kreisler in Höhe von ÖS 62.282,–. **82.** AII-AU 4a/75, S. 10. **83.** AR 1964/65, S. 31 (MRC). **84.** Bf Marta Fotsch (Vizepräsidentin der Schweizer Sektion), 1. September 1975. **85.** Statut der Schweizer Sektion (Stand: Oktober 1974), Art. 8. **86.** Bf Fotsch. **87.** AIR-CH 6/75, S. 6. **88.** Jahresbericht 1974/75 der Schweizer Sektion, S. 6. **89.** AIR-CH 4/75, S. 7. **90.** AIR-CH 6/75, S. 7. **91.** Bf Fotsch. **92.** Quellen belgische Sektion: (a) Gespr. Victor Solé (Vorsitzender), 12. September 1975; (b) Gespr. Ronald Janssens (Delegierter ICM 1975), 13. September 1975; (c) SummOrg. **93.** Quellen holländische Sektion: (a) SummOrg; (b) *CAT-Aktivities in the Dutch Section August, 1974-July, 1975.* Vorgelegt auf dem ICM 1975. – Leider erteilte uns die holländische Sektion auch auf mehrmaliges Anschreiben hin keine weiteren Auskünfte. **94.** Quellen luxemburgische Sektion: (a) Bfe Nic Klecker (Vorsitzender), 26. August und 17. Oktober 1975; (b) SummOrg. **95.** Quellen zur Geschichte der dänischen Sektion: (a) Bent Østergård, *10 år i Danmark.* In: *Amnesty Nyt* er medlemsblad för Amnesty International. København, Nr. 2/74, S. 3f; (b) *An Outline of the History of Amnesty in Denmark.* Photokopie einer privaten Aufzeichnung Bent Østergårds. **96.** SummOrg, S. 9. – Bei zwei der Angestellten im Sekretariat handelt es sich um Ersatzdienstleistende. In einigen Ländern gibt es bei karitativen Organisationen staatlich eingerichtete Planstellen für Ersatzdienstleistende. Die Sektionen Dänemarks, Norwegens und der Bundesrepublik Deutschland zählen zu den Nutznießern solcher Regelungen. **97.** Årsberetning (Jahresbericht) 1974/75. In: *Amnesty Nyt* 3/75, S. 5ff. **98.** *Amnesty Nyt* 3/75, S. 3. **99.** Quellen Sektion auf den Färöer-Inseln: (a) Bfe Anette Wang (Vositzende), 24. August und 22. September 1975; (b) SummOrg. **100.** Quellen finnische Sektion: (a) Bf Marita Jansson (Stellvertretende Vositzende), 8. September 1975; (b) SummOrg. **101.** Bf Jansson. **102.** Ebenda. **103.** Quellen isländische Sektion: (a) Bfe Jona Lisa Thorsteinsdottir (Vorstandsmitglied?), 10. September und 21. November 1975; (b) SummOrg. **104.** Quellen norwegische Sektion: (a) Bfe Sverre Dahl (Vositzender), 18. August und 10. Oktober 1975; (b) SummOrg. **105.** Quellen schwedische Sektion: (a) Gespr. Malcolm Tigerschiold (Generalsekretär), 13. September 1975; (b) SummOrg. **106.** AR 1964/65, S. 30 (MRC). **107.** Quellen britische Sektion: (a) Gespr. Paul Oestreicher (Vositzender) und John Hill (schottischer Delegierter ICM 1975), 13. September 1975; (b) SummOrg. **108.** Quellen irische Sektion: (a) Bf Iris Bardon (Zweite Sekretärin), 13. Oktober 1975; (b) SummOrg. **109.** Quellen Sektion der USA: (a) Gespr. Ivan Morris (Vositzender) und David Hawk (Geschäftsführer), 12. September 1975; (b) SummOrg. **110.** AR 1965/66, S. 36 (MRC). **111.** Quellen kanadische Sektion: (a) Bfe Sue Nichols (Sektionskoordinatorin), 6. Oktober und 28. Dezember 1975; (b) *Canada Bulletin* (Monatsrundbrief der Sektion) Nr. 1-24. **112.** Quellen australische Sektion: (a) Bf Martin Enthoven (Leiter der Koordinationsabteilung im Internationalen Sekretariat), 15. Oktober 1975; (b) Bf Joan Bourne (Mitglied der Zweigsektion Südaustralien), 12. Dezember 1975; (c) Bf Fay Taylor (Mitglied der Zweigsektion Tasmanien), 25. Januar 1976; (d) SummOrg. **113.** Quellen neuseeländische Sektion: (a) Bf Enthoven, 15. Oktober 1975; (b) SummOrg. **114.** Quellen französische Sektion: (a) Gespr. Michel Odier (Generalsekreätr), 12. September 1975; (b) SummOrg. **115.** AR 1967/68, S. 5 (MRC). **116.** Quellen italienische Sektion: (a) Gespr. Lydia Mazzoti (Sekretärin), 13. September 1975; (b) SummOrg. **117.** Quellen israelische Sektion: (a) Gespr. Yoram Dinstein (Vositzender), 14. September 1975; (b)

SummOrg. **118.** AR 1964/65, S. 25 (MRC). **119.** Quellen japanische Sektion: (a) Bf Joshiki Inomata (Vostandsmitglied), 29. August 1975; (b) SummOrg. **120.** FinR ICM-1974, App. 5 (ARC). **121.** *Amnesty International Development.* Diskussionsvorschlag der holl. Sektion. Vorgelegt auf dem ICM 1975. **122.** RSAsRegConf, S. 1. **123.** FinR ICM-1973, App. VII (MRC). **124.** DevR, S. 7f. **125.** *Notes from the Open Discussion on Amnesty's Development, 1975, 9th July.* **126.** Ebenda. **127.** Ebenda. **128.** AR 1974/75, S. 12f. (MRC). **129.** *Notes from the Open Discussion* . . . **130.** Ebenda. **131.** DevR, S. 8ff. **132.** RSAsRegConf, S. 2f. **133.** FinR ICM-1975, S. 33 (MRC). **134.** DevR, S. 12. **135.** DevR, S. 13. **136.** Quellen Sektionen in der Dritten Welt (sofern nicht anders angegeben): (a) Bf Enthoven, 15. Oktober 1975; (b) SummOrg. **137.** Bf Enthoven. **138.** Ebenda. – Die Schließung droht übrigens nach Auskunft Enthovens auch der Sektion im Libanon, die ebenfalls längere Zeit nichts mehr hatte von sich hören lassen. **139.** *Progress Report.* Sri Lanka Section (August 1975). Vorgelegt auf dem ICM 1975, S. 1. **140.** Ebenda, S. 2. **141.** Gespr. Lakshimi Menon (Vositzende der ind. Sektion), 13. September 1975. **142.** AR (dt. Fssg.) 1973/74, S. 69. **143.** AII 3/75, S. 4. **144.** AII 11-12/75, S. 1. **145.** Bf Brigida Alexander (Generalsekretärin der mex. Sektion), 11. September 1975. **146.** AII 3/75, S. 5. **147.** AII 6/75, S. 4. **148.** AII 3/75, S. 5. **149.** Andrey D. Sacharow, *Ein Blick ins Land des Schweigens.* In: *Die Zeit,* Nr. 42 vom 10. Oktober 1975. **150.** *Süddeutsche Zeitung,* 13./14. Dezember 1975.

5. Samariter oder Schutzmacht? Versuch einer Bilanz

1. AR (dt. Fssg.) 1973/74, S. 100. **2.** Brief eines Gefangenen aus Marokko, vom 25. Oktober 1973. Aus dem Material der deutschen Marokko-Koordinationsgruppe. **3.** AII 5/75, S. 11. **4.** AR (dt. Fssg.) 1974/75, S. 35. **5.** AR (dt. Fssg.) 1971/72, S. 3. **6.** Brian Michael Jenkins: *Eine Welt voll Terroristen?* In: *Die Zeit,* Nr. 51 vom 12. Dezember 1975.

Register

Vorbemerkung:
Es sind nur wichtige Stichwörter und Sachbezeichnungen registriert, und von diesen wiederum nur wichtige Nennungen im Text. Besonders bedeutsame Erwähnungen des jeweiligen Stichwortes sind durch fetteren Druck hervorgehoben. Erwähnungen, die sich auf den Anmerkungsteil beziehen, sind zur schnelleren Orientierung zusätzlich mit der Ziffer der entsprechenden Anmerkung versehen. Zur besseren Unterscheidung sind alle Personennamen kursiv gesetzt. – Geographische Begriffe wie Namen von Städten, Landschaften etc. wurden generell nicht eigens aufgenommen. Entsprechende Erwähnungen sind, falls von Bedeutung, unter dem jeweiligen Ländernamen registriert. –
Textstellen, die sich auf die Tätigkeit einer Nationalen Sektion von AI in deren Land beziehen, sind im allgemeinen nur unter dem Stichwort *Nationale Sektionen* und *nicht* unter dem jeweiligen Ländernamen registriert.